Erik Dammann:
Erkenntnisse jenseits von Zeit und Raum

Die Wende im naturwissenschaftlichen Denken

Aus dem Norwegischen von Walter Kraus

Knaur®

Esoterik

Herausgegeben von Gerhard Riemann

Der Seher Hermes Trismegistos erkannte, daß den Erscheinungen unserer Welt geistig-energetische Bilder zugrunde liegen und formulierte dies als das berühmte hermetische Gesetz »Wie oben so unten«. Der Arzt und Mystiker Paracelsus beschrieb diese Gesetzmäßigkeit als die Mikrokosmos/Makrokosmos-Entsprechung. Dieses Grundprinzip geriet im Siegeszug naturwissenschaftlicher Erkenntnisse und Erfolge des 19. und 20. Jahrhunderts in Vergessenheit. Erst im letzten Jahrzehnt stießen Naturwissenschaftler an die Grenzen der Materie und des mechanistischen Weltbilds. Dammann stellt hier eine Avantgarde von Geistes- und Naturwissenschaftlern vor, die in ihrer Forschung grenzüberschreitende Wege entdeckt haben: Ilya Prigogine z. B., der eine Theorie der selbstorganisierenden Systeme schuf, derzufolge sich in lebenden Systemen die Ordnung spontan aus dem Chaos heraus entwickeln kann. Er führte Gespräche mit dem Physiker David Bohm, der das »holographische Universum« beschrieb, in dem jedes Teil das Ganze repräsentiert.
Dammann nimmt uns mit auf eine spannende Reise, an deren Ende ein positives Resümee steht: Eine Lösung unserer derzeitigen Krisen ist möglich, und der tiefste Sinn besteht darin, diese zu erreichen.

Erik Dammann war zunächst erfolgreich in der Werbebranche tätig, bis er Ende der sechziger Jahre mit seiner Familie auf die Samoa Islands zog und zu schreiben begann. Er schrieb das Buch »Fremtiden i våre hender« und gab danach seinen Beruf auf, um eine Bewegung mit demselben Namen zu gründen, die mittlerweile in Norwegen 20.000 Mitglieder zählt und in fünf Ländern Schwesterorganisationen hat. 1982 gründete Erik Dammann das Projekt »Alternativ Framtid«, das von der norwegischen Regierung finanziell unterstützt wird.
Heute arbeitet Dammann hauptsächlich als freischaffender Autor. Seine Bücher sind in fünf Sprachen übersetzt worden.

Deutsche Erstausgabe November 1990

Titel der Originalausgabe »Bad Tid Og Rom«

Originalverlag Dreyers Forlag A/S, Oslo
Umschlagfoto Zefa/Orion Press
Satz MPM, Wasserburg
Druck und Bindung Ebner Ulm
Printed in Germany 5 4 3 2 1
ISBN 3-426-04210-X

Ein Dank

den britischen und amerikanischen Pionieren in Forschung und Wissenschaft und auch den Wissenschaftsautoren, die sich zu Gesprächen über den beginnenden Wandel in unserem Menschen- und Wirklichkeitsbild so bereitwillig zur Verfügung stellten:
David Bohm, John Hasted, Brian Josephson, Paul Davies, Brian Inglis, Hans Jürgen Eysenck, Douglas Dean, Charles Honorton, Henryk Skolimowski, Marilyn Ferguson, Thelma Moss, Roger Sperry, Donald MacKay, Karl Pribram, Germaine Dieterlen, Elisabeth Rauscher, Stanley Krippner, Fritjof Capra, Russell Targ, Rupert Sheldrake, Larissa Vilenskaya, Geoffrey Chew und Henry Stapp. Mein Dank gilt auch Ann Emerson, die mir den Zugang zu den hinterlassenen Berichten ihres Mannes Norman Emerson ermöglichte.
Ebenso möchte ich meinen norwegischen Landsleuten für ihre Geduld und die Ratschläge zu meinem Manuskript danken: Kristoffer Gjøtterud, Arne Næss, Georg Hygen, Terje Eriksen und Brikt Jensen.

Inhalt

TEIL II

TEIL III

Vorwort des Übersetzers zur deutschen Ausgabe

Es ist mir eine besondere Freude, Erik Dammanns Buch *Jenseits von Zeit und Raum* dem deutschsprachigen Leser vorzustellen. Diese Freude ist darin begründet, daß einerseits die Diskussion über einen tiefgreifenden Einstellungswandel, der sich im wissenschaftlichen Denken weltweit bemerkbar macht und auch im deutschsprachigen Raum schon weite Kreise gezogen hat, neue und sehr wichtige Impulse gewinnt, andererseits, weil durch dieses Buch ein Autor nun auch hier zu Wort kommt, der in Skandinavien bereits zu einer Legende geworden ist, besonders in seinem Heimatland Norwegen.

Der interessierte Leser wird vielleicht zuerst die Frage stellen: Wer ist denn nun dieser Erik Dammann?

Erik Dammann wurde in Norwegen zu einem Symbol für die Kräfte in der Gesellschaft, die sich aktiv für eine Verbesserung und Veränderung einsetzen. In den sechziger Jahren wurde er dadurch bekannt, daß er bestrebt war, die norwegische Genossenschaftsbewegung zu reformieren, und in der Werbebranche für eine ehrlichere und verbraucherfreundlichere Reklame sorgte. Daneben schrieb er Kinderbücher und Geschichten für Presse, Radio und Fernsehen.

Zum Ende des Jahres 1967 brach er mit allem und zog mit seiner ganzen Familie (Dammann hatte damals vier Kinder, heute hat er acht, fünf eigene und drei adoptierte) in die Südsee auf die Samoainseln, wo er und seine Familie längere Zeit bei einem Eingeborenenstamm lebten. »Dies hat meine ganze

Auffassung über menschliches Zusammenleben auf den Kopf gestellt. Erst da habe ich verstanden, was soziales Handeln und ein entsprechendes Leben sein kann«, sagte er mir in einem unserer Gespräche.

Dort, auf den Samoainseln, schrieb er dann auch sein erstes gesellschaftskritisches Buch *Med fire barn i palmehytte* (»Mit vier Kindern in der Palmhütte«). Nach seiner Rückkehr nach Norwegen veröffentlichte er dann vier Jahre später (1972) sein zweites und in Skandinavien wohl bekanntestes Buch *Fremtiden i våre hender* (»Die Zukunft in unseren Händen«), das sich kritisch mit unserer westlichen teilnahmslosen Haltung gegenüber den Problemen der Dritten Welt auseinandersetzt.

Ein Erlebnis, kurz nach der Veröffentlichung dieses Buches, schilderte Dammann mir wie folgt: »Nach Herausgabe des Buches sollte ich einen öffentlichen Vortrag halten. Man wußte, daß das Buch auf allgemeines Interesse gestoßen war, und man rechnete sogar mit einigen hundert Zuhörern. Als schließlich ein Saal gemietet wurde, der über tausend Zuhörer faßte, war man skeptisch, weil es immer einen schlechten Eindruck macht, in einem halbgefüllten Saal vorzutragen. Doch es sollte anders kommen. Bereits eine halbe Stunde vor dem Vortrag war der riesige Saal so voll, daß keiner mehr eingelassen werden konnte, und immer mehr Menschen strömten herbei. So wurden draußen Lautsprecher aufgestellt, und ich sprach schließlich vor einigen tausend Leuten.«

Wer die Verhältnisse in Norwegen (etwa vier Millionen Einwohner) kennt, weiß, daß dies eine Sensation war. Es war der Beginn einer Massenbewegung, die heute mehr als 20 000 Mitglieder und Schwesterorganisationen in fünf anderen Ländern hat. Der Name des erwähnten Buches wurde auch für diese Organisation gewählt: *Die Zukunft in unseren Händen.*

Im Jahre 1982 formulierte Dammann das Untersuchungsprojekt »Alternative Zukunft«, das jetzt in drei skandinavischen Ländern durchgeführt wird und in Norwegen durch einen Millionenzuschuß durch das Parlament bestätigt wurde. Dammann schrieb noch acht weitere Bücher. Sie wurden in fünf Sprachen übersetzt.

Im selben Jahr bekam Dammann auch den Alternativen Nobelpreis (»Right Livelihood Award«), der jährlich für hervorragende Forschungsergebnisse, die zur Lösung drängender Probleme der Menschheit beitragen, unter anderem auf energietechnischem, ökologischem und gesellschaftlichem Gebiet, verliehen wird.

Dann zog sich Dammann aus dem öffentlichen Leben zurück und schrieb seit 1983 an seinem jetzt vorliegenden Buch *Jenseits von Zeit und Raum*, das im Frühjahr 1986 erschien. Drei Monate danach war es schon auf dem vierten Platz der Bestsellerliste in Norwegen, und nach zwei Jahren lag bereits die sechste Auflage vor.

Kaum ein anderes Buch ist in Norwegen so kontrovers diskutiert worden wie dieses letzte Buch von Dammann. Nicht nur in der Bevölkerung und in den Medien rief es großes Interesse hervor, sondern auch in wissenschaftlichen Kreisen. So ist es als überwältigender Erfolg zu bezeichnen, daß Erik Dammanns Buch der Ausgangspunkt einer wissenschaftstheoretischen Konferenz war (September 1988 in Bergen). Es war das erste Mal in Norwegen, daß ein Nichtakademiker so zum Mittelpunkt der akademischen Debatte wurde.

Dammann nimmt in diesem Buch die brennenden Fragen der heutigen Zeit auf. Er stellt die Frage nach den Grundlagen unseres Denkens und Handelns: Sind wir durch die Materie bestimmt, oder gibt es einen Geist, der uns eine Freiheit in unserer Wahl für unsere Handlungen ermöglicht? Sollten wir vollständig von materiellen Ursachen bestimmt sein, zum Beispiel unseren Erbanlagen, unserer Erziehung, unserer Umwelt und anderen äußeren Bedingungen, so sind wir gezwungen, den gegebenen Sachzwängen zu folgen, die somit unsere Handlungen bestimmen und unsere Zukunft zu einem automatischen Ablauf programmieren. Ist die sich abzeichnende Katastrophe, auf die wir zusteuern, ein selbstgesteuerter und sich selbst bestätigender Ablauf, an dem nichts zu ändern ist? Mit diesen Fragen bewegt sich Dammann im Mittelpunkt unserer heutigen Diskussion, die zwischen einer wissenschaftlich-materialistischen Denkweise und einem geistig und ganzheitlich orientierten Denken stattfindet. Sind unsere Zukunftshoffnungen nur auf einen wirkungslosen Glauben gegründet? Ist es wirklich so, wie es uns die materialistisch orientierte Wissenschaft suggeriert, daß der Geist ohnehin keine Macht über die Materie besitzt? Sind wir überhaupt für unser Handeln verantwortlich, wenn die Materie den gegebenen Gesetzmäßigkeiten folgen muß? Sitzen wir in einem D-Zug, der in den Abgrund fährt?

Dammann gelingt der Nachweis stichhaltiger wissenschaftlicher Tatsachen, die dafür sprechen, daß der Geist die Materie steuern kann, daß wir eine Möglichkeit haben zu wählen und die einzuschlagende Richtung der Entwicklung trotz aller Sachzwänge selbst bestimmen können.

Natürlich ist Dammanns Buch nicht von allen kritiklos hingenommen worden. Besonders diejenigen, die sich einer materialistischen Auffassung verpflichtet fühlen, reagierten stark gegen Dammanns Beweisführung, daß unser Bewußtsein mehr sei als nur unser physisches Hirn. Der endgültige Beweis dafür wurde ernsthaft bestritten. So schrieb einer der Chefideologen der norwegischen Kommunisten in der Zeitung *Klassenkampf* bei der Besprechung des Buches: »Als Materialist rechne ich mit der Möglichkeit, daß künstliche Intelligenz produziert werden kann, weil ich den Geist nur als die höchste Form der Materie in Bewegung betrachte.«

Bei einer späteren Diskussion mit diesem Kritiker im Rundfunk kam Dammann auf die Frage zurück. Der Kritiker bestand darauf, daß es in der Zukunft prinzipiell möglich sein sollte, einen Computer zu bauen, der alle menschlichen Eigenschaften besäße, das heißt Denken, Gefühle, Schöpferkraft und Bewußtsein — als eine logische Konsequenz des materialistischen Menschenbildes.
So stellte Dammann die Frage: Wenn wir uns diesen Roboter fertig vorstellen und wir nur noch auf den Knopf drücken müssen, ist dieser Roboter dann in jeder Hinsicht gleich wertvoll wie ein Mensch? Und wenn nicht, *was* gibt dem Menschen den tieferen Wert?
Sehen wir jedoch keinen Unterschied zwischen diesem Roboter und einem Menschen, so hat das weitreichende Folgen. Beide haben dann das gleiche Recht, respektiert zu werden. Doch welchen Respekt kann eine Maschine fordern, die wir produziert haben? Es ist doch logisch, ihre Existenzberechtigung aus ihrem Nutzen und aus dem Gebrauchswert abzuleiten. Und stellt sich heraus, daß der Roboter nicht den Erwartungen entspricht, die wir an ihn gestellt haben, was hindert uns daran, den Knopf zu drücken und ihn abzustellen — oder ihn zu demontieren? So sieht man auch, daß beispielsweise die Moskauprozesse unter Stalin eine logische Konsequenz des dialektischen Materialismus waren. Die Opfer waren für Stalin ohne Nutzwert und mußten deshalb »demontiert« werden.
Dammann präzisierte seine Frage wie folgt: Entweder ist die vollkommene Menschenmaschine prinzipiell ein unmöglicher Gedanke, oder sie ist trotz allem immer minderwertiger als ein genuiner Mensch; in beiden Fällen ist die Frage offen: Weshalb?
Mir scheint, Erik Dammann ist die Beantwortung dieser Frage in dem vorliegenden Buch vortrefflich gelungen.

Walter Kraus

Weshalb mußte ich dieses Buch schreiben?

Weshalb mußte ich die Arbeit zur Seite legen, die ich früher für wichtiger ansah als alles andere? Weshalb brauchte ich mehr als zwei Jahre mit Lesen, Grübeln und Fragenstellen nach so unmodernen Dingen wie die »Wahrheit über den Menschen und die Wirklichkeit«?

Ich fürchte, die Antwort deutet auf ein allzu starkes Engagement. Aber es ging nicht anders. Ich konnte einfach nicht länger die Fragen vor mir herschieben, die sich seit langem in meinem Bewußtsein angesammelt hatten, lange bevor ich richtig erwachsen wurde: Müssen wir weiterhin in unkritischem Wunschdenken und einer knöchernen Theologie Zuflucht suchen, um die tieferen Fragen zu diskutieren, denen die meisten von uns früher oder später begegnen? Welche Möglichkeiten ergeben sich aus den Forschungsergebnissen der letzten Generation, um diese Fragen in neuer Weise in Angriff zu nehmen? Gibt ein materialistisch orientiertes Weltbild weiterhin die wahrscheinlichste und »wissenschaftlichste« Antwort, wenn wir fragen, was die Harmonie und Ganzheit der Natur, das Leben, das Bewußtsein, die Schöpferkraft und die Liebe verursacht? Gibt dieses Weltbild eine ausreichende Antwort auf all die unerklärlichen Erlebnisse, die so viele von uns berühren?

Eigentlich war es mir immer klar, daß ich mich früher oder später dieser Problematik widmen mußte, um mit mir ins reine zu kommen. Das persönliche Engagement und die Teilnahme an unserer alltäglichen Wirklichkeit ließen mich die Frage nach

dem Hintergrund dieser Wirklichkeit zur Seite drängen. Erst wenn man über die Fünfzig kommt, erkennt man wohl, daß man nicht unendlich viel Zeit hat, um das durchzuführen, was man seit seiner Jugend erträumt hat. Trotzdem hätte ich diese Fragen vielleicht weiterhin verdrängt, wenn ich nicht letztlich durch meine Arbeit gezwungen worden wäre, mich eingehender mit ihnen zu beschäftigen.
Fünfzehn Jahre habe ich geschrieben und gearbeitet, um ein Bewußtsein für das Unmenschliche, ja Unmögliche zu verbreiten, das in seiner Entwicklung sowohl die Lebensfreude wie auch die Verantwortung für andere und für die Welt durch eine zunehmend primitiver werdende Konkurrenz um Macht und durch bornierten Eigennutz zerstört. (Erik Dammann ist — wie bereits weiter oben gesagt wurde — Begründer einer skandinavischen Alternativbewegung, die sich mit dieser Problematik beschäftigt; er spricht hier von seiner Arbeit in dieser Bewegung. Anm. d. Übers.) Doch am meisten beschäftigten mich die Möglichkeiten für einen neuen Denkstil. Und die Veränderung? Die kommt nicht eher, als wir imstande sind, an sie zu glauben; glauben, daß wir mehr sind als willenlose Opfer einer blinden Entwicklung; glauben, daß keiner uns das Recht nehmen kann, für unser eigenes Leben die Richtung zu wählen, unabhängig davon, in welcher Situation wir uns befinden; und auch, daß wir alle ein kleines Stück der Zukunft in unseren Händen haben. (Die Zukunft in unseren Händen nennt sich die erwähnte Bewegung, deren Vater Erik Dammann ist. Anm. d. Übers.)
Mehr und mehr wurde mir klar, daß uns heute dieser Glaube fehlt. Weder in der Politik noch im täglichen Leben bringen wir es fertig, an etwas anderes zu glauben als an eine Anpassung an das Bestehende. Wie hilflose Kinder hoffen wir, daß die Entwicklung, an der wir teilnehmen, »von selbst« in die richtige Richtung geht.

Was war es, das uns den Glauben an die menschlichen Möglichkeiten genommen hat? Sehen wir den Menschen nicht mehr als geistiges Wesen mit Verantwortung für seine Entscheidungen an? Haben wir so viel von den Gesetzen der Natur gelernt, daß wir unsere Selbstentwicklung auch als vollständig von den Naturgesetzen vorausbestimmt betrachten?
Das waren die Fragen, die mich letztlich doch zwangen, auf das zurückzugreifen, was in all diesen Jahren unbeantwortet in meinem Bewußtsein gewartet hatte. Was glauben wir, und was wissen wir heute über den Menschen und die Wirklichkeit? Ist es möglich, an unseren »freien Willen« zu glauben, wenn wir gleichzeitig wissen, wie viele Dinge uns beeinflussen? Gibt es Kräfte in uns, die nicht an die Gesetze der Physik gebunden sind? Können wir heute, ohne unser Wissen und unsere kritische Vernunft über Bord zu werfen, an eine nichtphysikalische Seite unserer selbst und der Wirklichkeit glauben? Ergibt sich daraus, vorausgesetzt, dies ist der Fall, eine Annäherung von Religion und Wissenschaft? Gibt es eine hinreichende Grundlage für die Diskussion über eine mögliche gemeinsame Wahrheit, die den Religionen zugrunde liegt, unabhängig davon, daß die Kirchen unterschiedliche Glaubensrichtungen besitzen, sich gegenseitig hassen und zerstören? Und vor allen Dingen: Wie können wir uns all dem nähern, ohne unseren kritischen Sinn und unser Interesse für die Wirklichkeit, in der wir leben, zu schwächen — wie können wir unsere innere Kraft und unseren Glauben stärken, um an der Welt teilzunehmen und sie zu verändern?
Diese Fragen führten mich weiter, als sich damals, während ich dieses Buch plante, vermuten ließ. Es blieb nicht nur beim Lesen und Studieren. Die Fragen brachten mich in Kontakt mit Leuten, die jahrelang in Forschung und Theorie über das Thema gearbeitet hatten, womit ich mich jetzt beschäftigte. Es waren Leute aus Norwegen, England, Kanada und den

USA. Ich kam in Kontakt mit Atomforschern, Gehirnforschern, Biologen, Physikern und Psychologen, die in der seriösen parapsychologischen Forschung eine Antwort gesucht haben. Auch Menschen, die sich diesen Fragen von einem philosophischen und religiösen Blickwinkel aus genähert haben, waren wichtige Bezugspunkte.

Während dieser Reisen und Gespräche kam ich nicht daran vorbei, zu erkennen, daß wir mit unserem Bild vom Menschen und unserer Auffassung von der Wirklichkeit an einer historischen Zeitwende stehen. Selbst wenn dies bei der Mehrzahl der Forscher noch kein besonderes Interesse wachgerufen hat, ist es doch ein Faktum, daß eine wachsende Anzahl hervorragender Forscher unterschiedlicher Fakultäten sich mit Verhältnissen im Universum beschäftigen, die unabhängig von Zeit und Raum zu sein scheinen und die, davon ausgehend, tiefgehende philosophische Fragen aufwerfen.

Es wurde für mich deutlich, daß wir in den kommenden Jahrzehnten eine drastische und faszinierende Ausweitung von Forschungsaufgaben und menschlichen Möglichkeiten erleben werden. Das, was sich jetzt unserem Denken und unserer kritischen Forschung als etwas Neues öffnen kann, ist ein Weltbild, das Raum läßt für eine Synthese von Religion und Wissenschaft, Geist und Materie, Bewußtsein und Universum.

Während meiner Arbeit an diesem Buch konnte ich es nicht unterlassen, über diese Dinge mit Freunden und Bekannten zu sprechen. Dabei entdeckte ich, daß das Interesse an diesem Thema, ja die Begeisterung dafür größer war, als ich geahnt hatte, und dies oftmals bei Leuten, bei denen ich ein solches Interesse nicht erwartet hatte. Auch das stärkte meinen Glauben an ein neues Wirklichkeitsverständnis und eine neue, vor der Tür stehende Hoffnung für die menschliche Zukunft.

Ich traf Christen und andere gläubige Menschen, die gegen

eine nähere Untersuchung des Verhältnisses zwischen Glaube und Wirklichkeit Partei ergriffen (obwohl in der gleichen Gruppe selbstverständlich auch solche waren, die positiv reagierten), und ich traf tolerante Humanethiker, die tief an einer sachlichen Begründung der metaphysischen oder »geistigen« Seite der Wirklichkeit interessiert waren. Unter ihnen waren meine Freunde Hans und Inger Johanne Martens, die hier erwähnt werden sollten, weil Hans starb, während ich an diesem Buch arbeitete, und mir, im Einvernehmen mit seiner Frau, eine Summe als Erbe hinterließ, als Hilfe, um das zu Ende zu führen, wofür sie beide sich eingesetzt hatten. Es ist schwer, den Dank auszudrücken, den ich für diese Gabe und die zugrundeliegende Geisteshaltung empfinde. Zusammen mit einem Stipendium des norwegischen Verbandes der Verfasser von Fachliteratur gab mir dies Zeit und Möglichkeit, den Fragen nachzugehen, die ich stellen wollte, sowohl in Norwegen als auch im Ausland.

Gern hätte ich alle persönlich genannt, die mir auf verschiedene Art und Weise Hilfe anboten und gaben, doch die Liste würde allzulang werden. Ich möchte aber erwähnen, wie wichtig diese Hilfe war, besonders in der Periode, in der die Aufgabe schwierig und unüberwindlich erschien.

Unter den vielen muß jedoch einer genannt werden, weil meine ganze Einstellung zu diesem Thema durch seine strengen Forderungen nach wissenschaftlicher Redlichkeit und Gründlichkeit geprägt wurden: Über ein Jahr lang traf ich regelmäßig mit dem Quantenphysiker Kristoffer Gjøtterud zusammen, manchmal mehrmals wöchentlich. Geduldig und freundlich bestand er darauf, daß ich mir selbst ein »richtiges Verständnis« der Hauptideen der Quantenphysik aneignen müsse, bevor ich daranging, ihre gewaltigen philosophischen Konsequenzen zu diskutieren. Er nahm sich auch der fachlichen Korrekturen des Buchteiles an, in dem ich die neuen

Grundlagen der Physik behandle. Ohne seine Hilfe wäre ich bestimmt in einige Fallen des Mißverständnisses und der Fehlinterpretation getreten, die sehr leicht in nichtfachlichen Erörterungen über das neue Wirklichkeitsbild in der Physik auftreten.

Trotzdem hat mir niemand mehr bedeutet als meine Frau Ragnhild und unsere unzähligen Gespräche über meine Motive für dieses Buch. Es gehört sehr viel Liebe dazu, trotz allem so viel Vertrauen zu bewahren, wie sie mir zu jeder Zeit zeigte, wenn man, wie sie, mitten im bewegten Spannungsfeld zwischen überschäumender partnerschaftlicher Begeisterung für die Aufgabe und der festen Überzeugung steht, daß diese Aufgabe letztlich doch nicht zu lösen ist. Während meiner Arbeit stellte ich einmal die Frage an meinen Lektor Brikt Jensen, für wen ich dieses Buch eigentlich schreiben sollte. Er antwortete: »Die Fragen, die du aufwirfst, tauchen beständig bei jedem denkenden Menschen auf, doch die meisten von uns müssen sie zugunsten des täglichen Trubels zur Seite schieben. Die Möglichkeit, die du erhieltest, auf diese Fragen tiefer einzugehen, ist ein Privileg zu unser aller Nutzen. Berichte, wie du es selbst erlebtest. Ich glaube, die meisten haben Lust, dir auf einer solchen Expedition zu folgen.«

Da die Arbeit an diesem Buch auch ein persönlicher Erkenntnisprozeß gewesen ist, empfand ich es als richtig, Brikt Jensens Rat zu folgen, und ich schrieb dieses Buch als einen persönlichen Bericht über eine spannende Reise zu neuem Wissen und neuem Verständnis, so, wie ich es selbst erlebte.

TEIL I

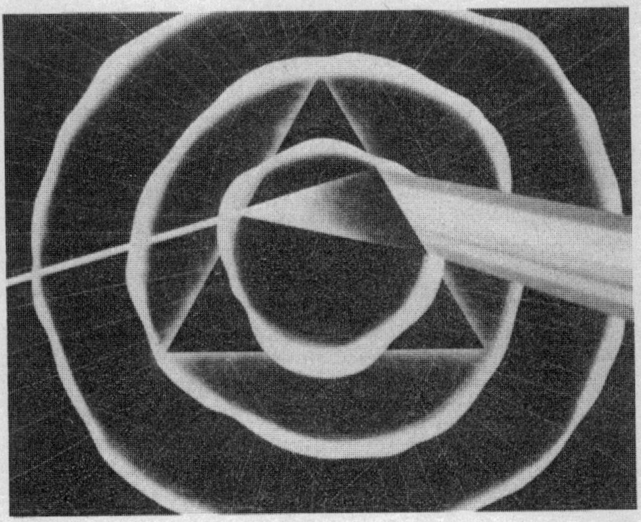

Der Rat eines suchenden Kritikers

Ich sitze hier mit einem riesigen Berg Notizen und weiß nicht, wo ich anfangen soll. Alles, was ich vorläufig habe, ist eine vage Idee: Ich bin auf der Suche nach einem Bild der Wirklichkeit, das Raum genug für die Fragen und Probleme läßt, welche die etablierte Wissenschaft bisher zur Seite geschoben hat.

Ich glaube, vieles davon hängt mit einer grundsätzlichen Frage zusammen, mit der die Wissenschaft sich nicht beschäftigen kann, ohne an ihren Grundfesten zu rütteln: Gibt es etwas Immaterielles jenseits von Natur und Bewußtsein, etwas, das auf Möglichkeiten weist, die über die naturwissenschaftlichen Gesetzmäßigkeiten hinausgehen, die von der Forschung untersucht werden?

Es ist mir klar, daß die Forschung sich auf das konzentrieren muß, was untersucht und festgestellt werden kann. Doch das sollte nicht daran hindern, sich mit nachweisbaren Phänomenen zu beschäftigen, die durch Immaterielles *verursacht* sein können, noch sollte das ein Hindernis sein, sein Weltbild entsprechend zu erweitern, wenn dies angebracht zu sein scheint. Ich weiß, daß es immer Leute gab, die solche Fragen nicht unter den Teppich geschoben haben. Es sollte möglich sein, diese Leute aufzusuchen und herauszufinden, auf welchen Tatsachen sie aufgebaut haben.

Das einzige, woran ich mich bei dieser Suchaktion halten kann, ist eine Art Programm, das ich mir selbst erstellt habe: Ich will nicht auf reine Spekulationen und Glauben bauen.

Ausgangspunkt sind für mich unabweisbare, faktische Begebenheiten, unabhängig von allen akzeptierten Normen. Mit anderen Worten, ich stehe vollständig offen da, auch gegenüber dem, was die etablierten »Wahrheiten« bestreiten. Und ich muß akzeptieren, daß dies von denjenigen Kritik hervorrufen wird, die der Auffassung sind, alle Tatsachen sollten in das Weltbild hineinpassen, das man sich einmal gebildet hat. Doch werde ich auch akzeptieren, daß eine solche Skepsis berechtigt sein kann, wenn die Suche nach dem Unerklärlichen durch Wunschdenken geprägt wird. Deshalb versuche ich, meine Offenheit mit allem zu kombinieren, was ich an kritischer Vernunft zu mobilisieren imstande bin. Kann ich trotzdem die eventuell vorhandenen Tatsachen und Verhältnisse nicht abweisen, werde ich versuchen, sie durch Beispiele aus anderen Bereichen zu bestätigen. Und schließlich muß ich selbstverständlich meine eigenen Grenzen anerkennen. Sollte ich den nötigen Hintergrund nicht besitzen, um die vorgefundenen Verhältnisse in den entsprechenden Wissenschaftszweigen beurteilen zu können, werde ich diese erfahrenen Forschern vorlegen, die das Wagnis unternommen haben, untraditionelle Fragen zu stellen und nach einer neuen Antwort zu suchen.

Um beginnen zu können, muß ich zuallererst eine Grundlage finden, von der aus ich weitere Fragen stellen kann. Ich brauche eine Art Fundament, das auf soliden Forschungsergebnissen beruht und nicht ohne weiteres bestritten werden kann. Gleichzeitig muß es sich um etwas handeln, das mindestens einen Weg zu neuen Ideen und Erklärungsmodellen weist. Mit der Zeit kam ich darauf, daß ein solcher Startpunkt vielleicht unsere moderne Physik sein kann, weil diese, nach der Auffassung vieler anderer, eine Erneuerung unseres alten Weltbildes notwendig gemacht hat. Trotzdem habe ich mich lange gesträubt, damit zu beginnen, weil ich ahnte, wieviel Arbeit das einem Amateur abverlangt, wenn es richtig gemacht werden soll. Doch wenn das neue Verständnis, das die Physik in unserem Jahrhundert geschaffen hat, so revolutionierend ist, wie diesem zugeschrieben wird, komme ich wohl nicht daran vorbei. Ich werde mich auf die wichtigsten und konkretesten Grundlagen beschränken und es so einfach machen wie nur eben möglich, ohne dabei die Forderung nach sachlicher Haltbarkeit außer acht zu lassen.

Daß ich nun zu guter Letzt gewählt habe, mit der Physik zu beginnen, ist auf die Tatsache zurückzuführen, daß deren Resultate und Theorien immer entscheidend für unser Wirklichkeitsverständnis und unsere Entwicklung waren: Seit dem 16. Jahrhundert bis in unsere Zeit wurde die Gesellschaft mehr und mehr durch die Faszination geprägt, die dadurch entstand, daß die Physik die Fähigkeit besaß, Naturphänomene durch Annahmen und deren maschinenhafte und absolute Gesetzmäßigkeit zu beschreiben und auszunutzen. Dieses Weltbild, so sagen die Physiker, haben sie selbst verlassen. Speziell wird das auf die Quantenphysik bezogen, die sich mit den kleinsten Teilen oder Quanten der Natur und dem inneren Wesen der Materie beschäftigt.

Hiervon muß ich mehr wissen, um weitergehen zu können. Mit wem kann ich darüber sprechen? Ich beginne mit einem Telefongespräch mit meinem langjährigen Freund und Ratgeber, Professor der Philosophie Arne Næss. Kann er mir einen Rat geben bezüglich eines Physikers mit Interesse an philosophischen Fragestellungen? Und kann er mir vielleicht einige neue Gesichtspunkte über den Angriffswinkel zu einer derartigen Fragestellung vermitteln? Er bittet mich zu einem Gespräch.

Arne wohnt nicht weiter als eine halbe Stunde entfernt. Ich gehe durch die stillen Wege, beschienen von der Nachmittagssonne, und bekomme Gelegenheit zum Nachdenken. Ich denke nach über eines von Arnes Büchern, das ich soeben gelesen habe: *Hvilken verden er den virkelige?*[1] (»Welche Welt ist die richtige?«). Es brachte mich dazu, mein ganzes Projekt in ernsthafte Zweifel zu ziehen, da es zeigt, wie schwierig, ja unmöglich es ist, verschiedene Weltbilder objektiv miteinander zu vergleichen und zu beurteilen. Jede Ganzheitsphilosophie über die Wirklichkeit nimmt ihren Ausgangspunkt im vorausgehenden Ganzheitserlebnis des Philosophen, heißt es da im Buch. Diese Intuition ist die Voraussetzung des ganzen Gedankenbaus, und die Wirklichkeit kann deshalb nicht aus sich selbst heraus beschrieben oder begründet werden. Um ein anderes Weltbild als sein eigenes zu beurteilen, muß man sich in die unterschiedlichen Bedingungen des jeweiligen Philosophen hineinleben; und das ist fast unmöglich, sagt Arne Næss. Als Vergleich führt er an, wie schwer es ist, eine fremde Kultur zu verstehen, und zwar so, wie sie von denen erlebt wird, die in ihr leben: Wir können nicht aus unserer eigenen Haut heraus!

Zum Ende des Buches stellte er die Frage: Welches Bild ist es nun, das die Wirklichkeit richtig widerspiegelt? Und er kommt zu dem Schluß: Mir scheint es unmöglich, darauf zu antworten.

Ich bleibe einen Augenblick auf meinem Weg stehen und öffne meine Sinne den eigentlichen Wirklichkeiten um mich herum. Eine prächtige, sonnenbeleuchtete Birke scheint in hellgrünen Nuancen gegen den schweren, dunklen Fichtenwald im Hintergrund. Eine Krähe rupft ein wenig Gras aus, welches neben der Birke wächst, und fliegt mit einem »Krah« wieder in das Dunkel zwischen den Fichten. Mir ist klar, jedes Blatt, jede Fichtennadel und jede Feder am Körper dieser Krähe ist unbegreiflich. Es ist eingewebt in eine unfaßbare,

[1] Anmerkungen siehe Seite 519ff.

lebendige Ganzheit, wovon unsere Gedankenkonstruktionen niemals mehr ergreifen können als zufällige Bruchstücke. Je mehr unser Intellekt glaubt, diese Wirklichkeit begreifen zu können, desto mehr öffnet sich zu allen Seiten eine neue unbeleuchtete Dunkelheit. Und trotzdem! Wirft nicht die in allem wohnende Ganzheit und Harmonie eine Frage auf, der nachgegangen werden kann? Sind die Gesetze der Materie alles, oder gibt es noch etwas anderes dahinter?

Ich begrüße Arne, der in der Eingangstür seines kleinen, am Waldesrand liegenden, hüttenähnlichen Hauses steht, und folge ihm über eine knarrende Treppe hinauf in sein einfaches Wohnzimmer. Der Raum wirkt warm und gemütlich, er hat Holz an Wänden, Fußboden und Decke. Während er in seinem traditionellen Norwegerpullover in dieser Stube umhergeht und die Teetassen sucht, sage ich ihm, wie sehr mir seine offene philosophische Haltung unterschiedlichen Weltanschauungen gegenüber imponiert. Doch er bekommt von mir auch zu hören, daß ich es als sehr schwierig empfinde, anzuerkennen, daß eine »Wahrheit« ebensogut sein soll wie die andere. Kann es sein, daß die ewige Suche des Menschen nach Wahrheit sinnlos ist? Glaubt er nicht an eine objektive Wahrheit, der wir uns nähern können, auch wenn wir sie niemals ganz begreifen werden.

»Doch«, sagt Arne, während er vorsichtig die Tasse auf die Armlehne des Hüttenstuhls stellt, in dem ich sitze. »Ich glaube an den Begriff Wahrheit, eine eigentliche und echte Wahrheit. Doch wenn zwei Philosophen ihre Weltanschauung darlegen, die auf zwei unterschiedlichen Grundvoraussetzungen aufgebaut sind, müssen diese Grundvoraussetzungen innerhalb des Systems verstanden werden. Es ist nicht so leicht, herauszufinden, ob diese beiden — trotz ungleicher Voraussetzungen — nicht doch letztlich dasselbe sagen wollen. Das ist kein Relativismus. Das hat etwas mit den Begrenzungen der Sprache und des Denkens zu tun. Ich verwerfe nicht den absoluten Wahrheitsbegriff!«

»Ich bin nicht so sehr interessiert an vollständigen Wirklichkeitsbildern«, sage ich. »Vielmehr interessiert mich, ob wir etwas über die Grundlage der Wirklichkeit sagen können, die uns die Wissenschaft beschreibt. Es muß möglich sein, zu dieser Frage aufgrund neuer Beobachtungen eine Antwort zu finden, mit Beobachtungen, die nachprüfbar sind. Auf diese Weise kommt doch die Forschung zu ihren Erkenntnissen und zu ihrem Bild der Wirklichkeit. Ist es nicht möglich, auf diese Weise die Grundprinzipien der Ganzheit zu erkennen? Ich denke zum Beispiel an die Frage, ob es eine ›Dimension des Geistes‹ im Universum gibt. Gibt es eine solche Seite der Wirklichkeit, muß diese auch durch beobachtbare Wirkungen festgestellt werden können. Es muß doch möglich sein, zu untersuchen, ob es etwas gibt, was das Physische beeinflußt; etwas, das wir nicht in Zeit und Raum stellen können. Persönlich glaube ich, daß dies die erste Voraussetzung ist, um den ›freien Willen‹ anzuerkennen, der nicht an die physikalischen Gesetzmäßigkeiten gebunden ist. Ich habe nie richtig erfaßt, was du selbst darüber denkst.«

Arne setzt sich mir gerade gegenüber, lehnt sich in seinem Sessel zurück und lächelt: »Wenn ich in Gesprächen über den freien Willen und die ›Geistesdimension‹ im Universum einen etwas lauwarmen Eindruck hinterlassen habe, so liegt das daran, daß ich mich in einer Philosophie zu Hause fühle, in der der freie Wille, in der Bedeutung, wie wir ihn brauchen, eine Selbstverständlichkeit ist. Den Determinismus, also die Idee, daß alles durch physische Gesetze verursacht ist, betrachte ich nur als eine Arbeitshypothese in der Forschung. Ein Forscher ist ja auf die Ursachen aus.«

Ich fühle, daß ich einer Aufmunterung bedarf, um das, was ich mir vorgenommen habe, zu unterstützen. Ich versuche ihm zu erklären, warum ich das Thema so wichtig finde: »In deinem Buch erwähnst du die Grundidee des modernen Materialismus, das Denken sei nur ein Produkt des physischen Gehirns, das Materielle die Grundlage der Wirklichkeit, unabhängig von dem Bewußtsein des Menschen, und jede Begebenheit habe eine physikalische Ursache. Du versteht das so, daß Bewußtsein, Gedanken und Handlung demnach durch materielle Verhältnisse außerhalb des Bewußtseins verursacht sein müssen. Und so fragst du, wieso man dann bestimmte soziale Problemlösungen als ›gut und wertvoll betrachtet, wofür man einsteht und kämpft‹, und sie gegenüber anderen Lösungen bevorzugt. Ich denke, du hast recht, wenn du nach der Logik fragst, die in dem Glauben an ›den Kampf für gute Lösungen‹ liegt, wenn man gleichzeitig an die absolute Notwendigkeit eines jeden Gedankens und jeder Handlung glaubt. – Ich habe noch nie die richtige Erklärung zu dem gefunden, was meine jetzige Frage betrifft. Ich meine, daß die Art und Weise zu denken, die du hier angreifst, sich durch die ganze Debatte zieht, die alles berührt, was mit unserer menschlichen Gesellschaft zu tun hat. Man diskutiert die Ursachen von Verhältnissen, so wie sie sind, und inwieweit dies unsere Zukunft bestimmt. Selten oder fast nie wird erwähnt, daß das menschliche Bewußtsein oder die freie Wahl der Handlung die Entwicklung verändern kann.«

Ich werde sehr eifrig und lehne mich in meinem Sessel nach vorn: »Ich habe den Verdacht, daß die ständigen Beschreibungen einer *logischen* Entwicklung die gesamte Gesellschaft beeinflussen. Die meisten Menschen haben wohl doch ein intuitives Gefühl, daß sie die Freiheit der Wahl haben. Doch dieses Gefühl wird unterdrückt, wenn man glaubt, daß das, wonach wir eigentlich handeln müssen, Wissen ist. Deshalb will ich untersuchen, was die moderne Forschung über die Grundlage des materialistischen Wirklichkeitsverständnisses zu sagen

hat. Es sollte auf jeden Fall möglich sein, den Nachweis zu erbringen, daß eine andere Auffassung mindestens ebenso logisch und wissenschaftlich begründet ist.«
Arne sagt, er unterstütze unbedingt das letztere. Als »suchender Kritiker« sei es für ihn zweifelhaft, ob die Wissenschaft einen endgültigen Beweis für die Grundlage der Wirklichkeit liefern kann. Die Forderung des Materialismus als die *einzig* mögliche Wahrheit stehe im Widerspruch mit seinem persönlichen und philosophischen Weltbild. Er sagt, die mathematische Naturwissenschaft fasziniere ihn mehr. »Doch wie das Ergebnis auch immer sein mag, ob man nun den freien Willen oder geistige Kräfte abstreitet oder anerkennt, hat, philosophisch gesehen, geringe Bedeutung. Laß es mich so ausdrücken: Ich stütze mit vollem Herzen das, was du dir vorgenommen hast, und ich glaube, du wirst für viele Menschen etwas Wertvolles erarbeiten.«
Erleichtert über diese Unterstützung, erzähle ich ihm, daß ich dachte, meine Fragen zuerst einem Physiker vorzulegen, der die Quantenphysik als Spezialfach hat. Meiner Erfahrung nach sind die meisten Physiker von der aktuellen fachlichen Spezialisierung stark geprägt. Ich habe den Eindruck, daß der heutige traditionelle Physiker sich mit den fachlichen Theorien und den faktischen Resultaten von Experimenten in seinem begrenzten Gebiet der Wirklichkeit beschäftigt. Was das in einem größeren Zusammenhang zu bedeuten hat, wird meist als eine Frage betrachtet, die außerhalb des Bereichs der Naturwissenschaft liegt. Ich frage Arne, ob er einige Ausnahmen von dieser Regel kennt. Ob ihm ein Physiker bekannt ist, der bereit wäre, den Zusammenhang zwischen seinem fachlichen Wissen und anderen, tieferen Fragen zu diskutieren.
Arne ist mit der Art und Weise einverstanden, wie ich an die Aufgabe herangehe, und nennt den Namen eines ihm bekann-

ten Quantenphysikers: »Versuche, ein Gespräch mit Kristoffer Gjøtterud zustande zu bringen. Er lehrt an der Universität Blindern in Oslo«, sagt er. »Ich bin sicher, daß er dir mit Enthusiasmus und Geduld helfen wird, die wesentlichen Punkte der Quantenphysik zu verstehen. Ich würde ihn allen anderen Quantenphysikern, die ich kenne, vorziehen. Es ist übrigens auch ein Christ.«

Ich bin sehr im Zweifel, ob es richtig ist, mit jemandem zu beginnen, der bereits einen »abgeschlossenen« religiösen Glauben hat. Ich befürchte, daß er aus den gegebenen religiösen Dogmen heraus argumentiert. Ich dachte, mit der Physik zu beginnen, weil diese eine wissenschaftliche Grundlage vermittelt, und *daheraus* wollte ich Fragen danach stellen, was eine solche neue Auffassung bedeutet. Ich entscheide mich doch, es mit Kristoffer Gjøtterud zu versuchen.

Ich unterhalte mich mit Arne noch eine Weile über die Frage, wie der Materialismus ein solches Monopol des Wirklichkeitsverständnisses erlangen konnte. Ich führe sein Buch an, in dem er einzelne soziologische Thesen angreift, die den Menschen als ein Wesen ohne andere Persönlichkeit als die variierenden Rollen, die er im Leben spielt, beschreiben und alle anderen Ansichten über den Menschen als Ausdruck naiver Illusionen abweist.

»Es überrascht mich«, sage ich, »daß Wissenschaften, die sich mit dem Lebendigen beschäftigen, wie zum Beispiel die Soziologie oder Biologie, diejenigen Wissenschaften zu sein scheinen, die am meisten von einem einseitigen Materialismus geprägt sind. Wenn jemand für die Möglichkeiten der nichtmateriellen Seite der Wirklichkeit offen sein sollte, so doch diejenigen, die etwas so Unerklärlichem wie der Frage ›Wie entstand das Leben?‹ oder ›Wie hat es sich entwickelt?‹ gegenüberstehen.«

Arne stimmt mir zu, erwähnt jedoch auch, daß James (Jim)

E. Lovelock einen mindestens akzeptablen und diskutierbaren Weg aus diesem einspurigen biologischen Materialismus heraus gezeigt hat. Er brachte die Idee auf, daß unsere Erdkugel ein lebender Organismus mit immateriellen lebensregulierenden Kräften ist. Er wurde von ihm »Gaia« genannt. Arne sagt, er selbst habe mit Lovelock darüber gesprochen. Ich entscheide mich, Lovelocks Buch *Gaia*[2] auf die Liste der Bücher zu setzen, die ich noch zu studieren habe.
Inzwischen ist es Abend geworden, und ich verabschiede mich von Arne auf der Treppe. Ich gehe nach Hause und versuche, eine Weile meine Grübeleien zu vergessen. Ich habe Angst, von theoretischen Spekulationen verschluckt zu werden, so daß nachher das Erlebnis der Wirklichkeit verschwindet. Ich gehe langsam und lasse die Abenddüfte des nahenden Sommers in mich hinein. Ich rieche das Gras und den Wald, ich fühle die Ruhe, während ich meinen Blick auf dem orangefarbenen Streifen ruhen lasse, der von dem Schein der untergehenden Sonne in den Wolken herrührt. Ich bleibe am Treppenaufgang stehen und nehme mir Zeit, auf den Mond zu sehen, der ruhig über dem noch hellen Himmel hängt. Ich versuche, nicht zu denken. Das ist nicht so einfach.

Gedanken am Kaminfeuer

Daheim, in unserem sonst so übervölkerten Haus, herrscht jetzt Stille. Es ist spät geworden, und alle schlafen. Ich hole Feuerholz, zünde das Kaminfeuer an und setze mich mit einem Glas Rotwein in einen bequemen Sessel, um meine Gedanken nach dem Gespräch mit Arne zu ordnen. Im Raum ist es dunkel. Um mich her flackert der Lichtschein des Feuers.
So haben die Menschen seit Millionen von Jahren in die

Flammen gestarrt, während sie über die Rätsel der Existenz unter freiem Himmel, in Höhlen, Schlössern und Hütten nachdachten. Das Feuer weckt die Illusion und die Phantasie. War es rein zufällig, daß man in allen Kulturen und in jeder Zeitperiode Antworten fand, die alle eines gemein hatten? Ich meine die Vorstellung, daß sich *jenseits* dessen, das wir sehen und empfinden, etwas verbirgt, was dem Ganzen seine Form und seinen Halt gibt, etwas, das das Ganze zusammenhält. Unsere übervernünftige Zeit hätte es gerne so, daß derartige Ideen unserer Vorfahren auf ihre Unwissenheit und ihre Furcht vor den unbekannten Kräften der Natur zurückzuführen seien. Hatten die Alten nicht etwas, das wir fast verloren haben, den Sinn für das Wunder der Ganzheit und der Zusammenhänge und die Fähigkeit der direkten Erkenntnis des Nichtwahrnehmbaren? Das, was wir Aberglauben nennen, kann ebensogut Intuition sein, Dinge zu erfassen, die uns verborgen sind. Wir haben gelernt, alles zu übersehen, was nicht in Zahlen und Worten ausgedrückt werden kann. *Sie* hatten vielleicht die Fähigkeit, Seiten der Wirklichkeit zu erleben, die nur mit Illustrationen wiedergegeben werden können; vielleicht in Form von Göttern, Mythen oder Märchen, bildreichen Religionen oder Philosophien.

Nach der Aufklärung verschwand jedenfalls das Interesse der Naturwissenschaft an intuitiven Erkenntnissen. Letztere wurden mit der Zeit durch den Glauben an Messungen und logische Analysen ersetzt. Die intellektuelle Seite der Bewußtheit flammte auf, während die Intuition langsam zu einem belanglosen Glimmen erstickt wurde. Die Ahnung, daß etwas in diesem neuen Weltbild fehlte, wurde durch die phantastischen Resultate der Wissenschaft verdrängt. Die wissenschaftliche Methode ließ wenig Platz für die Wunder des unbekannten Schöpfungshintergrundes, des Lebens und der Ganzheit. Für die erfolgreiche Wissenschaft war es fast un-

denkbar, daß es Seiten der Wirklichkeit geben sollte, die sie selbst nicht erforschen konnte.
Viele große Namen trugen zu dieser historischen Zeitwende bei, doch für die nachfolgende Zeit überdauerten zwei von ihnen als die wichtigsten Vorkämpfer. Beide forderten während des 16. Jahrhunderts eine neue Sachlichkeit im Denken. René Descartes präsentierte das imponierende Gedankensystem der kritisch-philosophischen Methode der neuen Zeit. Isaac Newton veröffentlichte seine genialen Vorstellungen über die Schwerkraft und die Bewegungsgesetze und lieferte so die Grundlage der modernen Mechanik. Keiner von ihnen war jedoch reiner Materialist. Sowohl Descartes als auch Newton glaubten an einen göttlichen Schöpfer der Ordnung und der Gesetze, die sie in der Natur erkannten. Für sie war Gott immer noch die Ursache für alles, der ursprüngliche Konstrukteur und Operateur, der einst die »Weltmaschine« aus sich heraus schuf und in Gang setzte. Einmal verglich Newton seine Entdeckungen mit den schönen Steinen, die ein Kind am Strand findet, während das Unbekannte sich als das unendliche Meer bis zum Horizont erstreckt. Erst später ließ die Spezialisierung der Wissenschaft, die die Wirklichkeit in immer kleinere Teile aufspaltete, die »geistige« Frage nach der Ursache der Ganzheit aus dem Interessenfeld verschwinden. Mit der Fähigkeit der Wissenschaft, die Natur zu beschreiben und auszunutzen, wurden die Fragen nach einer möglichen Geistesdimension hinter dem Ganzen in führenden intellektuellen Kreisen fast ungehörig. Wem konnte die »geistige« Erklärung nützen? In einer Welt, in der die Wissenschaftler und Techniker glaubten, alle menschlichen Fragen lösen zu können, und der Meinung waren, die Naturkräfte zu beherrschen, in einer Welt, in der die Industrie eine Revolution hervorrief und in der die Ökonomie und Millionen von Menschenschicksalen beschrieben und kontrolliert wurden, war

die Frage nach dem Geist unbrauchbar. Mit dem Kapitalismus bekam das »geistfreie« Weltbild endlich seine Legitimation. Das einzige, was wirklich von Bedeutung war, war das, was in Mark und Pfennig gemessen, gewogen und umgesetzt werden konnte. Die Kirche paßte ihre Botschaft den Erfordernissen des Kapitalismus an: Die Religion mußte darauf verzichten, mit der Wissenschaft über den Geist hinter der Materie zu diskutieren. Das Geistige wurde in eine Welt für sich selbst gestellt — eine Welt, die übrigens ohne wirkliche Bedeutung für die Wirklichkeit war. Die Kirche reduzierte ihre Verkündigung bis zur individuellen Seele und deren Erlösung, ohne die unangenehme Frage nach der »eigentlichen Wirklichkeit« zu stellen, die mit Forschung und Ökonomie verbunden war. Mit dieser Spaltung zwischen Geist und Wirklichkeit konnte die Entwicklung des Materialismus, ungehindert von moralischen Begründungen, durch Sklavenhandel und Kolonialisierung, Machtkampf, Krieg und Unterdrückung voranschreiten.

In einer Welt ohne einen Raum für den Geist ist man fast gezwungen, die physikalischen Gesetze als die einzig wirklichen Entwicklungskräfte anzuerkennen — desgleichen im Menschen. So wurden auch der Konkurrenzkampf in der Industrie und seine ökonomische Befriedigung ebenso wie das Recht des Stärkeren allgemein anerkannt, angenommen und wissenschaftlich begründet durch den klassischen Darwinismus und seine Idee, daß der Stärkste und Bestangepaßte überlebt.

Ich lege ein neues Holzscheit in den Kamin und reflektiere eine Weile über meine Gedankenfolge. Ist sie einseitig? — Selbstverständlich. Es gab auch andere wichtige Momente in der Entwicklung. Trotzdem meine ich, daß dieses vereinfachte Bild etwas Wesentliches darüber aussagt, weshalb es so schwierig ist, an die Fähigkeit des Menschen zu glauben, seine eigene Entwicklung in unserer Zeit zu bestimmen.

Die starke Stellung der Wissenschaft und ihre imponierenden Resultate vermittelten uns ein gewaltiges Vertrauen in das Wissen der Forscher. Gleichzeitig haben wir gelernt, daß ihre Forschung auf der Idee beruht, die Welt sei durch unumgängliche Gesetze bestimmt. Das, was geschieht, *muß* geschehen. Wir wissen, daß dies auch für die Hirnforschung, Psychologie und Sozialwissenschaften gilt: Diejenigen, die am besten über unsere Gedanken, Gefühle und Handlungen Bescheid wissen sollten, scheinen anzunehmen, das, was wir den freien Willen nennen, könne eigentlich auf Ursachen zurückgeführt werden, über die wir uns noch nicht klar sind.

Das Ergebnis ist das Bild des Menschen als Maschine mit einem Computergehirn. Die Psychologie weiß, wie das Gehirn durch die Erziehung und frühere Erlebnisse programmiert wurde. Hirnforscher wissen, wie diese Programme und Sinneseindrücke, zusammen mit den genetischen Codes, unsere Prozesse im Gehirn steuern und Handlungen auslösen. Und die Historiker und Soziologen wissen, wie diese »Menschenmaschinen« sich und ihre Umwelt beeinflussen und wie sie in bestimmten Mustern in der Gruppe reagieren. Obgleich die Wissenschaft nicht genügend Wissen besitzt, alles zu erklären und vorauszusagen, verändert das nicht ihr Prinzip: Wir leben und denken, wie wir sind, weil wir nicht anders können; wir sind abhängig von einem bekannten oder unbekannten Gesetz. Ist es nicht eigenartig, wird es nicht als lächerlich betrachtet, wenn wir über unsere Eigenverantwortung in bezug auf unsere und auch in bezug auf die Weltentwicklung im allgemeinen sprechen? Ist es da verwunderlich, daß die Frage über Moral und den freien Willen in intellektuellen Kreisen reichlich unmodern wurde?

Ich erinnere mich an ein Gespräch, daß ich vor einiger Zeit führte. Wir waren drei Freunde, ein Medizinprofessor, ein Lektor und Dramatiker und ich. Wir trafen uns regelmäßig, um die Grundlagen des freien Willens zu diskutieren. Eines Abends kam eine vierte Person hinzu, ein Oberarzt der Psychiatrie. Er wurde gefragt, was *er* über den »freien Willen« denke. Die Antwort machte einen so starken Eindruck auf mich, daß ich mich fast im Wortlaut an sie erinnere: »Selbstverständlich will ich gerne glauben, daß wir eine freie Wahl haben«, sagte er. »Doch alles, was ich weiß, und alles, was ich bisher erfahren habe, sagt mir, daß es nicht so sein kann. All das, was wir als einen freien Beschluß ansehen, hat immer eine Ursache. Nein, ich bin eigentlich nicht fähig, an einen freien Willen zu glauben.«

Ich kannte allerdings das soziale Engagement dieses Mannes auf mehreren Gebieten. Deshalb fragte ich ein wenig verwundert: »Weshalb machst du denn in der Anti-Atomwaffen-Bewegung mit oder auch in anderen ähnlichen Bewegungen? Sie alle gründen ja auf dem Gedanken, daß unsere Wahl die Entwicklung verändern kann. Ist das nicht widersprüchlich für jemanden, der meint, keiner von uns wähle etwas anderes als das, was vorausbestimmt ist?«

Er sah mich mit einem eigenartigen Ausdruck in seinen Augen an und sagte ernst: »Ich muß gestehen, daß ich hier vor einem unlösbaren Problem stehe: Mein Intellekt sagt mir, daß Derartiges nichts nützt, die Entwicklung vorausbestimmt ist. Doch von meinen Gefühlen her kann ich mit dieser Erkenntnis nicht leben. Deshalb verdränge ich das, was ich zu wissen meine.«

Für mich wurde diese Antwort zum Ausdruck für das Grundproblem unserer Zeit: Unsere Gefühle für die Reste unserer Intuition sagen uns, daß wir eine Verantwortung tragen, daß wir, von einem moralischen Willen ausgehend, der tief in uns verborgen liegt, wählen können und müssen. Doch diese Intuition wird durch den Glauben an die unwiderruflichen Naturgesetze geschwächt und verwirrt, der uns alle Verant-

wortung für unsere Handlungen abnimmt. Dieser verzweifelte Widerspruch ist vielleicht das tiefste Problem unserer heutigen Kultur. Wir wissen, daß Veränderungen all unsere Kraft und einen ganzen Einsatz erfordern. Doch stehen wir vor der Handlung, die erforderlich ist, werden wir von einer Hoffnungslosigkeit entmachtet: Das hilft ja doch nichts. Ich bin, wie ich sein muß, *weil* die Entwicklung ihren Gang geht, *weil ...!* So pendeln wir hin und her zwischen passiver Ergebenheit und dem Impuls, der sich meldet. Das Ergebnis sind halbherzige Lösungsversuche aufgrund bewußter moralischer Wahl. Und wir versuchen, den ganzen Konflikt zu vergessen, und betäuben uns durch die Stimulation unserer Sinne und eine bewußtlose Jagd ohne wirklichen Sinn.
Ich richte mich in meinem Sessel auf und weiß, daß ich die Grundlage dessen besitze, womit ich mich beschäftige: Wenn es überhaupt ein Wissen gibt, das der »etablierten Wahrheit« über die Notwendigkeit einer gesetzmäßigen Entwicklung widerspricht, gibt es nichts Wichtigeres, als dieses ans Licht zu bringen!
Nur eine neue Art von Wissen über das, was bisher außerhalb des Interessengebietes der Wissenschaft gelegen hat, kann für den Glauben, der Berge versetzt, eine Grundlage vermitteln und eine Entwicklung verändern, die als unabänderlich erscheint.

Ein Gespräch über Physik, Glauben und Wissen

Ich habe mit Kristoffer Gjøtterud ein Gespräch vereinbart. Mit hohen Erwartungen finde ich mich in dem großen Physikgebäude ein, das mitten im ältesten Viertel der Universitätsanlagen in Oslo liegt. Während ich durch die Eingangshalle gehe, denke ich an all das, was ich über den Mann gehört habe, den ich nun treffen werde. Er arbeitet mit theoretischer Physik und ist ein regelmäßiger Teilnehmer von internationalen Kongressen und Diskussionen über die merkwürdigen Entdeckungen und Theorien der Quantenphysik. Während seiner Laufbahn hatte er die Möglichkeit, mit legendären Physikern wie Werner Heisenberg und David Bohm zu diskutieren. Vor einer Woche hörte ich ihn in einer christlichen Versammlung sprechen und war erstaunt über seinen vorbehaltlosen christlichen Glauben. Ich bin gespannt, ob er das mit dem in Zusammenhang bringen kann, was er über moderne Physik weiß.

Ich finde Gjøtterud zwei Treppen höher in einem mit Büchern überfüllten Büro. An der Wand hängt eine Tafel mit unverständlichen Figuren und Diagrammen. Er ist ein freundlicher Mann, ungefähr fünfzig Jahre alt, mit einem Anflug von Humor in den Augen und sofort bereit, mir zu Diensten zu stehen. Ich setze mich auf einen Stuhl, den er mir anbietet, und versuche, meinen Hintergrund über Physik darzustellen und, so gut ich kann, zu erklären, weshalb ich an der Physik interessiert bin. Weil ich seine christliche Haltung kenne, bin ich daran interessiert, etwas darüber zu hören, wie er den Zu-

sammenhang zwischen dieser Haltung und seinen physikalischen Theorien sieht.
»Können Sie sagen, daß das Weltbild der Physik genügend Raum für eine Art ›religiöse‹ oder geistige Seite der Wirklichkeit läßt?«
Gjøtterud denkt lange nach, bevor er antwortet. »Die Logik kann eine religiöse Haltung nicht anzweifeln«, antwortet er. »Offenbarungen zeigen sich in der gleichen Welt, in der die Physik arbeitet. Der Glaube muß so stark sein, daß er die Skepsis tolerieren kann.«
Ich habe nicht das Gefühl, eine zufriedenstellende Antwort auf meine Frage erhalten zu haben. Ich versuche das, was ich wissen will, zu präzisieren: »Worüber ich eine Klarheit suche, ist, wie das Weltbild der Physik sich in entscheidender Weise gegenüber dem des vorigen Jahrhundert verändert hat; zum Beispiel, wenn man das Verhältnis zwischen Geist und Materie betrachtet.«
»Durch die neuen Erkenntnisse der Physik wurden tiefgreifende Änderungen von Grundbegriffen wie Raum, Zeit, Materie, Ursache und Wirkung erforderlich. Die Quantenphysik *hat* unser Verständnis der Welt verändert. Die Frage ist, ob das ein neues Licht auf das Verhältnis von Geist und Materie wirft.«
»Soll das heißen, man legt neue Prinzipien für ein Verständnis der Wirklichkeit zugrunde? Diese neuen Prinzipien sind es, die ich gern erklärt haben möchte.«
»Was man so sicher zu wissen glaubte, ist nicht richtig, hat die Physik gezeigt. Doch die Möglichkeit, die Wirklichkeit zu reduzieren, ist immer vorhanden. Viele Physiker wollen keine allzu weit gehenden Folgerungen aus der Physik ziehen. Es ist möglich, sich zu distanzieren und die Physik zu einem unabhängigen Gebiet zu machen.«
Ich erinnere mich, daß Arne Næss mir bei dem letzten Gespräch sagte, viele Physiker sprächen nicht gern über die Kon-

sequenzen ihrer Entdeckungen: »Bei einem Treffen zwischen Philosophen und Physikern wurde vor einiger Zeit behauptet, die meisten heutigen Physiker hätten kein klares Weltbild. Was denken Sie darüber?«
»Ich muß sagen, daß ein ganzheitlich zusammenhängendes Weltbild nicht existiert. Ich meine, dies wird auch weiterhin so bleiben.«
Die Antwort verschlägt mir für eine Weile die Sprache. Wie kann es möglich sein, täglich mit Theorien und Experimenten mit höchst weitreichenden Folgen zu arbeiten, ohne nach einer Antwort zu suchen, was das in einem größeren Zusammenhang zu bedeuten hat? Plötzlich erinnere ich mich an etwas, da ich bei einem der Väter der Quantenphysik, Werner Heisenberg, gelesen habe. Aus seinem Buch *Der Teil und das Ganze*[3] geht hervor, wie anders er, Niels Bohr und andere große Namen der Physikgeschichte sich zu unserer Frage verhalten haben. Tage und Nächte konnten sie diskutieren, welches alte Wirklichkeitsverständnis durch ein neues ersetzt werden mußte, um ihren schockierenden Entdeckungen gerecht zu werden. Während einer dieser Gespräche fiel der Satz: Derjenige, der sich mit Quantenphysik beschäftigt und nicht in seinem Innersten tief bewegt wird, hat nicht verstanden, worum es eigentlich geht!
Die Physiker unsere Zeit wissen selbstverständlich, worum es geht. Stellen die Konsequenzen hieraus sowohl für eine traditionell religiöse wie auch für die materialistische Auffassung möglicherweise eine solch starke Herausforderung dar, daß es vermieden wird, näher darauf einzugehen? Ich sage: »Ich glaube auch nicht, daß wir ein vollständiges und endgültiges Weltbild finden können. Doch alle haben wir eine Vorstellung über gewisse Prinzipien, aus denen die Wirklichkeit besteht. Auch unterschiedliche Theorien, die Forschung und die Wahl von Experimenten müssen auf einer Vorstellung des-

sen beruhen, was möglich ist und was nicht. Eine solche prinzipielle Frage ist, ob die Grundlage der Wirklichkeit materiell ist oder nicht. Ich glaube, die Antwort auf diese Frage ist entscheidend dafür, ob es eine Logik hinter unserem Glauben an den freien Willen und eine moralische Verantwortung gibt. Glauben wir, daß alles, was wir Geist, Gedanken und freie Wahl der Handlung nennen, eine physikalische Ursache hat, ist die Konsequenz daraus, daß der geringste Glaube an einen freien Willen die reine Illusion und unser ganzes Reden über Moral bedeutungslos ist. Das gleiche gilt auch, wenn wir glauben, Gott ist allmächtig. Das muß auch so verstanden werden, daß Gott alle unsere Handlungen lenkt. Wie ist es da mit unserer eigenen moralischen Verantwortung? Oder glauben Sie, Gott hat uns einen Teil seiner Kraft gegeben, damit wir uns über die Gesetze der Materie hinwegheben können, zum Beispiel mit Gebet?«

Gjøtterud antwortet, er glaube daran, daß Heilung durch Gebet möglich ist. Heilung durch Gebet kann als eine Art Suggestion verstanden werden, die die physische Widerstandskraft und die Fähigkeit zur Heilung stärkt.

Ich versuche, die Frage der Macht des Gebetes durch ein Beispiel klarzumachen: »Nehmen wir einmal an, ein Mann befindet sich in einem kleinen, unsicheren Boot mitten im Meer während eines kräftigen Sturmes. Glauben Sie, ein Gebet kann ihm helfen, mit heiler Haut dieser äußerst gefährlichen Situation zu entgehen? Wenn ja, bedeutet dies, das Gebet hat einen Einfluß auf die physischen Verhältnisse des Bootes oder des Wetters!«

Gjøtterud denkt nach und schüttelt langsam den Kopf: »Eine solche Möglichkeit hat Konsequenzen, die sich schwer denken lassen. Für mich erscheint es unmöglich, daß ein Mensch über einen physikalischen Prozeß bestimmen kann, gleichgültig, welcher.«

»Ich habe, glaube ich, nicht danach gefragt, ob der Mensch gegenüber der Natur allmächtig sei. Die Grenzen, wie weit unser Einfluß geht, können als von Gott gegeben betrachtet werden. Doch wenn Sie überhaupt nicht daran glauben, daß irgendwelche Einflüsse des Geistes über die Gesetze der physikalischen Welt — unser Gehirn ist ja ein Teil dessen — möglich sind, so verstehe ich nicht, wie Sie glauben können, etwas anderes als die Physik bestimme all unsere Gedanken und unsere Wahl — auch die Wahl des religiösen Glaubens oder Nichtglaubens. Wo bleibt da unsere moralische Verantwortung, die auf jeden Fall einen gewissen Grad von freiem Willen voraussetzen muß?«
Im gleichen Augenblick klingelt das Telefon, und Gjøtterud wird zu einer Sitzung gebeten. Ich muß mich mit seiner kurzen Schlußbemerkung begnügen: »Ich glaube nicht, daß ich mit Ihnen darüber einer Meinung bin, was Sie als den freien Willen verstehen.«
Während des Heimweges fühle ich mich sehr unbefriedigt. Ich glaube, ich habe am falschen Ende angefangen. Ich sollte nach den unzähligen Gesprächen der letzten Jahre gelernt haben, wie unmöglich es ist, über die Grundlagen von Begriffen wie Religion, Glaube und Gott ein nüchternes Gespräch zu führen. Das bedingt zuerst eine umfassende Reinigung dieser Worte von unterschiedlichen Bedeutungsinhalten, die unmittelbar in diese hineingelegt werden. Für einige ist es eine Pflicht, die Bibel Buchstabe für Buchstabe zu interpretieren. Für manche sind die Worte ein Ganzheitserlebnis, das sich jeder Erklärung und Begründung entzieht. Einzelne freiere Gläubige halten sich an das Gesetz der Liebe und sehen die Worte in diesem Licht. Und einige haben die Religion zur Mystik und Schwärmerei gemacht, um ihre eigene Geistlichkeit zu produzieren. Für viele kritisch eingestellte Menschen rufen solche Begriffe augenblicklich eine Reihe von »Gegen-

vorstellungen« hervor — gegen den Glauben an einen weißbärtigen Weltenvater in den Wolken und gegen den Widerspruch, daß Gott absolut gut sein soll und in seiner gleichzeitigen Allmacht aber auch Verantwortung für alle Teufeleien auf Erden trägt und für die grausamen Strafen im Jenseits. Nicht zu sprechen von der Reaktion, das Evangelium der Kirchen werde ständig benutzt, um existierendes Unrecht zu stützen, und als Begründung für politische Rechtfertigung gebraucht.

Doch im Hinblick auf meine Frage ist all das von wenig Belang. Ich möchte alle Vorurteile und Vorstellungen zur Seite schieben und mit »reinem Tisch« beginnen. Es sollte möglich sein, durch das Wissen und durch kritisches Denken Anhaltspunkte für eine Realität zu finden, die *jenseits* der Religion liegt. Es sollte möglich sein, sich der Frage, ob die Wirklichkeit eine geistige oder nichtphysikalische Grundlage besitzt, kritisch gegenüberzustellen. Alle Religionen sehen dies als Voraussetzung. Das sollte möglich sein, ohne sich an all das zu binden, wovon wir bereits einen Standpunkt besitzen, ich meine religiöse Dogmen, die Sicht der Kirche, der Theologie und religiöser Schriften, frühere und existierende Vorstellungen über Propheten, Gott und Götter — und befreit von allen Diskussionen über das, was der Mensch Gutes oder Böses im Namen der Religion getan hat.

Selbstverständlich muß ich anerkennen, daß eine religiöse Erkenntnis auch durch eine andere Art von Erfahrung zustande kommen kann als die intellektuelle Erkenntnis. Doch diese sollte durch eine kritische Analyse über den Zusammenhang von Glauben und Wirklichkeit korrigiert werden.

Die Zukunftshoffnung im Würgegriff des Materialismus

An der Straßenbahnhaltestelle treffe ich einen alten Freund aus meinen Schultagen. Ich glaube, er arbeitet an der Universität; doch wir treffen uns selten, und ich weiß nicht, was er dort tut. Wir haben beide gerade die Straßenbahn verpaßt, und es bleibt Zeit für ein Gespräch. Wir setzen uns auf eine Bank, und er fragt leicht überheblich, ob ich immer noch damit beschäftigt sei, die Welt zu retten.

»Tja«, antworte ich, »das Beste, was man machen kann, ist wohl, die Leute dahingehend zu inspirieren, daß sie selbst erkennen, was zu tun ist. Die Richtung der Gesamtentwicklung wird ja durch die Richtung der Eigenentwicklung von vielen bestimmt. Ich glaube, es ist wichtig, einer Gleichgültigkeit entgegenzuarbeiten, dem Glauben, daß alles doch nichts nützt.«

Er lächelt und schaut mich an: »Und du glaubst, es nützt etwas, die Entwicklung verändern zu wollen?«

»Es kommt einfach darauf an, ob wir es schaffen, daran zu glauben. Wenn alle glaubten, es nützt etwas, würden sie auch etwas unternehmen, und dann würde es gelingen. Doch ich muß dir zugestehen, solche Gedanken sind heute nicht allzusehr verbreitet. Die Vorstellung der Wissenschaft, alles habe eine physikalische Ursache, hat den Glauben der Menschen daran geschwächt, daß sie einen freien Willen und eine Verantwortung haben.«

Sein Lächeln wird zu einem Grinsen: »Worauf sollte denn dieser freie Willen beruhen? Auch unsere freie Wahl muß doch durch irgend etwas verursacht sein, wenn er nicht rein zufällig sein soll.«

»Ich weiß es nicht«, antworte ich. »Aber ich meine, daß eines klar sein sollte: Wenn wir einen gewissen Grad an freiem Willen besitzen, muß er mehr als Physik oder Chemie sein.

Doch selbstverständlich sind wir das auch: Als physische Wesen sind wir durch unzählige Dinge beeinflußt. Die interessante Frage ist, ob wir darüber hinaus so etwas besitzen, was wir einen unabhängigen Geist nennen.«

»Und wo sollte diese Geisteskraft herkommen?« unterbricht er mich.

»Das ist ja gerade die Frage«, setze ich fort. »Gibt es an uns eine Seite, die nicht an physikalische Gesetzmäßigkeiten gebunden ist, so muß diese Seite ›nichtphysisch‹ sein. Somit widerspricht es auch der Vernunft, sich dies innerhalb des Menschen allein vorzustellen. Es muß auf jeden Fall ein universelles Prinzip sein.«

Jetzt wird er ernster: »Das, worüber du sprichst, liegt auf jeden Fall außerhalb des Rahmens der Wissenschaft«, sagt er. »Selbstverständlich gibt es vieles, was wir nicht erklären können. Doch dieses einzusehen bedeutet nicht, daß ich mich irgendwelchen luftigen Spekulationen über irgendeinen mystischen ›Geist‹ hingeben kann. Für mich ist es bedeutungslos, über etwas zu diskutieren, das auf jeden Fall nicht nachgewiesen werden kann!«

»Da bin ich mit dir einer Meinung«, sage ich. »Wenn die Wirkung eines solchen Prinzips nicht nachgewiesen werden kann, so kann es auch für uns keine Bedeutung haben. Doch wenn es eine Wirkung hat, muß diese auch untersucht werden können.«

Er erhebt sich, während die Straßenbahn heranrollt. Bevor er geht, schlägt er mir auf die Schulter: »Ja, ja. Ich hatte immer den Verdacht, daß etwas Religiöses hinter deinem erstaunlich standhaften Idealismus liegen muß!«

Mit einem gewissen Gefühl der Hoffnungslosigkeit steige ich in meine Straßenbahn. Um mich herum sitzen Menschen mit müden Augen und verschlossenen Gesichtern nach einem harten Arbeitstag. Ich erlebe die ganze Atmosphäre so, daß

ein Mangel, an die Möglichkeiten der Zukunft zu glauben, über allem liegt. Ist die Aufgabe, die ich mir vorgenommen habe, unmöglich? Ich erinnere mich plötzlich, daß die gleiche Hoffnungslosigkeit mich mein Psychologiestudium abbrechen ließ. Das war zu Beginn der fünfziger Jahre, als der Behaviorismus seine Höhepunkte feierte.
Zwei Aussagen aus dieser Zeit sind mir noch deutlich in Erinnerung. Die eine war vom Begründer des Behaviorismus, John B. Watson, der den Geist des Menschen als ein Resultat rein physikalischer Prozesse erklären wollte: Gib mir einen Nervenstrang oder einen Muskel, und ich erschaffe dir eine Persönlichkeit, sagte er! Der andere Ausspruch stammt von einem amerikanischen Lehrbuch der Psychologie. Er lautet sinngemäß: Einzelne kommen niemals über das unreife Stadium hinweg, wo man beständig umherläuft und nach dem Sinn des Lebens fragt: Das therapeutische Ziel sollte sein, den Menschen über dieses Stadium hinauszubringen — in eine harmonische Anpassung an die Gesellschaft, in der er leben soll.
Eigentlich drückt dieser Satz nur die natürliche Konsequenz dessen aus, was mein Freund an der Straßenbahnhaltestelle vertrat.
Ich glaube, daß weitere Gespräche mit Gjøtterud mir eine solidere Grundlage dessen vermitteln, was ich finden will. Doch dann lasse ich alle Fragen über Religion beiseite und konzentriere mich auf das, worin diese Grundlage besteht, die Revolution des Wirklichkeitsverständnisses, wofür die Quantenphysik die Basis liefern soll — Basis liefern *soll?* Ist es vielleicht nicht die Physik selbst? Vielleicht ist es nur das Wunschdenken der Sachbuchautoren, die den Eindruck dieser Abkehr vom Materialismus geschaffen haben?
Nein, ich erinnere mich plötzlich an einen der großen Physiker, der sich recht deutlich in meine Richtung ausdrückte.

Zu Hause finde ich das Buch, woher ich diesen Ausspruch habe, geschrieben von dem Physiker James Jeans zu einer Zeit, in der die philosophischen Konsequenzen der Quantenphysik noch nicht unter den Teppich geschoben waren: »Heute besteht ein großes Maß an Übereinstimmung... daß der Strom unserer Erkenntnisse sich in Richtung einer nichtmechanischen Wirklichkeit bewegt; das Universum beginnt mehr wie ein großer Gedanke denn wie eine große Maschine auszusehen.«[4] Der alte Dualismus zwischen Geist und Materie scheine zu verschwinden, die Materie scheine geschaffen durch den Geist oder ein Ausdruck des Geistigen zu sein. Das Universum umfasse eine schaffende, kontrollierende Kraft, die etwas mit unserer eigenen Intelligenz gemeinsam habe. Das wissenschaftliche Weltbild ist also nicht so einfach wie das von Watson. Glücklicherweise!

Das Zitat von James Jeans ist eine Inspiration, sonst aber ohne weiteren Wert, solange ich nicht verstehe, was dahintersteckt. Um Gjøtterud die richtigen Fragen stellen zu können, werde ich all das sammeln, was ich über moderne Physik gelesen habe. Ich kenne einen friedlichen Platz für ein derartiges Vorhaben.

Physik im Wald

Früh am kommenden Morgen nehme ich meinen Rucksack und schlendere hinauf in die Berge. Nach einer Weile verlasse ich den Weg und stapfe durch die Blaubeersträucher und das hohe Gras. Obwohl ich hier schon unzählige Male gegangen bin, finde ich keine Spuren von mir. Seit vielen Jahren bin ich immer zum gleichen Arbeitsplatz gewandert, vorausgesetzt, die Wettergötter waren mir gnädig. Über diese Einsamkeit dort oben habe ich wie über einen heimlichen Schatz gewacht. Deshalb wähle ich immer neue Wege zu diesem Platz, damit nicht andere durch das niedergetretene Gras und die Büsche hierhergeführt werden.

Gewöhnlich fühle ich es deutlich, wie die Rastlosigkeit in mir verschwindet, während ich über Stock und Stein dahinschreite. Langsam erwachen meine Sinne und nehmen den Duft des Waldes und der Tiere wahr. Im Glanz zwischen den Fichten sehe ich die Stadt und den Fjord unter mir versinken, während ich höhersteige.

Endlich leuchtet es vor mir, und wie immer ziehe ich tief die Luft ein, wenn ich aus dem Wald auf den kleinen offenen Fleck komme, den ich einmal nach mehrtägigem Suchen fand. Ein niedriger Felsüberhang verbirgt den Platz von oben, und nach vorn fällt das Gelände so steil ab, daß kein Wanderer mich von dieser Seite stören kann. An einer Fichte habe ich mir einen Sitzplatz aus Steinen gebaut, mit einer danebenstehenden Steinplatte für meine Thermoskanne mit Kaffee, das Eßpaket und das Schreibzeug. Darüber hängen die

Äste der Fichte, die den notwendigen Schatten liefern, wenn die Sonne zu stark scheint.
Es ist wie ein altes Ritual, wenn ich die Bücher und Papiere aus dem Rucksack heraushole. Ich breite meinen Schlafsack als Sitzkissen über dem Stein aus. Dann setze ich mich zurecht und schaue über das Tal und die Berghänge auf der anderen Seite.
Hier ist es so still, daß ab und zu ein Fuchs wie ein rotbrauner Blitz in wenigen Metern Abstand vorbeihuscht, ohne den stillen Mann mit seinem Notizblock zu bemerken. Kürzlich stand ein riesiger Elch gleich am Waldesrand, hielt den Kopf in meine Richtung und sog tief die Luft ein, bevor er dann langsam in der Dunkelheit des Waldes verschwand.
Während die Sonne über die graugrünen Berghänge steigt, gehe ich meine Notizen durch, die ich mir bei der Lektüre über Quantenphysik gemacht habe.

Eine Welt aus leerem Raum und Kräften

Ich gehe die unzähligen Notizen aus den Büchern durch, die ich über moderne Physik gelesen habe, und werde mir klar, daß ich mich auf das beschränken muß, was in einem direkten Zusammenhang mit meiner ursprünglichen Frage steht.
Zuerst war ich von der Relativitätstheorie fasziniert. Es ist interessant, zu lesen, wie sie mit unserer Vorstellung aufräumte, daß Zeit, Entfernung und Masse voneinander unabhängige Größen sind. Besonders interessant wurde es, als ich verstand, daß der Zusammenhang zwischen Zeit und Bewegung durch einen Versuch nachgewiesen werden konnte: Eine Atomuhr, die mit einem Flugzeug um die Welt geschickt wurde, zeigte bei der Rückkehr eine andere Zeit an als die Uhren, die vor dem Start des Flugzeugs auf die exakt gleiche Zeit

eingestellt wurden. Obwohl dieser Zeitunterschied nur sehr gering ist, entspricht er doch sehr genau den speziellen Voraussagen, die anhand der Relativitätstheorie ermittelt wurden. Hier wird gezeigt, daß der Zusammenhang zwischen Zeit, Entfernung, Masse und Energie in Einsteins Theorie nicht »graue Theorie« ist. Diese Theorie sagt etwas über wirkliche Verhältnisse aus. Das eigentlich unbegreifliche Phänomen Zeit kann somit selbst in der Physik nicht als etwas Absolutes und Isoliertes betrachtet werden. So ist es auch mit Masse und Gewicht. Wenn ich einen Gegenstand wiegen könnte, während er sich von mir mit einer zunehmenden Geschwindigkeit entfernt, die der Lichtgeschwindigkeit nahekommt, würde ich dessen Masse als unendlich wachsend erkennen. So muß die Lichtgeschwindigkeit die absolute Geschwindigkeitsgrenze für alle materiellen Gegenstände sein.
Weder die Schwerkraft noch die Entfernung kann unabhängig von Zeit und Bewegung gemessen werden. Einstein hat uns gezeigt, wie alles das in einem Zusammenhang steht: Die Schwerkraft ist eine Eigenschaft des Raumes. Der erweiterte Raumbegriff Einsteins umfaßt sowohl die Zeit als auch den dreidimensionalen Raum. Der Raum kann also nicht aufgeteilt und durch gerade Linien abgegrenzt werden. Raum und Schwerkraft stehen miteinander in einem Wechselverhältnis.

Trotzdem lege ich die Erklärungen über die Relativitätstheorie beiseite. Als diese in ihren zwei Teilen vorgelegt wurde — in den Jahren 1905 und 1916 —, markierte sie den letzten Riesensprung in der Entwicklung des Weltbildes, zu dem Newton den Grundstein legte. Einstein verwirklichte die Weiterführung des alten Weltbildes mit einer Zusammenfassung oder einer Anpassung an das neue Wissen. Doch der Grundstein verblieb: Die Relativitätstheorie zog keinen Schlußstrich unter das westliche Denken in Wissenschaft und For-

schung der letzten Jahrhunderte. Immer noch galt, daß die Welt aus physikalischen Einheiten besteht, die durch grundlegende Gesetze gebunden sind. Nach dieser Vorstellung kann alles, was geschieht, gleichgültig, in welchem Teil der Wirklichkeit, *vorausgesagt* werden, wenn wir die Situationen und die einwirkenden Gesetze kennen. Einstein paßte dieses Bild der Wirklichkeit an, indem er zeigte, wie die einzelnen Naturgesetze zusammenhängen. So konnten unterschiedliche Verhältnisse, die früher einzeln betrachtet wurden, in eins zusammengefaßt werden. So entstand die Erkenntnis, die, vereinfacht und teilweise mißverstanden, einen allgemein gebräuchlichen Ausdruck prägte: »Alles ist relativ.«
Obwohl die Relativitätstheorie für die meisten Menschen eine phantastische Unbegreiflichkeit darstellt, fordert sie jedoch nicht die Grundlagen unseres Verstehens heraus. Vielleicht wird deshalb die Relativitätstheorie als eine Art Allgemeingut betrachtet, während die weit tieferen Konsequenzen der *Quantenphysik* noch nicht von unserer Kultur begriffen wurden — selbst nicht achtzig Jahre nachdem ihre erste Theorie vorgelegt wurde. Worin bestand diese Herausforderung? Weshalb erscheint sie so bedrohend?

Was ist ein Atom?

Gerne will ich sofort in die Entdeckungen einsteigen, die so spannend und herausfordernd erscheinen. Doch sehr schnell wird mir klar, daß das unmöglich ist, ohne zuerst ein Verständnis darüber erlangt zu haben, was ein Atom und seine Teile ausmacht. Das wirkt als Einstieg nicht allzu abschreckend.
Bereits zu Beginn unseres Jahrhunderts wurde das Bild über die Beschaffenheit des Atoms als ein schwerer Kern im Zen-

trum mit leichteren Elektronen, die um diesen Kern in festen Bahnen kreisen, klar. Der Kern besteht aus fest zusammengepreßten Partikeln im Zustand von Protonen mit einer positiven elektrischen Ladung und Neutronen ohne Ladung. Die Anzahl der Kern*protonen* bestimmt, welchen Grundstoff das Atom bildet.

Weil sich gleiche Ladungen voneinander abstoßen, sollte man erwarten, daß sich die positiven Protonen aus dem Kern hinauspressen würden. Das, was sie trotzdem an ihrem Platz hält, ist eine merkwürdige Kraft, die Kernkraft oder »die starken Kernwechselwirkungen«. Das Merkwürdige daran ist, daß diese Kraft gewöhnlich nur über einen ungeheuerlich kleinen Abstand und abwechselnd anziehend und abstoßend wirkt, abhängig vom Abstand der Kernpartikeln. Die stärkste aller bekannten universellen Kräfte kann auf zwei Arten ausgelöst und benutzt werden: einmal durch das Zusammenschmelzen gewisser Atomkerne (Fusionsenergie) oder dadurch, daß gewisse Kerne dazu gebracht werden, sich zu teilen (Fissionsenergie).

Die Protonen machen die ganze Ladung des Kerns positiv. So wirkt dieser auf die negativen Elektroden anziehend und hält sie in ihrer kreisenden Bahn in unterschiedlichen Abständen vom Kern.

Das erste, was mich an diesem Bild der kleinsten Teile der Materie erstaunt, ist, wie wenig davon eigentlich aus »Stoff« besteht. Der Abstand zwischen dem Kern und den äußeren Elektronen des Atoms ist so enorm groß im Verhältnis zu der Größe der Teile des Atoms. Ich suche nach Zahlen und versuche das Verhältnis auszurechnen, um mir einen Eindruck davon zu vermitteln, was dem in unserer Wirklichkeit entsprechen würde.

Ich stelle mir den Atomkern beispielsweise eines Wasserstoffatoms so groß wie einen Fußball vor. Ich denke mir den Ball, wie er vor mir auf dem Boden liegt. Nun sehe ich nach den Elektronen, welche die äußere Grenze des Atoms darstellen. Die sind weit außerhalb meines Gesichtskreises. In meinem vergrößerten Bild sind sie nicht größer als ein Staubkorn. In einem Abstand von zehn Kilometern kreisen sie in irrsinniger Geschwindigkeit um mich herum. In dem (gedachten) festen Stoff, den diese luftigen Atome bilden, liegen die Fußballkerne mehr als zwanzig Kilometer voneinander entfernt, und alles, was dazwischen existiert, sind einzelne wirbelnde Staubkörner!

So war das erste Bild, das man vom Atom bekam. Und diese Vorstellung kann uns immer noch viel über die luftige Weite dieser Einheiten vermitteln, aus denen unsere ganze Wirklichkeit geschaffen ist. Mir ist darüber hinaus bewußt, daß spätere Forschung dieses Bild noch mehr in etwas Unbegrenztes und Abstraktes auflöste. Ein Elektron kann in gewissen Experimenten als ein extrem verkleinertes Staubkorn an einem bestimmten Ort erscheinen. Doch in einem anderen Versuch kann es einem beweglichen »Feld« gleichen, einem Feld, dem überhaupt keine klare Plazierung zugeordnet werden kann.

Je mehr man über Atome lernt, desto unmöglicher wird es, sie mit klaren Worten und Bildern zu beschreiben. Will man überhaupt den Versuch unternehmen, ein Bild durch Begriffe anzudeuten, die unserer bekannten Wirklichkeit entsprechen, so beschreibt man das Atom als ein dichtgepacktes Zentrum kraftgeladener Teilchen, umgeben von mehreren »Nebelschalen« von Energie, die an allen Ecken und Kanten darum herumwirbeln.

Ich sehe von meinen Notizen auf und lasse diese Vorstellung in mich hineinsinken. Ich sitze hier an einem Berghang, und es erscheint mir ganz unbegreiflich, daß eine solche Leere die innerste Wirklichkeit in allem sein soll, was mich umgibt. Die rauhe Borke der Fichten, das dunkle und weiche Blatt des

Laubes, die Steine unter meinen Füßen und die Ameisen, die darüber kriechen, ja selbst meine eigene Hand auf dem Schreibblock — all das besteht vielleicht zu einem millionsten Teil aus dem, was wir Stoff nennen. Der Rest ist einfach leerer Raum ohne einen anderen Inhalt als regulierende Kräfte.

Wie kann das untersucht werden, was man nicht sehen kann?

Ich werde neugierig. Wie kann man etwas untersuchen, das selbst mit unseren stärksten Elektronenmikroskopen nicht wahrgenommen werden kann?
Mir ist klar, daß die radioaktiv strahlenden Stoffe als erste solche Teilchenuntersuchungen möglich machten. Diese Strahlung besteht aus atomaren Teilchen, die aus dem Kern herausgeschossen werden. (Da die Anzahl der Kernpartikel bestimmt, welcher Grundstoff durch das Atom gebildet wird, bedeutet eine radioaktive Partikelbestrahlung faktisch, daß ein Grundstoff in einen anderen umgewandelt wird.)
Wenn man die herausschießenden Kernteilchen durch eine Nebelkammer mit Alkohol passieren läßt, zeigt es sich, daß ihre Bahnen für einen Augenblick als Spur im Nebel sichtbar werden. (Ein wenig präziser ausgedrückt, geschieht das durch eine Ionisierung der Alkoholatome während des Vorbeiflugs der Partikel. Um die Ionen kondensiert Dampf, der wie Perlen auf einer Schnur Tropfen bildet. Diese Tropfenreihen können auf fotochemischen Platten registriert werden. Bei anderen Versuchen werden die Partikelbahnen durch die Aufstellung von elektronischen Gittern registriert.) So waren die Physiker dazu in der Lage, diese Teilchen indirekt durch das Fotografieren der Partikelbahnen, ihrer Zusammenstöße und ihrer Abweichungen zu erforschen.

Doch die radioaktive Partikelstrahlung und die Veränderung von Grundstoffen geschieht nicht nur auf der Erde. Solche Kernreaktionen sind die Grundlage für die Energieproduktion der Sterne und für die Energie, die wir in Form von Licht und Wärme von der Sonne erhalten. Gleichzeitig schießen auch Kernpartikel durch den Raum. So ist unsere Erde einem unsichtbaren Regen von Atomteilchen ausgesetzt, der mit unglaublicher Geschwindigkeit durch die Atmosphäre saust. Wenn solch ein extrem schnelles Teilchen einen irdischen Atomkern trifft, kann dieser Kern in kleine Stücke zerschlagen werden. Ähnliche Zusammenstöße können auch experimentell hervorgerufen werden, indem einzelne Partikel durch einen sogenannten Akzelerator geschickt werden (wie zum Beispiel der berühmte CERN-Akzelerator): In riesigen gerade oder rund verlaufenden Röhren, die durch elektrische Felder beeinflußt werden, werden die Partikel zu einer immer größeren Geschwindigkeit gezogen oder »hochgepeitscht« — bis sie dazu gebracht werden, mit einem Atomkern zusammenzustoßen. In einer Nebelkammer kann man erkennen, wie solch eine Kollision einen Atomkern in einen ganzen Schauer von neuen Teilchen zerbrechen kann, die dann nur eine millionstel Sekunde existieren, um sich dann umzubilden oder sich miteinander zu neuen Atomkernen zu verbinden.

Materie und Antimaterie

In der Forschung mit kosmischer Partikelbestrahlung hat man auch fotografische Platten benutzt. Untersuchungen der Spuren, die Partikel auf diesen Platten hinterlassen, haben zu vielen wunderlichen Entdeckungen geführt. Unter anderem beobachtete man ganz unerwartete Partikelspuren. Wie sich

herausstellte, waren diese durch *Antipartikel* aus dem Weltraum verursacht!
Später wurden solche Antipartikel auch experimentell erzeugt. Sie können als Spiegelbilder der bekannten Normalpartikel beschrieben werden. Sie haben eine entgegengesetzte elektrische Ladung und Eigenschaft.
Das Interessante an diesen Antipartikeln ist, daß sie nicht von unserer »irdischen« Art von Materie stammen können: Im gleichen Augenblick, wenn ein Antipartikel auf seinen irdischen Zwilling trifft, wird deren entgegengesetzte elektrische Ladung sie aufheben, und beide verschwinden. Sie gehen über in eine reine Strahlungsenergie. Daß diese »entgegengesetzten« Atomteile überhaupt den Sturz durch unsere Atmosphäre überleben können, ist unter anderem auf ihre enorme Geschwindigkeit zurückzuführen.
Antipartikel aus dem Weltraum sind also kleinste Teile einer materiellen Welt, die nicht auf unsere treffen kann, ohne daß jede Materie sich auflöst. Mit vollem Ernst behaupten Physiker, daß es Sternenhaufen von solcher Antimaterie gibt, die ganze Planetensysteme durch Energieexplosionen zur Auflösung bringen, wenn sie Galaxien wir die unsere streifen.
Wichtiger für unser Wirklichkeitsverständnis ist wohl, daß die Antipartikel die These der Relativitätstheorie beweisen, daß Stoff und Energie zwei Seiten der gleichen Sache sind. Stoff kann in Energie umgewandelt werden und umgekehrt. In gleicher Weise mußten die Physiker erkennen, daß Energie auch durch Partikel experimentell nachgewiesen werden kann. Beispielsweise können die Partikel, die die Kernkraft vermitteln, bei Kernkollisionen entweichen und als freie Einheiten, Pionen genannt, registriert werden.
So wurde die ursprüngliche einfache Vorstellung, daß das Atom drei kleinste Bestandteile besitzt, ausgeweitet zu einem komplizierten Bild von unterschiedlichen Partikeln, deren

Zahl längst hundert überschritten hat. In einem Versuch, das Ganze zu vereinfachen, haben einige Physiker angenommen, daß die kleinsten Teile des Atoms aus einer Zahl noch kleinerer Einheiten bestehen. Diese bekamen den Namen »Quarks«. Auf jeden Fall ist die »Partikelflora« zu komplex, als daß ein Amateur erwarten kann, darüber einen vollen Überblick zu erlangen. Doch das ist glücklicherweise nicht nötig, um sich eine Vorstellung von den Verhältnissen zu machen, die unser Denken und Verständnis herausfordern.

Physiker werden zu Philosophen

Nach der Durchsicht dieser Notizen fühle ich mich ein wenig frustriert. Obwohl all das, was ich bisher gelesen oder gehört habe, eigentümlich und spannend ist, scheint es mir doch kein neues Wirklichkeitsverständnis zu vermitteln.
Ich entspanne mich und sehe auf die Uhr. Es ist Mittagszeit geworden. Ich öffne die Thermoskanne mit Kaffee und hole mein Eßpaket hervor. Während ich esse, nehme ich mir ein Buch vor, das ich vor langer Zeit bekommen habe. *Der Teil und das Ganze*[5] heißt es. Es ist geschrieben von Werner Heisenberg, einem der ersten großen Namen der neuen Physik. Zwischen den Seiten finde ich Notizen, die ich aus anderen Büchern gesammelt habe. Es sind Notizen über die Weltsicht in der alten und jüngeren Physik, die sich durch die Quantenphysik eröffnet hat.
Während des Lesens wird mir klar, daß ich eigentlich immer noch nicht verstanden habe, worum es sich bei dieser neuen Physik eigentlich handelt. Und wiederum wächst in mir ein Gefühl der Spannung und des Interesses, indem ich mir bewußt werde, daß ich vor der Möglichkeit stehe, etwas zu untersuchen, war mir unverständlich und unbekannt ist.

Ich lese über Gespräche zwischen Physikern, die mittlerweile Legende geworden sind: Albert Einstein, Niels Bohr, Werner Heisenberg, Max Planck, Paul Dirac und Wolfgang Pauli. Zu Anfang glaubten viele, daß die Versuchsanordnungen nicht stimmten. Die Welt konnte so nicht sein. Doch als später mehrere Experimente die ersten bestätigten, waren sie gezwungen, neue Theorien zu entwickeln, die der Grundlage ihres alten »vernünftigen« Weltbildes vollständig widersprachen. Es war nicht nur die Ansicht über die Natur der kleinsten Partikel, die sie revidieren mußten. Das, was sie entdeckten, hatte Konsequenzen für das Verständnis der ganzen Wirklichkeit. Um das Neue begreifen zu können, konnten sie nicht nur als Physiker denken. Sie nahmen die alten Vorstellungen Aristoteles' über die *potentia*, die Möglichkeit oder das Vermögen als Ausdruck für das innerste Wesen der Materie.[6] Das war das Merkwürdigste an diesen kleinsten Teilchen. Sie schienen keine eindeutig festgelegte Existenz zu besitzen. Sie können als ganz entgegengesetzte Arten hervortreten, je nachdem, wie der Versuch angelegt wurde. Bevor sie bestimmt oder festgelegt wurden, hatten sie keine andere Existenz als die bloße »Möglichkeit« zu existieren. Und diese Möglichkeiten zeigen zwei Seiten der Wirklichkeit, die beide gleichzeitig zugegen sind, die jedoch nicht gleichzeitig verwirklicht werden können, weil sie sich gegenseitig ausschließen. Es sind zwei komplementäre Möglichkeiten, wie Niels Bohr es ausdrückte. Und das erweckte das philosophische Interesse der Physikpioniere.

Während privater Gespräche, auf Bootsreisen und Bergwanderungen diskutierten sie, inwieweit alte religiöse Ideen dem vorgriffen, mit dem sie jetzt konfrontiert waren. Die Philosophie des Ostens hatte immer schon auf den zwei komplementären Seiten der Wirklichkeit aufgebaut: Yin und Yang — das Geistige, Zusammenfassende auf der einen Seite und der ma-

terielle, lineare Ursache-Wirkung-Zusammenhang auf der anderen Seite. Es wurde symbolisiert durch Erde und Himmel, das Weibliche und das Männliche, das Intuitive und das Intellektuelle. Später hat der bekannte kalifornische Physiker Fritjof Capra diese Parallelen durch seine Bücher *The Tao of Physics*[7] und *The Turning Point*[8] weiterentwickelt. Hier zeigt er, inwieweit die Quantenphysik eine östlich-religiöse oder philosophische Beschreibung braucht: Sie kann überhaupt nicht mit unseren westlichen Begriffen erfaßt werden.
In gleicher Weise haben auch Sprachforscher nachgewiesen, daß unserer europäischen Sprache Ausdrücke fehlen, zum Beispiel für ein anderes Prinzip, so wie es die Quantenphysik zeigte: ein ganzheitsschaffendes, alles verbindendes Prinzip, welches Zeit und Raum überschreitet. Während unsere Begriffe nur Geschehnisse ausdrücken können, die sich in einer Zeitfolge aneinanderreihen, haben die Hopi-Indianer eine Sprache, die einen Raum für das Verständnis der »Nicht-Zeit«, des ewigen Jetzt, hat. So wird die geistige Seite der Wirklichkeit für sie zu einer Realität, während sie bei uns unserer vernunftorientierten Ausdrucksform widerspricht.
Unsere Sprache hält uns in einem aufgespaltenen Modell des Lebens gefangen und zwingt uns, über alles in Begriffen von einzelnen Ursachen und Wirkungen nachzudenken, sagen die Semantiker Alfred Korzybski und Benjamin Lee Whorf.
Es war nicht zuletzt die Auflösung der universellen, durch Gesetze gebundenen materiellen Grundlage, die die ersten Quantenphysiker schockierte. Während ihrer Diskussionen tauchten ständig religiöse Fragen auf. Hierüber hatten sie unterschiedliche Auffassungen. Doch allen gemein war, daß sie sich gezwungen sahen, die Idee aufzugeben, daß alle Geschehnisse durch Gesetze bestimmt und so voraussagbar seien. So kamen sie auch zur Frage der Bedeutung des freien Willens und des Bewußtseins als »Mitschöpfer« der Wirklichkeit. In

einer Notiz aus der »Bibel« der Quantenphysik[9] finde ich folgende höchst unmaterialistische Aussage: Die neue Methode der theoretischen Physik »beinhaltet die wachsende Erkenntnis über die Rolle, die der Beobachter spielt, indem er selbst die Regelmäßigkeiten einführt, die in seinen Beobachtungen sichtbar werden«.
Hervorragende Wissenschaftler haben tatsächlich behauptet, das Universum erlange seine konkrete Existenz nur durch die Auffassung des Beobachters, es werde »durch seine eigenen Einwohner« erschaffen, wie der Physikprofessor Paul Davies in seinem Buch *Other Worlds*[10] erzählt.
Mit der Zeit wird mir klar, weshalb religiöse oder »geistige« Ideen der Wirklichkeit sich in die Diskussionen hineindrängten, die von denen geführt wurden, die neue Seiten im Wesen der Wirklichkeit entdeckten. Die Quantenphysik bewies einfach, daß die materialistischen Ideen über die physikalische Gesetzmäßigkeit nicht länger angewandt werden konnten. Die Teile, woraus alles besteht, folgen keiner absoluten Gesetzmäßigkeit: Ihr Verhalten ist *nicht* voraussagbar!
»Wir brauchen nicht länger an unseren intuitiven Wahrnehmungen am freien Willen zu zweifeln. Die Seele kann ja nicht mechanischer sein als das Atom. – Die Idee einer höheren Persönlichkeit ist eine einleuchtende Konsequenz aus der jetzigen Situation der Quantenphysik«, sagte der Astrophysiker Arthur Eddington.
Die Physik zeigte nicht nur eine Annäherung an die Religion und Philosophie, sondern auch an die geistorientierte komplexe Psychologie C. G. Jungs. Eine Zeitlang arbeitete der große Quantenphysiker Wolfgang Pauli mit Jung an einem Versuch, gewisse Seiten der Physik und die Psychologie unter Jungs Idee der Archetypen und des kollektiven Unbewußten zusammenzufassen. Auch heute lebende Quantenphysiker und Hirnforscher, wie David Bohm und Karl Pribram, arbei-

ten zusammen, um ihre Auffassungen von Bewußtsein und Wirklichkeit zu vereinen. So gibt auch Max Planck dem Materialismus den Abschied. Er sagte, keine Wissenschaft könne die metaphysische Seite entbehren, die sich in dem Glauben an eine reale Außenwelt ausdrücke, die teilweise durch die Forschung erkannt werden könne.

Mir ist es vollständig bewußt, daß es falsch ist, alle Quantenphysiker als geistorientierte Philosophen zu bezeichnen. Nachdem neue und jüngere Quantenphysiker die Szene übernommen haben, wurden die philosophischen Konsequenzen der Quantenphysik mehr und mehr verdrängt. Mit der Zeit sind derartige Diskussionen in großen Teilen des Physikmilieus mit einem Tabu belegt worden. Das, was die eigentlichen Entdecker dieser »neuen Welt« erregte, wurde für die späteren Generationen zu einem Selbstverständnis.

Erst seit dem Ende der siebziger Jahre hat diese Tendenz begonnen, sich zu verändern. Heutzutage werden ständig internationale Konferenzen arrangiert, bei denen Quantenphysiker und andere Forscher mit den religiösen Führern unterschiedlicher Glaubensgemeinschaften zusammentreffen, um die ursprüngliche Frage über die Zusammenhänge zwischen Geist und Materie, Religion und Wissenschaft wiederaufzunehmen.

Ich lege Buch und Notizen zusammen mit der Thermoskanne und dem Butterbrotpapier beiseite und denke über alles nach. Das Lesen gab mir wieder die Inspiration, um weiterzumachen. Es scheint wirklich so, daß die Physik, die »härteste« unter den Naturwissenschaften, sich dem geöffnet hat, was ich und mit mir viele andere immer geahnt haben: Die Wirklichkeit kann nicht als entweder materiell *oder* geistig verstanden werden. Sie hat eine zweiseitige oder komplementäre Natur.

Das, was ich als Ganzheit und Schönheit erlebe, wenn mein

Blick über das grüne Farbenspiel der Berghänge schweift, ist weder mehr noch weniger wirklich als die materielle Seite desselben. Bewußtsein und Natur, Geist und Wirklichkeit, Zeit und Ewigkeit können heute vielleicht als zwei reale Seiten ein und derselben Sache aufgefaßt werden.
Jetzt will ich wissen, was sich hinter dem unterschiedlichen Blickwinkel der Physik verbirgt, daß ich selbst die Möglichkeit erhalte, zu beurteilen, worauf diese Sicht beruht.
Wiederum hole ich die Notizen meiner Studien und Gespräche über die neue Physik hervor. Wie begann das Ganze?

Die Entdeckung, die eine wissenschaftliche Revolution hervorrief

Die Quantenphysik gründet sich auf viele vorausgegangene Entdeckungen, doch das, kann man sagen, womit das Ganze eigentlich begann, war Max Plancks Strahlungsgesetz, welches er im Jahr 1900 aufstellte.
Plancks Theorie erwies sich als so grundlegend, daß ihr Hauptpunkt den Namen für die ganze Revolution der Physik gab, die damit begann. Planck behauptete unter anderem, daß die Energie im Licht und in anderer Strahlung nicht mit Materie in einem gleichmäßigen und unteilbaren Strom ausgetauscht werden kann, wie man es annahm. Ein Lichtstrahl wird demnach beim Zusammentreffen mit Materie Energie in Form von kleinsten Teilchen oder *Quanten* abgeben oder aufnehmen. Einstein zog daraus den unglaublichen Schluß, daß das Licht selbst Quantennatur besitzt. Später zeigte es sich als möglich, diese Lichtquanten nachzuweisen. Das geschah dadurch, daß man sie getrennt aussandte, um sie dann als »Lichtpartikel« oder Photonen aufzufangen. Sie können überhaupt nicht geteilt werden.[11] Kommt ein Lichtquant

zum Stillstand, so existiert es nicht länger. Die ganze Energie des Quants geht über in das System, das es angehalten hat.

Als Planck seine Idee über das kleinste Wirkungsquant vorlegte, zeigte es sich, daß hiermit auch ein früheres ungelöstes Problem erklärt werden konnte: Weshalb glitt ein Elektron niemals gradweise zum oder vom Atomkern weg? Weshalb hält es einen gewissen Bahnabstand ein, bis es, offensichtlich unmotiviert, auf eine nicht bestimmte Bahn weiter einwärts springen konnte? Der Abstand zwischen den Bahnen mußte demnach von dem Energieunterschied bestimmt sein — und dieser mußte dem eines Quants entsprechen!

Das ist genau das, was geschieht, wenn ein Stoff Licht aufnimmt oder abgibt. Lichtabsorption geschieht, wenn Photonen oder Lichtquanten in die Atome des Stoffes hineinsausen. Die Energie eines jeden Quants wird durch ein Elektron aufgenommen, welches folglich eine Bahn weiter vom Atomkern wegspringen muß. Damit hat das Atom seine Energie um ein Quant erhöht.

Die Sonne steht mitten am Himmel. Es wird warm im Wald. Ich werfe mein Hemd in das Heidekraut und fühle, wie meine Haut sich durch diese leuchtende Kugel über dem Bergrücken erwärmt. Ich schließe die Augen und versuche mir vorzustellen, was hinter dieser beruhigenden Liebkosung durch die Sonnenwärme auf meiner Brust und meinen Schultern liegt.

In dieser glühenden Sonnenmasse geschieht eine gewaltige Kernaktivität. Die unfaßliche Hitze von bis zu vierzehn Millionen Grad hält die Atome in einer superschnellen Bewegung. Atomkerne kollidieren, sprengen und schmelzen zusammen, verwandeln sich und lösen Kernenergie aus. Atomexplosionen schleudern Kernpartikel, Elektronen und Photonen in die Sonnenmasse und hinaus in den Raum. Seit über vier Milliarden Jahren hat diese Atomenergie in die Erdoberfläche hineingestrahlt und ihr die Kraft für die Entwicklung allen Lebens gegeben, das wir um uns herum erkennen können.

Ich folge einem einzelnen Photon in Gedanken. Selbst mit seiner Lichtgeschwindigkeit ist es acht Minuten durch den Raum unterwegs, bevor es mit einem Elektron in meiner Haut zusammentrifft, das um einen Atomkern kreist. Im gleichen Augenblick ist dieses Lichtquant der Sonne als eine selbständige Einheit verschwunden. Es hat seine Energie mit einem Elektron ausgewechselt, daß nun sofort in eine höhere Bahn überspringt. Zusammen mit Milliarden anderer Sonnenphotonen hat dieses eine dazu beigetragen, daß die Energie in meinen Hautatomen anstieg. Ich nehme es als das zärtliche Streicheln einer Hand wahr.

Ein Weltbild zerbricht

Der September hat schöne Tage. Immer noch ist es an meinem Schreibtisch mittags brütend heiß. Wenn ich morgens komme, ist es kühl, und bevor ich abends nach Hause gehe, kann es so dunkel sein, daß es schwierig ist, ohne Licht zu lesen. Die Nachmittage sind besonders schön. Wenn die Sonne vor mir auf den Hang scheint und die Bräune von hinten durchleuchtet, stehen diese da wie ein leuchtender, traumhafter Märchenwald, und Frognersetra hebt sich auf dem Gipfel wie ein Märchenschloß gegen diesen Hintergrund ab.

Seitdem ich mich mit Gjøtterud das erstemal traf, haben wir viele Gespräche miteinander geführt, sowohl in seinem Büro als auch privat. Mit der Zeit verstand ich: Was ich zuerst als eine Art Starrheit empfunden habe, ist ein Ausdruck seiner wissenschaftlichen Gründlichkeit. Wie die meisten Quantenphysiker kann er keine populärwissenschaftlichen Autoren leiden, die allzu leicht Schlüsse aus einer oberflächlichen und mißverstandenen Auffassung über die neue Physik ziehen. Wieder und wieder lege ich ihm etwas vor, was ich verstanden zu haben glaubte, und muß jedesmal wieder mit neuen Erkenntnissen nach Hause gehen, die mein früheres »Verständnis« vollständig in Stücke zerreißen. Er besteht darauf, daß selbst die kleinen Ausschnitte aus der Quantenphysik, die für mein Thema relevant sind und im Buch diskutiert werden, auf meinem Verständnis beruhen müssen und ich mir einen ordentlichen und gründlichen Eindruck über die Denkweise der Quantenphysik zu verschaffen habe, um überhaupt das

Wesentliche daraus herauszuziehen. Es geht um Verhältnisse, die so stark der »gesunden Vernunft« widersprechen, daß selbst ein einfaches Verständnis eine totale Umstrukturierung der ganzen persönlichen Begriffsbeziehungen erfordert, sagt er.

Ich habe nicht mehr über den möglichen Zusammenhang zwischen Religion und Wissenschaft gesprochen. Ich ahne die Problematik, die ich mit dieser Frage aufgeworfen habe. Die Frage steht im Zusammenhang mit seiner eigenen Skepsis gegenüber der Wissenschaft und ihrer Fähigkeit, ein einheitliches und zusammenhängendes Weltbild zu finden. Die Wissenschaft wird immer ein Versuch sein, sie steht unter ständiger Veränderung durch neue Entdeckungen, während eine religiöse Sicht eine Art Ganzheitserkenntnis sein kann. Diese Erkenntnis kommt durch einen Glauben, den die Wissenschaft niemals vollständig vermitteln oder bestreiten kann. Mit der Zeit sehe ich ein, daß selbst ein einigermaßen fundiertes Verständnis über gewisse Zusammenhänge in der Quantenphysik unmöglich ist, weil diese nur mathematisch beschrieben werden können. Unsere Wortbegriffe, die sich auf die erdnahe Wirklichkeit beziehen, reichen dafür nicht aus. Statt dessen konzentriere ich mich auf die Experimente, die *direkt* erklären, wie die Quantenphysik unser Wirklichkeitsverständnis verändern kann.

Der Hintergrund einer unglaublichen Entdeckung

In einem der interessantesten Experimente der Quantenphysik werden Elektronen gebraucht, die von einem bestimmten Punkt einzeln in die gleiche Richtung abgeschossen werden. Bereits hier ist eine gewisse Erklärung notwendig. Die Richtung eines Einzelelektrons kann nämlich nicht mit Sicherheit vorausgesagt werden, erst recht nicht der Zeitpunkt des Abschusses. Das ist ein allgemeines Prinzip der kleinsten Teile der Materie. Es hat nichts damit zu tun, daß unbekannt ist, was den Zeitpunkt oder die Richtung bestimmt. Aufgrund der Quantenphysik gibt es keine lokale Ursache: Das einzelne Partikel »bestimmt in souveräner Weise selbst«, wann und in welche Richtung es abgeschossen werden will. Das einzige, was man sagen kann, ist, daß eine statistische Wahrscheinlichkeit besteht, ob das Partikel an einem bestimmten Platz und in einem gewissen Zeitraum aufgefangen werden kann. Werner Heisenberg zeigte, daß dies eine notwendige Folge von Verhältnissen war, die von der Quantenphysik abgedeckt wurden. Er nannte es die Unbestimmtheitsrelation.

Um einen Abschuß in eine bestimmte Richtung sicherzustellen, benötigt man eine Quelle, die Elektronen in unterschiedliche Richtungen abschießt, jedoch in der Weise abgeschirmt, daß nur die Elektronen durchgelassen werden, die der gewünschten Bahn folgen.

Ein anderes Verhältnis, das durch diese Versuche zum Ausdruck kommt, ist das *Prinzip der Komplementarität.* Dieses Prinzip sagt etwas darüber aus, daß eine Einheit, zum Beispiel ein Elektron, von zwei entgegengesetzten Seiten, also komplementär, betrachtet werden kann. Das Elektron kann als Teilchen an einem bestimmten Platz aufgefangen und registriert werden, doch bewegt es sich nicht als Partikel auf einer angegebenen Bahn. Bis es an einem bestimmten Ort registriert wird, hat es eine unbestimmte Plazierung als Welle. Eigentlich ist das Ganze unmöglich in Worte zu fassen, doch was das in der Praxis in sich birgt, soll mit einem Experiment beschrieben werden. Es ist dieses eigenartige Verhältnis, was Niels Bohr als das Prinzip der Komplementarität bezeichnete: Wie vieles andere in der Natur können die Kleinstteilchen komplementäre Möglichkeiten aufzeigen. Auch ein bekann-

teres Verhältnis kommt in diesen Versuchen zum Ausdruck. Es betrifft die Welleninterferenz oder das Zusammenspiel zwischen den Wellen. Das kann sehr leicht verstanden werden, wenn man zwei Steine gleichzeitig in einiger Entfernung voneinander ins Wasser wirft. Die nach dem Aufplatschen entstehenden Ringwellen werden sich treffen und ineinander übergehen. Dort, wo die Wellengipfel sich treffen, werden sie sich gegenseitig zu einer Doppelwelle verstärken. Und dort, wo der Wellengipfel auf das Wellental trifft, werden sie sich gegenseitig aufheben. Das Ergebnis ist ein Wellenmuster mit Streifen ruhigem Wassers dazwischen. Dasselbe kann geschehen, wenn sich zwei Lichtstrahlen mit gleicher Wellenlänge treffen. Auf einer Fotoplatte kann man erkennen, wie das gemeinsame Wellenspiel dort Lichtstreifen bildet, wo die Wellen sich gegenseitig verstärkt haben und unbelichtete Streifen zum Vorschein kommen, und auch dort, wo sie einander aufgehoben haben.
Diese Verhältnisse muß man im Hinterkopf haben, »um das Unbegreifliche zu verstehen«, das dieses Elektronenexperiment vermittelt. Nach vielen Treffen mit Gjøtterud glaube ich, genug verstanden zu haben, um den Hintergrund dieses Experiments zu begreifen. Wieder besuche ich das Institut für Physik, um endlich das Experiment durchzugehen.

Ein Versuch, der die Frage nach der Existenz der Materie aufwirft

Die Versuchsanordnung ist relativ einfach: Auf der einen Seite eines langen Tisches befindet sich die abgeschirmte Quelle zum Abschuß der Elektronen. Die Mündung ist so gerichtet, daß die Elektronen sich in Längsrichtung des Tisches bewegen. Mitten auf der Tischplatte ist ein aufrecht stehender Schirm quer zur

Schußrichtung befestigt. Auf diesem Schirm befinden sich zwei schmale, parallele Spalten, durch die die Elektronen passieren können. Am anderen Ende des Tisches ist eine andere aufrecht stehende Platte mit Fotoemulsion befestigt, die die Elektronen auffangen soll, die die Spalten des in der Mitte stehenden Schirmes passieren. Auf diesen Fotoplatten zeigt sich jedes auftreffende Elektron als ein schwarzer Punkt.

Weil die Elektronen sich nicht in einer bestimmten geraden Bahn bewegen, kann man nicht voraussagen, durch welche Spalte die Elektronen hindurchgehen. Registriert man einen Treffer auf der Fotoplatte hinter dem Schirm mit den Spalten, kann man daraus nur folgern, daß die Elektronen durch eine dieser Spalten hindurchgegangen sein müssen. Und wieder wird ein Treffer auf der Fotoplatte registriert. Die einzelnen Schüsse werden in einer langen Serie abgegeben, und jeder Schuß ist als ein Treffer auf der Fotoplatte am Ende des Tisches registriert. Wenn es sich um gewöhnliche Gewehrschüsse gehandelt hätte, wären die Treffer selbstverständlich direkt durch die Spalte gegangen, hinter der sie registriert wurden. Nach vielen Schüssen würden sie ein Muster in Form von Streifen auf der Platte hinterlassen haben, entsprechend den beiden Streifen im Schirm. Doch weil die Elektronen unbestimmten Möglichkeiten in ihrer Flugbahn folgen, sollten sich die Treffer über die ganze Fotoplatte streuen. Nach vielen Elektronenschüssen könnte man erwarten, daß eine gleichmäßige Verteilung einen einigermaßen gleichmäßigen Nebel von einzelnen Punkten über die Fotoplatte erzeugt. Doch das ist nicht der Fall! Das, was auf der Fotoplatte zum Vorschein kommt, ist ein klares, dichtes Streifenmuster. Sämtliche Treffpunkte erscheinen in vielen Reihen paralleler Linien, und zwischen diesen Linien finden sich überhaupt keine Treffer. Es hat sich ein *Interferenzmuster* von allen Einzelpartikeln gebildet! Was ist geschehen?

Zuerst erscheint das vollständig unerklärlich. Interferenz bedeutet ja Zusammenspiel von zwei Wellen. Doch kann ein einzelnes Elektron mit sich selbst zusammenspielen? Das Ganze wäre verständlicher, wenn viele Elektronen zusammen abgeschossen worden wären. Da könnte man sich denken, daß sie sich gegenseitig getroffen haben, nachdem sie die Spalte passierten, und zusammen ein Interferenzmuster gebildet haben. Doch diese Elektronen sind einzeln abgeschossen worden!

Die Antwort ist der Beweis dafür, daß die Quantenphysik mehr als eine eigenartige Theorie ist: Bevor das Elektron sich durch einen Energieaustausch auf der Fotoplatte »verwirklicht« hat, hat es überhaupt keine feste Existenz, keine bestimmte Bahn, keine gegebene Plazierung im Verhältnis zu den Platten, durch die es passieren kann. Somit kann es auch nicht durch eine bestimmte Spalte gehen. Die unbestimmten »Möglichkeiten« des Elektrons müssen durch beide Spalten hindurchgegangen sein — obwohl es als ein Punkt bei seiner Ankunft auf der Fotoplatte registriert ist!

Vor seinem Durchgang durch die Spalten hatte das einzelne Elektron eine unbegrenzte Anzahl noch nicht festgelegter Flugmöglichkeiten. Durch die Spaltenplazierung wurden diese Möglichkeiten auf zwei reduziert. Diese beiden Möglichkeiten müssen demnach solche Bedingungen geschaffen haben, daß der Treffer nicht da einschlagen konnte, wo die Möglichkeiten sich einander aufgehoben haben konnten.

Unsicher, ob ich wirklich das Richtige verstanden habe, frage ich Gjøtterud schließlich: »Womit hat das einzelne Elektron zusammengespielt oder interferiert?«

Nach einer Sekunde Zögern bestätigt er: »Wenn ich es mit einfachen Worten zu erklären versuche, muß ich sagen, daß das Elektron mit sich selbst interferiert hat! Was dieses Experiment zeigt, ist, daß ein einzelnes Partikel wie das Elektron

hier überhaupt keine eindeutige und definierbare Plazierung besitzt, bevor seine unbestimmten Möglichkeiten nicht durch ein Zusammentreffen mit anderen Partikeln festgelegt wurde. Erst mit dem Energieaustausch, der damit einhergeht, verwirklicht sich eine der vielen möglichen Endpunkte, und das Elektron kann als eine Art ›Ding‹ — ein Partikel auf einem bestimmten Platz — registriert werden.«
Ich meine, ungeheuerliche Konsequenzen zu ahnen, und frage weiter: »Gelten diese Verhältnisse für alle Kleinstteile, aus der die Materie besteht?«
Gjøtterud bestätigt, daß das für alle physikalischen Verhältnisse gilt, bei denen das Plancksche Wirkungsquantum in Betracht gezogen werden muß. Für jemanden, der mit der widersinnigen Natur der Quantenwelt bekannt ist, ist dieser Versuch in keiner Weise überraschend. Er illustriert nur in Praxis das, was die Theorie voraussagt. Für mich aber bedeutet das ein Schock einer neuen Erkenntnis: Mir wird plötzlich bewußt, daß die Grundlage der Wirklichkeit überhaupt nicht als materiell im herkömmlichen Sinne betrachtet werden kann. Der Ausgangspunkt von dem, was wir sehen oder beobachten, ist so unbestimmt, daß es mehr einem abstrakten Muster als einer handgreiflich und durch Gesetze gebundenen Materie zu gleichen beginnt. Ich bin in gleicher Weise schockiert über den Gedanken, daß Platons Idee über die abstrakten Formen als innerstes Wesen der Dinge auf einer genialen Intuition begründet sein muß.
Einen Augenblick sitze ich ziellos da. Ich brauche Zeit, alles zu durchdenken. Ich stopfe die Notizen in meine überfüllte Tasche und bedanke mich für das Treffen.

Der Herbstnebel läßt die Menschen und Häuserreihen um mich herum sich in fließende und unwirkliche Kulissen verwandeln. Ich gehe nach Hause in meine eigene unwirkliche Welt und grüble über das, was ich gehört habe, und versuche, seine Bedeutung zu ermessen. Die Wirklichkeit ist also in ihrem innersten Fundament noch fließender und immaterieller als die schwebenden Nebelfiguren, an denen ich vorbeigehe. Was ich jetzt über die abstrakte Natur der Kleinstteilchen gelernt habe, ist ja nicht eine Welt »in sich selbst«. Alles, was ich sehe, besteht aus diesen unbestimmbaren Teilchen. Es ist die Grundlage des Ganzen, das sich nun vor meinem inneren Auge aufzulösen beginnt. Alles besteht aus »etwas«, von dem man kaum behaupten kann, es existiere, bevor es sich mit anderen unbestimmten Teilen der Wirklichkeit getroffen hat. Doch diese »Materialisierung« ist nur ein Augenblicksphänomen. In der Sekunde, in der der Energieaustausch und das Zusammentreffen stattgefunden haben, bilden sich neue, unbestimmte »Partikelwellen«, die sich wieder im Laufe einer Mikrosekunde treffen und »verwirklichen«, bevor sie sich wieder einmal in unbestimmte Möglichkeiten verwandeln.

Mir wird plötzlich klar, daß mir dies einen neuen Begriff von Zeit vermittelt. Besteht nicht das, was wir als einen gleichmäßig fließenden Strom der Zeit und als fließende Übergänge im Erleben auffassen, in seinem tiefsten Inneren aus Augenblicksgeschehnissen, abgetrennt und unwirklich in einer abstrakten Zeitlosigkeit? Vielleicht besteht meine Wahrnehmung von »Gegenständen« auch nur aus Vorstellungen, die sich mein eigenes Bewußtsein bildet, wenn Elektronen, Photonen und andere »Nachrichtenübermittler« ihre Energie mit meinem Sinnesapparat auswechseln? Vorher waren diese Nachrichtenübermittler nur eine Art unbestimmter Begriff.

Und die Kleinstteilchen der Gegenstände, von denen sie die Botschaft brachten, waren selbst nichts anderes als unzählige Austauschvorgänge zwischen Möglichkeiten und kurze Augenblicke der Verwirklichung.
Die Erschaffung und Verbindung all dessen, was wir Materie nennen, hat sich als ein ewiger Austausch zwischen einer abstrakten und konkreten Wirklichkeit erwiesen. Doch ich sehe es als feste und beständige Materie, weil die unbestimmten Wellenmöglichkeiten der Photonen in einem bestimmten Augenblick zu einem Energieaustausch zusammenbrechen, wenn sie mein Auge treffen.
Voll neuer Gedanken setze ich mich in die Straßenbahn und fahre nach Hause. Nachdem wir die höhergelegenen Stadtteile erreicht haben, löst sich der Nebel auf. Er sinkt unter uns hinweg und gleicht einem gewellten Filzteppich, durch den die Lichter der Stadt hindurchschimmern, die von ihm verdeckt werden.
Als ich aussteige, ist es schon fast dunkel. Ich bleibe noch einige Augenblicke an der Haltestelle stehen, bis die Bahn hinter der Biegung verschwunden ist. Es ist menschenleer und still. Im Westen sehe ich den letzten Rest des Tageslichts als einen rosafarbenen Streifen hinter den Fichten liegen. Im Osten leuchten schon die ersten Sterne wie bleiche Knopflöcher in der Himmelswölbung über der scharf gezeichneten Silhouette des Berghanges.
Ich stehe einige Zeit unbeweglich da und starre auf die Sternenpunkte. Ich beginne das Drama zu ahnen, das hinter der einfachen Tatsache steht, daß ich Sterne sehe, die sich vielleicht zehn Lichtjahre von mir entfernt befinden.
Ungefähr vor zehn Jahren wurden die Photonen, die das Bild in meinem Auge erschaffen, von der weißglühenden Oberfläche des Sterns ausgesandt. Ich folge einem einzelnen Photon auf dieser Reise. Jetzt ist mir klar, daß es sich nicht als ein ab-

gegrenztes Partikel mit einem Kurs in meine Richtung hinbewegt: Eine nicht abgeschirmte Photonenbewegung ist eine Welle in alle Richtungen wie die Schallwellen eines Knalls. Doch auch dieses Bild trifft nicht ganz die tatsächlichen Vorgänge, weil ein Lichtquant nicht, wie beispielsweise ein Knall, an verschiedenen Orten gleichzeitig gehört werden kann. Was sich mit Lichtgeschwindigkeit im Weltraum ausbreitete, war die Wellenfront der unzähligen, noch nicht verwirklichten Möglichkeiten. Man kann sich diese »Möglichkeitsfront« als einen abstrakten Ballon vorstellen, der mit unglaublicher Geschwindigkeit aufgeblasen wird. Erst wenn der Ballon an einem nicht voraussehbaren Ort »durchlöchert« wird, indem er einen anderen, scharf abgegrenzten Punkt trifft, zerplatzt er, und nur der Austauschpunkt bleibt.

Während zehn Lichtjahren wuchs der Umkreis möglicher Endpunkte für mein Photon in alle Richtungen des Universums, bis ein winzig kleiner Ausschnitt der kolossalen Wellenfront vor einem Augenblick die Atmosphäre unseres kleinen Planeten erreichte. Noch bis dahin konnte niemand wissen, wie die unfaßliche Anzahl von Möglichkeiten sich in einem bestimmten Augenblick auslösen sollte. Zur gleichen Zeit, wie sich dieser abstrakte »Möglichkeitsballon« der Erde nähert, nähert er sich auch Millionen von anderen Himmelskörpern. Noch war der Endpunkt des Photons vollständig unbestimmt und unbestimmbar. Kein Naturgesetz konnte voraussagen, welches Zusammentreffen in einem einzigen Punkt die unendlichen Möglichkeiten auslösen würden. Genausogut wie hier hätte die Welle auch auf einen unbestimmten Partikel zehn Lichtjahre zur anderen Seite des Sterns auftreffen können und den Ballon der Möglichkeiten platzen lassen. Erst in der Sekunde, in der das Photon von meinem Auge aufgefangen wird und mit diesem seine Energie austauscht, ist der enorme Umkreis möglicher Endpunkte auf einen

Punkt reduziert. Daß ich den Stern sehe, bedeutet gleichzeitig, die Möglichkeit des Photons, auf anderen Planeten im Weltraum aufgefangen zu werden, ist verschwunden. Was geschieht — oder nicht geschieht —, während ich mit meinem Auge den Stern sehe, hat somit eine direkte Einwirkung auf das, was auf zwanzig Lichtjahre entfernten Planeten geschieht oder nicht geschieht.

In einem Augenblick schlagartiger Erkenntnis erlebe ich, wie dies mein ganzen Verhältnis zum Universum um mich herum verändert. Ich bin kein isolierter Beobachter von dem, was »da draußen« geschieht. Ich bin Teilnehmer und Mitspieler, ein integrierter Teil des Ganzen. Der Prozeß, dem ich in Gedanken gefolgt bin, ist kein abgetrenntes Ereignis. Es ist ein unendliches Netzwerk von Verbindungen, die das Universum umfaßt. Der Weltraum besteht aus Milliarden und aber Milliarden von Möglichkeiten in Form solcher Wellen. Sie breiten sich mit Lichtgeschwindigkeit über- und durcheinander aus, treffen sich, tauschen aus, verschwinden und entstehen erneut als Möglichkeiten. In diesem totalen Zusammenspiel gibt es nichts, was als separat betrachtet werden kann. Alles hängt mit allem in einem unendlich pulsierenden Netz von Möglichkeiten und unvorhersehbarer Schöpfung zusammen, und das, was das Ganze miteinander verbindet, ist überhaupt nicht als materiell definierbar.

Die Wissenschaft hat unser Bild über die Grundlage der Materie aufgelöst. Das einzige, was übriggeblieben ist, ist ein Wechselspiel abstrakter Formen, ein vollkommen »geistiges Muster«, das sich letztlich der Beschreibung und unserem Verständnis entzieht. Es unterscheidet sich von dem alten mechanistischen Weltbild, wie sich ein Gedanke von einer Maschine unterscheidet.

Mir gehen plötzlich neue Bedeutungen und Zusammenhänge auf. Zur gleichen Zeit wird mir angst. Es schwindelt mir, und ich bekomme ein eigenartiges Gefühl im Kopf. Im Halbdunkel lenke ich meine Schritte rasch heimwärts, den Blick auf das Gras und die Steine am Wegesrand gerichtet.

Ein Experiment, das einen von Zeit und Raum unabhängigen Zusammenhang nachweist

Ich bin sehr gespannt auf das nächste Treffen in der Universität. Mir wurde endlich die Einführung in ein berühmtes Experiment versprochen, das vielleicht tiefere Konsequenzen hat als alles, was vorher durchgeführt worden ist. Von einigen ist es als »der erste Versuch der Wissenschaftsgeschichte, der auf ein philosophisches Grundproblem eine Antwort gibt«, bezeichnet worden. Der bekannte Physiker Henry Stapp von der Universität Berkeley, den ich später in Kalifornien treffen sollte, beschrieb dieses Experiment in einem Bericht, in dem er das Resultat als »die grundlegendste Entdeckung in der Wissenschaft« darstellte.[12]

Einer der Väter der Quantenphysik, Werner Heisenberg, erzählt, wie das Ganze begann, als Einstein einen Versuch skizzierte, der beweisen sollte, daß die Beschreibung der Quantenphysik *kein* vollständiges Bild der wirklichen Verhältnisse zeigt.[13]

Das geschah während des sogenannten Solvay-Kongresses in Brüssel 1927. Es traf sich eine kleine Gruppe der damals führenden Physiker, um ihre revolutionierenden Entdeckungen und Theorien zu diskutieren. In mancher Hinsicht repräsentierte dieser Kongreß einen historischen Augenblick. In einer Art Abrechnung mit der klassischen Physik öffnete er den Weg zu ganz neuen Vorstellungen über die Wirklichkeit unter den Physi-

kern der ganzen Welt. Das geschah nicht ohne Widerstand. Besonders Einstein soll sich als ein unversöhnlicher Widersacher zu erkennen gegeben haben. Niels Bohr und Werner Heisenberg waren die stärksten Vorkämpfer für das Neue.
Aufgrund der Quantenphysik können abgeschiedene Teile eines Systems unabhängig von Zeit und Raum mit diesem verbunden bleiben. Für Einstein waren das unmögliche Gedanken. Er hielt beständig an der alten Vorstellung von einer Welt fest, die aus separaten Einheiten besteht, zusammengekettet durch eine ununterbrochene Reihe von Ursache und Wirkung. Auf der Konferenz war er der letzte große Vorkämpfer der Idee eines Universums, das durch eine absolute Gesetzmäßigkeit gesteuert ist. Das Argument der Quantenphysik, daß gewisse Geschehnisse prinzipiell zufällig oder unvoraussagbar sein sollten, war für ihn gerade der Ausdruck dafür, daß dieser Theorie etwas fehlte. Der Physiker Fritjof Capra nannte diese Konfrontation zwischen Einstein, Bohr und Heisenberg »eine der faszinierendsten Episoden in der Geschichte der Wissenschaft«.
Während der Konferenz war Einstein ständig bei dem gemeinsamen Frühstück mit Gedankenexperimenten zur Stelle, um seine Theorie zu stützen. Während des Tages wurde dann das Vorgeschlagene durchdiskutiert. Bis dann beim Abendessen Niels Bohr nachweisen konnte, daß der gedachte Versuch trotzdem nicht für die Quantentheorie relevant sein könne. Nachdem dies über mehrere Tage so gegangen war, drückte ein Teilnehmer — wie Heisenberg berichtet — letztlich das aus, was mehrere bereits dachten: »Einstein, ich schäme mich für dich. Du argumentierst genauso gegen die Quantentheorie wie deine Gegner gegen die Relativitätstheorie!«
Doch Einstein ließ sich nicht beirren. Während dieser Diskussion kam er mit der Aussage, die später berühmt werden sollte: »Der Herrgott würfelt nicht.«

Niels Bohr erwiderte, daß er zur Vorsicht mahne und man der Vorsehung nicht bestimmte Eigenschaften zuordnen dürfe.[14] In seinem Hauptvortrag auf dem Solvay-Kongreß zog Bohr die Schlußfolgerung, das alte klassische Konzept physikalischer Beschreibungen der Welt als eine Funktion von Raum und Zeit sei abzuschreiben. Damit war eine neue Epoche der Wissenschaft eingeleitet.

Einstein konnte jedoch seine Niederlage nicht akzeptieren. Als Folge der Diskussionen des Solvay-Kongresses präsentierte er acht Jahre später, was er als das letzte und entscheidende Argument aus seiner Sicht ansah. In einer Zusammenarbeit mit den Physikern Podolsky und Rosen veröffentlichte er 1935 eine Abhandlung mit dem Titel: *Kann die Wirklichkeitsbeschreibung der Quantenphysik als vollständig betrachtet werden?* Hier skizzierten die drei Physiker, was sie als die notwendigen Eigenschaften der Wirklichkeit betrachteten, und zeigten gleichzeitig, daß diese Wirklichkeitskriterien nicht mit der Quantentheorie in Einklang gebracht werden konnten. Dieser Widerspruch wurde später als das EPR-Paradoxon bezeichnet.

In den späteren Jahren entwickelten viele Physiker neue Theorien, die mit der Quantenphysik konkurrierten. Einer davon versuchte, den Widerspruch zwischen der Quantentheorie und Einsteins Wirklichkeitsverständnis zu vereinen. Es war David Bohm. Doch derjenige, der die Diskussion einen Schritt näher zur Abklärung der aufgeworfenen Fragen brachte, war John Bell. Im Jahre 1965 formulierte er ein »Theorem«, das es ermöglichte, verschiedene der konkurrierenden Theorien auf die Probe zu stellen.

Trotzdem war die Technik der Experimente noch nicht so weit gekommen, daß Bells Theorem und das EPR-Paradoxon geprüft werden konnten. Erst 1972 war die Physik in der Lage, ein konkretes Experiment zu entwickeln.[15] In den Jahren

1981 und 1982 konnte endlich die sogenannte Aspect-Gruppe — geleitet von dem französischen Physiker Alain Aspect — einen Bericht von einer Versuchsserie vorlegen, auf die die Wissenschaft über 55 Jahre mit Spannung gewartet hatte. Später wurden ähnliche Versuche mit gleichem Resultat auch von anderen durchgeführt, unter anderem an der Johns-Hopkins-Universität in den USA.

Der Augenblick der Wahrheit

Obwohl ich lange Zeit brauchte, um die Hintergründe dieses Experiments zu verstehen, weiß ich wohl, daß es die Mühe wert war. Was während des Aspect-Versuchs geschicht, offenbart eine so entscheidende Seite der Wirklichkeit, daß unser ganzes Denken dadurch geprägt werden kann.

Der Versuch kann auf unterschiedliche Weise durchgeführt werden. Gjøtterud hat sich dazu entschieden, von einem anderen System auszugehen als von dem, was während des Aspect-Versuchs durchgeführt worden war. Dies macht es leichter, das Experiment zu diskutieren; die Prinzipien, die demonstriert werden, sind dieselben.

Das Experiment beginnt mit einer sogenannten Annihilation.[16] In dem Versuch werden die Photonen in ihre unterschiedlichen Richtungen abgeschossen. Der entscheidende Punkt dieses Versuchs ist also, daß die Photonen »symmetrische Zwillinge« sind. Das heißt, sie besitzen eine entgegengesetzte Bewegungsrichtung und eine entgegengesetzte Polarisation oder Schwingung. Was den Versuch schwer verständlich macht, ist, daß die Bewegungsrichtung oder Schwingung eines Photons nur eine unbestimmte *Möglichkeit* ist, bis es aufgefangen und seine Eigenschaft bestimmt wird. In demselben Augenblick, in dem die Schwingung des einen Photons an irgendeinem Ort bestimmt worden ist, wird das andere ebenfalls bestimmt sein: Es kann sich auf der entgegengesetzten Seite der Abschußstelle befinden, und es hat eine bestimmte Schwingung entgegengesetzt zum anderen. Die Veränderung oder die Festlegung, die mit dem einen geschah, wird somit das andere beeinflussen, welches überhaupt nicht berührt wurde! Das ist das, was die Quantentheorie voraussagt und was als Versuch bewiesen oder entkräftet werden sollte: War es möglich, ein Zwillingsphoton durch bloßes Messen zu beeinflussen, nachdem es von dem anderen getrennt wurde?

Um diese Frage zu entscheiden, benötigt man zwei Polarisationsfilter. Geht ein Photon durch ein solches Filter, wird seine unbestimmte Schwingung durch die Richtung des Filters bestimmt. Ein Photon, das bereits eine bestimmte Schwingung hat, wird durch ein senkrecht darauf stehendes Filter gestoppt.

Bei dem Versuch wird auf jeder Seite der Abschußstelle in zirka sieben Metern Abstand ein Filter aufgestellt. Hinter jedem Filter steht eine Kiste, die die Photonen auffängt, die durch das Filter gedrungen sind. In der Kiste werden die Treffer registriert.

Zuerst werden die Filter im rechten Winkel zueinander aufgestellt. Die Photonen werden abgeschossen. Es zeigt sich je ein Treffer in beiden Kisten. Dann werden die Filter in gleicher Richtung plaziert. Nun registriert man nur einen Treffer in einer Kiste! Das andere Photon muß also seine entgegengesetzte Schwingungsrichtung bestimmt bekommen haben, indem das erste Photon das Filter passierte. Wiederholte Versuche bestätigen das Ergebnis: Standen die Filter in verschiedenen Richtungen, gingen beide Photonen hindurch. Standen sie in gleicher Richtung, so wurde das eine Photon in seinem Filter gestoppt, bevor es die Registrierungskiste erreichte. Woher konnte das Photon 2 wissen, daß Photon 1 seine Schwingungsrichtung bestimmt bekam und als Folge sofort seine eigene in entgegengesetzter Richtung festlegte? Nach aller Vernunft (und nach Einsteins Sicht) gibt es nur eine Antwort: Photon 2 muß ein Signal vom entgegengesetzten Filter bekommen haben, das es dazu brachte, seinen eigenen Schwingungsplan festzulegen, *bevor* es auf sein eigenes Filter traf. Oder es muß ein kleiner Zeitunterschied zwischen den beiden Photonveränderungen bestehen, entsprechend der Zeit, die ein Signal zwischen ihnen benötigt hätte. Und dieser Zeitunterschied kann nicht kleiner sein als die Zeit, die ein Lichtsignal braucht, weil aufgrund der Relativitätstheorie eine höhere Geschwindigkeit als die Lichtgeschwindigkeit prinzipiell nicht möglich ist. Ist es möglich, den Versuch so zu arrangieren, daß keine Informationsüberführung denkbar ist? Ja, genau das schaffte die Aspect-Gruppe. Es zeigte sich also, daß wenn die Schwingungsrichtung des einen Photons festgelegt worden war, das andere automatisch reagierte, ohne unter irgendeiner Einwirkung gestanden zu haben!

Doch die Anhänger des alten Weltbildes gaben nicht auf: Eine solche Verbindung, unabhängig von allen physikalischen Kontakten, war unmöglich! Wenn nicht direkt irgendwelche Signale zu den Photonen gesandt werden konnten, so mußte das durch eine Art Signal durch die *Filter* geschehen sein: Indem Filter 1 eingestellt wurde, wäre es möglich, daß ein Signal betreffend der Polarisationsrichtung auf das andere übergegangen sein könnte. Und auf dieses Signal muß dann das Photon reagiert haben. Selbst wenn diese Art von Signalisierung in sich selbst ziemlich unwahrscheinlich wirkt, konnte es trotzdem die alte Theorie retten, daß alle Verbindungen zwischen abgetrennten Teilen auf Bewegungen im Raum zurückzuführen seien.

Das Unglaubliche war, daß selbst dieser Einwand überwunden wurde. Die Aspect-Gruppe schaffte es, die eigentliche

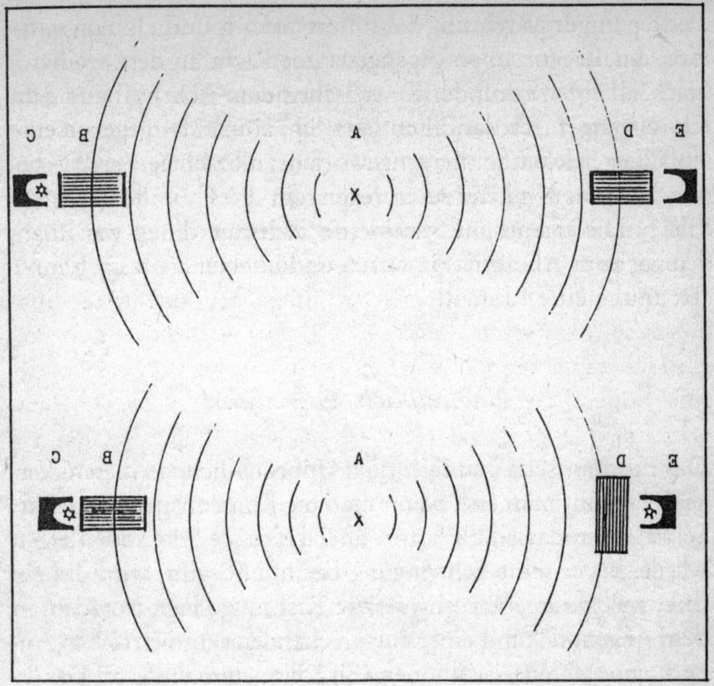

Das Aspect-Prinzip: Zwei Photonen werden gleichzeitig in entgegengesetzte Richtungen von einem gemeinsamen Startpunkt abgeschossen (A). Aufgrund der Quantentheorie sind sie »symmetrische Zwillinge«. Das heißt, wenn das eine Photon eine horizontale Wellenlänge bekommt, erhält das andere eine vertikale Polarisation, selbst wenn letzteres nicht berührt wurde.

Im oberen Fall werden die Photonen von Punkt A abgeschossen, wobei sich das eine horizontal im Filter B polarisiert und in der Auffangbox C registriert wird. Das andere Photon erreicht gleichzeitig Filter D, welches auch horizontal gestellt ist. Hier wird kein Treffer in der dahinterliegenden Box E registriert. Das letzte Photon muß sich also sofort entgegengesetzt zu seinem Zwilling *polarisiert* haben, so daß es vom horizontalen Filter gestoppt wird.

Im unteren Fall sind die Filter hingegen entsprechend horizontal und vertikal gestellt worden. Da erhält man in beiden Registrierboxen C und E einen Treffer. Das zeigt also, daß die Zwillingsphotonen sich symmetrisch einander anpassen, und diese Anpassung geschieht mit absoluter Gleichzeitigkeit — unabhängig vom Abstand zwischen ihnen. (Dieser Versuch, der hier beschrieben wurde, hat einen anderen Ausgangspunkt und zeigt daher eine andere relative Stellung der Polarisationsfilter als die der Aspect-Gruppe. Beide Experimente demonstrieren jedoch die gleichen physikalischen Prinzipien.)

Festlegung der Richtung des Filters dann vorzunehmen, *nachdem* das Photon abgeschossen worden war. In dem milliardsten Teil einer Sekunde, die zwischen dem Abschuß und dem Durchgang durch das Filter verstrich, wurde das Filter in eine zufällige Richtung herumgeworfen, die vorher nicht bestimmt war. Und trotzdem reagierten die Photonen symmetrisch. Die eigentliche Symmetrie zwischen ihnen war unabhängig vom Abstand. Sie waren und blieben auch nach ihrer Trennung eine Einheit.

Unglaublich, aber wahr!

Das Phantastische und eigentlich Unbegreifliche an diesem Versuch erkennt man erst, wenn man die Konsequenzen bedenkt: Selbst wenn das eine Photon über kolossale Abstände fliegen würde, bevor seine Schwingung beeinflußt wird, wird das andere, welches in entgegengesetzter Richtung fliegt, trotzdem in dem Augenblick mit einer entsprechenden symmetrischen Änderung reagieren — Millionen von Kilometern entfernt! Das erscheint fast unglaublich. Ich frage: »Man denke sich, die Photonen würden hier nicht aufgefangen, sondern setzten ihren Weg unverändert durch das Universum fort, bis das andere zum Beispiel seine Schwingungsrichtung in einem Kristall im Andromedanebel bestimmt bekommen hätte, wird das Zwillingsphoton im gleichen Augenblick auch seine Schwingung an einem anderen Ende des Weltraums verändern?«
Gjøtterud zögert nicht mit der Antwort: »Aufgrund der Quantentheorie — die durch den Aspect-Versuch bestätigt wurde — ist die Symmetrie zwischen den beiden von Raum und Zeit unabhängig. Was mit dem einen Photon im Andromedanebel geschieht, wird auch unmittelbar auf das andere einwirken.«

»Gilt diese Art von Verbindung zwischen Partikelpaaren nun als endgültig bewiesen?«
Wie die meisten kritischen Forscher mag Gjøtterud nicht von »endgültigen Beweisen« sprechen. Auf der einen Seite sieht er die Quantentheorie als eine Beschreibung wirklicher Verhältnisse, und der Nachweis der »nichtlokalen« Verbindung ist tatsächlich nichts anderes, als was die Theorie vorausgesagt hat, nämlich daß die beiden Photonen in einem »ganzheitlichen Zustand« existieren. »Ich will sagen, daß das heutige Forschungsmilieu größtenteils die Beschreibung der Quantenphysik akzeptiert und damit auch die Resultate des Versuchs«, sagt Gjøtterud. »Doch ein Teil der Physiker hat mit der Quantenphysik Probleme, da sie immer noch an dem detaillierten Ursachenprinzip festhalten. Alle gekoppelten Wirkungen geschehen immer noch durch eine Energieüberführung oder einen Impuls von einem System zum anderen. Die Quantenphysik zeigt einen *Ganzheitsaspekt* der Wirklichkeit, der nicht durch solche detaillierten Zusammenhänge von Ursache und Wirkung erklärt werden kann.«
»Ist diese durchgehende Verbindung zwischen den Teilchen eines Paares ein allgemeines Prinzip? Ist es gültig in mehreren Zusammenhängen?«
»Es gilt für alle Partikel, die einmal eine quantische Ganzheit gebildet haben«, antwortet Gjøtterud. »Sie werden eine quantische Ganzheit bleiben, bis eines von ihnen eine neue Verbindung eingeht.«

Ein neues Verständnis der Wirklichkeit

Ich möchte, soweit es irgendwie möglich ist, mit meinen Fragen zu den eigentlichen Quellen gehen. Ich erinnere mich an einige Zitate von Teilnehmern der Gruppe, die das revolutionierende Photonenexperiment durchführten. Sie sollten irgendwo in dem Berg von Notizen zu finden sein, den ich nur mit allergrößtem Wohlwollen als »mein Archiv« bezeichnen kann.

Von der Universität nach Hause gekommen, blättere ich den deprimierend unübersichtlichen Papierhaufen durch. Mit der Zeit ist er zu einem Berg von zirka tausend dichtbeschriebenen Seiten mit Notizen und Zitaten herangewachsen. Ich möchte nicht von dem zweiten Haufen in gleicher Größe mit ausgeschnittenen Artikeln und Forschungsberichten sprechen. Erst nachdem ich die Zusammenhänge zu ahnen beginne, ist es für mich möglich, alles unter einzelne Themen für die einzelnen Schritte der Reise zu ordnen, die ich in diesem Zusammenhang geplant habe.

Letztlich finde ich das, wonach ich gesucht habe. Es ist ein Interview mit Philippe Grangier von der Aspect-Gruppe anläßlich des fünfzigjährigen Jubiläums der Einstein-Podolsky-Rosen-(EPR-)Abhandlung im Jahre 1985.[17] Hier sagt Grangier, daß aufgrund der Quantentheorie die Zwillingsphotonen nicht voneinander getrennt sein *können* — unabhängig vom Abstand zwischen ihnen.

Jetzt ist die Quantentheorie experimentell bestätigt, sagt Grangier. Ist jedoch hiermit gleichzeitig bewiesen, daß eine vernunftmäßige Veranschaulichung dessen, was geschieht, nicht möglich ist? Es nutzt nichts, über »Signale zwischen zwei abgeschiedenen physischen Elementen, die schneller als Lichtgeschwindigkeit sind«, zu sprechen. Eher kann man sagen, daß die beiden Teilchen »in Wirklichkeit ein einziges Quantenobjekt sind, unabhängig vom Abstand zwischen ihnen, doch ohne irgendwelche Eigenschaften im Vergleich zu den anderen physikalischen Objekten in der bekannten Welt«. Es ist also ein *Ganzheitsprinzip*, das so nachgewiesen worden ist. Es ist ein Prinzip, das nicht in Zeit und Raum beschrieben werden kann.

Die Bedeutung dessen nimmt mich so gefangen, daß ich mit allen darüber spreche, die ich in den nächsten Tagen treffe. Was kann das, was ich soeben gehört habe, über die Wirklichkeit aussagen? Es zeigt sich schnell, daß viele Probleme haben, in dem Ganzen überhaupt eine Bedeutung zu erkennen. Für sie ist es etwas, das einen unfaßbar kleinen Teil einer Welt betrifft, die sich im übrigen immer noch so verhält, wie wir es einigermaßen erwarten. Ich bin mir da nicht so sicher, doch habe ich zu Beginn Schwierigkeiten, das zu erläutern. Aber mit der Zeit scheint sich das Bild zu klären.

Zuerst ist das nicht ein konstruiertes Phänomen. »Symmetrische« Teilchenpaare entstehen bei einer Unzahl von Gelegenheiten, auch in ganz normalen Atomprozessen. Eine Polarisierung geschieht auch nicht nur in einem Filter einer Versuchsanlage. Es ist ein Phänomen, das überall geschieht, zum Beispiel jedesmal, wenn Licht vom Wasser reflektiert wird. Überall sind wir von Partikeln umgeben, die sich einer Veränderung unterziehen, die ihre Ursache in einem Geschehnis hat, das sich an einem ganz anderen Ort abspielt.

Das Interessante ist nicht das Verhalten der Photonen an sich;

es geht um das, was sie verbindet. Dies ist keine physikalische »Kraft«. Es ist ein Prinzip, das nicht innerhalb von Zeit und Raum plaziert werden kann wie beispielsweise die Kräfte und Verbindungen, mit denen das alte, materielle Weltbild rechnete.

Eine neue Dimension in der Physik

Von der Quantenphysik waren alle Verbindungen zwischen voneinander getrennten Körpern als Austausch erklärt: Anziehung, Abstoßung oder andere Wirkungen mußten durch Energieimpulse vermittelt werden, die sich im Raum zwischen den einzelnen Teilen bewegten. Zu Beginn hatte man allerdings Schwierigkeiten, sogenannte »Fernwirkungen« zwischen zwei Körpern zu erklären, etwa die Wirkung des Magnetismus und der Schwerkraft. Doch mit der Entwicklung der »Feldtheorie« (und James C. Maxwells mathematischer Formel für den Elektromagnetismus) wurde es möglich, auch das als eine fortschreitende Verpflanzung von Kräften durch den Raum zu erklären.
Obwohl die Überführung der Schwerkraft den heutigen Physikern immer noch ein Mysterium ist, hat die Tatsache, daß die Wirkung der Schwerkraft mit dem Abstand abnimmt, offensichtlich zu einer Placierung des Phänomens innerhalb des alten Zeit-Raum-Weltbildes beigetragen.
Im Verhältnis dazu ist das Ergebnis des Photonenexperiments etwas wirklich Neues: Was solche Teilchen verbindet, ist kein abgegrenztes Feld, keine physikalische »Kraft« oder irgendeine Bewegung von »etwas« in Zeit und Raum. Mit dem Aspect-Versuch haben die Physiker definitiv die alte Naturwissenschaft überschritten, die die Wirklichkeit als materielle Grundlage ansah. Wenn wir das »Physische« als etwas Be-

schreibbares in Raum und Zeit definieren, muß das Verhältnis, das der Versuch offenlegt, als »nichtphysisch« bezeichnet werden. Hiermit kann die Bedeutung des Ganzen nicht auf das Ergebnis des Versuchs begrenzt werden. Das, was die Photonen, die auf Gegenstände im Raum wirken, verbindet, kann selbst nicht als Teil des Raumes angesehen werden. Dies ist eine neue Seite der Wirklichkeit, die vielleicht eine »neue Dimension« genannt werden muß.

Dieses Neue als eine Art »Eigenschaft« der Photonen allein zu betrachten offenbart ein mangelndes Verständnis der Zusammenhänge: Ein Ganzheitsprinzip kann nicht auf gewisse Gegenstände des Raumes oder für bestimmte Zeitabschnitte einer Situation abgegrenzt werden. Es muß als Ausdruck einer anderen Wirklichkeit ohne Zeit und Abstand verstanden werden. Es ist im Wesen grundsätzlich verschieden von der Raum-Zeit-Wirklichkeit, auf die es einwirkt. Es ist also ein *universelles* Prinzip, das nachgewiesen wurde. Dies birgt nun solch entscheidende Konsequenzen für unsere täglichen Vorstellungen, daß es immer noch Physiker gibt, die davor zurückschrecken.

Um von hier aus weitere Schlüsse zu ziehen, ist es wichtig, zu wissen, daß das Resultat des Aspect-Versuchs für diejenigen Physiker nicht überraschend kam, die bereits die Quantenphysik als eine haltbare Beschreibung der Wirklichkeit akzeptiert hatten. Die Theorie macht eine ganzheitliche Vorstellung der Verhältnisse aus, die bereits in anderen Gebieten bestätigt war. Die moderne Astronomie, Transistoren, der Laser, die Atomuhr und nicht zuletzt die Atombombe bestätigen die Wirkung der Quantentheorie in der Praxis. Deshalb erstaunte es die Quantenphysiker nicht im mindesten, daß sich auch die »symmetrischen« Photonen so verhalten, wie die Theorie es voraussagt. Es war nur eine Bestätigung. Was der Versuch zeigte, steht stark bestätigt da — in der Praxis wie auch in der Theorie.

Die Quantenphysik operiert also mit einem neuen Ganzheitsbegriff, der sich wesentlich vom alten unterscheidet. Newtons »Maschinenuniversum« war durchaus auch als eine Ganzheit aufgefaßt. Doch diese Ganzheit bestand aus Verbindungen in Zeit und Raum, wie alle Zahnräder einer Maschine durch direkte Berührung einander beeinflussen. Unter den Physikern wird das Photonenexperiment als eine Bestätigung eines Prinzips diskutiert, das die ganze neue Physik prägt. Sie nennen es die »Nicht-Separabilität« oder auch *non-locality*, das heißt, die Verbindung eines Teils mit anderen Teilen ist nicht zu denen lokal abgegrenzt, mit denen es in direkter Verbindung steht. Jedes Teil ist mit allen anderen unmittelbar verbunden. Separate Teile gibt es nicht. Alles muß deshalb aus der Ganzheit heraus verstanden werden.

Die alte Physik verstand die Welt als ein Mosaik von Einzelteilen. Wenn man die Teile und ihre lokale Wirkung aufeinander kannte, konnte man sich ein Bild von der Ganzheit machen. Die Quantenphysiker haben das Ganze auf den Kopf gestellt: Um die Teile verstehen zu können, muß man erst die Ganzheit kennen. Deshalb ist das Verhalten der Einzelpartikel offensichtlich zufällig. Ihre Reaktionen sind nicht von den lokalen Verhältnissen der Umgebung bestimmt, doch von allem anderen.

Weshalb sind so »große« Einheiten, von denen wir täglich umgeben sind, trotzdem an eine »lokale« Gesetzmäßigkeit gebunden? Wie können die traditionellen Naturgesetze für große Gegenstände wirken, wenn sie nicht für die kleinsten Teilchen gebraucht werden können, aus denen die großen bestehen?

Die Antwort der Physik lautet: Wenn die Anzahl unbestimmter Kleinstteilchen ausreichend ist, wird ihre gemeinsame

Wirkung einen statistischen Durchschnitt der Einzelzufälle ausmachen. Diese Durchschnittswirkung vieler Mikroeinheiten wird sich mehr und mehr einem festgelegten, gesetzmäßigen Verhalten nähern, wenn genug einzelne Quanten eine größere Einheit gebildet haben. Die Gegenstände, die wir aus unserer täglichen Wirklichkeit kennen, bestehen aus so unzählig vielen Einzelquanten, daß die Unvoraussagbarkeit gleich Null wird. Der Grad der Zufälligkeit ist so verschwindend klein, daß er keine meßbare Bedeutung hat.

Doch wie können zwei so unterschiedliche Prinzipien im Kleinen wie auch im Großen wirken? Die Antwort, die ich nun zu ahnen beginne, ist, daß beide unterschiedlichen Prinzipien ein und derselben ganzheitsschaffenden, immateriellen Dimension entspringen: Auf dem Quantenniveau trägt diese Dimension dazu bei, daß alles miteinander verbunden ist, so daß Einzelwirkungen nicht getrennt werden können. Auf der großen Ebene kommt die gleiche Ganzheitsregulation in den Naturgesetzen zum Ausdruck. Sie repräsentiert das Unveränderliche und Unabhängige von Zeit und Raum, also etwas, das seinen Ursprung in einer immateriellen Dimension hat. Ob wir es als Zufälligkeit oder Gesetz registrieren, der Ausgangspunkt ist derselbe. Ein nichtmaterielles, ganzheitsregulierendes Prinzip schafft eine Ordnung im Chaos der Einzelgeschehnisse.

Gibt es eine Dimension der Ewigkeit?

Der Aspect-Versuch zeigt, es gibt *etwas*, das auf die physikalischen Abläufe einwirkt, selbst aber nicht in Zeit und Raum plazierbar ist. Es ist etwas, das uns immer schon bewußt war: Die Naturgesetze, die die Wissenschaft beschreibt, sind selbst unabhängig von Zeit und Raum und nicht an lokale Einzelgeschehnisse gebunden. Auf jeden Fall hat die Wissenschaft sie immer als unveränderlich oder ewig und universell betrachtet. Ob unsere Forscher das untersuchen, was heute geschieht, oder das zu beschreiben versuchen, was damals, bei der Entstehung unseres Sonnensystems, geschehen ist, sie rechnen immer mit den gleichen abstrakten, regulierenden Prinzipien, die dahinterliegen. Die physikalischen und chemischen Prinzipien, die man der Regulation und der Entfaltung des heutigen Lebens zugrunde legt, können auch bei der Beschreibung dessen benutzt werden, was bei der Entstehung des Universums, beim Wachstum der Urpflanzen, beim Entstehen und Vergehen der Dinosaurier und beim Aufbau der ersten Säugetiere geschah. Die »Materie«, die wir wahrnehmen und analysieren können, ist Veränderungen in Zeit und Raum unterworfen, während das Muster, das zugrunde liegt und diese Veränderungen *hervorbringt*, nicht zeit- und ortsbestimmt sein kann. Es ist von einer anderen Art und muß einer anderen Ebene zugeordnet werden — einer Nicht-Zeit- oder Ewigkeitsdimension.

Ich bin selbstverständlich nicht der einzige, der das so sieht. Der weltbekannte Physiker und Naturphilosoph Walter Heitler sagt: »Die Natur ist nicht nur Materie. Das Wesentliche an ihr sind ihre Gesetze. Sie machen etwas Geistiges aus und gehören somit einer transzendenten Welt an.« Was im eigentlichen Sinn als *Ursache* bezeichnet werden kann, muß logischerweise in dieser Nicht-Zeit-Ebene, »jenseits« der veränderlichen und ortsbestimmten materiellen Wirklichkeit gesucht werden.

Beschreibung oder Ursache?

Während der letzten Jahrhunderte hat die Naturwissenschaft peinlich versucht, jede Frage, die mit einer solchen Ursache zusammenhängt, zu umgehen. Sie hat sich damit begnügt, die Systematik in der Entwicklung der Wirklichkeit zu beschreiben. Blindlings grub sie sich in ständig kleinere Teile des Systems, bis das Wunder hinter dem Ganzen letztlich aus dem Blickfeld verschwand. Mit der Zeit glaubten wir alle, daß die Naturwissenschaft eine Erklärung für alles liefern könne, was geschieht. Sobald ein neues Muster in den Gesetzen der Natur entdeckt wurde, glaubten wir, dies wäre ein Schritt näher zu den Ursachen aller Dinge. Doch die beschreibenden Naturwissenschaften haben niemals nach einer Ursache gesucht. Sie haben nur die Zusammenhänge aufgedeckt, die geschehen, doch nicht, *weshalb* sie geschehen.

So ging es auch mit dem »Problem Schöpfung«: Indem die fernen Sternhaufen und die Partikelphysik des Weltraums studiert wurde, kamen die Astronomen zur Urknalltheorie als die wahrscheinlichste Schöpfungstheorie. Das Universum soll durch eine gigantische Explosion entstanden sein. Immer noch glauben wir, die Spuren dieser Explosion registrieren zu können, unter anderem in Form von Radiostörgeräuschen ehemaliger Prozesse in der Geschichte des Universums. Empfangen wir solche elektromagnetischen Wellen von den fernsten Sternennebeln, sind diese einige Milliarden Jahre unterwegs gewesen. Je weiter unsere Astronomen in den Weltraum hineinsehen konnten, desto länger sind die Signale unterwegs, und desto älter sind auch die Verhältnisse, die »gesehen oder gehört« werden können. Mit der Zeit wurde es deutlich, daß sich das Universum in der Zeit rückwärts verdichtet. Daß die Galaxien sich immer noch voneinander entfernen, hält man für einen Beweis dafür, daß Explosionskräfte in einer unfaßbar hohen Dichte und Temperatur vor über zehn Milliarden Jahren ausgelöst wurden.

In seinem Buch über *The First Three Minutes* erzählt der Physiker Steven Weinberg, daß die Theorie über den großen Urknall mit der Zeit von vielen Forschungsresultaten gestützt wurde, sie wird als das »Standardmodell« bezeichnet.[18] Wieder einmal scheint die Wissenschaft eine Antwort auf das große Warum gefunden zu haben. Und wieder verwechseln wir Beschreibung mit Ursache: Daß die Naturgesetze zu einer Erklärung gebraucht werden können, die beschreibt, *wie* die ursprüngliche Explosion geschah, wirft nur erneut und mit neuer Kraft die Frage nach der Ursache auf.

Die Urknalltheorie ist *keine Ursachenerklärung*, sagt der Astrophysiker Robert Jastrow, Vorsitzender des von der NASA kontrollierten Gooddard Institute for Space Studies: »Wenn ein Wissenschaftler die Implikationen tatsächlich untersuchte, so würde er einen Schock fürs Leben erleiden. Wenn der Verstand sich einem Trauma gegenübersieht, so wird er gewöhnlich damit reagieren, daß er die Implikationen ignoriert — was man in der Wissenschaft das ›Sich weigern zu spekulieren‹ nennt —, oder damit, daß er den Ursprung der Welt trivialisiert, indem er ihn als Urknall bezeichnet, so als ob das Universum einfach ein Knallfrosch wäre.«[19]

Wenn es so ist, wie es einige Physiker behaupten,[20] daß es die Zeit und der Raum waren, die durch den großen Knall entstanden, muß die Ursache außerhalb der Zeit-Raum-Dimension liegen. Also ist es etwas, das als eine Ebene oder Dimension der Ewigkeit bezeichnet werden muß. In genau dieser Dimension — unabhängig von Zeit und Raum — müssen auch die ewig regulierenden »Gesetze« als Muster für die Entfaltung der Ganzheit angesiedelt werden. Dies untersteht einem alles verbindenden Ganzheitsprinzip, das am deutlichsten durch die Kleinstteilchen der Materie zum Ausdruck kommt.

In der modernen Physik wimmelt es von Ideen über neue Dimensionen und mögliche zusammenfassende Theorien. Nach so etwas suche ich nicht. Ich gebe mich damit zufrieden, daß eine vorurteilsfreie Logik, jedenfalls wie ich es jetzt sehe, deutlich auf die Existenz einer Dimension der Ewigkeit, wie ich es der Einfachheit halber nennen will, deutet. Und es ist diese Dimension, in der wir suchen müssen, was die Wirklichkeit, von der wir ein Teil sind, verursacht und reguliert.

Können wir die Ewigkeit verstehen?

Ich habe viel über den Begriff »Ewigkeit« nachgedacht — und ich bin mir mehr und mehr darüber klargeworden, wie schwierig es ist, sich so etwas zu denken. Zeit an sich ist schon unmöglich zu verstehen. Es ist vielleicht letztlich nur etwas, das ich in meinen eigenen Gedanken wiederfinden kann. Deshalb kann ich auch Zeit denken. Doch wie ist es mit der Ewigkeit? Mir wird klar, daß mit dem Begriff Ewigkeit nicht »viel Zeit« gemeint sein kann. Im Gegenteil, »Nicht-Zeit« muß damit gemeint sein. Die Ewigkeit muß eine Dimension *ohne* Zeit sein, ein ewiges Jetzt. Das ist etwas, was ich mir mit meinem gewöhnlichen Intellekt überhaupt nicht vorstellen kann. Das Denken ist ja ein Durchgehen von Verhältnissen, Ideen oder Möglichkeiten in einer Reihenfolge. Ich denke in Zeitketten von Ursache und Wirkung, die ohne den Zeitbegriff bedeutungslos werden. Dagegen kann nur eine Nicht-Zeit-Dimension die Ganzheit beinhalten, abstrakte Muster, Geist.

Ich kann mich sehr wohl, so wie ich es gemacht habe, zu einer solchen Dimension hin analysieren, indem ich ihre Wirkungen untersuche. Doch um selbst erkennen zu können, muß ich erleben, daß ich in der (oder die) Ganzheit *bin.* Und

das ist kein intellektueller Prozeß. Vielleicht macht das beständige Training der intellektuellen Ursachenanalyse es einem Wissenschaftler besonders schwer, zu solch einem Nicht-Zeit-Erlebnis zu kommen? Kann das der Grund sein, weshalb alle die wesentlichen Fragen nach den Ursachen, die in dieser Dimension gesucht werden müssen, auf sie oder ihn einen so befremdlichen Eindruck machen?
Ich habe schon lange gefühlt, daß, je mehr ich mich mit intellektuellen Fragen beschäftige, es desto schwieriger wird, die unmittelbare Ganzheit und das Wunder zu erleben, das jenseits der Natur steht. Zuerst muß ich die zusammengeketteten Gedankenreihen abschütteln. Und da ist auch in mir die Ganzheit zur Stelle, etwas Notwendiges und Wirkliches.
Alle gewöhnlichen Gedanken sind an Zeit, Raum und Veränderung geknüpft. Deshalb neigt man auch dazu, sich die Ewigkeit als eine unfaßliche *Menge* von Zeit und Geschehnissen vorzustellen. Ich glaube, es geht vielen von uns so. Wir »verschieben den Anfang und das Ende der Ewigkeit«, so weit wir es vermögen, in die Vergangenheit und Zukunft hinaus. Doch nehmen wir wirklich einmal ernst, was in diesem Begriff liegt — etwas *ohne* Anfang und Ende —, so wird es klar, daß Ewigkeit nicht in den Begriffen der Zeit beschrieben werden kann.
Die Idee der Zeit hat nur einen Sinn für Bewegungen im Raum: die Bewegung der Sonne oder der Uhr oder eine Handlungsreihe in einer räumlich-physischen Wirklichkeit. Um über eine gewisse Zeitstrecke sprechen zu können, müssen wir ein raumbezogenes Geschehnis als festen Ausgangspunkt haben. Doch in der Dimension der Ewigkeit, ohne Anfang und Ende, gibt es keinen festen Punkt, von dem ich ausgehen kann, weil jede Plazierung immer in Entsprechung zu einem Anfang und Ende festgelegt werden muß, die ja hier nicht existieren. Die Ewigkeit kann nicht in Zeiteinheiten aufgeteilt

werden. Deshalb ist die Idee der ewigen Zeit bedeutungslos, gleichgültig, wie lang wir uns diese vorstellen. Zeit und Ewigkeit können überhaupt nicht miteinander verglichen werden. Es sind zwei Prinzipien unterschiedlicher Art. Der Zeitbegriff ist unbrauchbar, um die Ewigkeit zu verstehen. Deshalb glaube ich, daß der Begriff Nicht-Zeit ein besseres Wort für das ist, was in dem Ewigkeitsbegriff liegt.

Zeit, Nicht-Zeit und Nicht-Raum

Wie gesagt ist der Begriff Zeit eigentlich etwas Unverständliches. Wir sind es gewöhnt, zu denken, Zeit sei etwas, das man findet oder hat. Doch sie hat eigentlich keine Existenz. Zeit ist etwas, das mit der einen oder anderen Art von Uhr gemessen wird, werden die Physiker sagen. Aber was ist es, was die Uhr mißt? Doch die Zeit!

In seiner interessanten Schrift über das Problem sagt Harald Bo: »Existiert ein Tag? Auf jeden Fall nicht der ganze Tag, weil der Beginn bereits verschwunden ist, bevor der Schluß kommt. So ist es auch mit der Stunde und so auch mit der Sekunde. Der einzige Zeitraum, der *existieren* kann, ist der, wo der Beginn und der Schluß einander so nah kommen, daß sie zusammenfallen. Das bedeutet ein Quantum Nullzeit ... Wir können den gestrigen Tag nicht auf den Tisch legen oder sonstwohin. In physikalischem Sinn haben wir keine Zeit. Was wir haben, ist eine psychische Zeit.«[21]

Kant meinte, Raum, Zeit und Ursache seien Arten der Auffassung und des Begreifens, die aller Erfahrung innewohnen, weil sie das Gewebe und die Struktur der Erfahrung seien. Wir würden niemals Erfahrungen haben, die nicht in den Kategorien von Raum, Zeit und Ursache gedeutet werden müßten. Doch gingen wir in die Irre, wenn wir vergäßen, daß dies

keine Realitäten seien, sondern nur Erklärungs- oder Begriffsmuster.[22]
Zeit erscheint uns als etwas Wirklicheres als alles andere, weil es in unseren eigenen Gedanken erschaffen wird. Im eigentlichen Sinne ist nur die Nicht-Zeit etwas, was eine wirkliche Existenz besitzen kann. Und diese kann erlebt, jedoch nicht »gedacht« werden. Nur der Versuch, daran zu denken, was Nicht-Zeit zum Inhalt hat, macht mich schwindlig.
Ohne Zeit ist auch der Abstand eine Unmöglichkeit. Gibt es eine Nicht-Zeit, so muß dies eine Seite der Wirklichkeit sein, in der der Begriff Raum bedeutungslos wird. Raum existiert nur durch den Abstand, sei er relativ oder nicht. Und jede Idee über Abstände muß mit einer Bewegung in der Zeit verbunden werden. Schmilzt die Zeit dahin in ein ewiges Jetzt, so verschwinden auch die Ideen über Abstände in Zeit und Raum. In einer Nicht-Zeit-Dimension fließen die abgeschiedensten Dinge in eins zusammen. Alles kann im Augenblick hier erreicht werden. Die Teile sind nicht länger getrennt. In dieser Dimension müssen sie als geistige Begriffe ohne räumliche Ausdehnung und Trennung verstanden werden — gerade so, wie Grangier die »Dimension« beschrieb, die die Photonen im Aspect-Versuch zeigten. In der Nicht-Zeit ist alles mit allem verbunden. Da ist die Ganzheit und das Teil eins.
Daß Phänomene registriert wurden, die ihren Ursprung in einer Nicht-Zeit-Dimension haben, zwingt mich, zu akzeptieren, daß es eine Ewigkeit gibt. Der Begriff der Ewigkeit muß als eine Seite der Wirklichkeit angesehen werden — als Ursache einer Wirklichkeit, die wir wahrnehmen, und das Muster, welches das formt, was wir Materie nennen. Nachdem diese Dimension in sich selbst in keiner Weise als materiell verstanden werden kann, finde ich es durchaus passend, die Bezeichnung »geistige Dimension« zu benutzen.

Akzeptiere ich, daß eine solche zeitlose Dimension »jenseits« der Materie und ihrer Formen liegt, so ist es schwierig, anzuerkennen, daß die Behauptung des extremen Materialismus begründet ist, nämlich alles »Geistige« werde durch das Materielle verursacht.

Vorläufig will ich versuchen, den Begriff Geist zu umgehen, weil so viele verschiedene Vorstellungen durch ihn ausgedrückt werden. Doch hoffe ich, daß weitere Fragen auf jeden Fall mögliche Antworten andeuten können, was dies für uns und für unsere Auffassung der Wirklichkeit zu bedeuten hat. Bis auf weiteres begnüge ich mich damit, daß es logisch zu sein scheint, mit einer Dimension zu rechnen, die nicht in Begriffen von Zeit und Raum beschrieben werden kann. Und die Konsequenzen sind wahrlich brisant genug!

Mir erscheint, das meiste, was ich über die Frage »Geist und Materie« gelesen habe, umgeht das, was ich als wesentlich betrachte. Beispielsweise wird diskutiert, was die Schöpfung verursacht hat oder wie das Leben oder die Zielstrebigkeit verstanden werden soll. Ist es etwas »in« oder »über« der Materie: Geht es hier um Eigenschaften der Materie allein, oder muß man etwas ganz außerhalb von dieser suchen?

Wie ich jetzt sehe, müssen solche Begriffe zu einer Nicht-Zeit- und Nicht-Raum-Dimension gehören. Deshalb wirken für mich diese ganzen »Zuordnungsfragen« reichlich bedeutungslos. Was nicht raum- oder zeitbestimmt ist, kann dies hier oder dort zugeordnet werden? Ein nichtmaterielles Ganzheitsprinzip muß sowohl in der Materie als auch unabhängig von ihr sein. Es muß, wie es die Quantenphysiker ausdrücken, die beiden komplementären Seiten der Wirklichkeit zeigen. Es kann auf sich widersprechende Art und Weise verstanden und konstatiert werden, je nachdem, wie man es betrachtet.

Um die gewöhnlichen Teile der Wirklichkeit und ihr lokales Verhältnis beschreiben zu können, muß ich ihre Form und Abmessung erforschen. Und ich muß jedes Ereignis als durch ein vorhergehendes verursacht betrachten. Mit anderen Worten, ich muß nach einem Muster in Zeit und Raum suchen. Und da finde ich nichts anderes als die materiellen Eigenschaften der Dinge selbst und die Kräfte, die zwischen den einzelnen Dingen wirken. Ich kann also mit Recht feststellen: Was einige »den Geist der Dinge« nennen, ist sehr gut als eine Seite der Materie allein zu beschreiben. Dies ist die gewöhnliche analytische Methode der Wissenschaft. Dies ist resultatorientiert und effektiv, und sie ist unlösbar an die Beschreibungen in Zeit und Raum geknüpft.

Doch frage ich nach der tieferen *Ursache* dieser Formen und Ereignisreihen, die systematisch beschrieben wurden, so frage ich prinzipiell anders und bekomme auch eine andere Antwort. Es ist eine komplementäre Antwort, welche die erste Methode nicht »hinwegbeweisen« kann, da sich das Gesuchte in einer anderen Dimension befindet, einer Dimension, welche für diejenigen, die in Zeit und Raum suchen, nicht sichtbar ist. So ist auch diese Antwort in bezug auf ihre Prämissen richtig: Ich meine, es muß eine Dimension geben, die jenseits von Zeit und Raum liegt. Sie hält das systematische Muster der Dinge aufrecht und stellt trotz aller Entwicklung und Veränderung die ganzheitliche Form und das harmonische Zusammenspiel der Natur sicher.

Ich frage nicht als intellektueller Forscher. Ich frage als ein Künstler, der die Ganzheit erlebt, etwas, das nicht in Worte und Zahlen gefaßt werden kann — es geht um das Wunder hinter dem Ganzen.

Die historische Zeitwende

Es dämmert im Wald. Der Berghang erscheint düster und fern im Halbdunkel. Dafür treten die Baumstämme und das Heidekraut in meiner Nähe um so deutlicher hervor. Mir scheint, ich bin mit ihnen in die sichere und lebendige Nähe des Walddunkels eingeschlossen. Einen kurzen Augenblick lang erscheint es mir so, als ob wir eins sind, die Bäume, das Heidekraut und ich. Tief ziehe ich den Atem ein und weiß, daß der Sauerstoff, der mich am Leben hält, von ihnen kommt. Und daß das Kohlendioxyd, das ich ausatme, ihre Lebensgrundlage ist. Wir leben, um einander zu geben. Es ist noch mehr als das; wir sind eins in einer Einheit, die eine Trennung unmöglich macht. Gedanken, die sonst lächerlich wirken, können für denjenigen natürlich sein, der im Halbdunkel zwischen Bäumen und Heidekraut steht. Ich glaube, wir atmen im gleichen Takt. Ich erkenne das, weil ich mich an ihnen erfreue.

Längst hätte ich nach Hause gesollt, doch wieder tauchen die Gedanken über die komplementäre Betrachtensweise auf — die Welt als eine Maschine von Einzelteilen, verbunden durch eine Reihe von Einzelereignissen; oder die Welt als eine unbeschreibliche Ganzheit, offen für die Wunder, die nicht in Zeit und Raum erklärt werden können. Eine Welt mit neuen Möglichkeiten für den Glauben an unsere freie Wahl: der Maschinenmensch oder das Geistwesen.

Plötzlich erkenne ich, wie phantastisch die Geschehnisse zu Beginn unseres Jahrhunderts waren. Mehr und mehr hatte sich die Wissenschaft von der Frage nach Sinn und Ganzheit entfernt. Zum Ende des 19. Jahrhunderts glaubte man, alle Seiten der Wirklichkeit in ein Maschinenbild einfassen zu können. Bald sollte alles erforscht, bekannt und verstanden sein. Die letzten interessanten, unbekannten Flecken auf der Landkarte waren schnell besucht und beschrieben. Die letzten ungelösten Verständnisprobleme waren nur eine Frage, inwieweit man noch tiefer in die Kleinstteile der Materie eindringen konnte.

Da geschah es. Im ersten Jahr des 20. Jahrhunderts waren die nüchtern denkenden Physiker so tief in die Welt der Kleinstteile eingedrungen, daß die »Quanten« entdeckt wurden; Teilchen, die so klein waren, daß sie nicht weiter aufgeteilt werden konnten. Während mehr als zwei Jahrhunderten hatten sie sich immer weiter nach unten gewandt, verbunden mit einem immer kleiner werdenden Gesichtsfeld; und so, am Grund angekommen, genau bei der Entdeckung des unteilbaren Kleinstteilchens, öffnete sich die Sicht! Schockiert und ungläubig konnten die Forscher einen Blick von diesem Kleinstteilchen direkt in die Unendlichkeit werfen; die Seite der Wirklichkeit, mit der sie schon längst abgerechnet hatten.

Hier und da — im Jahre 1900 — zerbrach das Maschinenbild. Und die Forscher standen da mit etwas in den Händen, was sie in keiner Weise mit ihren mechanischen Gesetzen, auf die sie ja so stolz waren, verstehen konnten. Sie entdeckten die Ganzheit selbst.

»Alle meine Versuche, die theoretischen Grundlagen der neuen Physik dieser neuen Art von Wissen anzupassen, haben völlig versagt«, sagte Einstein, als er mit dem Quantenphänomen konfrontiert wurde.[23] »Es war, als ob mir der Boden unter den Füßen weggezogen würde, mit keinem festen Fundament irgendwo in Sicht, auf dem man hätte bauen können.«

Die kleinsten materiellen Einzelteile, die die tiefste Gesetzmäßigkeit demonstrieren sollten, zeigten etwas ganz anderes; eine fast abstrakte Natur und eine vollständige Unvoraussagbarkeit. Und sie zeigten eine Verbindung zwischen Teilen, die nicht in einer Zeit-Raum-Dimension erklärt werden konnte. Das, was sie verband, mußte in einer »Nicht-Zeit-Dimension« gesucht werden, die nicht mit den üblichen wissenschaftlichen Begriffen beschrieben werden konnte.

Somit war der Weg des Materialismus zu seinem Ende gelangt, und die Frage nach dem Geist hinter der Ganzheit wurde den Wissenschaftlern aufgezwungen! Heisenberg zeigt, wie das eine Abrechnung mit der Sichtweise der Wissenschaft mit sich brachte, wie sie von dem Positivisten Philip Frank formuliert wurde.

Frank lehnt zum Beispiel den biologischen Begriff »Ganzheit« als etwas ab, was keinen kontrollierbaren Inhalt besitzt. Er bezeichnet es als vorwissenschaftlich und metaphysisch. Er gebraucht hier das Wort metaphysisch fast als Schimpfwort, während Bohr und Heisenberg sich darüber einig waren, daß es notwendig war, »nach dem zu suchen, was außerhalb der Physik liegt«.

Die, die diese neue Welt entdeckten, hatten keine andere Wahl: Ihre alte, intellektuelle Denkweise *mußte* ausgeweitet werden. Um überhaupt dieses neue Ganzheitsprinzip diskutieren zu können, mußten sie zu einer direkten, intuitiven Erkenntnis vordringen, die sonst der Kunst und Religion vorbehalten war.

Das ist es vielleicht, was beim Lesen der Schriften dieser Physiker und der großen Veränderung ihrer Haltung zu dieser Zeit am meisten fasziniert: Sie begannen auf eine vollständig neue Art und Weise zu denken, zu erleben und zu sprechen. Sie sprachen über Physik, doch mehr und mehr mußten sie Begriffe der Kunst, Religion und Mystik benutzen. Sie versuchten die Welt zu verstehen, indem sie Musik- und Kunsterlebnisse, das Christentum, die Philosophie des Ostens und ihre Religionen und den universellen Gottesbegriff mit in ihre Betrachtungen einbezogen. Mehr als irgend etwas anderes illustriert das die neuen Perspektiven, die mit dem Durchbruch der Quantenphysik eröffnet wurden.

Geistbewußtsein oder Erschöpfung

Wie immer bei solch kritischen historischen Augenblicken bestand eine auffallende Offenheit. Die Krise der Anerkennung, die diese Physiker erlebten, war in sich selbst von komplementärer Natur: Sie repräsentierte mögliche Entwicklungslinien in unvereinbaren und genau entgegengesetzten Richtungen.

Noch nie stand die Menschheit vor einer so dramatischen und entscheidenden Wahl. Auf der einen Seite die mögliche Erkenntnis des geistigen Hintergrunds und der Einheit der Wirklichkeit und des Menschen, daß wir eins sind mit der Natur. Und ein Verständnis, daß diese Erkenntnis auf einem Erlebnis der tieferen Seiten und der Kräfte gegründet sein muß. Das gibt den Raum für eine Vereinigung von Gegensätzen auf einem höheren Niveau — zwischen den im Widerstreit liegenden Teilen in der Sicht über Geist und Materie, Religion und Wissenschaft und zwischen individuellen und nationalen Eigeninteressen, ausgehend von einem neuen, alles umfassenden Ganzheitsbild.

Auf der anderen Seite können die Möglichkeiten rein materialistisch aufgefaßt werden — als ein Mittel, das primitivste Bedürfnis zu verwirklichen, um über andere und die Natur zu herrschen. Auf dieser Linie konnte die neue Physik so angewandt werden, um eine jede geistige Entwicklung mit einer beständig avancierteren Technik, Produktion und Konsumtion zu ersticken — und, um diese ungehinderte Eigenentwicklung durch die Drohung zu sichern, von dem letzten Mittel des technologischen Materialismus Gebrauch zu machen, einer Waffe, die jede geistige Entwicklung und alles Leben *auslöschen* kann.

Mitten in dieser Wahl standen die Pioniere der Quanten- und Atomphysik, doch das Resultat ist mehr auf uns selbst als auf sie zurückzuführen. Bisher haben *wir* den einseitigen Materialismus einer geistigen Entwicklung vorgezogen; Teilung und Haß vor dem Erlebnis der Einheit, Ganzheit und dem tieferen Sinn.

Die Ursachen sind vielgestaltig, doch eine von diesen ist die Tatsache, daß die hoffnungsvolle neue Sicht der Physik über uns selbst und die Welt bisher noch nicht ein Teil unseres Wirklichkeitsverständnisses geworden ist. Wir kennen die eine Möglichkeit der Wahl, doch nicht die andere. Deshalb ist die Zukunft noch nicht bestimmt. Die Wahl ist immer noch offen. Um die Möglichkeit erkennen zu können, die uns bisher verborgen war, müssen wir die Seite der Wirklichkeit erkennen, die bisher so fleißig verdrängt wurde, weil sie unvereinbar mit dem Weltbild ist, das immer noch in der Forschung und in unserem gesellschaftlichen Leben dominiert.

Voll von Gedanken und Assoziationen, schlendre ich durch den abendlichen Wald nach Hause. Ich bin von gespenstischen Figuren umgeben, die mit mir durch die Dunkelheit zu gehen scheinen.

Es gibt ernsthafte Physiker, die meinen, daß die Wirklichkeit durch eine Art gemeinsames menschliches Bewußtsein über die Naturphänomene geschaffen wird und somit unseren eigenen Sinnen entstammt.

Der Physiker Wolfgang Pauli stand mit C. G. Jung in Verbindung und hat mit dessen Ideen über die Archetypen oder unsere vererbten Bilder und Vorstellungen gearbeitet. Unter diesen Archetypen finden sich auch die Trolle und unterirdischen Waldgeister unserer norwegischen Vorfahren in der Natur. So gesehen, hätten *diese* gleich wirklich sein können, wie unsere allzu vernünftige Moderne die »eigentliche« Wirklichkeit sieht.

Ist es nicht so, daß wir alles, was nicht in unser borniertes, materialistisches Weltbild paßt, aus unserem Bewußtsein ausgeschlossen haben? Haben wir nicht die Welt ärmer gemacht?

Ich erinnere mich, was unser norwegischer Trollzeichner Theodor Kittelsen einmal über einen Kollegen gesagt haben soll: »Er kann keine Trolle zeichnen; er hat ja nie welche gesehen!«

Die großen Künstler haben immer Seiten der Wirklichkeit gesehen, die für das einseitige, intellektuelle Bewußtsein verborgen war.

Einer der Physiker, mit denen ich sprach, ist Professor Sven Oluf Sørensen, Sohn unseres großen norwegischen Malers Henrik Sørensen. Auch der Maler war mit der Physik beschäftigt. Von seinem Sohn durfte ich einige der Bücher leihen, die sein Vater über die Entdeckungen der Quantenphysik gelesen hat. Sie sind voll von Unterstreichungen und Kommentaren, die auf die gemeinsamen Züge zwischen der Kunst und dem Weltbild der neuen Physik weisen.

Vieles von dem fand ich bei dem Physikprofessor wieder, einem klugen und interessanten Menschen, der es liebt, die Dinge auf die Spitze zu setzen. Noch heute muß ich innerlich lächeln, wenn ich an unser letztes Gespräch denke: »Wenn man nicht an transzendentale Phänomene glaubt, sind Gespräche für mich uninteressant. Das fruchtbare der Quantenmechanik ist, daß sie die Seiten der Wirklichkeit offenlegt, die vorher ausgeschlossen waren. Ich sage es so wie Walter

Heitler: ›Das Geheimnisvolle liegt offen zutage! Ein Mensch, der nicht an Gespenster glaubt, ist nach meiner Auffassung intellektuell unredlich.‹«
Ich glaube, daß ich zu einer neuen Offenheit vorgedrungen bin, einer Offenheit gegenüber vielem, das hinter den verschlossenen Türen unserer Sinne verborgen gehalten wurde. Umgeben von den lebenden Schatten des Waldes, ist es leicht zu verstehen, was Sørensen sagte.
Endlich tritt der Lichterglanz von Oslo als ein Muster von leuchtenden Häusern und Straßen rund um den Fjord hervor, während der Wald sich hinter mir schließt.

Ein Abend mit einem angeregten Gespräch über das Teil als Spiegel der Ganzheit

Eines Abends sitzen wir zusammen und unterhalten uns über all das, was ich gelernt habe. Es ist nicht das erstemal. Ich stecke so voll von Entdeckergeist, daß ich es nicht unterdrücken kann, über meine Aha-Erlebnisse zu sprechen.
Heute sitzen wir zu siebt in der Sofaecke. Ragnhild und ich, zwei unserer erwachsenen Söhne, Are und Brede, mit ihrer Begleitung und unser Freund, der Dramatiker Terje Eriksen, der gerade angekommen ist.
Eifrig erzähle ich über Photonen, die unabhängig von ihrem Abstand ein Ganzes sind und wie das und auch anderes auf eine Nicht-Zeit-Dimension jenseits der wahrnehmbaren Wirklichkeit weist; eine Dimension, die alles verbindet und letztlich bedeutet, daß die Ganzheit in jedem Teil zu finden ist.
»In dieser Dimension sind wir alle ein Teil des anderen«, sage ich. »So muß ich es jedenfalls verstehen. Wir sind eigentlich nicht von irgend etwas abgetrennt. Wir sind im Universum,

und das Universum ist in uns, weil in einer Dimension ohne Zeit und Raum kein Abstand existieren kann und nichts voneinander abgetrennt sein kann!«

Das, was mich jedesmal erstaunt, ist, daß Ragnhild nicht im mindesten überrascht ist. Das, worüber ich jetzt spreche, ist etwas, worüber sie sich immer klar war.

»Das ist wohl nicht so eigenartig«, sagt sie. »Selbstverständlich gibt es solche Verbindungen. Erinnerst du dich nicht, als Rein ein Baby war?«

Doch, ich erinnere mich, und ich glaube, sie hat recht. Diese Geschichte kann gut eine menschliche Parallele zum Photonenexperiment sein.

Wir waren einige Tage bei ihren Eltern in Sandefjord zu Besuch, und eines Abends waren wir zu einem jungen Ehepaar eingeladen, das am anderen Ende der Stadt wohnte. Währenddessen sollte meine Schwiegermutter auf unseren Sohn Rein aufpassen, der zu dieser Zeit nur einige Wochen alt war. Während wir saßen und uns unterhielten, sagte Ragnhild plötzlich: »Ssssst, seid still!«

»Was ist?« fragte ich nach einer Weile. Ragnhild sah uns erstaunt an:

»Hört ihr das nicht?«

Nein, wir hörten absolut nichts. Draußen war kein Verkehr, und die Freunde versicherten uns, daß sie allein wohnten. Das Haus war leer.

»Ist das ein Baby, das in der Nachbarschaft schreit?«

Nein, das war es nicht.

»Dann muß es Rein sein!« Ragnhild erhob sich, ging zum Telefon und rief ihre Mutter an. Sie war ebenso schockiert wie wir: Rein, der immer bis zum nächsten Morgen durchschlief, war erwacht und begann ein riesiges Geschrei, einige Minuten bevor Ragnhild anrief.

Während wir dasitzen und darüber nachdenken, es ist ja keinesfalls ein gewöhnliches Erlebnis, denke ich an das, was Gjøtterud über die Einheit der Kleinstteilchen sagte: Die Einheit kommt speziell zwischen Quanten zum Ausdruck, die ursprünglich zusammengehörten oder eine Einheit bildeten. Vielleicht sind das allgemeine Verhältnisse? Vier Wochen vor dem Erlebnis in Sandefjord war Rein in Ragnhilds Körper. Und er glaubte, es immer noch zu sein, trotz der vielen Kilometer Abstand.

Are erinnert uns eifrig an eine noch deutlichere Parallele: »Zwillinge haben ja ständig solche Erlebnisse«, sagt er. »Sie werden oft von der gleichen Krankheit zur gleichen Zeit befallen, selbst wenn die ganze Erdkugel zwischen ihnen liegt. Geschieht dem einen ein Unglück, kann der andere die gleichen Schmerzen fühlen. Du sagst, daß Zwillingsphotonen von einem Positron stammen und eigentlich eins bleiben. Menschliche Zwillinge stammen ja auch von ein und demselben Ei!«

Wir glauben alle zu ahnen, daß dies der Ausdruck desselben Phänomens sein *kann.* Ich erinnere mich an die Idee über die »Synchronizität« von C. G. Jung, daß wir beständig auf Geschehnisse treffen, die einem mystischen Zusammenhang oder eine Gleichzeitigkeit zu demonstrieren scheinen. Für Jung waren dies keine Zufälle. Er glaubte an ein Muster in einer jenseitigen Dimension unabhängig von physischen Verbindungen. Koestler zeigt in seinem Buch *Die Wurzeln des Zufalls,*[24] daß dies nur eines von vielen Beispielen ist, die darauf hinweisen, daß wir mit einer Art »geistigen Dimension«, die alle offensichtlichen und abgetrennten Einheiten und Geschehnisse verbindet, rechnen müssen. Dies deutet wiederum darauf hin, daß das Teil und das Ganze eins sind.

Terje schaltet sich in das Gespräch ein. Als Dramatiker kann er darauf hinweisen, daß das Prinzip der »Ganzheit in den Teilen« immer ein Ausdruck in der Kunst war: »In der großen

Dramatik war das immer ein bekanntes Prinzip. In einer Reihe weltbekannter Theaterstücke findet man eine kurze und wirkungsvolle Szene, die in konzentrierter Form die Idee ausdrückt, worauf das ganze Stück aufgebaut worden ist. Viele der berühmtesten Einzelszenen in der Geschichte der Dramatik sind genau solch ein Teil, das die Ganzheit in sich trägt. Ja, in der guten alten Dramatik kannst du faktisch die Ganzheit in allen Teilen als Widerspiegelung erkennen.«

Kann das ein Ausdruck dafür sein, daß die tiefste Wirklichkeitserkenntnis eine *Kombination* von intellektueller Analyse und künstlerischem Erleben fordert?

Christina sieht plötzlich auch einen Zusammenhang mit ihrem Studium, das sie soeben begonnen hat. Sie ist eine der Studenten, die die vierjährige Ausbildung in Naturmedizin und Homöopathie hier in Norwegen besucht. »Die Naturmedizin gründet sich auf ein solches Ganzheitsprinzip«, sagt sie. »Im Körper ist auch die Ganzheit in den Teilen widergespiegelt. Die Fußzonentherapie geht davon aus, daß der ganze Körper in der Fußsohle wiedergefunden wird. Unter den Füßen ist das Ganze durch Punkte repräsentiert, wo jeder Körperteil wiedergefunden und durch Druckmassage behandelt werden kann. Dasselbe findet man bei der Ohrakupunktur. Hier spiegelt das Ohr den ganzen Körper wider, und durch Einstechen von Nadeln in bestimmten Teilen des Ohrs kann der ganze Körper behandelt werden. So braucht man auch eine Diagnosetechnik — die Irisdiagnose —, die das Auge als Spiegel des Körpers benutzt. Sie geht davon aus, daß Krankheiten im Körper sich in der Iris durch Unregelmäßigkeiten bemerkbar machen.«

Ich erinnere daran, daß mehrere Forscher glauben, die Ganzheit in den Teilen könne als ein allgemeines medizinisches Prinzip nachgewiesen werden: Der Körper spiegelt sich nicht nur in der Fußsohle, dem Auge, dem Ohr wider, sondern unter anderem auch in der Zunge, im Scheitel und im Magen. In diesem Sinn kann doch auch die Körperzelle als Ausdruck des Ganzen angesehen werden. Jede Zelle trägt den genetischen Code des ganzen Körpers. In der Schulmedizin wird das allerdings einseitig und umgekehrt gedeutet, und zwar als Bestätigung, daß die Teile vollständig die Ganzheit bestimmen. Doch auch hier deutet vieles darauf hin, daß die Zusammenhänge doppelseitig bedingt sind, entsprechend der Idee der Komplementarität. Einige Biologen, unter ihnen Lyall Watson,[25] meinen, daß die Steuerung durch den genetischen Code nur eine Seite des Bildes widerspiegelt: Wenn Zellen, die von einem gleichen Code gesteuert werden, sich trotzdem in unterschiedliche Spezialzellen einer organisierten Ganzheit entwickeln und wenn Einzelzellen ihre Funktion ändern können, um die Funktion in einem beschädigten Teil des Ganzen zu übernehmen, erscheint es, daß die genetischen Befehle ebenfalls unter dem Einfluß eines ordnenden Ganzheitsprinzips stehen.

Den Rest des Abends reden wir darüber, weshalb die Gedanken eines übergeordneten, ganzheitsregulierenden Prinzips so großen Widerstand in den Gebieten außerhalb der Quantenphysik hervorrufen.

Selbstverständlich werden neue Ideen immer negative Reaktionen bei denen hervorrufen, deren Wissen auf einem älteren und begrenzten Fachwissen aufbaut. Und besonders ist es dann natürlich, wenn es sich nicht nur um eine neue Einzelidee, sondern um ein vollständig verändertes Weltbild handelt.

Trotzdem scheint es, daß da noch etwas anderes bei den oft irrationalen und gefühlsbetonten Reaktionen gegen das neue Wirklichkeitsverständnis zum Ausdruck kommt. Kann es sein, daß es noch mehr erfordert als eine tiefere gedankliche Anpassung? Ist es nicht so, daß das Ganzheitsprinzip unabhängig von Zeit und Raum ist und nicht mit den gewöhnli-

chen Ketten von Ursache und Wirkung erklärt werden kann, wonach das Denken selbst aufgebaut ist?
Ist eine »Nicht-Zeit-Dimension« die Ursache der Ganzheit, so muß das vielleicht durch etwas anderes als durch die zeitorientierten Gedankenketten, die ja das determinierte Prinzip von Ursache und Wirkung widerspiegeln, erkannt werden. Kann in dem Fall der Widerwille als eine Reaktion, ja vielleicht als eine Furcht verstanden werden, sich einer Erkenntnisform zu öffnen, die nicht gedankenmäßig, sondern unmittelbar zu erleben ist? Ist es eine tiefere Seite in uns selbst, die wir fürchten, wenn wir durch dieses Neue abgeschreckt werden?
Für mich zeichnet sich eine Lösung mehr und mehr in einer Synthese oder Zusammenarbeit zwischen diesen beiden Erkenntnisweisen ab: Eine Anerkennung der komplementären Natur der Wirklichkeit kann vielleicht nur durch die komplementären Seiten in uns selbst begriffen werden, so wie die großen Physiker es versuchten. Wir brauchen die erlebende, nichtgedankliche Erfahrung, um die Ganzheit zu erfassen, und wir brauchen das analytische Denken, um unsere unkritischen Ganzheitserlebnisse im Verhältnis zu der wahrnehmbaren Wirklichkeit beurteilen und korrigieren zu können — *und* um die tieferen Kräfte in uns selbst für eine konstruktive Arbeit in dieser Welt zu motivieren.

Die Wunder der Wirklichkeit im Dienste der Wissenschaft

Ein Monat ist vergangen, und der Oktoberregen hat begonnen. Es ist nicht länger möglich, im Wald zu sitzen und zu schreiben. Freunde haben mir einen Raum angeboten, wo ich in Ruhe lesen, denken und schreiben kann. Ich versuche es, aber es geht nicht. In dieser vollständigen Ruhe sitze ich und starre die Wände an. Die Gedanken bleiben stehen, und das Resultat ist gleich Null. So mache ich weiter in meinem alten Stil; ich suche mir eine Ecke in einem Café, wo mich die Geräuschkulisse von den benachbarten Tischen in Gang hält.
Ich glaube, daß ich zu einer ersten Abklärung vorgedrungen bin. Ich erlebe selbst das, was meine beiden wichtigsten fachlichen Ratgeber mir sagten: Die neue Physik hat die Welt *geöffnet.* Vieles von dem, was vormals ohne weitere Untersuchung als unwissenschaftlich abgetan werden konnte, weil es in dem allgemein akzeptierten, mechanischen Weltbild undenkbar war, ist jetzt zu einer Möglichkeit geworden, die einer kritischen Überprüfung unterzogen werden kann.
Ohne Zweifel ist für mich das wichtigste, daß man Phänomene festgestellt hat, die ihren Ausgangspunkt in einer Nicht-Zeit- und Nicht-Raum-Dimension haben. Damit ist nicht gesagt, welche anderen Phänomene gleichzeitig in dieser Dimension gründen. Das muß ich weiter untersuchen. Entscheidend ist, daß eine solche unbegrenzte Nicht-Zeit-Dimension in und jenseits von allem existieren *muß* und ihre Wirkung überall zum Ausdruck kommen kann. Diese Dimension kann erst recht nicht in der Zeit abgegrenzt werden.

Damit repräsentiert sie eine notwendige Verbindung — nicht nur zwischen allen Dingen, sondern auch zwischen allen Geschehnissen in der Vergangenheit und in der Zukunft.
Ist diese physikalische Erkenntnis richtig, muß sie auch auf anderen Gebieten bestätigt werden können. So stellt sich mir die Frage: Gibt es Beispiele für einen menschlichen Kontakt mit einer zeit- und raumlosen Dimension? Oder mit andern Worten: Gibt es seriöse Forschungsergebnisse, die beweisen, daß die Ebene des Bewußtseins Zeit und Raum überschreiten kann?
Lange habe ich nach einer nüchternen Antwort auf diese Frage gesucht, doch vieles von dem, was ich fand, machte einen zweifelhaften und unsicheren Eindruck. So stoße ich auf einige Geschichten über Dinge, die als sicher bestätigt wurden. Ich war nicht in der Lage, sie ohne weiteres abzuweisen — und das auf einem Gebiet, bei dem ich als letztes Derartiges vermutet habe, nämlich in der Archäologie. Daß dies nicht längst in weiten Kreisen bekannt geworden ist, sehe ich als Beispiel dafür, daß alles, was nicht in unser altes, enges Weltbild paßt, immer noch als Unmöglichkeit abgewiesen wird.
Was ich behandle, nennt sich »psychische Archäologie«. Hierbei geht es um ein Phänomen, das ohne Zweifel viele der sehr nüchternen Leser abschrecken wird. Deshalb muß ich die Skeptiker bitten, bis zur Schlußfolgerung weiterzulesen.
Ausgangspunkt der psychischen Archäologie ist, daß bestimmte Personen offensichtlich verborgene Dinge und Ruinen sehen können, auch da, wo den Archäologen jede Grundlage und Spur fehlt. Man sagt, in vielen Fällen können diese Personen auch das nacherleben, was an diesen Orten vor Tausenden von Jahren geschah, und sie können es auch in Einzelheiten beschreiben. Dieses Phänomen interessierte mich vor allem deswegen, weil es näher untersucht werden kann. Die Art übersinnlicher Wahrnehmung kann durch Ausgrabung

nachgeprüft werden. Gibt es wirklich Berichte, die so etwas bestätigen? Nach vielen Briefen und Anfragen erhielt ich letztlich ein Buch aus England zugesandt. Ich nahm es mit ins Café, um zu sehen, was es mir sagen konnte.

Das Buch *Psychic Archaeology*[26] wurde von dem amerikanischen Archäologen und Geologen Jeffrey Goodman geschrieben. Darin berichtet er zunächst von einigen hellsichtigen Menschen im Laufe der Geschichte, doch hauptsächlich erzählt er von seinen eigenen Erfahrungen, von einer Zusammenarbeit mit einer solchen Person. Goodman war daran interessiert, ein archäologisches Feld zu finden, das eine der ältesten Ansiedlungen auf dem nordamerikanischen Kontinent datieren könnte. Von Freunden wurde er auf einen Raumfahrtingenieur hingewiesen, Aron Abrahamsen, von dem behauptet wurde, er besäße die Fähigkeit, verborgene Verhältnisse unabhängig von seiner eigenen räumlichen Entfernung zu ihnen beschreiben zu können, vorausgesetzt, er wird einmal auf die Spur gebracht. Goodman entschied sich, zu untersuchen, ob er etwas über das Leben der allerersten Amerikaner sagen konnte.

Nachdem er Abrahamsen seine ersten Anweisungen gegeben hatte, schlug Psychologieprofessor Dr. Cecil Rogers eine Methode vor, um die Fähigkeit des Hellsichtigen zu testen, bevor die Ausgrabungen begannen. Bei der Probe handelte es sich darum, daß Goodman gewisse Gegenstände in seinem Garten in Tucson vergrub. Nach einem Telefongespräch, bei dem natürlich nicht erwähnt wurde, was vergraben war, sollte Abrahamsen ein Tonband mit seinen Beobachtungen besprechen, die er von seinem Haus in Oregon aus, in einem Abstand von mehreren tausend Kilometern, gemacht hatte.

Das Ergebnis dieses Versuchs stellt eine Anforderung an die gewöhnliche Vorstellungskraft über die Reichweite unserer Sinne dar: Auf dem übersandten Band beschrieb der Raumfahrtingenieur im Detail die vergrabenen Gegenstände, ihre Plazierung, Form, Größe und Farbe. Bei der Versuchsserie, die am besten ablief, waren neunzig Prozent der Beschreibungen korrekt. Bei einem eingegrabenen Samen konnte er nicht nur angeben, wo dieser im Garten vergraben wurde, sondern auch die Form des Samens, er konnte auch die Art bestimmen, zum Beispiel Samen einer Sommermelone. In einem Fall, bei dem ein Skelettknochen vergraben wurde, beschrieb Abrahamsen sowohl die Form des Knochens und die Plazierung wie auch Alter und Geschlecht des Verstorbenen.

So weit erscheint mir die Geschichte überzeugend, doch die Fortsetzung rief in mir leise Zweifel wach: Goodman behauptete, daß er letztlich ein archäologisches Feld nach Arons Anweisung *fand* und daß die Ausgrabung ältere Steinwerkzeuge zutage brachte, als je zuvor einer in Amerika entdeckte. Doch er gibt auch einzelne Erklärungen, daß nicht alle Archäologen sich von dem Fund überzeugen ließen. Die ersten menschlichen Steinwerkzeuge sind immer so grob geformt, daß sie leicht mit natürlich geformten Steinen verwechselt werden können. Ich weiß nicht, wie kritisch Goodman in seiner Beurteilung war.

Um darüber mehr zu erfahren, versuchte ich später, mit Goodman selbst in Kontakt zu kommen. Doch alle meine Briefe an seinen Verleger oder an andere waren ohne Ergebnis. Letztlich schrieb ich an einige der im Buch erwähnten Personen und bat um eine Erklärung. Unter anderem bekam ich eine Antwort von einem Professor in Paläontologie, der meine Zweifel stützte: Die archäologischen Funde Goodmans können nicht als bestätigt angesehen werden. Sollte die psychische Archäologie eine Antwort auf meine Frage nach den übersinnlichen Fähigkeiten geben, mußte ich wohl ein etwas überzeugenderes Experiment als dieses finden.

Nach einer neuen Suche fand ich endlich eine neue Spur. Viele, die ich fragte, wiesen mich auf ein und dieselbe Person: Stephan Schwartz. Er sollte längere, gründlichere und besser kontrollierte Projekte mit hellsichtigen Personen durchgeführt haben. Ich erhielt zwei von Schwartz' Büchern und entschied mich, sie mit all dem kritischen Vermögen zu lesen, das ich aufzubringen fähig war.

Schwartz' erster Bericht, *The Secret Vaults of Time,*[27] zeigt, wie verbreitet der Einsatz hellsichtiger Personen in der Archäologie trotz allem ist. Das Buch gibt konkrete Hinweise auf die Forschung in England, den USA, der Sowjetunion, Frankreich, Kanada, Schottland und Polen. Trotzdem betrachte ich das zweite Buch, *The Alexandria Project,*[28] als das wichtigste, weil es Berichte aus erster Hand über Schwartz' eigene Untersuchungen und Resultate gibt.

Was mich am meisten überzeugt hat, sind vielleicht die Methoden dieses gründlichen Forschers. Sie wurden von einem Team aus Los Angeles entwickelt, das sich die »Mobiusgruppe« nennt, ein Team, das seinesgleichen sucht.

Die Mobiusgruppe basiert auf einer Zusammenarbeit zwischen einem ganzen Stab hellsichtiger Personen und unabhängigen kritischen Forschern unterschiedlicher Fachgebiete. Also genau solch eine Kombination komplementärer Forschungsansätze, die sich für unsere heutige Wissenschaft früher oder später geöffnet hätte.

Die Mobiusforscher gehen von einem Verständnis übersinnlicher Phänomene aus, das nicht in Forscherkreisen üblich ist. Sie erkennen, daß hellsichtige Personen von speziellen Verhältnissen und Gemütszuständen abhängig sind, die selten auf Kommando hervorgerufen werden können. Deshalb wird man niemals garantieren können, daß die Beschreibung des einzelnen Hellsichtigen etwas mit den wirklichen Verhältnissen zu tun hat. Um diesem Problem entgegenzuwirken, braucht die Mobiusgruppe immer mehrere hellsichtige Personen und ver-

sucht, unabhängige Aussagen miteinander in Deckung zu bringen. Erst nachdem mehrere Antworten auf die gründlich durchgearbeitete Frage übereinstimmen, kann man annehmen, daß diese nicht auf Zufall zurückzuführen sind.
Durch eine systematische Entwicklung dieser Methode hat das Mobiusteam unter Stephan Schwartz' Führung Ruinen ausgegraben, Mordopfer lokalisiert und auch ein verschwundenes und gekapertes Schiff auf dem Meeresboden wiederaufgefunden.
Das Alexandria-Projekt war zweifellos die ehrgeizigste Aufgabe dieser einzigartigen Forschergruppe: Mit Hilfe von Ortsbeschreibungen der größten Gruppe hellsichtiger Personen, die jemals eingesetzt worden war, wollte die Mobiusgruppe nach Alexandria reisen, um historische Ruinen aufzuspüren, unter anderem den verschwundenen Pharos-Leuchtturm des antiken Hafens, bekannt als eines der sieben Weltwunder der Antike.
Schwartz war sich darüber im klaren, daß Berichte über übersinnliche Phänomene oft kritisiert werden, weil sie die mißglückten Teile der Versuchsserie weglassen. Deshalb sorgte er dafür, daß zusammenhängende Filme und Tonbandaufnahmen gemacht wurden, sowohl von den Hellsichtigen als auch von den Ausgrabungen. Gleichgültig, ob das Projekt ein Erfolg oder ein Fiasko würde, die Kritiker würden die Methoden und Resultate später kontrollieren können.
Die Berichterstattung begann in Los Angeles, von wo aus elf hellsichtige Personen unabhängig voneinander je eine Karte über das moderne Alexandria und einen Fragebogen über die gesuchten Ruinen zugesandt bekamen. Auf dieser Grundlage sollten sie unabhängig voneinander auf der Karte einkreisen, wo ihrer Meinung nach die alten Gebäude vergraben sind, und darüber hinaus über nahe liegende Besonderheiten in der Landschaft Aussagen machen.

Die Ergebnisse wurden von einer Gruppe analysiert, die außer Schwartz aus den früheren Kernphysikern Ed May und Beverly Humphrey bestand, die beide Kenntnisse in der Anthropologie und Archäologie besaßen. Jeder der drei ging unabhängig von den anderen die vielen Karten und Beschreibungen durch. Schließlich wurden die Karten übereinandergelegt und durchleuchtet. Damit kam eine kleine Anzahl von dichteren Haufen und gemeinsamen Punkten zum Vorschein, die dann in die endliche Arbeitskarte eingetragen wurden. In einem Fall gaben fünf der elf die gleiche Beschreibung eines leicht erkennbaren Gebäudes, das als Orientierungspunkt bei der Suche diente.
Mit unzähligen Beschreibungen solcher Art im Gepäck zog das Mobiusteam dann auf die Reise. Zusammen mit ihnen reisten zwei der erfahrensten Hellseher, um vor Ort nähere Angaben zu machen: Hella Hammid, die vorher durch Forscher des Stanford Research Institute gründlich getestet worden war, und der Kanadier George McMullen, der lange mit dem weltbekannten Archäologen Professor Norman Emerson zusammengearbeitet hatte. Diese beiden wurden deshalb ausgewählt, weil sie sich gegenseitig ergänzten. Hammids Beschreibungen waren hauptsächlich visuell, während McMullen präzise Ortsangaben und darüber hinaus detaillierte Angaben über die Menschen machen konnte, die einst mit diesen Ruinen in Beziehung gestanden haben.
Ein Umstand gibt Schwartz' Bericht ein entsprechendes Gewicht, nämlich daß er in Alexandria offiziell auftrat und eine Reihe bekannter Namen wiedergibt, die mit der Begutachtung und Kontrolle seiner Ausgrabungen in Beziehung standen. Sowohl der Gouverneur der Stadt und der Leiter des griechisch-römischen Museums als auch deren archäologische Gesellschaft stehen als Referenz für diejenigen, die an der Glaubwürdigkeit der Geschichte zweifeln.

Schwartz' Bericht ist so umfassend, daß ich mich damit begnügen muß, einige Beispiele zu nennen. Das wichtigste war vielleicht die Tatsache, daß er die Spuren des versunkenen Pharos-Leuchtturms fand, das größte Gebäude des alten Alexandria. Frühere Untersuchungen des Hafenbeckens waren in relativer Nähe des Landes durchgeführt worden, während Schwartz' Hellseherteam den Turm weiter draußen vor der Küste gesehen hatten. Diese Ortsbeschreibungen gaben den Mobiustauchern neue Anhaltspunkte.

Die präziseste Anweisung dessen, wonach gesucht werden sollte, lieferte George McMullen. Er erklärte, das Gebäude wäre mit großen, runden, »perlenartigen Steinen« dekoriert. Sie sollten noch im Grundschlamm zu finden sein. Das war auch das, was die Taucher fanden: Zusammen mit der Frontkeramik und den umgestürzten Säulen kolossaler Gebäude entdeckten sie einen Haufen großer Granitkugeln, die auf beiden Seiten mit Löchern versehen waren — wie eine enorme Perlenkette, deren Schnur gerissen war, erzählt Schwartz. Dabei wurden auch einige Sphingen und Statuen gefunden.

Nach und nach entdeckte das unermüdliche Team die Eintragungen auf der Karte, die bereits in Los Angeles skizziert und beschrieben worden waren. In einem Fall handelte es sich um einen »Hirsch mit spitzen Hörnern«, der nach der Wiedergabe im Buch eine verblüffende Ähnlichkeit mit den Statuen hatte, die man später in Alexandria fand und auf eines der vielen Ausgrabungsfelder hinwies. Dasselbe gilt für die Zeichnung einer Frauenstatue mit einem charakteristischen Lorbeerkranz hinter den erhobenen Armen.

Man kann natürlich sagen, die archäologischen Funde der Gruppe, die zum Erstaunen der lokalen Fachleute ans Tageslicht gebracht wurden, *mußten* gefunden werden, weil Alexandria voll von diesen verborgenen Ruinen sei. Wer Schwartz' Buch liest, wird sich mit solch einer Folgerung allerdings nicht begnügen können. Nur ein Beispiel genügt, um zu zeigen, daß diese Art von Erklärung nicht ausreichend ist.

Zu einem bestimmten Zeitpunkt benötigte Schwartz einen Beweis dafür, daß psychische Archäologie mehr als ein Aberglaube sei, um sich der Genehmigung der fachlichen Behörden zu weiteren Ausgrabungen zu versichern.

Nach Absprache mit dem Archäologieprofessor Fawzi Fakharani wurden McMullen und Hammid in ein ödes Wüstengebiet gebracht, wo keiner von ihnen zuvor gewesen war. Das war die Stelle, wo einst die Stadt Marea gelegen haben sollte. Die Prüfung bestand darin, daß die beiden Hellsichtigen die eine oder andere verborgene Ruine finden und die genaue Lage der Hausecken angeben sollten, auch die Tiefe des Bodens und der Wände unter der Oberfläche, darüber hinaus die Plazierung der Fenster und Türen. Weiterhin sollten sie beschreiben, welche Gegenstände gefunden werden, welcher Kultur das Gebäude entstammte und wie es im Laufe der Zeit benutzt worden war. All das, bevor ein Spaten in den Boden gestochen wurde, und ohne irgendwelche Vorinformation. Sowohl ihre Beschreibungen als auch die späteren Ausgrabungen sollten auf Tonband und Film registriert werden.

Um zu vermeiden, daß die beiden einander beeinflußten, wurde McMullen zuerst allein in die Wüste gebracht. Zusammen mit Schwartz ging dieser Mann, ohne eine andere Ausbildung als die gewöhnliche Volksschule, während einiger Stunden in dem Gebiet umher und beschrieb detailliert das Stadtleben, das sich einst unter seinen Füßen entfaltet hatte. Zum Schluß bat er, daß Professor Fakharani hinzugezogen werden sollte: Er hatte einen passenden Ort »gesehen«.

Unter Leitung des Hellsichtigen gingen die drei Männer eine Anhöhe hinauf, bis McMullen ohne irgendeinen sichtbaren Grund stehenblieb. Die Archäologen wußten, daß er über genau dem Gebiet war, in dem im Jahre 1976 Magnetometeruntersuchungen durchgeführt worden waren, ohne zu einem Resultat zu kommen, das auf etwas Interessantes hinwies. Ohne Zögern schritt McMullen die genaue Lage der Wände des wichtigen Gebäudes ab. Schwartz steckte die Ecken mit Holzstangen ab und fragte nach der Tiefe des Gebäudes.

»Zehn bis zwölf Fuß« war die Antwort. »Mit der Oberkante der Wände vier bis sechs Fuß unter der Oberfläche.« So setzte George McMullen mit der Lokalisierung von Türen und Fenstern fort. Er sah weiterhin noch eine ältere Ruine unter der ersten. Er meinte, das obere Gebäude diente als Bethaus, doch auf der einen Wand sah er auch Ziegelfliesen befestigt, die er mit einem Bad assoziierte. Unten an der Wand sah er einen Vorsprung, der ihm als ein Sitzplatz erschien. Trotzdem war das kein Badehaus, sagte er. »Das öffentliche Bad lag dort drüben, unten am Hügel!«

McMullen sah keinen direkten Boden in dem Haus, doch behauptete er, daß dort trotzdem Fußbodenfliesen waren. Das Haus gehörte byzantinischen Christen, meinte er, doch das Bild wurde durch die darunterliegende Ruine gestört, die einer anderen Kultur anzugehören schien.

So wurde Hella Hammid gerufen. Ohne McMullens Aussagen zu kennen, bestätigte sie die meisten seiner Hauptaussagen. Zudem konnte sie eine zerbrochene, freistehende, runde Statue oder Säule im Haus erkennen. Der Archäologieprofessor war so stark von den genauen und miteinander übereinstimmenden Aussagen beeindruckt, daß er diese für ein Indiz hielt, daß ein entsprechendes Gebäude an dieser Stelle gefunden würde. Nur mit der Richtung der Wände war er nicht einverstanden. Er meinte, daß die langen Wände mit dem Verlauf der Küste parallel liegen müßten und nicht die kurzen Wände, wie es McMullen gezeigt hatte, und er glaubte nicht, daß die Kultur byzantinisch sein sollte. Das Haus wäre wahrscheinlich römisch, meinte er.

Die Ausgrabungen gaben einen einzigartigen Beweis für den Nutzen hellsichtiger Personen in der Archäologie: Mit einer Genauigkeit von einigen Zentimetern wurden die Wände und Hausecken unter den Markierungen gefunden — und so genau in der angegebenen Tiefe, daß sich die Lage kaum einen Fuß von Hammids und McMullens Anweisungen unterschied. Fliesen und der Vorsprung wurden an der angegebenen Stelle gefunden. Die Unsicherheit bezüglich der Badassoziationen wurde dahingehend geklärt, daß die Fliesen aus dem öffentlichen Bad stammten, welches ganz richtig am unteren Teil des Hügels an einer Stelle gefunden wurde, die McMullen näher bezeichnete.

Und der geflieste Boden, den die Hellsichtigen gesehen hatten und dessentwegen sie trotzdem unsicher waren? Es zeigte sich, daß dieser unter einer Gipsdecke lag, die in den letzten Perioden des Gebäudes als Boden gebraucht worden war.

Die Lage der Wände bestätigte McMullens Aussage entgegen der Annahme der Archäologen. Der Archäologieprofessor mußte auch zugestehen, daß das Gebäude byzantinisch war und nicht römisch, wie er selbst es angenommen hatte. Und auf den Wänden wurden rote Kreuze auf weißem Grund gefunden, ein Zeichen dafür, daß in diesem Haus christliche Gebete gesprochen worden waren. Fenster und Türen lagen so, wie dies vorausgesagt war, und in einer Wandnische fand man eine freistehende, gebrochene Säule.

Noch mehr Details wurden durch die Ausgrabungen bestätigt, doch das, was ich nannte, sollte ausreichend sein, Spekulationen über Zufälle abzuweisen — *wenn* die Geschichte wahr ist!

Kann ich mich darauf verlassen, daß die Aussagen dieses Buches keine Fälschung sind? Die vielen erwähnten Autoritäten machen eine solche Möglichkeit unwahrscheinlich, doch gerne hätte ich eine Bestätigung. Wieder sende ich Briefe mit Fragen an Menschen aus, die mir zusätzliche Auskünfte geben könnten. Doch die Zeit vergeht, und ich höre nichts.

Das Unglaubliche wird bestätigt

Ich bin schon dabei, das Ganze aufzugeben, doch eines Tages erhalte ich einen Brief, der sich wichtiger als alle meine früheren Untersuchungen über psychische Archäologie erweisen sollte. Der Brief kommt aus Kanada. Er ist eine Antwort auf meine Anfrage an jemanden, der in den Berichten erwähnt war. Es ist der bekannte Archäologieprofessor Norman Emerson, der führende Experte auf dem Gebiet der Indianerarchäologie und der alten indianischen Kulturen.
Emerson ist vor einigen Jahren gestorben. Die Antwort kommt von seiner Witwe Ann Emerson und ist sehr zuvorkommend. Mir wird klar, daß sie sehr gut über die Arbeit ihres Mannes informiert ist, nicht zuletzt über seine Zusammenarbeit mit hellsichtigen Personen in seiner archäologischen Arbeit.
Frau Emerson unterstützt Stephan Schwartz' Glaubwürdigkeit vollständig. Wichtiger ist noch, daß sie über die langjährige Zusammenarbeit ihres Mannes mit George McMullen erzählt, der ja später auch Schwartz' Hauptinformant wurde. Sie schreibt unter anderem: »Nach Normans Ansicht waren Georges Fähigkeiten über jeden Zweifel erhaben ... Norman sagte, daß man auf eine Reihe tiefgehender Schockerlebnisse gefaßt sein müsse, wenn man sich mit derartiger Forschung beschäftige. Du erlebst, daß die Dinge nicht so sind, wie es dir in der Ausbildung beigebracht worden ist. [Jedoch] viele Menschen werden notgedrungen etwas studieren müs-

sen, das ihren grundlegenden Glauben in Frage stellt oder bezweifelt.«

Auf meine Frage nach der allgemeinen Haltung gegenüber der psychischen Archäologie — oder *intuitiven Archäologie*, wie Norman Emerson sie nannte — antwortete sie unter anderem: »Norman wurde der Oberste oder Erste der kanadischen Archäologie genannt, weil er während seiner Laufbahn neunzig Prozent derjenigen ausbildete, die heute in Kanada Archäologie lehren. Viele seiner Studenten akzeptieren seine Arbeit [mit der intuitiven Archäologie]. Einige davon — wurde mir gesagt — benutzen ab und zu weiterhin hellsichtige Personen. Soweit mir bekannt ist, sind solche Studien nicht allgemein von Archäologen oder in der Bevölkerung akzeptiert worden. Die Arbeit, die Sie sich vorgenommen haben, und auch das Buch sollten unbedingt empfohlen werden. Sie stehen wohl auch ziemlich alleine da.«

Nach einigen Briefen hin und zurück war Ann Emerson überzeugt, daß ich die Arbeit ihres Mannes so gebrauchen würde, daß es nicht seinem Ruf als seriösem Wissenschaftler schadete. Sie sandte mir sechs von seinen Vorlesungen und Schriften über intuitive Archäologie und gab mir das Recht, aus diesen zu zitieren.

Während der Lektüre entsteht in mir das Bild von ihm als ein außergewöhnlich mutiger Forscher mit einer vollständig offenen und wissenschaftlichen Haltung. Seine Geschichte ist fesselnd wie ein Kriminalroman.

Es begann mit einem Scherz, erzählt Professor Emerson. Er war bereits vorher mit George McMullen bekannt und wußte auch um seine Fähigkeit, die Geschichte eines Gegenstandes zu sehen, den er in den Händen hielt. McMullen war ein Mann ohne höhere Ausbildung oder Gelehrsamkeit. Seine Freizeit brachte er meist mit Zeitvertreib wie zum Beispiel Fischen oder Kartenspielen zu. Er sollte ein enger Freund Emersons werden. Ihr langjähriges Zusammensein bestätigte den ersten Eindruck von McMullen. Er ist eine warme und menschliche Person, jedoch in keiner Weise an Büchern interessiert. Als beide sich das erstemal trafen, hatte McMullen keinerlei Kenntnisse von den alten Indianerkulturen, die ja Emersons Forschungsfeld waren.

Aus purer Neugierde entschied sich Emerson, Georges Fähigkeiten zu testen. Eines Tages saßen sie mit ihren Ehefrauen zu Hause bei McMullen zusammen. Er reichte ihm ein einfaches Tonrohr, das bei einem alten Wohnort der Irokesen in Ontario ausgegraben wurde, und fragte ihn, was das sein könne. Ohne Zögern erzählte George, das sei ein Pfeifenmundstück und man habe es hergestellt, indem man einen Strohhalm durch seine Mitte stach. Weiterhin zeichnete er ein genaues Bild des fehlenden Pfeifenkopfs und der verzierenden Streifen an seinem Ende. Schließlich gab er noch eine detaillierte Beschreibung des Indianers, der die Pfeife gemacht hatte. Er beschrieb sein Aussehen und seine Tracht.

Emerson bekam einen ernsten Schock. Unter den unzähligen Pfeifenformen hatten George eine genaue Beschreibung einer der üblichsten Formen gegeben, die bei den Irokesen dieser Gegend und zu der in Frage kommenden Zeit an diesem entsprechenden Wohnort in Gebrauch waren. Zu allem Überfluß konnte George noch unter den unzähligen möglichen Ausgrabungsstellen das korrekte Alter und die richtige Plazierung der Indianersiedlung bestimmen.

Immer noch unsicher, entschied sich Emerson für einen neuen Test, diesmal zusammen mit dem Archäologen »Paddy« Reid, der zu dieser Zeit mit einer Ausgrabung in Toronto beschäftigt war. Einiges war bereits ausgegraben, doch die Spuren von Palisaden in Form umgefallener oder aufrecht stehender Stöcke, die oftmals rund um die Ansiedlungen von Indianern gefunden wurden, hatte Reid nicht finden können.

Sobald George am Platze war, erklärte er, daß er »sehen« könne, wie früher alles gewesen sei. Während Reid ihn mit Markierungsstangen begleitete, schritt George über die Lage der Palisaden dahin und zeigte auch die Öffnung der Ansiedlung. In der gleichen Weise konnte er ein Haus »sehen«, das längst verschwunden war. Er gab die Ecken des Hauses zur Markierung an. Doch wie Emerson immer schreibt, liegt der Beweis in der Ausgrabung. Sechs Wochen später wurde tatsächlich sowohl das Haus als auch die Palisaden dort gefunden, wo George ihnen den Platz angewiesen hatte, »doch mit einer Genauigkeit, die wirklich verblüffend war«, erzählte Professor Emerson. Aber George hatte nicht nur den Ort angegeben. Außerdem hatte er vorausgesagt, daß dieses Haus kein Wohnhaus, sondern ein Gebäude für zeremonielle Handlungen war. Auch das wurde durch die Ausgrabungen bestätigt.[29]

Während der Prüfungen, die er George unterzog, formulierte Emerson fünf kritische Fragen bezüglich seiner hellseherischen Fähigkeiten.[30]

1. *Konnte er seine Kenntnisse durch Studien gewonnen haben?*

   Diese Möglichkeit wurde von Emerson abgewiesen. George verließ die Schule nach der achten Klasse. Er war niemals mit mehr als oberflächlicher Information über Irokesen in Kontakt gekommen und ist nur im Museum in Ontario gewesen. Obwohl ich weiß, daß es Menschen gibt, die sich zum Beispiel unter Hypnose an vollständig vergessene Erfahrungen erinnern können, ist für mich doch das Entscheidende, daß George Verhältnisse »sah«, von denen er vorher nichts gewußt haben konnte, weil diese durch seine eigenen Anweisungen erst nachgewiesen wurden.

2. *Könnte George Emersons Gedanken gelesen haben?*

Wieder meint Emerson, daß die Frage mit nein beantwortet werden muß, weil McMullens Hellsichtigkeit auch neue Erkenntnisse ans Tageslicht brachte, die mit dem fachlichen Wissen und den Erwartungen im Widerspruch lagen.

3. *Bekam er Informationen durch telepathischen Kontakt mit anderen?*

Das stärkste Argument, das gegen diese Möglichkeit spricht, ist, daß seine Erklärungen oft von einer nebelhaften und fernen Vergangenheit stammen, sagt Emerson, bis zu sechstausend Jahre zurück. (Je älter die Gegenstände waren, desto »kälter« fühlten sie sich in seiner Hand an.)

4. *Hatte George immer recht?*

Emerson antwortet hier mit nein, das hatte er absolut nicht. Er konnte zu müde sein, zu desinteressiert am Thema, zu zerstreut, oder er konnte auch eine zu große Angst vor seiner eigenen Sensibilität haben. Nach längeren Versuchen und Nachprüfungen von McMullens Voraussagen schlug Emerson seine Genauigkeit trotzdem mit zirka achtzig Prozent an.

5. *Können die Fähigkeiten McMullens getestet und bestätigt werden?*

Hier antwortet Emerson mit einem klaren Ja: Seine Eingebungen sagen ihm nicht nur etwas über Gegenstände, sondern auch über archäologische Ausgrabungsfelder. »Wenn er zu einem Feld kommt, befällt ihn ein Zittern«, sagt Emerson. »Er wird sensitiv wie ein Jagdhund hinter seiner Beute. Er gab mir genug Ausgrabungsanweisungen, um mich während der kommenden hundert Jahre auf Trab zu halten. Gleichzeitig konnten Georges Behauptungen durch veröffentlichte archäologische Berichte und ethnologisches und ethnohistorisches Wissen überprüft werden.«

Genau das ist auch die Ursache für mein Interesse an diesem Thema. Im Gegensatz zum großen Gebiet der parapsychologischen Forschung kann die intuitive Archäologie bewiesen oder abgewiesen werden, und das mit traditioneller, sachlicher Forschung: »Der Beweis liegt im Ausgraben.«

Emerson reagierte auf die ersten Beispiele von McMullens Fähigkeit mit einer »vorurteilsfreien, kritischen Haltung«, wie er es nannte. Doch nachdem die eine spezifische Beschreibung nach der anderen sich als bestätigt herausstellte, sagte er 1973 vor der kanadischen archäologischen Gesellschaft, daß er letztlich nicht umgehen konnte, an das zu glauben, was er erfahren hatte: »Es wurde zu meiner Überzeugung, daß ich Wissen über archäologische Gegenstände und Ausgrabungsfelder von meinem hellsichtigen Informanten erhielt, der mir diese Informationen ohne jedes Anzeichen von bewußter Beweisführung übergab.«

Emersons Papiere führen eine Reihe von Beispielen auf, doch das interessanteste Beispiel war das, was bei einem Treffen mit kritischen Kollegen geschah.[31]

Bei dem jährlichen Bankett der archäologischen Gesellschaft wollte einer der Teilnehmer McMullen auf der Stelle herausfordern. Er gab ihm einen Gegenstand, der so geformt war, daß er das Abbild eines Affen oder prähistorischen Menschen darstellte. Alles, was man über diesen Gegenstand wußte, war, daß er in Kanada auf den Queen-Charlotte-Inseln in British Columbia gefunden wurde. Das Ergebnis der Prüfung war für Emerson eine Enttäuschung: Nachdem George den Gegenstand eine Weile in der Hand gehalten hatte, erklärte er, daß »er von einem Schwarzen aus Port of Spain in der Karibik geformt worden war«. Da das Bild offenbar aus lokalem Material der Fundstelle hergestellt war, Tausende von Kilometern von Port of Spain entfernt, wirkte das Ganze als eine Bestätigung der Skepsis der Kritiker.

Später hielt McMullen an seiner Auffassung über den Gegenstand fest und ergänzte sie durch neue Einzelheiten. Der Schnitzer des Bildes war in Westafrika geboren und aufgewachsen. Dort wurde er als Sklave gefangen und mit einem spanischen Schiff in die Karibik gesandt. Von dort wurde er mit einem englischen Schiff nach British Columbia gebracht, wo ihm die Flucht gelang. Er suchte Zuflucht bei kanadischen Indianern, wo er sich verheiratete und bis zu seinem Tod lebte. Während seines Aufenthalts in Kanada hatte er den Gegenstand geformt, den George jetzt in seinen Händen hielt.

Eine solche Geschichte war das Letzte, was man von einem auf einem Indianerwohnort in Kanada ausgegrabenen Gegenstand erwarten konnte. Zuerst nahm der Professor an, daß Georges Geschichte seiner freien Phantasie entstamme.

Zur gleichen Zeit geschah etwas, was Emerson auf einen neuen Gedanken brachte: Er bekam Kontakt mit mehreren Leuten von McMullens Art. Während eines Jahres meldeten sich nach und nach und unabhängig voneinander sieben hellsichtige Personen. Alle wußten nichts von dem, was George und andere über den Gegenstand erzählt hatten. Konnten diese Personen für eine vergleichende Untersuchung und bessere Oricntierung über die Wahrheit, die hinter Georges Behauptung lag, gebraucht werden?

Es ist unglaublich, doch alle – ohne irgendwelche Vorinformation – bestätigten in Hauptzügen McMullens Geschichte. Unabhängig voneinander behaupteten sie, daß der Schnitzer

der Arbeit aus Afrika stamme, als Sklave in die Neue Welt gebracht wurde und nach British Columbia kam.
Fasziniert lese ich Professor Emersons Auszug aus den zweihundert Seiten Abschrift der Tonbandaufnahmen über die Berichte der Hellsichtigen, während diese den Stein in der Hand halten. In lebendiger, bildreicher Sprache beschreiben sie die Wasserfälle, den Dschungel und die schwere, feuchte Luft des inneren nordwestlichen Afrika, wo, wie sie behaupten, der Steinkünstler aufgewachsen sei, und sie beschreiben auch seine dramatische Reise in die Neue Welt.[32]
Nun begann Emerson selbst an die Geschichte zu glauben, doch er war sich darüber klar, daß diese »Kreuzpeilung« durch unterschiedliche hellsichtige Personen für seine kritischen Kollegen kein Beweis war. Da tauchte per Zufall eine andere Möglichkeit auf: Emerson bekam Besuch von Allen Tyyska, einem Anthropologen, der Erfahrung durch die Katalogisierung von afrikanischen Gegenständen für das Museum in Ontario besaß. Ohne Kommentar überließ Emerson ihm die Steinfigur, der sie rasch als einen Gegenstand beschrieb, der für das Gebiet der Goldküste in Westafrika typisch war!
Danach begann Professor Emerson mit McMullen systematisch zusammenzuarbeiten, und die Ergebnisse ließen keinen Raum für irgendeinen Zweifel: Wieder und wieder bewies George seine Fähigkeit, Dinge und Ereignisse »sehen« und beschreiben zu können, die ihm keine physischen Sinne hätten vermitteln können.
Während einer Expedition nach Ägypten und Iran[33] zeigte er neue archäologische Felder in der Nähe der Cheopspyramide, und während eines Besuchs auf einem Ausgrabungsfeld in Teheran beeindruckte er den nationalen Archäologieexperten, Professor Negabon, der ihn gebeten hatte, einen ganzen Haufen alter Tonscherben in der Reihenfolge ihres Alters zu

sortieren. George führte den Test im Beisein Negabons auf eine Art aus, die dem iranischen Professor den Ausruf entlockte: »Deine Klassifikation ist perfekt, George!«

Ein anderes Mal konnte George McMullen eine ausführliche Beschreibung von Lebensumständen und sozialen Normen in alten Kulturen geben, was das anthropologische Wissen bestätigte sowie auch neue Grundlagen für weitere Arbeiten lieferte.

Aus Emersons Papieren geht hervor, daß die intuitive Archäologie mit der Zeit ernst genommen wurde, sowohl bei den Archäologen als auch bei den Anthropologen. Unter den letzteren war es vor allem Dr. Margaret Mead, die stark dafür eintrat, diese Möglichkeiten auf ihrem Arbeitsgebiet zu nutzen.

Im Jahre 1975 wurde beim Jahrestreffen der amerikanischen anthropologischen Gesellschaft in Mexiko dem Thema »Parapsychologie und Anthropologie« große Aufmerksamkeit gewidmet. Während dieser Konferenz wurden zehn wissenschaftliche Arbeiten über intuitive Archäologie vorgelegt, drei davon stammten aus Kanada. Einige Monate später wurde das Jahrestreffen des kanadischen archäologischen Vereins mit gleichem Schwerpunkt abgehalten. Acht Forscher legten die Ergebnisse ihrer Arbeit mit Hellsichtigen vor. Nach diesem Treffen hielt Norman Emerson eine Rede, die es verdient, zitiert zu werden. Er wandte sich an die, die, wie er es ausdrückte, wirkliche Wahrheitssucher seien: »Es ist meine Überzeugung, daß wir am Anfang einer neuen menschlichen Revolution stehen — einer Revolution, die bereits weiter fortgeschritten ist, als irgendeiner von uns glauben mag.« Und er setzte seine Rede fort, indem er über die Art und Weise sprach, wie der Mensch die Wirklichkeit erkennt. Die erste Entwicklung begann mit intuitiven Wahrheitsoffenbarungen und endete in wirklichkeitsferner, religiöser Dogmatik. Dann kam der Rationalismus der Aufklärungszeit, der es letztlich ermöglichte, den Menschen auf den Mond zu befördern, der jedoch auch damit endete, das Leben und die Werte des Menschen zu verflachen.

»Die Revolution, auf die ich mich beziehe«, sagte er, »ist eine Synthese der Aspekte, die sich als die guten Seiten dieser großen geschichtlichen Tradition erwiesen haben — eine Vereinigung von Intuition und Wissenschaft... Vielleicht werden diese beiden Anlagen letztlich in einer höheren Einheit im Menschen aufgehen. Das Resultat einer solchen Verschmelzung ist vollständig unkalkulierbar... Ich glaube, daß wir, nachdem wir auf diese Studien eingegangen sind, uns neuen Kräften gegenübersehen, die uns neuen Dimensionen von unendlicher Zeit und unendlichem Raum gegenüberstellen und uns ein neues Verständnis über die mysteriöse, wunderbare und noch unerklärliche Ordnung jenseits des Menschen und der Dinge abverlangt. Ich empfehle Ihnen, derartige Studien mit Enthusiasmus, Sorgfalt und Ehrfurcht in Angriff zu nehmen...«[34]

Ich sehe keine Veranlassung, an diesem hochrespektierten und langjährigen Präsidenten der kanadischen archäologischen Gesellschaft wie auch an seiner Folgerung zu zweifeln, die er nach langjähriger kritischer Forschung zog.

Auch muß ich meine Frage als bestätigt betrachten: Der Mensch hat eine latente Fähigkeit, Verhältnisse zu erkennen, die seinen gewöhnlichen Sinnen verborgen sind, und das muß offenbar durch eine Dimension der Ewigkeit geschehen, wo Zeit- und Raumabstände nicht existieren. Mit anderen Worten, es ist genau die Nicht-Zeit-Dimension, die von der Quantenphysik vorausgesetzt wird. Professor Emerson bewegt sich auf gleichem Boden, wenn er sagt, daß solche Fähigkeiten »Zeit, Geduld und die Erkenntnis erfordern, daß die heutigen wissenschaftlichen Methoden und Paradigmen neu beurteilt werden müssen«, weil derartige Phänomene nicht »durch die und in der uns traditionell bekannten dreidimensionalen Welt« erklärt und verstanden werden können. Er weist auf den Zusammenhang, wo George »sich frei im Raum und in der Zeit zurückbewegen konnte; manchmal auch in die Zukunft, in eine Zeit und Dimension, die unserem heutigen Verständnis und unseren heutigen Meßsystemen widerspricht«.

Durch meine Lektüre wird mir klar, daß die Fähigkeit hellsichtiger Personen, »die Vergangenheit in Verbindung zu alten Gegenständen sehen zu können«, von zahllosen Forschern benutzt worden ist, auch lange bevor Emerson diese Möglichkeiten entdeckte. In einem der vielen Bücher, die ich zu dieser Zeit durcharbeitete, fand sich ein Bericht des polnischen Professors Dr. Poniatowsky, der im Jahre 1941 Versuche mit dem Hellseher Stephan Ossowiecky machte.[35] Hätte ich nicht vorher von Emersons überzeugenden Schriften gelesen, wäre ich dem Bericht wahrscheinlich mit großer Skepsis begegnet. Nun fiel es mir schwer, ihn abzuweisen. Darüber hinaus ist der Bericht interessant, weil er in direkten Zitaten wiedergibt, in welcher Weise die hellsichtige Person die Vergangenheit beschreibt, in die sie sich hineinversetzt hatte.

Zusammen mit fünf anderen Forschern überreichte Professor Poniatowsky dem Hellseher Ossowiecky eine über 5000 Jahre alte Speerspitze aus der Magdalénien-Kultur in Europa. Es war ein Museumsgegenstand, von dem er vorher nichts wußte. Nachdem er den Gegenstand einige Zeit in den Händen gehalten hatte, beschrieb Ossowiecky den Ursprungsort: ein Gebiet in Belgien oder Frankreich, umgeben von bewaldeten Hügeln mit einer dichten Besiedlung niedriger, runder Häuser.

»Ich nähere mich diesen Häusern«, sagt er. »Sie sind aus Baumpfählen gebaut, mit kleineren Zweigen in den Zwischenräumen... gedeckt mit graugrünlichem Ton, der mit

Blättern gemischt ist ... Jetzt sehe ich die Menschen. Die haben dunkle Gesichter, die Körper sind eher bräunlich, niedrige, flache Stirn ... Die Augen sitzen tief, große Nase ... sie sind mit Häuten bekleidet.« Er zeichnet ein Haus von innen und außen, mit Sitzsteinen entlang den Wänden.

»Hier sehe ich einen Haufen mit Pfeilen. Eine Haut mit Löchern hängt dort, und die Pfeile stecken in den Löchern. Der Gegenstand, den ich in den Händen halte, ist der Pfeil, den der junge Mann jetzt trägt. Er sitzt und spricht mit jemandem, der steht. Die Frauen sind auf der einen Seite, die Männer auf der anderen. Die Frauen haben auf dem Kinn in einem starken Rot Dreiecke aufgemalt. Sie haben große, üppige Lippen, schöne Lippen und Zähne ... Der Boden ist mit Fellen bedeckt. Ich finde es richtig komfortabel, in solch einer Hütte zu wohnen. Die Frauen arbeiten. Es sind drei Frauen. Sie haben bloße, feste Brüste. Sehr schöne Brüste, sehr große Hüften und noch größere Füße, bei denen alle Zehen nach außen gespreizt sind. Die Zehen sind in ständiger Bewegung. Schade, daß sie jetzt gehen.« Dann folgt Ossowiecky den Bewohnern aus der Hütte und beschreibt ihre Teilnahme an einer Verbrennungs- und Begräbniszeremonie.

Vier Jahre lang setzen Poniatowsky und seine Gruppe die Arbeit mit Ossowiecky fort. Die Referate machten zum Schluß etwa 400 Seiten und 200 Zeichnungen aus, die dazu beitrugen, eine Reihe historischer Unsicherheiten klarzustellen, davon einige, die mehr als hunderttausend Jahre in der Vergangenheit lagen.

In einem Versuch, eine Bestätigung dieser Geschichten zu finden, stoße ich auf eine Reihe von Hinweisen über Ossowiecky als einen der begabtesten und am gründlichsten untersuchten Hellseher in der Zeit vor dem letzten Weltkrieg. Schwieriger ist es, etwas über seine Zusammenarbeit mit Professor Poniatowsky zu finden.

Von anderer Seite erfahre ich, daß es immerhin Fachleute gibt, die die Berichte des polnischen Professors über seine Treffen mit Ossowiecky ernst nehmen: Nach dem *Handbook of Parapsychology*[36] wurden die Berichte über die Zusammenarbeit zwischen Poniatowsky und Ossowiecky auf einem Treffen der amerikanischen anthropologischen Gesellschaft in Mexico City im Jahre 1974 präsentiert.
Natürlich kann es sich herausstellen, daß die wissenschaftlichen Arbeiten des Professor Poniatowsky wenig fachliches Gewicht besitzen. Doch da es sich hierbei um konkrete Angaben handelt, müßten diese nachgeprüft werden können, wie Emerson es gemacht hat. Auf jeden Fall bin ich erstaunt, daß solch unvorstellbare Möglichkeiten, neues Wissen über die Geschichte des Menschen zu erlangen, nicht jeden interessieren, der dieses Gebiet als sein Fachgebiet ansieht.
Mehr und mehr zeigt es sich als entscheidend, mit dem Wirklichkeitsverständnis aufzuräumen, das ohne weiteres solche Möglichkeiten der neuen Erkenntnis abweist, sowohl über unsere Vergangenheit als auch über unsere latenten Fähigkeiten.

Was bedeuten diese neuen Entdeckungen für unser Selbstverständnis?

Viele Leute sitzen an den Tischen in meinem bescheidenen »Arbeitscafé«. Es sind meist Rentner und Berufstätige, die zum Frühstück oder während der Mittagspause hereinkommen. Ab und zu schnappe ich Bruchstücke von Gesprächen auf, die etwas von ihrer Beschäftigung verraten. Solange ich lese und schreibe, höre ich nichts von dem, und es stört mich nicht. Doch lege ich die Arbeit ab und zu zur Seite, kann das eine oder andere Gespräch meine Neugierde wecken.

Heute war ich viele Stunden in meiner eigenen Gedankenwelt, bis ich schließlich mein Schreibzeug beiseite lege und mich bei einem Butterbrot entspanne — zur vierten Tasse Kaffee des Tages.

Hinter mir sitzen zwei junge Leute. Ich kenne ihren Gesprächsstoff aus meinem alten Leben in der Werbebranche. Sie sprechen von einer Annoncenkampagne für Teenagerkleider. Sie soll offensichtlich an Kinder zwischen zwölf und fünfzehn Jahren gerichtet sein, und das Gespräch deutet auf ein beträchtliches psychologisches Verständnis der Teilnehmer. Das Stichwort für diese Altersstufe, die sie ansprechen wollen, ist *Gruppenzugehörigkeit*, das Bedürfnis der Jungen, die Spielregeln zu lernen, die verlangt werden, um in ihrer gleichaltrigen Gruppe akzeptiert zu werden. Diese Gruppe soll ja die Familie ersetzen, aus der sie sich befreien müssen, um in ihrer gleichaltrigen Gruppe akzeptiert zu werden. Die Reklame soll den Eindruck verstärken, daß die aktuellen »Fahnen« die notwendigen Signale sind, um dieser Gruppe anzugehören.

Ich reflektiere ein wenig darüber. Wie viele unserer Haltungen und Handlungen sind von solchen Wünschen bestimmt, ein Signal der Zugehörigkeit in unserem Milieu zu vermitteln, auch im Erwachsenenalter? Wie viele unserer Meinungen und Ansichten sind recht und schlecht Kopien einer gängigen Auffassung von denen, bei denen wir akzeptiert werden wollen?

Mir scheint, ich kann hier eine Parallele zu der Furcht in vielen Kreisen des Universitätsmilieus erkennen, ein neues Weltbild zu akzeptieren, das bei den meisten etablierten Forschern immer noch als »unwissenschaftlich« gilt, unabhängig von den Tatsachen, die in eine andere Richtung weisen.

Da dreht sich das Thema hinter mir in eine persönliche Richtung, und ich kann es nicht lassen, aufmerksam zuzuhören. Einer der beiden erzählt, er wolle mit der Werbung aufhören. Er hat eine Arbeit in einem ganz anderen Fachgebiet bekommen, und der Kollege fragt ihn, ob Idealismus hinter seinem Entschluß steht. »Idealismus?« fragt der erste. »Kann man denn heute noch Idealist sein?« Beide lachen.

Das Gespräch entbehrt nicht eines gewissen Zynismus, doch ich weiß, wie viele meiner alten Kollegen aus der Werbung eine Frustration über ihre Bindung an eine Karriere verspürt haben, die sie oft als sinnlos erlebten. Über den Zynismus hinaus ahne ich in der Aussage des einen Cafébesuchers eine versteckte Verzweiflung über verlorengegangene Ideale; vielleicht auch einen Wunsch, zu zeigen, daß man trotzdem nicht blind gegenüber dem ist, was die Welt heute eigentlich ist. Das läßt einen Platz für Glauben und Ideale. Wir leben in einer Welt, die uns die übelsten Ahnungen über den Zustand der Natur bestätigt und über den Menschen, ein Wesen, das vollständig durch primitive Bedürfnisse gesteuert ist. Das ist auch nicht schwer zu verstehen. Solange wir glauben, das Menschenleben sei ein Prozeß, der durch Bedürfnisse gesteuert wird und durch nichts anderes, erscheint es als reichlich sinnlos, den Versuch zu unternehmen, sich von diesem Bedürfnisdrang zu befreien.

Was hat das mit unserem totalen Wirklichkeitsbild zu tun? Wie mir scheint, sind diese hoffnungslosen Aussichten eine notwendige Konsequenz der klassischen Zeit- und Raumbeschreibungen in der Wissenschaft: In einem solchen Universum können keine anderen Verbindungen zwischen Dingen und Geschehnissen gedacht werden als die physikalischen Kräfte, die zwischen ihnen wirken, und alles, was geschieht, muß als ein Ergebnis solcher Wirkungen in einer zeitlichen Reihenfolge gesehen werden — als Ketten von lokalen Ursachen und Wirkungen. Es gibt keinen Platz für Geschehnisse und Möglichkeiten außerhalb dieser zeit- und raumgebundenen Ursachenketten.

Da wir auch wissen, daß der menschliche Körper und sein Ge-

hirn aus den gleichen physikalischen Elementen und Energien bestehen wie alles andere, wie sollte da unser sogenannter »Geist« und unsere »freie Wahl« anders als ein Resultat der gleichen Ursachenketten erklärt werden? In einer materiellen Welt ohne Geist gibt es keine andere Möglichkeit. Und wollen wir das menschliche Verhalten mit solch einem Bild beschreiben, worauf können wir anders aufbauen als auf die physischen Bedingungen der Gehirnprozesse, verursacht durch genetische Muster und äußere Konditionen und deren Auslösung in der Kombination von Sinneseindrücken und innerer Chemie? Sich darüber hinaus geistige Möglichkeiten vorzustellen, erfordert eine Vorstellung über etwas, das über diese Zeit-und-Raum-Ursachen hinausgreift; also etwas, das es nicht gibt!
Was verändert sich in diesem Bild, wenn eine Nicht-Zeit-Dimension trotzdem als existent angenommen werden *muß?* Dann verändert sich alles! Es liegt in der Natur dieser Dimension, daß sie nicht abgegrenzt werden kann. Existiert sie, so kann sie überall gefunden werden und ist eine Seite von allem, was existiert, weil sie nicht zeitmäßig auf Einzelsituationen oder Raumabgrenzungen bestimmter Teile der Wirklichkeit festgelegt werden kann. Akzeptiert und erfaßt man einmal die Bedeutung der Ewigkeit oder der Nicht-Zeit (die notwendigerweise auch Unendlichkeit oder Nicht-Raum bedeutet), dann — so meine ich — muß man auch akzeptieren, daß dies eine Seite der Wirklichkeit ist, die *alle Dinge miteinander verbindet*, da eine Abtrennung ohne Raum sinnlos ist. Das wird auch die Geschehnisse zu allen Zeiten verbinden, weil eine Nicht-Zeit jeden Zeitunterschied aufhebt. Existiert dieses Nicht-Zeit-Prinzip, muß es auch eine Seite in uns selbst sein, etwas, das uns mit allen anderen und mit allem verbindet, was existiert und existiert hat. — Es ist ein Prinzip, das jedenfalls die *Möglichkeit* der Freiheit von den bindenden Ursachen eröffnet.

Notwendige Folgerungen über Ewigkeit und Nicht-Zeit

Was kann ich aus dieser Seite der Wirklichkeit schließen? Selbstverständlich kann etwas, das keine räumliche oder zeitliche Existenz besitzt, nicht aus sich selbst heraus beschrieben und verstanden werden. Wir können seine Existenz erleben und unser Erlebnis in Bildern beschreiben, doch niemals so, daß es etwas für unsere Zeit-Raum-Wirklichkeit Konkretes über den Ausgangspunkt des Erlebnisses aussagt. Doch worüber wir etwas sagen können, ist die physikalische Wirkung der Nicht-Zeit-Dimension und ihre eventuelle Bedeutung in unserer dreidimensionalen Welt. Hierauf möchte ich nun näher eingehen und die Meinungen der Forscher berücksichtigen, die es gewagt haben, diese Frage zu stellen. Doch vorläufig meine ich, daß die drei nachstehend angeführten Schlußfolgerungen notwendig sind.

1. Die Ursache der Ursache

Zuerst erscheint es notwendig, die eigentlichen Ursachen dieser Dimension zu suchen. Wir sprechen täglich über Ursachen und meinen damit meist logische Ereignismuster. Folgt eine Art Geschehnis der anderen oder mehreren anderen, so sagen wir, das nachfolgende Geschehnis sei durch das vorangehende verursacht worden. Wir ordnen also Muster von Zusammenhängen und Wiederholungen in Raum und Zeit. Das ist, kurz gesagt, die Methode der Wissenschaft. Es liegt jedoch außerhalb dieser wissenschaftlichen Methode, zu fragen, was dahinterliegt und dieses Muster von wiederholten Ereignisreihen verursacht. Wissenschaftlich wird das beinahe als eine ungehörige Frage angesehen. Undogmatische Forscher wie beispielsweise Professor Emerson werden dennoch gezwungen, diese Frage zu stellen, wenn sie Unterbrechungen in diesen Ereignismustern, die wir als Ketten von Ursachen und Wirkung kennen, entdecken; wenn beispielsweise ein Quantengeschehnis nicht einem vorausgehenden Signal zugeschrieben werden kann oder eine hellsichtige Person nachweislich Dinge sieht, die durch keine physikalischen Wellen als Botenträger verursacht sein können. Da erscheint es notwendig, zu fragen, ob das, was hier zum Ausdruck gekommen ist, einem übergeordneten Prinzip *jenseits* von Zeit-und-Raum-Zusammenhängen angehört. Diejenigen, die solch eine Frage offen stellen, können sich nicht damit trösten, daß eine gewöhnliche physikalische Erklärung noch gefunden wird, »so wie wir die Erklärungen über die offensichtlichen, mysteriösen Phänomene wie zum Beispiel den Magnetismus gefunden haben«. Es nützt nämlich nichts, auf kommende Entdeckungen über »Kräfte und Ursachen« in Zeit und Raum zu hoffen, weil es sich hierbei um eine Art Ursache handelt, die das bekannte Kettenprinzip von Ursache und Wirkung in Zeit und Raum überschreitet.

Mir erscheint es daher logisch, die »Ursache der Ursache« in einer anderen Dimension zu suchen, in der wir die Ereignisketten selbst finden. Selbst wenn wir diesen eigenartigen Bruch in den Wiederholungen dieser Muster übersehen — und behaupten, das lokale Ereignis, das wiederholte Male einem anderen vorausgegangen ist, sei die letzte Ursache —, kommen wir trotzdem auf die Frage der Verursachung, der ursprünglichen Ursache. Mit großem Interesse habe ich viele Diskussionen hierüber verfolgt, inwieweit diese Kette hinter

der Ursache einen Anfang in dem haben kann, das selbst nicht verursacht sein kann; etwas, das sich selbst verursacht. Braucht die Kette von Ursachen einen solchen Anfang?
Kann die Idee des Urknalls, als Anfang unseres Universums, nicht nur ein Punkt auf einem Kreislauf sein, der sich immer wiederholt; wo das gleiche Universum ständig neu entsteht, nach dem es zugrunde gegangen ist, etwa bei einem Wechsel zwischen Zusammenziehen, Explosion und neuer Ausdehnung des Universums? Liegt die »Ewigkeit« in solch einem unendlichen Kreislauf von Wiederholungen?
Hier komme ich wieder auf die Frage, inwieweit Ewigkeit als »viel Zeit« verstanden werden kann. Ist die Folgerung richtig, auf die ich gekommen bin, daß Ewigkeit Nicht-Zeit sein muß, also etwas grundsätzlich Unterschiedliches zur Zeit und zum Raum, dann heißt das auch, daß dieses Zeitprinzip — diese zeitlichen Ereignisketten — von etwas anderem in einer anderen Dimension verursacht sein muß. So erscheint es mir, daß sowohl die Frage nach der Ursache der Ereignismuster der Wirklichkeit als auch die Frage nach der letzten Ursache auf eine Nicht-Zeit-Dimension verweisen. Nach meiner Auffassung muß also die Eigenschaft dieser Dimension im eigentlichen Sinne schöpferisch oder verursachend sein. Hier müssen wir die tiefste Ursache der Wirklichkeit suchen. Wie die Quantenphysik zeigt, kann das innerste Wesen der Wirklichkeit eher mit dem Ausdruck Geist als mit Materie beschrieben werden. Und wenn diese Seite der Wirklichkeit nicht nur »dahinterliegt«, sondern auch die unendlichen und bedeutungsvollen Muster der Natur verursacht hat, sollte man ohne Scham fragen können, ob es ungehörig ist, sich eine Art schöpferischer Intelligenz in der Dimension der Nicht-Zeit oder Ewigkeit vorzustellen. Viele andere würden bei dieser Frage natürlich eine ganz andere Ausdrucksweise wählen.

Eine Hauptschlußfolgerung aus den Entdeckungen der Quantenphysik ist, ich hatte es bereits erwähnt, ein neuer Ganzheitsbegriff; eine Ganzheit, die nicht darauf zurückgeführt werden kann, daß Einzelereignisse wie in einer Maschine ineinandergreifen. Es geht um eine Ganzheit, die überhaupt nicht von etwas Materiellem verursacht sein kann, die jedoch in sich selbst *ist* — allem übergeordnet. Es ist ein regulierendes Ganzheitsprinzip, das die totale Ordnung des Universums aufrechterhält, indem es ein jedes Teil direkt mit allen anderen derartig verbindet, daß eine gewöhnliche Zeit-Raum-Beschreibung möglich wird.

Das scheint eine andere und vielleicht die grundlegendste Wirkung der Nicht-Zeit-Dimension zu sein. Das Ganzheitsprinzip ist in und zwischen allem und wirkt auf alles ein. Es repräsentiert die vollständige Einheit und Unendlichkeit des Universums. In diesem Zusammenhang kann kein Teil herausgerissen und isoliert betrachtet werden. Solche Teilbetrachtungen sagen nur etwas über die andere Seite der Wirklichkeit aus; über die Zeitmuster, die das Ganzheitsprinzip aufrechterhält und worauf wir mit unserer fortgeschrittenen Technologie und Wissenschaft vertrauen. Doch die Untersuchung von Teilen kann nicht erklären, warum diese Muster ständig wiederkehren, nachdem sie zugrunde gegangen sind; weshalb Teilchen bei einem Energieaustausch verschwinden, Kristalle sich auflösen; Tiere und Pflanzen, die sterben, Organe, die beschädigt sind, weshalb kommen sie ständig nach dem gleichen Bild, der gleichen Form wieder, obwohl die mechanischen Ereignisketten niemals identisch sind?

Die Stabilität der Muster scheint eine Begründung in einer anderen Dimension zu haben, einer Dimension, die jenseits der physikalischen Wirklichkeit liegt. So erscheint es mir notwendig, der Nicht-Zeit-Dimension auch eine formende Eigenschaft zuzuordnen. Ich glaube, wir müssen da die Muster suchen — sowohl für die gesamte Ganzheit als auch für die Subsysteme, die wir Atome und Moleküle, Kristalle und Zellen, Minerale und lebende Organismen, Gesellschaft, Planeten und Sonnensysteme nennen.

3. Die Grundlage des menschlichen Geistes und der Freiheit

Mir scheint nun, daß sich die ganzen Zusammenhänge in einem klareren Licht zeigen: Hätten der Mensch und die Wirklichkeit keine anderen Seiten als die, die in Zeit und Raum beschrieben werden können, es wäre schwer oder unmöglich, sich zu denken, daß wir eine freie Wahl und somit Verantwortung für die Entwicklung unserer selbst und der Welt haben: In einer materiellen Wirklichkeit sind Ursachen identisch mit gesetzmäßig gebundenen Ereignisreihen. Es liegt in der Natur dieses Wirklichkeitsbildes, daß Ursachen außerhalb dieser Ereignisketten nicht zu finden sind. Woher sollten sie kommen? Gleichgültig, wie kompliziert unser materielles Weltbild geworden ist, so wird es doch als ein kolossales Netzwerk solcher physikalischer Zusammenhänge beschrieben und gedacht, wobei vorausgesetzt wird, daß jedes Phänomen durch andere Phänomene, die mit ihm in Verbindung stehen, verursacht wird.
Selbstverständlich kann man sich damit trösten, daß es in einem solchen Weltbild auch Zufälle gibt, was das auch immer bedeuten mag. Doch gerade der Umstand, daß etwas zufällig ist, deutet darauf, daß es nicht durch irgend etwas verursacht wurde, auch nicht vom Menschen. Doch das hilft nicht weiter. Setzt man erst ein einseitiges Zeit-Raum-Weltbild voraus,

gibt es keinen Grund, das menschliche Bewußtsein als etwas im Wesen anderes als die übrigen Phänomene zu betrachten. Auch dieses muß aus den materiellen Zusammenhängen heraus beschrieben werden, die als das einzig Existente angenommen werden: Hinter jedem Bewußtseinsprozeß muß es deshalb einen oder mehrere vorausgehende Prozesse geben, die das Nachfolgende verursachen, und dahinter liegen wieder andere. Und alle diese bestimmenden Faktoren müssen in Zeit und Raum festgelegt sein. Sie sind somit in ihrer Bedeutung physikalisch: vom Stoff oder von meßbarer Energie ausgehend. So ist ein einseitiges Weltbild von Raum und Zeit notwendigerweise ein Weltbild ohne Freiheit, ohne Wahl, ohne Hoffnung auf irgend etwas anderes als das, was kommen muß.

Deshalb ist der Nachweis einer »Nicht-Zeit-Dimension« in und jenseits der Zeit-Raum-Welt eine revolutionierende Entdeckung; eine Erkenntnis, die es möglich macht, an eine geistig-menschliche Entwicklung zu glauben, und eine Wahlmöglichkeit eröffnet, ohne daß man seine intellektuelle Redlichkeit aufopfern muß! Deshalb können aufgeweckte Physiker behaupten, dies sei die grundlegendste Entdeckung in der Geschichte der Wissenschaft; die erste, die eine Antwort auf die philosophische Grundfrage gibt, ob die Welt nur Materie ist oder ob auch eine andere Dimension existiert. Deshalb scheint nun eine internationale Diskussion über die Bedeutung dieser Entdeckung für ein neues Verständnis in der Psychologie, Religion, Soziologie, ja ein ganz neues Wissenschaftsdenken herauszuwachsen. Dies will ich weiter unten untersuchen; doch bereits jetzt scheint mir eines klar: Die Nicht-Zeit-Dimension kann ebensowenig »außerhalb« unseres Bewußtseins sein, wie sie leichthin in- oder außerhalb von irgend etwas »placiert« werden kann. Es kann auch nicht möglich sein, daß sie durch unser Gehirn verursacht wird, genauso unmöglich, wie es durch irgend etwas anderes Materielles verursacht werden kann. Nach meinen Ausführungen ist es im Gegenteil notwendig, anzunehmen, daß es die Nicht-Zeit-Dimension selbst ist, worin wir die Ursachen suchen müssen, die in das Physikalische wirken und diesem eine Form und Bedeutung verleihen.

Wie steht es nun mit der Freiheit? Habe ich nicht jetzt die bestimmende Ursache aus Zeit und Raum nur in eine Nicht-Zeit und einen Nicht-Raum verschoben? Gibt es uns eine größere Wahlfreiheit, wenn der Ursprung unserer Gedanken in einer Art universellen »geistigen Dimension« gesucht werden muß? Ja, das meine ich. Hiermit bekommen wir eine Alternative.

Wir haben die Wahl, so zu leben, wie es größtenteils alle machen, und zwar mit einem einseitig orientierten Bewußtsein auf die erdnahe Wirklichkeit der Zeit-Raum-Dimension bezogen. Dann erheben wir uns auch nicht über diese Ebene; Wir gebrauchen die physikalische, hirnbedingte Seite unseres Bewußtseins und denken, fühlen und handeln in Einklang mit den Gesetzen, die durch Hirnprozesse gebunden sind.

Oder wir öffnen unser Bewußtsein zur anderen Seite unseres Selbst und des Universums, eine Seite, die notwendigerweise immer für uns als Möglichkeit vorhanden ist. Nach dem, was ich jetzt über diese Seite der Nicht-Zeit oder Ewigkeit in uns zu wissen glaube, bedeutet eine solche Öffnung des Bewußtseins ein unmittelbares Erlebnis der Einheit, des Einfühlens und der Gemeinschaft, nicht nur mit anderen Menschen, sondern auch mit allem, was existiert.

Mir selbst ist bewußt, daß ich, wie sicher die meisten von uns, diesen Zustand nur wie ein kleines Aufglimmen erleben konnte. Wie ich mich erinnere, glaubte ich nur einmal, dieser Zustand sei vollkommen. Ich war nicht älter als fünf Jahre. Ich lag in einem Kinderbett im Raum meiner Eltern. Als ich

erwachte, war es sehr früh am Morgen. Ich lag da und hörte Mutter und Vater ruhig im Schlaf atmen, während ich das Morgenlicht sah, das ein Schattenkreuz von den Fensterrahmen auf der Jalousie zeichnete. Im Hof schrie eine Krähe. In dem Augenblick, als die Krähe schrie, blieb für mich die Zeit stehen und wurde zu einem ewigen Augenblick, der seitdem in mir lebt. Es war, als ob der Laut die Wände der Welt nach außen hin geöffnet habe, nicht nur zu dem verschlossenen Innenhof, wo ich mit dem kleinen Mädchen aus der Etage über uns zu spielen pflegte, sondern auch zu allem, was mir bekannt war. In einem Augenblick der Zeitlosigkeit erlebte ich eine Liebe zu allem. Sie war so stark, daß sie mich ganz erfüllte. Ich erinnere mich immer noch, wie alle Menschen und alle Dinge in meiner Welt in mir zugegen waren. Das war so wunderbar, daß ich mich tagelang bemühte, den außenstehenden Erwachsenen zu erklären, was ich erlebt hatte. Noch heute fühle ich mich nicht in der Lage, das zu beschreiben, was nicht beschreibbar war. Es ist durchaus möglich, daß das Erlebnis dieses zeitlosen Jetzt einer vollständigen Einfühlung mein Weltbild geprägt hat und dazu beitrug, eine Hoffnung aufrechtzuerhalten, die ich seitdem niemals fallenließ, gleichgültig, wie schrecklich die Welt im Augenblick erscheint.
Später hatte ich, wie viele andere es hatten, ein plötzliches kurzes Aufglimmen dieses Zustandes. Es war ein plötzliches, nicht gedankliches Erkennen, eine Schöpferfreude, ein Naturerlebnis von allumfassender Liebe. Doch ich glaube, nein, ich weiß, daß wir nicht mehr benötigen, um uns einen neuen Ausgangspunkt für unsere Gedanken und unser Leben zu schaffen. Ein seltener Funken von Ewigkeit und universeller Zugehörigkeit ist genug, um uns aus unseren verschlossenen Gedankenbahnen zu werfen, wenn wir für die Bedeutung des Augenblicks offen sind.
An und für sich glaube ich, es ist richtig und auch notwendig,

daß die Möglichkeiten für den Kontakt mit der universellen Zeitlosigkeit auf solche Funken begrenzt ist. Ich glaube, es ist richtig, was Berson und andere Denker behaupten, daß wir mit einem Bewußtseinsfilter ausgestattet sind, der uns täglich gegen die Eindrücke aus anderen Dimensionen in dieser erdnahen Wirklichkeit schützt.[37]
Trotzdem ahnen die meisten von uns, daß wir und das Universum etwas Tieferes sind. Weshalb scheuen wir solche Ahnungen, vielleicht besonders die, die ihre Hauptbeschäftigung in der Wissenschaft und in analytischem Denken sehen? Haben wir das Filter undurchgängig gemacht? Ich glaube es fast, zumindest sehe ich darin eine mögliche Erklärung.

Das Filter, das uns vor dem Erleben der Ewigkeit schützt

Unsere gewöhnlichen physikalischen Sinne und ihre Verlängerung in der wissenschaftlichen Apparatur sind Werkzeuge, die nur Signale von der materiellen Seite registrieren. Doch auch das Denken, auf jeden Fall das Denken, das behauptet, »objektiv« in der Beziehung zu sein, daß es nicht über sich selbst hinausgreift, ist durch Raum und Zeit geprägt: Solch ein Denken ist ein linearer Zeit-Raum-Prozeß; ein Durchgehen logischer Folgerungen in einer zeitlichen Reihenfolge, die uns an die Seite der Wirklichkeit bindet, die derartig beschrieben werden kann. Je einseitiger wir uns der Welt allein mit unserem Denken nähern, desto mehr werden das Erlebnis der Totalität und Gleichzeitigkeit außerhalb der Ursachenketten und auch die nichtmateriellen Zusammenhänge als störend empfunden. Und desto mehr werden wir uns unbewußt solchen Zusammenhängen und Möglichkeiten gegenüber verschließen. Bis wir zu guter Letzt nichts anderes erleben können als die durch Regeln gebundene Seite der physikalischen Wirklichkeit. Das natürliche Filter ist zu einem eisernen Vorhang vor der geistigen Nicht-Zeit-Dimension geworden.

Hiermit meine ich nicht, das analytische Denken sei ein falscher Weg zum Verständnis der entscheidenden Seiten der Wirklichkeit. Es ist notwendig und richtig, entsprechend seinen eigenen Voraussetzungen, doch es ist nicht alles und erfaßt nicht alles. Es ist unser unersetzbares Werkzeug, um materielle Handlungsabläufe verstehen und beherrschen zu können, die unsere tägliche Wirklichkeit prägen. Ich habe auch analytisches Denken benutzt, um herauszufinden, ob diese andere Seite der Wirklichkeit mehr als eine Illusion ist. Und ich habe versucht, die wahrscheinlichen Ausdrucksformen und Wirkungen der Nicht-Zeit-Dimension in unserer physischen Welt zu analysieren. Doch durch physische Wahrnehmung und systematische Gedankenfolgen kann ich keine Verbindung mit dieser Ebene bekommen oder sie persönlich und direkt erkennen. Das kann nur durch meine freie Intuition und das unmittelbare Erlebnis der Einheit mit allem geschehen.

Logisches Denken ist notwendig, um zwischen echten Erlebnissen und hysterischen Gefühlen, einem tiefen Ganzheitserkennen und unkritischem »Mystizismus« zu unterscheiden. Denken und Logik sind unsere einzigen Werkzeuge, um zu bestimmen, ob unsere »Wahrheitserlebnisse« in Einklang oder in Widerspruch zu den grundlegenden Anschauungen über Moral stehen, die ja selbst auch ein direktes allgemein menschliches Erkennen zu sein scheint. Und endlich glaube ich, daß wir das analytische Denken brauchen, um zu erkennen, wie das tiefe Erlebnis der Einheit aller Dinge in praktischer Hinsicht für eine bessere Zukunft verwirklicht werden kann.

Doch alles Denken muß von etwas ausgehen, was selbst nicht durch Denken hervorgebracht werden kann. Ob es uns bewußt ist oder nicht, geht unser Denken unmittelbar von *Annahmen* über die Wirklichkeit aus. Solange diese Annahmen davon ausgehen, daß alles durch physikalische Prozesse verursacht ist, reduzieren wir damit die Empfänglichkeit für andere Möglichkeiten und bestätigen, daß unser Verhalten lediglich auf unsere Erbanlagen, Erziehung, Bedürfnisse und Triebe und ein daraus resultierendes Denken zurückzuführen ist.

Bauen unsere Annahmen über die Wirklichkeit jedoch auf die Erkenntnis einer Seite der Welt und unserer selbst, die unabhängig von den Gesetzmäßigkeiten von Zeit und Raum ist, so können wir uns einem Denken öffnen, das unserer freien Verantwortung und unserem Glauben an eine geistige Entwicklung keine Grenzen setzt.

Zum erstenmal in der Geschichte scheint es so zu sein, daß die Forschung und Logik die Existenz einer solchen Seite der Wirklichkeit wahrscheinlich gemacht hat. Ich sehe hierin eine Öffnung für ein neues Bild über unser Bewußtsein und eine Aufgabe für eine ganz neue Art von Forschung in den kommenden Jahren. Doch mehr als eine mögliche Beschreibung dieser Ebene und ihrer Wirkung können das Denken und die Wissenschaft uns nicht bringen. Um diese Möglichkeiten in unserer eigenen Entwicklung gebrauchen zu können, müssen wir uns auch dieser komplementären Seite in unserem Bewußtsein öffnen. Und wir müssen vielleicht anerkennen, daß diese beiden Seiten der Wirklichkeit nicht gleichzeitig zum Ausdruck kommen können, weil sie sich gegenseitig ausschließen; ebenso wie die entgegengesetzten Möglichkeiten der Quanten nicht gleichzeitig verwirklicht werden können.

Wir können uns nicht in ein universelles Erleben der Liebe

und Allverbundenheit hineindenken. Doch können wir auch nicht durch ein reines Erlebnis dessen Wert und die daraus erfolgenden Handlungskonsequenzen für unsere tägliche Raum-und-Zeit-Wirklichkeit analysieren.
Ich glaube, wir müssen es lernen, unser Leben zwischen diesen beiden komplementären Seiten unserer selbst in Balance zu halten und damit die Möglichkeiten für Kontakte zu beiden Seiten der totalen Wirklichkeit offenzuhalten: die erdnahe, materielle Seite und die jenseits liegende, alles verbindende Nicht-Zeit-Dimension.

Der große Denker der Physik und seine neue Welt

Für eine Weile muß ich meine Ideenwelt zugunsten praktischer Vorhaben verlassen. Ich will eine Reise unternehmen, um auf das weiter aufzubauen, was ich bisher verstanden zu haben glaube. Ein Stipendium ermöglicht es mir, die vielen Fragen bei Treffen mit weltbekannten Forschern zu verfolgen; Forscher, die ihr ganzes Leben lang hierzu eine Antwort in unterschiedlichen Fachgebieten gesucht haben. Nach unzähligen Briefen und Auslandstelefonaten bekam ich eine Reihe von Terminen in England und an der Ost- und Westküste der USA. Der erste, den ich treffen soll, ist der Physikprofessor David Bohm am Birkbeck College der Universität London. Die letzten Tage vor der Abreise benutzte ich dazu, mich einigermaßen in seine interessante Gedankenwelt hineinzuversetzen.

Der Physiker David Bohm ist eine der faszinierendsten Persönlichkeiten in der heutigen Wissenschaft. In einer gewissen Weise zählt er zu den Pionieren der neuen Physik, doch er ist immer seine eigenen Wege gegangen. Seine Ideen weckten eine Diskussion in den fünfziger Jahren und tun es noch heute. Selbst die konservativsten Physiker erkennen ihn als einen der größten Denker unserer Zeit an. Im Jahre 1951 legte er ein grundlegendes Werk[38] über die Quantenphysik vor, das Einstein zu dem Ausruf nötigte, daß er erst nach dem Lesen von Bohms Buch die Theorien vollständig verstanden habe. Immer noch werden diese Ausführungen als ein klassischer Text in der Quantentheorie gebraucht. Bohm ist sowohl Physiker als auch Philosoph und vielleicht der erste, von dem behauptet werden kann, daß er die Entdeckungen der Quantenphysik in Richtung eines konsequenten ganzheitlichen Weltbilds weitergeführt hat.

Das unteilbare Universum des David Bohm

Wie viele andere unabhängige Denker wurde auch Bohm mißverstanden und kritisiert, besonders nachdem er in den fünfziger Jahren den statistischen Charakter der Quantenphysik in mehreren Zusammenhängen zur Diskussion stellte. Nach Bohms Meinung erklärt sich die Annahme der alten Physik, daß nämlich die »Quantenphänomene« ohne Ursache seien, daraus, daß die Quantenphysik nicht weit genug gegangen sei, um mit dem zersplitterten Weltbild dieser alten Physik aufzuräumen. Da man keine *lokalen* Verbindungen fand, die die einzelnen Reaktionen der Quanten erklären konnten, zog man daraus den Schluß, das geschehe rein zufällig und ohne jede Ursache.
Daraus war es unmöglich, sich ein ganzheitliches Weltbild zu bilden, meinte Bohm. Trotz der Forderung der Quantenphysik nach einem neuen Weltbild sitzt man immer noch da mit einem aufgeteilten Universum separater, zufälliger Einzelgeschehnisse, die miteinander in keinen geordneten Zusammenhang gefügt werden können. Darüber hinaus beschäftigte sich Bohm mit der Frage, ob sich die Quantenphysik nicht mit der Relativitätstheorie Einsteins vereinigen ließe. Da sowohl die Quantenphysik als auch die Relativitätstheorie ihre Gültigkeit in der Praxis bewiesen haben, meinte er, könne dieser Konflikt zwischen ihnen gelöst werden, wenn die Physik ein zusammenhängendes Bild der Wirklichkeit vermitteln kann. Bohms Versuch ist vielleicht der bis-

her umfassendste, eine Brücke zwischen diesen Theorien zu bauen.

In der Quantenphysik betrachtet man gewöhnlich ein Partikel als eine Wellenbewegung von unbestimmten Möglichkeiten, bis das Partikel sich an einem zufälligen Ort, der durch keine vorausgehenden Geschehnisse festgelegt ist, »verwirklicht«. Bohm meinte jedoch, das Partikel besaß zu jeder Zeit eine bestimmte Existenz und Plazierung, doch das müsse durch das Zusammenspiel von sich begegnenden Wellen erklärt werden. Ist der Ort, an dem das Partikel erscheint, wirklich zufällig, war das deshalb, weil man nur seine lokale Partikelwelle in Betracht zog. Es war also das Zusammenspiel der Wellen, das die bestimmende, verborgene Variable repräsentierte, meinte Bohm. Das, was bestimmt, wo die »Möglichkeiten« zur Realität werden, ist keine reine Zufälligkeit. Es ist ein Treffen mit anderen Wellen. Übergeordnet ist alles ein Ganzheitsprinzip.

Die *Wellenfunktion des Universums* bestimmt und organisiert die »Unterganzheiten« bis hin zu den Elementarpartikeln, »eine Quelle informierender, organisierender und schöpferischer Aktivität«. In diesem Bild ist das einzelne Quantenphänomen weder zufällig noch verursacht durch bestimmte Einzelteilchen oder Kräfte: Jedes Teil wird durch alle anderen bestimmt; also durch die Ganzheit selbst. *Die Ganzheit organisiert die Teile*, sagt Bohm.[39]

In einem kleineren Maßstab hat Bohm mathematisch nachgewiesen, daß die gesammelte Bewegung der Elektronen in einem Metall das Verhalten eines jeden Elektrons und umgekehrt reflektiert: Jedes einzelne Elektron drückt die Bewegung und den Zusammenhang der Ganzheit aus.[40] Die Ganzheit spiegelt sich in jedem Teil! Für den, der das Zufälligkeitsprinzip als ein entscheidendes Element der neuen Physik ansah, wurde Bohms Auffassung zu einem Rückschritt in

die alte Vorstellung des Determinismus oder der Vorausbestimmung aller Dinge. Doch Bohm sah sich nicht als Determinist. Im Gegenteil, für ihn ist die Ganzheit ein unendliches, lebendiges und unvorhersehbares Muster von Bewegungen, das unabhängig von lokalen, mechanischen Verbindungen reguliert wird. Obwohl das nicht gleich so klar zum Ausdruck kam, wurden Bohms Ideen mehr und mehr als nichtdeterministisch bekannt, nachdem sie weiterentwickelt wurden, um auf die ständig neuen Fragen und Einwände zu antworten. Seine spätere Idee eines *Super-Quantenpotentials* oder einer *implizierten Ordnung* ist eine Theorie, die erklärt, wie eine vollkommene, nichtmaterielle »Dimension« auf das Materielle in einer nicht voraussagbaren Art und Weise einwirkt.
Ich fasse David Bohms Folgerung auf als eine Bestätigung dessen, wozu ich persönlich gekommen bin: Hinter allem liegt eine zeitlose Dimension, die das Ganze und den Teil zu einem macht. Doch Bohm hat das noch sehr viel weiter entwickelt.
Zu diesem Zeitpunkt muß ich an etwas denken, was ich zufällig im Kopenhagener Historischen Museum in einer Ausstellung alter russischer Kunstschätze gesehen habe. Als ich hereinkam, sah ich Gegenstände in einer Glasvitrine im Inneren des Gebäudes. Es waren strahlend beleuchtete edle Metallgegenstände. Ich ging zu einer verzierten Silberkanne, ging an ihr vorbei, besah sie von der Seite und entdeckte neue Muster, die ich nicht sogleich erkannte. Doch als ich ganz um sie herumgegangen war, bis an die Seite des Gestells, fiel das Bild in sich zusammen. Sowohl die Kanne als auch der Glaskasten erwiesen sich als eine flache Platte — eine Holographie!
Ich erinnere mich daran, weil Bohm Hologramme als ein Bild der einzelnen Seiten der Wirklichkeitsauffassung benutzt. Ein Hologramm ist ein Bild, das dadurch entsteht, daß

ein Laserstrahl einen Gegenstand trifft und davon auf eine fotografische Platte reflektiert wird. Hier trifft er auf einen Teil des Laserstrahls, der an dem Gegenstand vorbeireflektiert worden ist. Auf der Platte erscheint ein kompliziertes und offensichtlich bedeutungsloses Interferenzmuster. Doch wird dieses Muster beleuchtet, tritt ein dreidimensionales Bild des Gegenstandes hervor. Und mehr als dies: Das Bild zeigt mehrere seiner Seiten, je nachdem, wie man um es herumgeht, es weist in einem bestimmten Abstand von der Platte Dreidimensionalität auf.

Doch das wirklich Interessante an einem Hologramm erkennt man erst, wenn man ein kleines Stück des Bildes abreißt. Wird dieser noch so kleine Teil der Platte beleuchtet, wird man immer noch den *ganzen* Gegenstand sehen! Die Ganzheit des Bildes ist also überall auf dem Hologramm registriert, selbst im kleinsten Teil. Obwohl die Ganzheit mit weniger oder unschärferen Einzelheiten hervortritt — abhängig von der Größe des beleuchteten Teils —, so ist doch die Ganzheit überall im Bild vorhanden.

Damit hat das Hologramm eine große Bedeutung für die neue Beschreibung der Wirklichkeit erlangt. Ein Hologramm zeigt direkt »das Ganze in den Teilen«. Was bei der Beleuchtung des Hologramms geschieht, ist für Bohm eine Momentaufnahme dessen, was ständig im ganzen Universum geschieht. Licht und andere Wellen breiten sich überallhin aus, treffen auf Gegenstände und tragen weitere Informationen über deren Eigenschaften mit sich wie die Wellen eines Laserstrahls die Information über die Form des fotografierten Gegenstands im Hologramm. Erinnert man sich, daß jedwede Materie aus Kleinstteilchen besteht, die ja auch Wellen sind, kann man sich ein Bild von Bohms Universum bilden: eine Unendlichkeit im Wechselspiel der Wellen, die eine Information über all das mit sich tragen, was existiert und einmal existiert hat. Diese alles umfassende Bewegung nennt Bohm Ganzheitsbewegung *(holomovement)*. Und die verborgene Ordnung, die diese Bewegung zum Inhalt hat, nennt er die implizite Ordnung oder die »eingefaltete Ordnung« der Wirklichkeit,[41] während er die Naturphänomene, die wir wahrnehmen, die explizite Ordnung oder die »entfaltete Ordnung« nennt.

Verstehen wir die Wirklichkeit als stabile und getrennte Einheiten, so ist das deshalb so, weil die implizite Ordnung sich in einem »Augenblicksbild« entfaltet *(unfold)*, um sich wieder in die implizite Ordnung einzufügen *(infold)*, gefolgt von einem neuen Augenblicksbild und einer neuen Einfügung, so wie die Möglichkeitswellen der Quantenphysik sich in einem Augenblick verwirklichen, um sich dann sogleich in eine neue Möglichkeit umzubilden.

Diese Bild kann hoffnungslos abstrakt wirken, doch Bohm macht es verständlicher, indem er es mit den Wirbeln in einem Fluß vergleicht. Solche Wirbel können als stabile, separate Einheiten erscheinen. Sie können gesehen, placiert und gemessen werden, so als ob sie ein »Ding« wären, obwohl sie keine andere Substanz besitzen als die, die durch sie strömt. Bohm vergleicht den Fluß mit der Ganzheitsbewegung der Wirklichkeit. Ein bedeutungsvolles abstraktes Muster, das alles durchströmt. Die Formen, die wir sehen, sind die Verwirklichungen der impliziten (oder eingefalteten) Ordnung der Wirklichkeit. Die Wirklichkeit ist gleich dem Wasserstrom, er erstarrt niemals in einer Form. Es sind ständig neue Wassermassen, die in einem Augenblick ein Muster für uns verwirklichen, bevor sie weiterströmen, um von neuen Wassermassen ersetzt zu werden, die unmittelbar die gleiche Wirbelform einnehmen. Dieses ewige Einfügen und Entfalten vermittelt uns ein Bild der entfalteten Ordnung *(the explicate order)*.

In einem größeren Zusammenhang — wie im Meer — bilden sich solche Formen auf unterschiedlichen Ebenen, von den großen, die mit Meeresströmungen verglichen werden können, bis zu ihren »Unterganzheiten« in Form kleinerer Wirbel. Diese umfassen wieder kleinere Formen, die zuletzt von Quanten gebildet werden, die ebenfalls ein ständiger Strom des Wechsels zwischen den eingefalteten Möglichkeiten und der Verwirklichung sind. Die regulierende Ordnung jenseits all dessen muß als eine Dimension verstanden werden, die über Zeit und Raum hinausgeht. Bohm nennt sie »die sechste Dimension«. Dort repräsentieren alle getrennten Einheiten das totale Ganze und sind durch dieses ausgedrückt. Sowohl Zeit als auch Raum sind somit Widerspiegelungen einer höheren Realität, einer Realität, die beides umfaßt: »tote« Materie und das, was wir Leben nennen.
Auch das Bewußtsein ist in dieser Holobewegung und deshalb auch in Materie mit eingefaltet. Das individuelle Bewußtsein muß als Ausdruck dieses totalen Bewußtseins betrachtet werden. So sind auch der Körper und unser Geist eine unterschiedliche Widerspiegelung einer höheren Dimension, die alles miteinander verbindet. Für den, der sich gründlicher mit seinem Denken beschäftigt hat, ist es klar, daß Bohm weder Determinist noch Materialist ist.
Obwohl er sich notgedrungen mit einem konkreten Gottesbegriff beschäftigt hat, zeigen seine Ideen doch deutliche Möglichkeiten für eine Annäherung von Wissenschaft und Religion.
Mein Verständnis und meine Darstellung von Bohms Gedanken können nur ein vereinfachtes und schwaches Abbild seines umfassenden Gedankenbaus vermitteln. Trotzdem sollte es eine neue Art des Wirklichkeitsverständnisses im Lichte der modernen Physik ahnen lassen. Das Wichtigste bei David Bohm ist vielleicht, daß sein systematisches Denken eine Art

»Mittelweg« für das Verständnis von Zeit und Zeitlosigkeit, Zufall und Ursachenzusammenhang, Ganzheit und Teil, Geist und Materie, Wissenschaft, Metaphysik und Parapsychologie aufgezeigt hat. Nicht ohne Grund haben seine Gedanken unzählige Forscher inspiriert, die damit beschäftigt sind, unser Weltbild im Zusammenhang mit dem Wissen der neuen Zeit zu erneuern. Ich freue mich, ihn in London zu treffen.

TEIL II

Die Entdeckungsreise

Ich sitze im Flug nach London und empfinde eine doppelte Freude. Zuerst das bekannte Gefühl, unterwegs zu unvorhersehbaren Geschehnissen und in ein neues Umfeld zu sein, befreit von der Alltagsroutine, die so leicht das Denken und die Erlebnisfähigkeit einengt. Doch ist es auch die Begeisterung, endlich die Zeit und Möglichkeit gefunden zu haben, wovon ich jahrelang geträumt habe; zu reisen und Persönlichkeiten mit Interesse und Wissen in dem Gebiet zu treffen, worüber ich immer nachgedacht habe.
Die Sonne spiegelt sich auf den Tragflächen draußen vor dem Fenster. Durch die blendendweiße Wolkenlandschaft sehe ich ein Tankschiff, das einen schnurgeraden Streifen auf der grauen Nordsee hinterläßt. Ich denke an den Mann am Steuerrad unten. Für ihn ist der Tag grau und trüb — ohne die strahlende sonnenerfüllte Welt, die wir hier oben erleben. Das ist ein banales Bild, doch sagt es mir trotzdem etwas über das, womit ich beschäftigt bin. In unserem Alltag segeln wir wohl alle in einem ziemlich grauen und hoffnungslosen Meer ohne die besondere Hoffnung, daß die Welt anders sein kann. Manchmal treffen wir Menschen, die uns von Erlebnissen aus einer anderen Wirklichkeit berichten. Und für einen Augenblick gibt uns das vielleicht ein Aufglimmen von Begeisterung und Hoffnung. Ist das möglich? Doch unsere mangelnde Erfahrung und die abweisende Haltung der Besserinformierten gegenüber den Wundern über den Wolken bringen uns sehr schnell in das tägliche

Grau zurück. Weshalb sollen wir an etwas glauben, das es offenbar nicht gibt?
Wieder fühle ich, wie wichtig es ist, genau dieser Frage nachzugehen: Haben wir die Welt unnötig grau und arm gemacht, indem wir alles übersehen, was über dem Erdnahen liegt und auf ein interessanteres und hoffnungsvolleres Wirklichkeitsbild weist? In diesem Augenblick werden meine luftigen Gedanken durch die Stewardeß unterbrochen, die mit einer Mahlzeit kommt und mich daran erinnert, daß die wahrnehmbare Welt auch seine behaglichen Seiten haben kann.
An meinem ersten Nachmittag in London gehe ich nur durch die Stadt und erlebe die Atmosphäre. Ich habe diese Stadt immer gemocht. Trotz einer Offenheit für die neue Zeit vermittelt London ein Gefühl der Sicherheit durch die Unveränderlichkeit der lokalen sozialen Traditionen, die sich durch die Jahrhunderte entwickelt haben und an denen trotz aller äußeren Veränderung festgehalten wird.
Ich wandere durch den Hydepark und Kensington Garden und erkenne alles wieder, so wie ich es das erstemal erlebte, als ich vor zirka dreißig Jahren hier war: Arbeiterfamilien auf dem Sonntagsausflug, die phantastischen Redner von Speaker's Corner, die ernsten Männer mit ihren Modellsegelbooten an den Seen.
Ich lande in einem Pub bei einem Glas Bier, wo ich den Rest des Abends zwischen fröhlichen Menschen verbringe, und begnüge mich damit, nur anwesend zu sein.

Ein wissenschaftliches Weltbild, das Wunder akzeptabel macht

Am Tag darauf komme ich zum imponierenden und traditionsreichen Birkbeck College der Universität London. Mir wird der Weg zwischen halbdunklen Gängen zu David Bohms Sekretariat gewiesen, wo ich eine Weile warte. Ein bescheidener älterer Wachtmeister oder ein Rentner, der als Postbote eingestellt wurde, schaut in den Raum. Erst als er an der Tür stehenbleibt und mich anschaut, wird mir klar, daß es David Bohm selbst ist. Ihm mangelt es vollkommen am selbstsicheren Auftreten, das man von einem Mann erwartet, dessen Theorien das Hauptthema bei mehreren internationalen wissenschaftlichen Konferenzen gewesen ist. Mit ernster, nachdenklicher Freundlichkeit erwidert er meinen Gruß und geht durch neue Gänge langsam vor mir her in sein kleines, altmodisches Büro.

Bohm ist dafür bekannt, daß er Wert auf eine verständliche, nichtmathematische Sprache legt, wenn das Weltbild der Physik in Diskussionen für die Öffentlichkeit dargestellt wird. Seine Ganzheitssicht und seine Interessen umfassen die meisten Fachgebiete — von der Politik über die Religion bis zu Sprache, Kunst und Psychologie. Bevor wir mit dem Gespräch beginnen, will er wissen, woran ich interessiert bin und was mein Hintergrund für dieses Gespräch ist.

Ich erzähle, wie ich die alte Vorstellung über die mechanistischen, unumgänglichen Ketten von Ursache und Wirkung hinter allem Geschehen erlebe, was ein ziemlich hoffnungsloses Bild des Menschen geschaffen hat — ein Wesen, ganz und vollständig erklärt und bestimmt von physikalischen Gesetzmäßigkeiten ohne die Möglichkeit, sich von der äußeren und inneren Einwirkung zu befreien. Ich frage: »Wie fassen Sie die Frage über den freien Willen des Menschen auf — im Licht der Idee des Bewußtseins als Teil einer universellen Ganzheitsbewegung und ihrer eingefalteten Ordnung?«

»Zuerst will ich die Frage der Freiheit klären«, antwortet er. »Sie wissen, daß ohne Determinismus, ohne eine gewisse gebundene Ordnung, die Freiheit sinnlos ist. Um wählen zu können, muß man damit rechnen, daß die Dinge in einer geordneten Weise geschehen. So müssen Sie auch selbst eine Art determinierter Natur besitzen, damit Ihre Freiheit eine Bedeutung haben kann. Wäre das, was in Ihrem Gehirn vor sich geht, vollständig ohne System, wären Sie nicht frei. So wie ich es verstehe, sind Freiheit und Determinismus zwei verschiedene Seiten einer größeren Ganzheit. Die Frage ist, was uns daran hindert, unsere schöpferischen Kräfte zu verwirklichen. Das kann unser Hintergrund sein, unsere Erziehung, die uns zu Gefangenen macht. Sind wir uns nicht im klaren über solche Einwirkungen, ist Freiheit eine Illusion. Ich glaube, wir können sagen, daß der Mensch im Prinzip die Kraft besitzt, diese Freiheitsbehinderungen aufzulösen, wenn er sich der Einwirkungen bewußt wird. Auf einem gewöhnlichen Bewußtseinsniveau ist der Grad der Einwirkungen und der Unfreiheit fest und solide, doch nicht auf einer tieferen Ebene. Könnten wir nur unsere Aufmerksamkeit dieser tieferen Ebene zuwenden.«

»Wie sehen Sie das im Verhältnis zu dem, was Sie Ganzheitsbewegung nennen? Wenn unser Bewußtsein ein Teil dessen ist, wenn wir wie in Ihrem Bild, nur die Wirbel im Strom sind, bestimmt durch seine tiefere, innewohnende Struktur, da erscheint es mir schwierig, zu erkennen, wie wir frei sein können. Sagt nicht Ihr Weltbild aus, daß wir durch die Ganzheit determiniert sind? Können wir den Strom oder die Entwicklung verändern, von der wir ein Teil sind?«

Bohm erscheint mir nun nicht mehr so langsam und fern. Es ist offenbar ein Gebiet, das ihn interessiert. »Erinnern Sie sich immer daran, daß dieser Ganzheitsstrom unbegrenzt ist«, sagt er. »Unendlich. Nur im totalen, unendlichen Zusammenhang kann die Ganzheit festgelegt sein; wie ein selbstdeterminiertes Ganzes. In gewöhnlichen Zusammenhängen gibt es keine solche Vorausbestimmung. Es ist unsinnig, zu sagen, daß wir *von* der Ganzheit determiniert sind, weil das bedeuten würde, daß wir von ihr abgetrennt wären.

Ausgehend von der innewohnenden oder impliziten Ordnung, meine ich, daß der Geist das Gehirn überschreitet und nicht in ihm lokalisiert werden kann.«

Bohm vergleicht die tiefste Freiheit mit der Eigenschaft, die Gott zugeschrieben wird; etwas, das nicht durch ein anderes geschaffen oder bedingt wird, jedoch sich selbst bedingt: »Das ist die Natur der Ganzheit«, sagt er. »Und da *wir* eigentlich die gleiche Natur wie die Ganzheit besitzen, sind wir auch selbstbestimmend: Nach meiner Ansicht besteht die Freiheit in der Fähigkeit, sich entsprechend dem zu determinieren, was man eigentlich ist. Bist du nicht offen, läßt du deine Natur ein für allemal festlegen, so bist du auch nicht frei, nicht wahr?«

»Um meine Frage etwas konkreter im Verhältnis zu dem zu stellen, womit ich die letzten vierzehn Jahre gearbeitet habe«, sage ich, »möchte ich folgendes fragen: Ihr Weltbild läßt also einen Raum für die menschliche Freiheit, die Verantwortung für die heutige Entwicklung zu übernehmen und sie auch zu verändern. Weshalb ist es dann so schwierig, das zu akzeptieren? Was ist nach Ihrer Meinung die Ursache, daß die meisten die Entwicklung als einen Strom betrachten, dessen Veränderung wir nur erhoffen können, ohne daß wir eigentlich etwas dafür unternehmen?«

»Ich glaube, daß die meisten in bezug auf das Bewußtsein ihrer Verantwortung einfach schlafen. Sie glauben nicht an eine Möglichkeit der Veränderung, deshalb wollen sie sich auch nicht damit abmühen. Der Wille ist vom Wissen und von der Erkenntnis abhängig. Deshalb meine ich, es ist entscheidend, sowohl die Erkenntnis zu entwickeln, daß eine Veränderung möglich ist, als auch das Wissen zu verbreiten, was im Wege steht. Es ist notwendig, eine Diskussion über die ziemlich verschlossenen Ansichten in unserer Kultur zu wecken.«

»Ihre Ansicht von der Bewußtheit des einzelnen als Ausdruck

einer universellen Ganzheit hat eine gewisse Ähnlichkeit mit dem, was heute bei vielen kritiklos aus dem Mystizismus des Ostens übernommen wird. Bei mir erzeugt das den Eindruck, daß dieses nicht gerade zu Handlungen in der Welt führt. Das Ziel dieser Strömung erscheint mir als eine einseitige Vertiefung in die inneren Erlebnisse, so daß die äußere Wirklichkeit uninteressant wird. Was denken Sie darüber?«

»Ja«, sagt Bohm ruhig, »das Problem liegt auch in der Gesellschaft, weil der Mensch mehrere Dimensionen besitzt; eine individuelle, eine soziokulturelle und eine kosmische Totalitätsdimension. Die östliche Religion legt ihren Schwerpunkt auf die individuelle und kosmische Seite. Das spiegelt sich in der Tendenz der östlichen Gesellschaften zur Stagnation wider, in ihrer Aufteilung in kleinere Einheiten wie die Familie und in den begrenzten gesellschaftlichen Interessen. Sie wissen, wir können auf eine Art behaupten, daß der Osten und auch der Westen in ihrer Entwicklung einer beständigen und guten Gesellschaft fehlgegangen sind, und dies aus unterschiedlichen Gründen. Wir können nicht zur Philosophie des Ostens, die solche Stagnation hervorgerufen hat, zurück. Das reicht nicht aus. Während die Leute sich in die Ganzheit vertieften, gestatteten sie gleichzeitig das Kastensystem und die antiquiertesten Ungerechtigkeiten. Sie sprechen über Ganzheit und entwickeln gleichzeitig die extremste Aufteilung, die man sich denken kann. Man kann nicht über die Ganzheit sprechen und die Gesellschaft und Kultur vergessen, nicht wahr?«

»Und was ist mit unserer eigenen westlichen Kultur?«

»Der Westen fehlte aus anderen Gründen: Man wollte die Materie beherrschen, doch die Gesellschaft fällt auseinander; die Leute beherrschen sich nicht selbst. Je größer der technologische Fortschritt, desto größer die Gefahr einer solchen Aufspaltung. Wir brauchen einen Dialog, der den Leuten hilft,

eine Ganzheit in sich selbst *und* in Unterkulturen zu finden, die befreit sind von der Rationalität unserer bekannten Kultur. Die allgemeine westliche Kultur ist so irrational, daß man nicht daran glauben kann, sie irgendwie zu verändern, nicht wahr? Wir können nicht erwarten, in Kürze die britische, amerikanische oder russische Regierung zu verändern, doch die Leute könnten beginnen, sich und ihre sozialen Verhältnisse zu verändern, eine neue Kultur zu schaffen, die nicht von der alten gefangen ist. So etwas könnte sich gradweise ausbreiten und letztlich vielleicht die Regierungen verändern. Wir brauchen eine Veränderung des ganzen Zeitgeistes.«
»Wie, denken Sie, könnte so etwas geschehen?«
Bohm betont, wir bräuchten mehr *Kreativität*, um zu erkennen, daß die Zukunft nicht von unserem äußeren Wissen bestimmt ist, das längst weiter fortgeschritten ist als das, was bisher verwirklicht wurde. Die Wirklichkeit ist in einer beständigen Veränderung. Die Annahme, die Zukunft wiederhole sich, trägt zu einer Hemmung der Veränderung bei, sagt er.
»Nehmen wir zum Beispiel an, der Mensch wählt weiterhin das Böse, weil er es immer so getan hat und weil wir eine böse Natur besitzen, so ist alles hoffnungslos. Die Tatsache ist, daß die Leute durch die Geschichte hindurch das Böse gewählt haben, weil sie in ihrer Wahl keinen Sinn gesehen haben. Das größte Böse ist ein Mangel an Kreativität, Mittelmäßigkeit. Die heutige Gesellschaft macht die Menschen stumpf und unkreativ. Je organisierter die Gesellschaft wird, desto mehr bekommen die Leute eine Tendenz, mechanisch zu sein und zu wiederholen. Jede kreative Handlung entspringt aus einer neuen Sicht der Wirklichkeit. Der Glaube, es nutze nichts, etwas zu tun, ist das größte Hindernis dafür, daß etwas getan wird.«
»Wir sprachen über die Gefahren der Tendenz von östlichen Religionen zur einseitigen Betonung von inneren Erlebnis-

sen. Wie sehen Sie diesen Zusammenhang im Verhältnis zu unserem westlichen Christentum und bezüglich des Verhältnisses zwischen Religion, Geist und Wissenschaft in unserer Kultur?«

»Wie Sie bereits andeuteten, hat unsere Wissenschaft die Frage des Geistes mehr und mehr beiseite geschoben, so weit, daß es für viele Menschen überhaupt undenkbar ist, daß es so etwas gibt. Dies ist eine ernste Krise in unserer Zeit. Existiert der Geist nicht, verliert das Leben viel von seinem Sinn.«

»Ich weiß, Sie und viele andere frei denkende Physiker meinen, die neue Physik macht es erforderlich, mit einer geistigen oder nichtmateriellen Seite des Menschen und der Wirklichkeit zu rechnen. Trotzdem scheinen unsere Religionen das Spiel mit der alten, mechanistisch-materiellen Weltsicht verloren zu haben. Weshalb?«

Bohm denkt eine Weile nach, bevor er antwortet: »In den westlichen Religionen gibt es traditionell viele Diskussionen, ob das Geistige als immanent, in der Materie integriert, oder als transzendent, also darüber erhoben, betrachtet werden sollte. Die meisten Katholiken haben beide Möglichkeiten akzeptiert. Die protestantischen Theologen hatten die Tendenz, den Geist als außerhalb der Materie zu betrachten. Der Grund war wohl, daß sie mit der Ausübung von Magie abrechnen wollten, die ja davon ausgeht, daß die Materie geistige Qualitäten besitzt. Deshalb behaupten sie, nur Gott und eventuell der Mensch repräsentierten etwas Geistiges, während die Materie mechanistisch sei. So entstand eine Allianz zwischen der Theologie und dem mechanistischen Wissenschaftsbild. Doch nachdem die Wissenschaft die Frage aufwarf, ob der Mensch überhaupt eine geistige Seite hat, wurden die Theologen in einer Falle gefangen!«

Bohm lacht ein wenig, und ich unterbreche ihn mit einer Frage: »Wie sehen Sie Ihr Weltbild hierzu?«

»Ja, wenn wir das betrachten, was ich die implizite Ordnung nenne, bedeutet dies, daß Geist als in die Materie eingebaut betrachtet werden kann. Die Ganzheitsbewegung ist eine Art Quelle, woraus die Materie und alles andere entsteht. So kann man das Transzendente — den Geist, der über der Materie erhoben ist — als etwas sehen, das durch die Ganzheitsbewegung in die Materie kommt, von der impliziten Ordnung in die explizite oder entfaltete Ordnung. Das gibt ein viel leichter zu akzeptierendes Bild des Geistigen, als wenn man annähme, daß alles mechanistisch sei, und Gott gleichzeitig Geist sei, und keiner versteht, wie das zusammenhängen kann! Übrigens gibt es verschiedene Gründe, warum dieser unlösbare Konflikt entstand. Nach der Reformation wünschten die Protestanten den Handel und die Industrie zu unterstützen — und gleichzeitig wollten sie alle Art von Magie los sein. So wuchs eine mächtige Allianz zwischen Wissenschaftlern, Industriellen und Theologen.«

»Was denken Sie über die alten Magier und ihre Auffassung, daß auch die Materie eine geistige Seite besitzt?«

»Natürlich war vieles davon reiner Unsinn. Doch trotzdem kann etwas hinter dieser Auffassung liegen, etwas sehr Subtiles. Vieles davon war schädlich, doch einiges davon konnte eine reale Wirkung gehabt haben, ich weiß nicht so recht. Keiner weiß das so recht.«

»Viele konservative Forscher placieren ohne weiteres die moderne Parapsychologie und die Ganzheitsmedizin in der gleichen Ecke wie die alte Magie, obwohl es sich bei vielen Dingen dabei um seriöse Forschung handelt. Einiges davon interessiert mich, weil das vielleicht im Licht der neuen Physik und ihrer Auffassung über die Zusammenhänge zwischen Ganzheit und Teil, Geist und Materie betrachtet werden kann. In dieser Beziehung erscheint es nicht mehr als unlogisch, an die Möglichkeit der Psychokinese oder an die Einwirkung des Geistes auf die Materie zu glauben. Ein Beispiel aus der alternativen Medizin ist die Fußzonentherapie, die darauf aufbaut, daß der ganze Körper unter der Fußsohle widergespiegelt wird. Das könnte doch ein Ausdruck für das Prinzip sein, daß die Ganzheit in den Teilen zu finden ist. Ja selbst die Astrologie kann im Prinzip von einer Wissenschaft akzeptiert werden, die sagt, alles im Universum wirke auf alles andere ein. Ich erwähne das, weil ich weiß, daß Sie als Beobachter bei parapsychologischen Versuchen teilgenommen haben. Können Sie sagen, daß solche Möglichkeiten nicht länger aus dem Weltbild der neuen Physik und Ihrer Theorien der Ganzheitsbewegung und der impliziten Ordnung ausgeschlossen werden können?«

»Nein, sie können nicht ausgeschlossen werden«, antwortet Bohm bestimmt. »Die implizite Ordnung hat zum Inhalt, daß all dies möglich ist; daß eine andere Art von Verbindungen existiert, die in gewöhnlichen Zusammenhängen unbekannt ist. Dasselbe gilt für die Akupunktur und selbst für die Homöopathie oder ähnliches. Sie verstehen, sie öffnet *Möglichkeiten*, die nachgewiesen werden müssen. Die implizite Ordnung kann das allerdings *nicht garantieren.*«

Ich erwähne Professor Emersons unwiderlegbare Beispiele für die Fähigkeit der übersinnlichen Wahrnehmung gewisser Menschen. So etwas sollte doch jeden undogmatischen Forscher aufhorchen lassen, der daran interessiert ist, das Wesen der Wirklichkeit zu erkennen, sage ich. Trotzdem sind diese Dinge unbekannt und kaum diskutiert. »Was, glauben Sie, ist der Grund, weshalb selbst klare Zeugenaussagen über übersinnliche Phänomene bei den meisten Forschern kaum ein müdes Lächeln hervorrufen?«

»Geht es um solche Fragen, ist es zweifelhaft, ob überhaupt ein empirischer Nachweis erreichen kann, daß die Leute ihre Ideen verändern. Es ist nicht wahr, wenn man behauptet, die

Wissenschaft beginne mit Tatsachen. In Wirklichkeit geht die Wissenschaft von der Theorie aus und stellt ihre Fragen aus der Theorie. Nur das, was diese Fragen beantwortet, wird anerkannt. Alle Tatsachen, die gegen die Theorien sprechen, werden ausgeschlossen.«

»Während meiner Reise habe ich versucht, sowohl mit Anhängern als auch mit Gegnern der Parapsychologie in Kontakt zu kommen, vor allem mit solchen, die Erfahrung auf dem Gebiet besitzen. Ein Skeptiker ist der Physiker John Taylor vom King's College. Ich habe seine früheren Forschungsberichte gelesen, in denen er gründlich kontrollierte Experimente mit psychischem Metallbiegen kommentiert, und er folgert, daß diese Phänomene nicht zurückgewiesen werden können.[42] Später hat er ein Buch geschrieben, worin er von seinen früheren Folgerungen Abstand nimmt und behauptet, solche Dinge seien nicht möglich. Ich schrieb ihm, um darüber mit ihm zu sprechen, doch er wollte mich nicht empfangen. Kennen Sie den Hintergrund seiner ›Bekehrung‹?«

»Das ist ein Beispiel dafür, was ich soeben beschrieb«, sagt Bohm. »John Taylor glaubte, Metallbiegen könne als ein Resultat elektromagnetischer Strahlung durch die Versuchsperson beschrieben werden. Doch als er darauf kam, daß eine solche Erklärung zurückgewiesen werden müsse, schloß er daraus, das Phänomen könne nicht geschehen sein!«

»Sie meinen, er akzeptierte zuerst das, was er nachgewiesen hatte, weil er meinte, es könne mit seinem mechanistischen Weltbild erklärt werden, doch als er einsah, daß dies unmöglich war, mußte er das Ganze zurückweisen?«

»Genau! Solange seine Annahmen über die Wirklichkeit das Phänomen erklären konnten, akzeptierte er es. Doch als es sich zeigte, daß es nicht so erklärt werden konnte, mußte er es zurückweisen. Was die Leute als Beweis sehen, hängt von dem ab, was sie als Möglichkeit akzeptieren. Halten sie etwas für unmöglich, werden sie es nicht ernst nehmen.«

»Wenn Theorien wie die Ihre allgemein akzeptiert würden, würden Sie dann auch ein Ausweitung der wissenschaftlichen Forschungsgebiete erwarten? Würden dann beispielsweise seriöse parapsychologische Untersuchungen mehr akzeptiert werden?«

David Bohm schweigt eine Weile, dann sagt er: »Ja, das glaube ich. Doch bin ich mir nicht sicher, ob die Art und Weise, wie sich die gewöhnliche Wissenschaft diesen Problemen nähert, besonders nützlich ist, weil ihre Methodik eine Tendenz besitzt, mit einer Art Bewußtseinszustand in Konflikt zu kommen, der gerade hierfür benötigt wird. Die Wissenschaft hat sich auf eine Art entwickelt, die sowohl historisch als auch kulturell bestimmte Grenzen setzt. Sie kann diese Grenzen nicht überschreiten, ohne ihre grundlegenden Annahmen zu ändern.«

»Für mich erscheint es unverständlich, daß die Physiker nicht schon längst ihre Annahmen über die Wirklichkeit geändert haben. So wie ich die Resultate des Aspect-Versuchs [s. S.82 ff.] verstehe, sollte das in sich selbst ausreichend sein, das alte Weltbild zu unterminieren. Die meisten Quantenphysiker scheinen die Quantenphysik und ihre Bestätigung durch den Aspect-Versuch akzeptiert zu haben, doch — auf jeden Fall bei uns in Norwegen erscheint es so — betrachten sie ihre Forschungsgebiete als separat. Sie scheuen sich vor jeder Diskussion über die konkreten Konsequenzen für unser Weltbild.«

Bohm lächelt. »Ja, dahinter steckt die Idee, daß man aus Experimenten nicht über die Wirklichkeit lernen kann. Sie sagen, alles, was sie brauchen, sind mathematische Formeln, um die Forschungsresultate zu berechnen. Das ist die neue Einsicht. Das ist die Haltung der Physiker auf der ganzen

Welt. So kann man die Konsequenzen der Experimente umgehen. Sobald man auf die Wirklichkeit zu sprechen kommt, halten sie sich an die alten Ideen.«

»Es gibt doch eine Reihe weltbekannter Physiker, die dieses Problem erkannt haben. Es sind Leute, die Sie kennen und die ich hier und in den USA besuchen werde. Erwähne ich ihre Ideen gegenüber norwegischen Forschern, ist oft die einzige Antwort, daß letztere die Schultern hochziehen. Deshalb bin ich darüber erstaunt, daß nicht auch Sie abgewiesen werden. Es sieht so aus, daß die meisten Sie als einen der Großen in der heutigen Physik anerkennen, als einen großen Denker. Da müssen diese Leute wohl auch ihre Sicht von der Notwendigkeit eines neuen Weltbildes ernst nehmen?«

»Nein, nein«, sagt Bohm und schüttelt den Kopf. »In Wirklichkeit nehmen sie herzlich wenig Notiz davon.«

»In einigen Tagen habe ich eine Verabredung mit einem anderen Physiker hier am Birkbeck College, Professor John Hasted. Ich habe sein Buch über Psychokinese gelesen: *The Metal Benders.*[43] Es geht dabei um Experimente, bei denen Metall unter psychischer Einwirkung gebogen wird. Seine Versuche schließen die Berührung von Metall aus, und es scheint, daß sie einem Beweis für solche Phänomene so nahe wie möglich kommen. Es scheint, daß der Geist die spezielle Fähigkeit besitzt, die gewöhnlichen Regeln der Materie zu verändern. Doch das ist für die, die in einem mechanistischen Weltbild gefangen sind, am schwersten zu akzeptieren. Die meisten Forscher, die ich getroffen habe, stempeln so etwas als unwissenschaftlichen Mystizismus ab.«

Bohm reicht mir eine Schrift[44] und erzählt, daß er eine Theorie vorgeschlagen hat, um solch eine Verbindung zwischen Geist und Materie zu erklären. Die Abweisung solcher Möglichkeiten hat kulturellen Charakter, sagt er: »In Japan und China sind die Forscher weit aufgeschlossener einem solchen Ge-

danken gegenüber. Doch viele Berichte hierüber sind selbstverständlich nicht besonders gut dokumentiert. Vieles hat den Charakter von Anekdoten. Und trotzdem, es gibt unendlich viel mehr an der Materie als das, was die Physiker wissen.«
Auf dem Weg hinaus, nachdem ich mich für das Gespräch bedankt habe, entdecke ich, daß ich mein Tonbandgerät in David Bohms Büro vergessen habe. Ich gehe zurück und finde ihn auf dem Stuhl sitzen, den ich soeben verlassen habe. Einsam und ernst verspeist er seine mitgebrachten Butterbrote, die Thermoskanne vor sich auf dem Schreibtisch.

Die Macht des Geistes über die Materie – eine Voraussetzung für unseren freien Willen?

Ich nehme den London-Bus zurück und steige auf der Kensington High Street aus, wo ich ein kleines Restaurant finde, um meine Gedanken und Pläne während des Essens zu sortieren. Die letzten Worte Bohms klingen mir immer noch im Ohr: »Es gibt unendlich viel mehr an der Materie als das, was die Physiker wissen.« Für sie gibt es keinen Konflikt zwischen dem Weltbild der Physik und der Idee, das Bewußtsein habe Macht über die Materie. Ist es wirklich so, daß die Menschen die Geisteskraft besitzen, in die gesetzgebundenen Prozesse der Natur einzugreifen? Es hat mich immer erstaunt, daß diese Frage so wenig Interesse weckt, ja von vielen Forschern als unwissenschaftlicher Blödsinn abgewiesen wird – gleichzeitig diskutieren sie über Wahlmöglichkeiten, als ob sie an den freien Willen glauben.
Ich verstehe nicht, daß man über eine Verantwortung für seine eigene Entwicklung sprechen kann, wenn der Geist des Menschen machtlos vor den Ursachen und Wirkungen steht, die alles bestimmen, was geschieht, auch in der Physik und

Chemie des Gehirns: Wenn man glaubt, daß wir überhaupt eine Möglichkeit der Wahl besitzen, *kann* unser Bewußtsein nicht vollständig von den Gesetzen bestimmt sein, die unsere Gehirnimpulse steuern. Dann muß es umfassender und tiefer sein, etwas »Nichtphysikalisches«, das auf unser »Computer-Gehirn« einwirkt. Selbst die geringste Möglichkeit des freien Willens setzt voraus, daß eine nichtphysikalische Geistesmacht in irgendeiner Weise das Computerprogramm unseres Gehirns verändern kann. So wie ich das sehe, muß der freie Wille unlösbar mit der Geistesmacht an die Materie gebunden sein. Somit wird das zur wichtigsten aller existentiellen Fragen, eine Frage, die alle interessieren muß, die über das Wohlergehen des Menschen nachdenken. Doch kann das überhaupt wissenschaftlich beantwortet werden?

Ist es so, daß unser Bewußtsein die Physik des Gehirns beeinflußt? Es ist natürlich schwierig, zu erkennen, wie so etwas durch einen Versuch nachgewiesen werden könnte. Doch ist es richtig, die Einwirkung des Geistes auf den physikalischen Stoff nur auf unser inneres, materielles System zu begrenzen? Das ist unwahrscheinlich. Ich bin ja bereits zu dem Schluß gekommen, daß unser Geist unabhängig von Raum und Zeit sein muß. Selbst wenn er sich durch unseren physischen Apparat ausdrückt, zeigen doch Emersons Arbeiten mit McMullen, daß die Möglichkeiten des Geistes Zeit und Abstände überschreiten können. Somit sollte man annehmen, daß die Macht des Geistes über die Materie — wenn es so etwas gibt — *nicht* von der Physik des einzelnen Gehirns abgegrenzt ist, sondern auch auf physikalische Verhältnisse außerhalb unserer selbst einwirken kann. Unabhängig davon, wie unsinnig das erscheinen mag, sollte es jedenfalls nicht undenkbar sein, daß die Geisteskraft zum Beispiel Metall biegen kann, wenn die gleiche Geistesmacht die Materie des Gehirns nach ihrem Willen zu »biegen« imstande ist — so wie die meisten von uns das ahnen. Und umgekehrt: Wird das rein physische Metallbiegen als möglich erkannt, so sind auch die Freiheit des Willens und die Macht über die gesetzmäßigen Muster des Gehirns zumindest wahrscheinlich. Und genau solch eine Fähigkeit, Metall mit psychischer Kraft zu biegen, meint Professor John Hasted an der Universität London nachgewiesen zu haben. Wie überzeugend sind seine Ergebnisse? Ich hoffe, mehr darüber zu erfahren, wenn ich ihn einige Tage später zu einem Gespräch treffe.

Auf dem Weg durch das Verkehrsgewimmel von Kensington entdecke ich plötzlich ein Straßenschild mit einem Namen, den ich vorher schon einmal gesehen habe, wahrscheinlich als Bestandteil einer Adresse. Außerdem lese ich: *Adam & Eve Mews.* Das Schild weist in eine Sackgasse. Neugierig schlendre ich in diese kleine pittoreske Nebenstraße, und bald stehe ich vor einer Tür, die mir sofort sagt, wo ich diese Adresse herhabe. Es ist der Eingang zur Society for Psychical Research, Englands traditionsreicher Gesellschaft für parapsychologische Forschung. Ein Schild gibt bekannt, daß ihr Büro heute nachmittag geöffnet ist. Ich setze mich auf die Steintreppe und warte in der Herbstsonne.

Die Parapsychologie: ein Eldorado für unkritische Geister — oder mehr?

Die Fragen, die die Parapsychologie aufwirft, interessieren mich, doch ich habe auch eine tiefe Skepsis gegenüber den Resultaten, die angeblich erzielt worden sind.
Seit meiner Kindheit wurde mir diese Skepsis gegenüber unkritischen Mystikern und bewußten Scharlatanen, die es auf diesem Gebiet gibt, eingeimpft. Das ist auf meinen Großvater, Johannes Dammann, zurückzuführen. Er war einer der Zentralfiguren bei der Entdeckung eines solchen »parapsychologischen Schwindlers«. Obwohl das geschah, bevor ich geboren wurde, machte das Ereignis einen starken Eindruck auf meinen Vater und wurde ständig während meiner Erziehung als ein Beispiel »gesunder Skepsis gegenüber aller behaupteten Mystik« herangezogen.
Es geschah in den zwanziger Jahren während der damaligen Welle kritikloser Begeisterung für Medien, Spiritismus und mystische Séancen. Eines von diesen Ereignissen erregte in Norwegen Interesse bis hinein in wissenschaftliche Kreise. Der Fall bezog sich auf das dänische Medium Einar Nielsen. Unter speziellen Verhältnissen, etwa bei schwachem roten Licht oder in der Dunkelheit, vermittelte er den Zuschauern einen Schein oder ein Gefühl, wie er durch den Mund einen mystischen Geiststoff ausschied, der von ihm als »Teleplasma« bezeichnet wurde. Seine Séancen waren so überzeugend, daß mehrere bekannte Professoren der norwegischen Gesellschaft für psychische Forschung bereit waren, für die übernatürlichen Kräfte des Mediums einzustehen. Das Interesse des

Publikums und der Presse wurde mit der Zeit so hochgeschraubt, daß der Rektor der Universität ein Untersuchungskomitee einberief, unter ihnen war der erste Psychologieprofessor Harald Schjelderup, um den Phänomenen gebührend nachzugehen. Als der damals bekannteste Amateurzauberkünstler wurde auch Johannes Dammann mit zu Rate gezogen.

Während der kontrollierten Versuche im physiologischen Institut der Universität behauptete das Medium, daß die Forderungen des Komitees seine psychischen Fähigkeiten beeinflussen würden. Er war nicht in der Lage, das ausgestrahlte Plasma sichtbar zu machen, doch in vollständiger Dunkelheit ließ er Schjelderup und Dammann den »Geiststoff« berühren, der aus seinem Körper austrat. Professor Schjelderup rief aus: »Jetzt fühle ich das Teleplasma!«

Mein Großvater befürchtete einen Skandal und nahm sich vor, nach der Séance Einar Nielsen mit Hilfe seiner Illusionskunst zu kopieren. Seine Demonstration war so gelungen, daß Schjelderup verstand, daß er hinters Licht geführt worden sein könnte. Ein neuer Kontrollversuch wurde durchgeführt mit dem endgültigen Resultat, daß das Komitee die Vorführungen des Mediums als klaren Schwindel erklärte.[45]

Die Skepsis, die viele gegenüber dem »gläubigen Begeistertsein« von aller Mystik empfinden, ist also auch die meine. Ich erkenne viele parapsychologische Problemstellungen als wichtig, ja, entscheidend für die Verständnis der menschlichen Natur an, doch gerade deshalb erfordert das auch eine strenge wissenschaftliche Haltung und eine bewußte Skepsis gegenüber möglichem Schwindel, selbstverständlich kombiniert mit einer vollständigen Offenheit.

Der größte Kritiker der Parapsychologie und seine Glaubensgenossen

Um mich mit beiden Seiten dieses schwierigen Problemgebiets vertraut zu machen, habe ich neulich ein Buch des Wissenschaftsautors Martin Gardner gelesen. Er ist vielleicht der führende Kritiker parapsychologischer Forschung. In seinem Buch: *Good, Bad and Bogus*[46] nimmt er sich eine Unzahl parapsychologischer Experimente vor und reißt sich buchstäblich in Stücke. Gardner ist selbst Wissenschaftler und Amateurzauberkünstler. Er schreibt die mangelnde Skepsis gegenüber den Möglichkeiten bewußter Illusionskunst auf der Seite des Mediums vor allem fehlender Kenntnis in der Experimenttechnik zu.

Jedesmal zeigt er, wie Forscher betrogen wurden oder betrogen worden sein könnten, weil — wie bei dem erwähnten Wissenschaftskomitee in Norwegen — die Kenntnis des Zauberkünstlers von magischen Tricks fehlte. Als der »Löffelbieger« Uri Geller achtmal hintereinander in einer richtigen Vorhersage das Ergebnis beim Würfeln bestimmen konnte, nachdem der Würfel in einer Metalldose geschüttelt worden war, stellte er das als Scherz hin, weil Geller selbst die Dose halten konnte, bevor er den Würfel warf. Mit seinem Wissen über illusionskünstlerische Fähigkeiten erklärt er, daß ein professioneller Magier genügend Möglichkeiten besitzt, das Resultat zu beeinflussen. Er machte auch eine Reihe von Versuchen lächerlich, die beweisen sollten, daß der Mensch mit verschlossenen Augen »sehen« könne. In einem anderen Fall hatte ein Parapsychologe behauptet, eine Dame könne eine Plastikflasche eine Bank entlangschieben, nur wenn sie diese Flasche ansah. Gardner fragt: »Hatte der Versuchsleiter die Kenntnis über einen entsprechenden Trick eines Illusionskünstlers mit einem Nylonfaden?« Er erwähnt auch einige Forschungsergebnisse, die behaupten, parapsychologische Fähigkeiten bestätigen zu können, obwohl die Ergebnisse, nachdem die Kontrollen verschärft wurden, gleich Null waren.

Einige von Gardners Beispielen deuten auf bewußten Schwindel von seiten der Forscher. Ein solcher Fall geschah am ältesten parapsychologischen Forschungslaboratorium an der Duke-Universität im Jahre 1920 und wurde von dem hochrespektierten und jetzt verstorbenen Professor J. B. Rhine geleitet: Einer von Rhines Assistenten wurde einmal bei der Manipulation von Forschungsergebnissen ergriffen. Gemeinsam mit einzelnen vorher erwähnten Beispielen schlechter Kontrolle am Duke-Laboratorium trug das zum Eindruck bei, daß selbst die vieldiskutierten Forschungsergebnisse von Rhine nicht einmal das Papier wert seien, worauf sie gedruckt sind.

Bei diesem Punkt in Gardners Buch wandte sich meine Skepsis auch gegen Gardner selbst und seine Auswahl von Beispielen. Im Verlauf seiner lebenslangen Forscherkarriere führte Professor Rhine unzählige parapsychologische Versuche mit ständig verschärften Kontrollen durch. Unter diesen waren zum Beispiel Tausende von Versuchen im Laufe von fünf bis zwanzig Jahren, bei denen spezielle Versuchspersonen gebeten wurden, die Ergebnisse beim Würfeln vorauszusagen oder zu beeinflussen. Nach und nach schloß Rhine alle Möglichkeiten der physikalischen Einwirkung aus, indem das Werfen Maschinen überlassen wurde, die den Würfel automatisch schüttelten und auf den Tisch warfen, wenn die Versuchsperson auf den auslösenden Knopf drückte. Normalerweise wären die Ergebnisse einer größeren Anzahl Würfel gleichmäßig verteilt unter den sechs Möglichkeiten des Würfels. Trotzdem zeigte eine Reihe der Versuchsserien klare Abweichungen von diesem Durchschnitt in Richtung auf die Voraussagen der Versuchsperson. Bei Versuchen mit den begabtesten Versuchspersonen war die Trefferquote so hoch, daß sie nur mit der Möglichkeit eine Milliarde zu eins dem Zufall zugeschrieben werden konnte. Ein Argument könnte natürlich sein, daß die Statistik nicht professionell genug war, doch hiergegen sicherte sich Rhine durch die Kontrolle und Begutachtung der amerikanischen statistischen Gesellschaft ab. Es scheint schwierig, solche Ergebnisse anders denn als einen Ausdruck der menschlichen Fähigkeit zu erklären, physikalische Ereignisse mit einer unbekannten geistigen Kraft vorauszusehen oder zu beeinflussen. Dem respektierten Professor Rhine bewußten Schwindel zu unterstellen, wagt selbst Gardner nicht im entferntesten anzudeuten.

Weshalb nennt Gardner nicht diese Fälle? Oder die überzeugendsten Beispiele des Duke-Laboratoriums der unzähligen anderen gut kontrollierten Nachweise, etwa Telepathie oder ähnlichen unerklärlichen Fähigkeiten? Oder auch, um es noch einmal zu erwähnen, Professor Emersons unabweisbare Erfahrungen?

Beim zweiten Durchlesen von Gardners Buch wird mir klar, daß er selbst die wissenschaftliche Forderung nach Objektivität gebrochen hat, ebendas, wonach er so stark in seinem Buch verlangt. Ohne es direkt zu sagen, hat er eine Anzahl begrenzter kritikwürdiger Versuche zusammengestellt, die er in allen Forschungsgebieten finden kann – und schloß die aus, die am stärksten *für* paranormale Fähigkeiten sprechen.

Ich glaube, Gardners Buch kann für die Parapsychologie ein nützliches Korrektiv sein. Doch seine einseitige Wahl von Beispielen hat auch vielen Forschern ohne tieferes Wissen über das, was auf diesem Gebiet vorgeht, den Glauben vermittelt, daß alle parapsychologische Forschung als unwissenschaftlich abgewiesen werden kann.

Gardners mangelnde Objektivität wird ebenso offenbar, indem er sich nicht damit begnügt, die Forschung zu kommentieren, sondern auch versucht, einzelne parapsychologische Forscher persönlich dadurch in Mißkredit zu bringen, daß er ihren Hintergrund und ihre unorthodoxen Ansichten auf anderen Gebieten herbeizitiert. Ebenfalls sollte er wegen seines einseitigen Gebrauchs von Zeugen kritisiert werden. Auch hier sind seine Beispiele von einem subjektiven Wunsch geprägt, sich die Gegner der Parapsychologie unter den bekanntesten Wissenschaftlern auszusuchen, was bei den Befürwortern unterlassen wird.

In einem Fall sind Gardners Einwände übrigens lächerlicher als das schwächste der von ihm genannten Experimente. Er bezieht sich auf folgende Möglichkeit des Schwindels eines überzeugenden Telepathieexperiments des sehr vorsichtigen und kritischen Forschers Charles Tart: Obwohl Sender und Empfänger der telepathischen Signale voneinander isoliert waren und jeder sich in seinem eigenen Raum befand, behauptet Gardner, daß der Versuchsleiter codierte Signale an den Empfänger gesandt haben kann, indem er im Laboratorium auf und ab hüpfte und so Erschütterungen im Fußboden verursachte, die vom Empfänger benutzt werden könnten! Welche Forschung kann überhaupt gegen solche Verdachtsmomente verteidigt werden?

Immer mehr sehe ich die Wahrheit in den Worten David Bohms: Jede Art von Beweisführung wird so lange abgewiesen, wie sie gegen die etablierte Theorie über die Beschaffenheit der Wirklichkeit verstößt.

Ich glaube, auch die Art von Gardners Kritik erklärt, weshalb Parapsychologen es längst aufgegeben haben, auf die herausfordernde Frage zu antworten, die Gardner und mit ihm viele andere stellen: Weshalb hat keiner den Preis gefordert, den die Gegner dem versprochen haben, der einen unbestreitbaren Beweis für paranormale Fähigkeiten liefert?

Kritiker, die so voreingenommen sind, daß sie sich vorstellen können, seriöse Wissenschaftler würden falsche Resultate durch Hüpfübungen im Laboratorium hervorrufen, werden

niemals einen Beweis für das gelten lassen, was sie von vornherein für unmöglich erklärt haben.
Zu Gardners Verteidigung muß ich sagen, daß er einräumt, Tarts Verständnis für wissenschaftliche Versuchsanordnungen hätte ihn beeindruckt, und sie werden auch als »etwas besser denn die seiner Kollegen« eingestuft. Darüber hinaus weist er auf die Mathematiker hin, die Tarts Versuche prüften und zu dem Urteil kamen, daß die nachgewiesenen parapsychologischen Fähigkeiten nicht »wegerklärt« werden könnten. Doch dies sind auch schon die einzigen Zugeständnisse im ganzen Buch. Aufgrund eines sehr klaren und sachlichen Berichts des Forschers Stanley Krippner ist Gardner — wie auch einigen anderen — nachgewiesen worden, falsche Informationen über die Experimente geliefert zu haben, die er kritisiert.[47/48]
Gardner ist weniger verschlossen als die extrem frenetischen Gegner der Parapsychologie — jedenfalls wenn man der Antwort glauben schenken soll, die er auf die Anschuldigung gab, ein voreingenommener Kritiker paranormaler Möglichkeiten zu sein: »Ich weiß davon nichts«, antwortete Gardner. »Ich glaube fest an die Möglichkeit, aber ich glaube nicht, daß dies im Einklang mit der außergewöhnlichen Natur des zu untersuchenden Gegenstandes bewiesen worden ist.« Die tatsächlichen Verhältnisse sind, daß jeder, der Gardners Buch ohne besondere Vorkenntnisse in diesem Forschungsgebiet liest, ein ziemlich schiefes Bild von den seriösen parapsychologischen Forschungen der letzten Jahrzehnte bekommt.
Der offizielle Bericht an den amerikanischen Kongreß von 1983 über den Status der Parapsychologie als Ganzes vermittelt ein ganz anderes Bild.[49] Hieraus geht hervor, daß die sogenannte Psi-Forschung in »zwanzig« unterschiedlichen amerikanischen Universitäten und Colleges und mindestens in ebenso vielen westeuropäischen und britischen Institutionen

durchgeführt wird. Die Berichte erwähnen ein neues steigendes Interesse von Ingenieuren, die die modernste Technologie in die parapsychologischen Laboratorien hineingebracht haben, und daß auch in den letzten Jahren Physiker teilnahmen, unter anderem in einem Versuch, die Psi-Phänomene im Licht der Quantenphysik zu untersuchen. Ansonsten wird auf die Bemühungen hingewiesen, die Parapsychologie an die unterschiedlichen Gebiete zu koppeln, zum Beispiel Anthropologie, Theologie, Geschichte, Medizin, Biologie, Chemie, Geologie, Archäologie, Kriminologie, Statistik, Logik, Kunst und die humanistischen Fakultäten.

Vieles dieser Forschung ist Pionierarbeit mit unterschiedlicher Qualität, nicht zuletzt, »weil die Finanzierung aufgrund der eingefleischten Skepsis großer Teile des wissenschaftlichen Establishments schwierig war«, berichtet der Kongreßbericht. Es wird eine umfassende Kritik der Psi-Forschung besprochen und als »oft ungerechtfertigt« bezeichnet. Der Grund ist ein fehlendes Verständnis gegenüber der speziellen Natur der Phänomene. Und es sollte auch erwähnt werden, heißt es im Bericht weiter, »daß die Qualität der Psi-Kritik ebenfalls schlecht ist« — aus dem gleichen Grund.

Trotzdem kommt der Report zu dem Schluß, es wäre irreführend, dem Leser den Eindruck zu vermitteln, daß Psi-Phänomene, so wie sie heute verstanden werden, von der Bevölkerung und von der Wissenschaft allgemein abgelehnt werden. Tatsächlich scheint das Gegenteil der Fall, heißt es. »Alle Meinungsumfragen sowohl bei der Bevölkerung als auch in wissenschaftlichen Kreisen haben in den letzten Jahren eine generell positive Haltung gegenüber den Vorkommnissen, der Bedeutung der Psi-Phänomene im allgemeinen und ihrer Erforschung im besonderen gezeigt.« Über die Resultate der Forschung heißt es weiter: »Zusätzlich haben mehrere neuerdings durchgeführte Versuche mehr oder weniger signifikante Resultate unter strengsten Untersuchungsverhältnissen gezeigt, selbst wenn der Mechanismus hinter diesen Funktionen unerklärlich bleibt. Es ist ebenfalls wichtig, zu konstatieren, daß Psi-Phänomene historisch mit schlagender Konsistenz durch ein ganzes Spektrum von menschlichen Verhältnissen beobachtet wurden, sowohl natürliche als auch experimentelle.«

Kritik ist natürlich wichtig für die Entwicklung gesunder wissenschaftlicher Methoden auf dem Gebiet, wenn die Kritik gerechtfertigt ist, sagt der Bericht zum Schluß, doch »wenn die Kritik sich an den wissenschaftlichen Regeln vergeht und in eine kategorische Ablehnung, schwache Logik und eine negative, gefühlsmäßige Voreingenommenheit verfällt, dann bekommt sie einen ebenso verdächtigen Charakter wie der Gegenstand ihrer Kritik«.

Die unwissenschaftliche Voreingenommenheit gegen die bloße Möglichkeit paranormaler Phänomene kommt oft bei Aussprüchen einer weltumspannenden Skeptiker-Organisation zutage, bei der Gardner ein herausragendes Mitglied ist: das »Komitee für wissenschaftliche Untersuchungen von Behauptungen über das Paranormale« (CSICOP). Diese Vereinigung bekam im Jahre 1981 auch eine Abteilung in Norwegen. Ihr Name ist »Norwegisches Institut für wissenschaftliche Forschung und Aufklärung« (NIVFO) und läßt ein sachliches und nützliches Ziel erkennen, doch sie wird oft auch anders verstanden: In einem Artikel der Zeitschrift *Humanetikk*[50] wird NIVFO als eine Initiative präsentiert, »um Behauptungen über paranormale Phänomene und okkulte Geschehnisse zurückzuweisen«; sie sei eine Art Kreuzzug gegen die Art von Phänomen, die Professor Emerson nachgewiesen hat.

Trotzdem meine ich, daß viele der Aufgaben, die der Leiter des Instituts im Interview anführt, wichtig und notwendig sind: Er nennt beispielsweise die Notwendigkeit sachlicher Kritik gegenüber den vielen »verschraubten Gurus« und dem gefährlichen Autoritätsglauben, die sie oft hervorrufen. Er weist auch darauf hin, daß vieles in der heutigen Populärliteratur über mystische Themen auf dogmatischen Behauptungen beruht wie auch auf unwissenschaftlichen Spekulationen und Unwissenheit.

Eine Gefahr besteht, wenn diese Dinge mit der seriösen parapsychologischen Forschung und ihren Resultaten über einen Kamm geschoren werden, ausgehend von einem irrationalen Wunsch, alle Forschungsergebnisse abzuweisen, die den »etablierten Wahrheiten« zuwiderlaufen. Da wird das Institut selbst der dogmatischen Unwissenschaftlichkeit zum Opfer fallen.

Ich finde es schade, wenn die notwendige sachliche Haltung gegenüber den paranormalen Möglichkeiten in die gleiche Voreingenommenheit verfällt, wie einige Mitglieder der Hauptorganisation CSICOP sie an den Tag legen – wenn sie tatsächlich mehr Zeit und Kraft aufwenden, seriöser parapsychologischer Forschung entgegenzuarbeiten, als dafür, eine kritiklose Mystikhysterie aufzudecken. Eine solche Voreingenommenheit zeigt sich auch bei dem norwegischen Abteilungsleiter bei seiner Wahl der Zeugen: die einzige internationale Kapazität, die in dem Interview genannt wird, ist der höchst subjektive Psi-Gegner C. E. M. Hansel mit seiner deftigen Behauptung: »Es gibt keine Grundlage für Gedanken über die Existenz parapsychologischer Phänomene.« Im Namen der wissenschaftlichen Objektivität sollten auch die weltbekannten Forscher und Nobelpreisträger genannt werden, die genau das Gegenteil behaupten.

Die Ansicht eines Zauberkünstlers über die Parapsychologie

CSICOP-Mitglieder weisen oft darauf hin, daß sie den Zauberkünstler James Randi auf ihrer Seite haben, um zu beweisen, daß alle Parapsychologie Schwindel sei. Dem sollte einiges Gewicht beigelegt werden, da kaum ein Wissenschaftler die entsprechenden möglichen professionellen Tricks kennt. Doch auch hier zeigt sich wieder eine einseitige Wahl der Referenten, weil die Zauberkünstler, die zu einer anderen Schlußfolgerung als Randi kommen, selten oder nie erwähnt werden.

Drei solcher Beispiele bezogen sich auf den berühmten »Löffelbieger« Uri Geller, der von einigen Kritikern kaum ernst genommen wird, weil er einräumte, hier und da einige Tricks benutzt zu haben, selbstverständlich besonders dann, wenn er größere Beträge bei öffentlichen Demonstrationen entgegennahm, wobei er Fähigkeiten zeigen sollte, die schwierig auf Kommando hervorgerufen werden können.

Geller ist jedoch nicht nur unter solch unsicheren Voraussetzungen überprüft worden. Seine Fähigkeiten wurden auch gründlich kontrolliert — unter strengen Kontrollen in siebzehn Laboratorien in acht unterschiedlichen Ländern. In vielen Fällen geschah das durch eingehende Prüfung beispielsweise mit Hilfe von Röntgenaufnahmen, um eventuell versteckte Hilfsmittel aufspüren zu können. Trotzdem stimme ich der Auffassung des CISCOP zu, daß die Wissenschaftler von jemandem getäuscht worden sein könnten, der die Illusionskunst besser als sie selbst kennt. Ebendeshalb sollten die folgenden Berichte erwähnt werden, wenn man an einem objektiven Bild interessiert ist.

Im Jahr 1974 bildete der Illusionist William Cox ein Komitee von Magierkollegen, um die Behauptungen über die Täuschungsmöglichkeiten in der Psi-Forschung zu überprüfen. Ohne seine Eigenschaft als Kontrolleur zu erwähnen, gab Cox Geller einen dicken Stahlschlüssel, der vorher getestet wurde und vierzig Pfund Druck benötigte, um gebogen werden zu können. Der Schlüssel wurde auf einen Glastisch gelegt, während Cox unter dem Tisch einen Spiegel bediente, um eine sichere Kontrolle von allen Seiten zu besitzen, gleichzeitig hielt er noch einen Finger auf den Schlüsselkopf. Indem Geller die Mitte des Schlüssels vorsichtig streichelte, erreichte er, daß er sich in einem Winkel von zwölf Grad nach oben bog, ohne daß Cox irgendeinen Druck registrieren konnte.

Ein Jahr später führten andere Illusionskünstler ein noch strengeres Experiment mit Geller durch. Es waren Arthur Zorka und Abb Dickson, beides professionelle Mitglieder der Vereinigung amerikanischer Magier. Sie führten selbstgeplante Versuche durch.

»Ich lege Wert auf das Wort Kontrolle«, schreibt Zorka in seinem Bericht, »weil die Art der Kontrolle eines neuen Zauberkünstlers jedesmal unterschiedlich ist. Es ist eine spezifische Kontrolle von genau diesen Menschen, die professionell dazu ausgebildet sind, andere zu betrügen, um jedem Trick vorzubeugen.«

Die Untersuchungen fanden in einem Raum statt, der weder Spiegel noch Fenster besaß. Nur Geller, Zorka und Dickson waren zugegen. In einem ersten Versuch sollte Geller versuchen, eine harte Stahlgabel mit nylonverstärktem Handgriff zu biegen. Sie war von Zorka wegen ihres extremen Widerstandes gegen physische Kraft ausgesucht worden. Die Gabel wurde in Gellers Hand gelegt, unter strenger Aufsicht der beiden Zauberkünstler, die nun damit rechneten, einen Betrüger entlarven zu können. Zorka berichtet: Einige Sekunden nachdem Geller die Finger gekrümmt hatte, explodierte der Nylonhandgriff mit solcher Kraft, daß seine Teile über den ganzen Raum verteilt wurden. »Da es meine Gabel war und da Geller keine Ahnung hatte, daß an diesem Tag einige Versuche durchgeführt werden sollten, konnte er keine Vorbereitungen getroffen haben.«

In einem Bericht der Vereinigung amerikanischer Magier sagen Zorka und Dickson, daß sie wohl ähnliche Dinge mit bekannten Methoden ausgeführt haben könnten, doch so, wie die Versuche durchgeführt wurden (sie umfassen auch das Starten von technisch blockierten Uhrwerken durch Telepathie), ziehen beide den einstimmigen Schluß: »Es gibt keine Möglichkeit, basierend auf den gemeinsamen Kenntnissen, wobei Tricks gebraucht worden sein können, um diese Effekte zu erzielen.«

Auch der dänische Zauberkünstler Leo Leslie führte ein eigenes Experiment mit Geller durch, weil er meinte, daß Geller das Metall, welches er biegen wollte, mit Quecksilbersalzen aufgeweicht haben könnte. Er gab ihm einen vernickelten, emaillierten Schlüssen, den Geller erst mit der Hand streichelte, ohne eine Beugung zu erreichen. Was Leslie überzeugte, war, daß die Beugung erst stattfand, *nachdem* er den Schlüssel zurückbekommen hatte, um ihn besser studieren zu können: »Während ich saß und den Löffel untersuchte, begann die Emaille plötzlich zu brechen, und Sekunden später begannen Streifen der Vernickelung sich aufzuwickeln wie eine Bananenschale, während der Schlüssel tatsächlich in meinen Händen gebogen wurde.« Schließlich sagt er: »Während seines Aufenthalts in Kopenhagen konnte ich Geller keinen Betrug nachweisen. Deshalb muß ich mich auf meine eigenen Erfahrungen als ›Mentalist‹ verlassen, die sagen, daß Uri Geller einmalig ist.«[51]

Ich weiß nicht, ob das als »Beweis« für paranormale Fähigkeiten angesehen werden kann. Doch ich meine, daß eine Organisation, die sich vorgenommen hat, diese Phänomene objektiv zu beurteilen, solche Möglichkeiten in ihren Berichten neben diejenigen der Kritiker gestellt haben sollte, beispielsweise Randis felsenfeste Ablehnung. Besonders da von Zauberkünstlern Skepsis erwartet werden kann, weil Konkurrenten mit paranormalen Fähigkeiten ihre eigenen Illusionen in den Schatten stellen, scheint es mir, daß Cox, Zorkas und Leslies Berichten mindestens ebensolches Gewicht beigemessen werden sollte.

Auf jeden Fall ist es interessant, wie starke Gefühle auf beiden Seiten mobilisiert werden, wenn Möglichkeiten paranormaler Natur zur Diskussion kommen. Es ist deutlich, daß beide Seiten für etwas weit tiefer Liegendes kämpfen als das Interesse an Seriosität oder Unwissenschaftlichkeit einzelner Experimente. Die Einstellung zur Parapsychologie scheint deutlicher als alles andere ein Ausdruck für den Wunsch zu sein, eine Bestätigung für ein voreingenommenes Wirklichkeitsverständnis zu finden. Das ist ja so weit in Ordnung. Wir alle haben diesbezüglich Wünsche. Doch das sollte uns nicht hindern, die Grundlagen dessen, woran wir glauben oder nicht, sachlich zu untersuchen. Und in diesem Zusammenhang sollten Wissenschaftler die ersten sein, die eine wirkliche Objektivität demonstrieren. Es sieht nicht aus, als ob das immer zuträfe.

In einem Artikel der *Sunday Times* wurde berichtet, wie hitzig die Diskussionen über die Psi-Forschung in Großbritannien geworden sind. Von beiden Seiten werden die unglaublichsten Beschuldigungen über die Tricks der Gegner präsentiert, selbst Telefonüberwachung soll angewandt worden sein. In diesem Zusammenhang gibt es keinen Unterschied bei den Pro- oder Kontra-Vereinigungen SPR oder CSICOP, schrieb der Journalist, der den Diskussionen gefolgt ist. Beide Seiten behaupten, dem Wunsch einer objektiven Untersu-

chung der Phänomene zu entsprechen. Doch das sei nicht der Fall, schrieb er. Auch Repräsentanten des Komitees, die behaupten, solide und sachliche Forschung ins Bild zu bringen (CSICOP), sind beim Pfuschen erwischt worden: Sie geben zu, daß einer von ihnen mit Zahlen gepfuscht hat, war in der *Sunday Times* zu lesen.
Deutlich zeigt sich die Parapsychologie als ein Gebiet, bei dem man mit irrationalen Gefühlen und subjektiven Verurteilungen auf beiden Seiten rechnen muß, sowohl bei den Anhängern als auch bei den erklärten Gegnern. Um so wichtiger ist, daß der, der sich eine persönliche Meinung verschaffen will, seine Sachlichkeit, kritische Haltung und Offenheit bewahrt.

Reaktionen gegen das Unverständliche

Warum hat so vieles in der Diskussion über Parapsychologie den Charakter eines Glaubenskriegs auf beiden Seiten? Warum sind so starke Gefühle im Spiel, und weshalb erregt selbst die umsichtige Wissenschaft so heftige Reaktionen, wenn sie sich mit Parapsychologie beschäftigt? Die bekannte norwegische Kapazität auf diesem Gebiet, Professor Georg Hygen, wies auf eine mögliche Antwort, als ich ihn diesbezüglich vor meiner Reise nach England fragte: »Abgesehen von den gewöhnlichen wissenschaftlichen Konservatismen muß auch das parapsychologische Milieu einen Teil der Schuld auf sich nehmen, weil es eine unglückliche Strategie gewählt hat«, sagt er. »Zu viele aus diesem Milieu behaupten, daß die alte Sichtweise zusammenfallen wird, wenn man die Resultate der Parapsychologie anerkennt. Das ist nicht richtig. Neue wissenschaftliche Erkenntnisse sind nicht ein Ersatz für die alten, nur eine *Erweiterung*. Die Gesetze für Energie und Bewegung

geben eine korrekte Beschreibung der Phänomene, die sie behandeln, und werden auch in der Zukunft gültig sein. Ein neues Erklärungsmodell soll das alte umfassen und gleichzeitig Raum für bisher unerklärte Phänomene geben. Worauf unsere Wahrheitssuche hinausläuft, ist nicht ein ständiges Umstürzen des Alten, sondern eine beständige Erweiterung. Die Geschichte der Wissenschaft zeigt, daß kein Wirklichkeitsmodell endlich ist. Kontinuierlich sind neue Wirklichkeitsbilder aufgetaucht, die den Rahmen des Beschreibbaren verändert haben. Vieles deutet darauf hin, daß wir vor einer neuen Erweiterung stehen, die viel Raum bietet für Dinge, die Descartes' und Newtons mechanistisches Weltbild ausschloß. Doch die Behauptung, dies werde das alte Wissen umstürzen, schafft nur berechtigten Widerstand.«
Aber Professor Hygen meint, dies sei keinesfalls die ganze Erklärung, weshalb die Parapsychologie derart angegriffen wird: »Das wissenschaftliche Establishment hat *immer* gegen eine Erweiterung des bekannten Wirklichkeitsbildes gestritten. Der Wissenschaftsphilosoph Thomas Kuhn hat das wissenschaftliche Milieu mit einer religiösen Gemeinde verglichen. Das, woran sie glauben, daran glauben sie auch, und alles das, was damit bricht, ist Ketzerei. Wenn die Parapsychologie trotzdem ohne weitere Untersuchungen von den meisten Forschern abgelehnt wird, liegt nach meiner Meinung die Ursache in einer gewissen einseitigen Haltung auf beiden Seiten.«

Parapsychologie, Ideologie und Machtkampf

Ich glaube, Professor Hygen hat recht, doch ist es möglich, daß der irrationale Widerstand, den er erwähnt, auch eine andere Ursache haben kann? Es ist richtig, daß eine Umstellung auf neues Wissen viel Widerstand erweckt, doch im Fall der

Parapsychologie geht es um mehr als das: Eine Anerkennung der Psi-Phänomene erfordert auch eine Offenheit gegenüber einer neuen Art von *Erklärungsprinzip* zusätzlich zu den bestehenden; eine Art von Erklärung, die augenscheinlich in einer nichtmateriellen oder »geistigen« Dimension gesucht werden muß, die in den letzten drei Jahrhunderten systematisch ausgeschlossen wurde. Das kommt besonders deutlich bei kommunistischen Forschern zum Vorschein, in denen der wissenschaftliche Materialismus nicht nur ein akzeptierter Gedanke, sondern auch eine ideologische Pflicht ist. Westliche Parapsychologen, die in den letzten zwanzig Jahren die Sowjetunion besucht haben, berichten über ein höchst verwirrendes Hin-und-her-Wechseln zwischen offiziellem Interesse und Verdammung der Psi-Forschung.[52] Es wird als wichtig angesehen, die Parapsychologie in stramme ideologische Ketten zu legen und einer offiziellen Kontrolle zu unterziehen. In seinem Buch über das parapsychologische Forschungsmilieu in der UdSSR berichtet Stanley Krippner, daß sowjetische Psi-Forscher, die eine Initiative außerhalb der zentralisierten Kontrolle ergriffen, nicht nur in Ungnade gefallen sind, sondern in einzelnen Fällen auch gefangengenommen wurden. Deshalb sind die kommunistischen Parapsychologen ungeheuerlich fügig, alle paranormalen Phänomene dem Elektromagnetismus, biophysischen Feldern und anderen ideologisch akzeptierten *physikalischen* Ursachen zuzuschreiben, wie eigenartig eine solche Erklärung auch wirken mag. Joseph Gaither Pratt erzählt unter anderem von einem russischen Experiment mit telepathischen Fähigkeiten, bei dem man nach 260 Versuchen mit achtzig Prozent Erfolg versuchte, die angenommene elektromagnetische Botschaft abzuschirmen, indem man die Versuchsperson in einem Raum mittels Blei isolierte. Zur Überraschung der Forscher wurde die Übertragung von Gedanken im gleichen Maße weitergeführt wie vorher.

Der Gedanke hinter der ständigen Skepsis in der Sowjetunion wird vielleicht am direktesten durch die chinesische Zeitschrift der kommunistischen Partei *Hung Chi* (1975) ausgedrückt (nach Krippners Bericht): »Der Kreml hat eine parapsychologische Manie genährt, die eine Religion ohne Kreuz in der UdSSR schuf... Die revisionistischen Wissenschaftler der Sowjetunion haben die Psyche der Kirche auf ein wissenschaftliches Laboratorium transplantiert.«
Wenn solche Ansichten trotzdem die Sowjetunion nicht dazu veranlassen konnten, die Psi-Forschung zu verbieten, ist das auf die Furcht zurückzuführen, die sich auch in den USA bemerkbar macht, daß nämlich der Gegner einen Vorsprung auf einem Gebiet bekommt, das militärische Bedeutung erlangen kann. Als unbestätigtes Exempel sei ein Hellseher erwähnt, der die Stellungen der amerikanischen unterirdischen Atomraketen feststellte, obwohl sie ständig bewegt werden, um eine sichere Lokalisierung zu umgehen.
Es gibt auch Beispiele dafür, daß Leute mit paranormalen Fähigkeiten elektronische Steuerungssysteme von lebenswichtiger ziviler und militärischer Bedeutung stören konnten. Ferner wird behauptet, auch die sowjetische Führung habe alle ideologischen Bedenken zugunsten einer pragmatischen Haltung gegenüber Psi-Phänomenen und ihrer Anwendung über Bord geworfen. Direktor Kenecci aus dem Forschungsbüro der NASA erzählte, daß sowohl die NASA als auch die sowjetische Wissenschaftsakademie aktiv in der Erforschung telepathischer Phänomene arbeiten.[53]
Der Bedarf eines stärkeren Engagements auf diesem Gebiet, um einen sowjetischen Vorsprung zu verhindern, wurde auch im Jahre 1981 im amerikanischen Kongreß von einem Komitee für Wissenschaft und Technologie des Repräsentantenhauses erwähnt. Dort heißt es, neuere Experimente und parapsychologische Studien deuten mit seherischen Fähigkei-

ten darauf hin, daß der menschliche Geist in einem wechselseitigen Verhältnis mit dem Geist anderer und mit der Materie stehe. Diese Experimente hätten gezeigt, daß der menschliche Geist fähig ist, Informationen unabhängig vom geographischen oder zeitlichen Abstand zu erhalten. Angesichts der potentiell großen und weitreichenden Konsequenz eines Wissens auf diesem Gebiet und in Anbetracht dessen, daß die Sowjetunion aufgrund einer sich verbreiternden Auffassung diese Forschung auf einem viel höheren und mehr offiziellem Niveau unterstützt, wünscht der Kongreß, die Initiative in einem ernsthaften Forschungsengagement in den USA zu ergreifen. Der amerikanische Kongreßbericht stellt auch die teilweise bestätigte Behauptung auf, daß die sowjetische Regierung umgerechnet über hundert Millionen D-Mark für militärische Psi-Forschung bewilligt habe.

Sehr wahrscheinlich liegt eine militärisch begründete Geheimhaltung auch hinter einem unglücklichen Erlebnis, das ich selbst vor einigen Monaten hatte, bevor meine jetzige Reise begann. Ich hatte über eine russische Dame gehört — Nina Kulagina —, die aufgrund vieler Berichte zu den Begabtesten hinsichtlich paranormaler Fähigkeiten gezählt wird. Westliche Forscher, die die Möglichkeit hatten, sie zu testen und zu überwachen, sind der Überzeugung, daß sie in der Lage ist, die Demonstrationen ihrer Fähigkeiten wann auch immer und unter kontrollierten Bedingungen jederzeit zu wiederholen. Frau Kulagina nahm an Hunderten von wissenschaftlichen Versuchen im Laufe von mehr als zwanzig Jahren teil. Alle denkbaren Möglichkeiten der Verfälschung sind nach und nach ausgeschaltet worden.[54]

Was mich am meisten interessierte, war die ihr zugeschriebene Fähigkeit, Gegenstände ohne Berührung zu bewegen. Setzt sie sich an einen Tisch, auf den der Versuchsleiter Gegenstände aus Holz, Plastik oder Metall gelegt hat, gleiten diese nach einer gewissen Zeit über die Oberfläche des Tisches dahin. Bei einem Haufen Streichhölzer war sie in der Lage, einzelne vom Haufen zu trennen und sie von den anderen wegzubewegen, ohne dabei die Hölzer oder den Tisch zu berühren. Sowohl die statische Elektrizität der Tischoberfläche wie auch der mögliche Gebrauch von Magneten oder verborgenes Schütteln des Tisches wurden als mögliche Erklärung genannt, doch alles konnte nach und nach bei der Versuchsanordnung ausgeschlossen werden. Trotzdem glückten ihre psychokinetischen Versuche[55] in zirka neunzig Prozent der Fälle. Viele Versuche wurden gefilmt und sowjetischen und ausländischen Forschern gezeigt. Bereits 1971 erklärte der sowjetische Physiologe Sergejev, daß er nach mehr als zweihundert Versuchen mit Kulagina von ihrer echten und unverfälschten Fähigkeit vollständig überzeugt sei.[56]

Martin Gardner, der bei den Versuchen selbst nicht zugegen war, behauptete, Frau Kulagina sei bei einem Schwindel ergriffen worden und sie benutze unsichtbare Schnüre, um die Gegenstände über den Tisch zu ziehen. Beides wird von den amerikanischen Forschern Pratt[57] und Krippner,[58] die beide Nina Kulagina kontrolliert haben, abgewiesen. Sie behaupten, daß Frau Kulagina — unter anderem in Pratts Beisein — auch Gegenstände unter einer Glasglocke bewegt hat.

Nachdem ich eine Reihe solcher Berichte gelesen hatte, hielt ich es für nützlich, eine Reise in die Sowjetunion zu machen, um selbst in Augenschein zu nehmen, was bei den Versuchen mit Nina Kulagina und auf anderen Gebieten der sowjetischen Psi-Forschung geschah. Ich bat daher das norwegische Außenministerium, meine geplante Reise unter die Kulturaustauschverträge einzuordnen, die Norwegen mit der Sowjetunion unterhielt. Die sowjetische Antwort ließ allerdings auf sich warten, und nach Aufforderung des Ministeriums sandte ich einige Namen russischer Wissenschaftler, von denen ich wußte, daß sie in der Psi-Forschung engagiert waren.

Leider habe ich das Ziel bereits aufgegeben, nachdem ich den norwegischen Sowjetkenner Jahn Otto Johansen um einen Rat gefragt hatte. Er gab mir den Hinweis: »Ich zweifle stark daran, daß Ihre Reise von sowjetischer Seite akzeptiert wird, da Sie sich in Ihrem Antrag auf parapsychologische Versuche beziehen. Man sagt, die Sowjets selbst meinen, vor einem entscheidenden Durchbruch auf dem Gebiet zu stehen, und alle Forschung unterstehe deshalb dem KGB und der Verteidigung.«
Nach einigen Monaten bekam ich eine Antwort über die norwegische Botschaft in Moskau zugestellt: »Die sowjetische Wissenschaftsakademie erklärt, daß keine Institution der Wissenschaftsakademie sich mit parapsychologischen Fragen beschäftigt und deshalb auch nicht Dammanns Anliegen entsprechen kann.«
Ich weiß nicht, wie diese Absage zu beurteilen ist. Einer der Psi-Forscher, die ich zu treffen beabsichtigte, war selbst Mitglied der sowjetischen Wissenschaftsakademie. Es ist anzunehmen, daß die eigentliche Ursache der Absage eine andere war, als angegeben wurde. Die Parapsychologie ist weit davon entfernt, in der Sowjetunion als ein unwichtiges Gebiet angesehen zu werden, wie die Antwort es erscheinen läßt. Bereits zu Beginn der siebziger Jahre gab Arthur Koestler bekannt, daß mehr als siebzig Publikationen über Psi-Forschung in der UdSSR veröffentlicht worden seien.[59]

Forderungen an die parapsychologische Forschung

Es bedeutete viel für die Psi-Forschung, als ihre Organisation 1969 vom größten und wichtigsten wissenschaftlichen Verband der USA anerkannt wurde. Da wurde die parapsychologische Gesellschaft, gegen den erbitterten Widerstand vieler

Forscher, als Mitglied der »American Association for the Advancement of Science« anerkannt.
In Großbritannien hat die Koestler Foundation dazu beigetragen, daß der Lehrstuhl für Parapsychologie an der Universität Edinburgh errichtet wurde. An der John-F.-Kennedy-Universität in den USA, die ich später besuchen werde, gibt es auch ein eigenes Institut für derartige Forschung. Ich glaube, daß solch feste Institutionen für die weitere Entwicklung der Parapsychologie wichtig sind, weil diese vielleicht zu einer Versachlichung beitragen. So kann kritische *Offenheit* zu einem Selbstverständnis werden, wie das bei jeder anderen Wissenschaft der Fall ist. Daraus kann eine ganz neue Einstellung zu den menschlichen Möglichkeiten entstehen. Und die Idee eines möglichen Kontakts mit einer Wirklichkeitsdimension jenseits von Zeit und Raum kann neuer Forschung und neuem Verständnis auf fast allen wissenschaftlichen Gebieten Impulse verleihen.
Ich glaube, das Entscheidende für eine sachlichere Haltung zur Parapsychologie ist, daß die Kritiker ihren speziellen Charakter anerkennen. Zuerst ist eine Offenheit erforderlich, die anerkennt, daß die Wirklichkeit anders sein kann, als man glaubt. Man muß damit rechnen, daß die Phänomene, die die Psi-Forschung untersucht, auf eine Verbindung und Wirkung zurückzuführen sind, die sich auf eine andere Seite der Wirklichkeit begründen, als die, welche vorher von der Naturwissenschaft beschrieben worden sind. Darüber hinaus ist eine andere Haltung zur Reproduzierbarkeit der Phänomene wichtig. Im Gegensatz zur gewöhnlichen Forschung, wo ein Forschungsresultat als gescheitert gilt, wenn eine Wiederholung mit unveränderten Bedingungen fehlschlägt, wird eine Demonstration paranormaler Fähigkeiten niemals auf Kommando wiederholt werden können. Paranormale Phänomene sind etwas, das unter bestimmten Bewußtseinszuständen ent-

steht, nicht wegen, sondern *trotz* der physikalischen Regelmäßigkeiten, die die Forschung ansonsten registriert. Die Beurteilung solcher Wirkungen muß deshalb aufgrund geglückter Einzelexperimente geschehen, oftmals unter unterschiedlichen Verhältnissen. Deshalb ist es selbstverständlich in der Parapsychologie noch wichtiger als in jeder anderen Forschung, diese Einzelversuche unter richtig kontrollierten Bedingungen durchzuführen. Eine solche Überschneidung der Ergebnisse von verschiedenen hellsichtigen Personen, wie Schwartz und Emerson es versuchten, sollte auch dazu beitragen, die Unsicherheitsfaktoren unter Kontrolle zu bekommen. Unter solchen Bedingungen sollte es möglich sein, die Folgerungen anzuerkennen, wenn eine hinreichende Anzahl gut dokumentierter Einzelversuche durchgeführt worden ist.

Weiße Krähen

Mit scheint, daß eine zusammenfassende Beurteilung der besten Ergebnisse, die vorliegen, bereits eine Grundlage für den Schluß zuläßt, daß unser traditionelles Wirklichkeitsverständnis erweitert werden muß. Wohlgemerkt, wenn man willig ist, mit wirklicher wissenschaftlicher Objektivität zu urteilen.

Für viele hat ein direktes, persönliches Zusammentreffen mit dem Paranormalen ausgereicht, die Auffassung darüber zu verändern, was in unserer wunderbaren Welt möglich oder unmöglich ist. Der hochrespektierte amerikanische Psychologe und Philosoph Professor William James fühlte sich gezwungen, »das Unmögliche anzuerkennen«, nachdem er die Hellseherin Leonore E. S. Piper eingehend untersucht hatte, die er eigentlich als Betrügerin entlarven wollte. Er sagte:

»Will man das Gesetz, daß alle Krähen schwarz sind, stürzen, muß man nicht zu zeigen versuchen, daß keine Krähe es ist, es genügt, eine weiße Krähe vorzuweisen. Meine weiße Krähe ist Mrs. Piper.«[60] Für William James war die unumgängliche Schlußfolgerung aufgrund der Fähigkeiten von Mrs. Piper, »der einen weißen Krähe«, genug, um die allgemeine Behauptung zu widerlegen, *alle* paranormalen Phänomene seien Illusion.

Bei Diskussionen über die Parapsychologie erscheint es als entscheidender Fehler der Gegner, daß sie nicht an der Suche nach einzelnen weißen Krähen interessiert sind, sondern sich damit begnügen, die überwältigende Anzahl schwarzer Krähen zu beweisen, während die seriösen Psi-Forscher sich darauf konzentrieren, die wenigen weißen zu finden.

Die Frage ist, ob nicht nun auch die weißen in einer solchen Anzahl auftreten, daß es sehr schwierig sein wird, sie zu übersehen, wenn man eine objektive, wissenschaftliche Haltung einnimmt. Und gibt es solche — wie gesagt, es ist nur eine einzige für einen Beweis erforderlich —, so ist das, nach meiner Meinung, ausreichend für die Notwendigkeit, eine grundlegende Erweiterung unseres Weltverständnisses zu akzeptieren. Das nicht nur deshalb, weil es Aufschluß über einen isolierten Fall vermittelt, sondern ein bisher nicht erkanntes universelles Prinzip nachweist.

Der glasklare Logiker und Naturphilosoph Pierre Teilhard de Chardin schreibt hierüber in seinem tiefgreifenden Buch *Das Auftreten des Menschen.*[61] Hierin weist er die Unredlichkeit nach, zu glauben, die »innere«, geistige Seite, die wir bei uns selbst feststellen, sei etwas Abgetrenntes; eine Besonderheit, die nur den Menschen betrifft. Er schreibt, wir wüßten es nur zu gut, um daran zu zweifeln: Eine Ungesetzmäßigkeit in der Natur sei nur eine Steigerung der Möglichkeit für die Entdeckung einer Eigenschaft der Dinge, die durch das ganze

Universum ausgebreitet ist, in einer Form, die uns daran hindert, diese zu erkennen. Richtig beobachtet, auch wenn nur auf einem Punkt, habe ein Phänomen wegen der grundlegenden Einheit der Welt notwendigerweise einen universalen Wert und allumfassende Wurzeln.
Hat Teilhard de Chardin recht, so müssen wir anerkennen, daß selbst nur ein einziges, unbestritten dokumentiertes paranormales Phänomen die Entdeckung von Eigenschaften bedeutet, die für das ganze Universum gelten. Ich meine, meine Jagd nach weißen Krähen hat eine neue und erweiterte Bedeutung erlangt.

In der Hochburg des Unbegreiflichen

Ich sitze lange in Gedanken versunken auf der Treppe und blättere die Notizen in meiner immer vollgestopften Tasche durch, bis die Geschäftszeit endlich beginnt. Ich öffne die Tür zur Hochburg der Parapsychologie, der britischen Society for Psychical Research.
Ich werde von einem sehr netten, älteren Herrn empfangen, der mich in den Hauptraum und in die Bibliothek weist. Das erste, was mich beeindruckt, ist die Atmosphäre zeitloser britischer Tradition: ein großer runder Tisch, alte Bücher und alte Stühle, eine nachdenkliche Stille. Nicht ohne Grund ist Großbritannien mit seinem historischen Interesse für unerklärliche Erlebnisse in alten Burgen und Schlössern die erste Nation, die eine seriöse Institution bekam, um paranormale Geschehnisse zu untersuchen. Das war vor ungefähr hundert Jahren.
Ich schlendre die deckenhohen Regale mit alten und neueren Büchern entlang und nehme hier und da eines heraus. Eine halbe Wand besteht aus den Jahresbüchern und der Samm-

lung der Zeitschrift der Vereinigung, *Journal of S. P. R.*, und ihren Berichten oder *Proceedings*. Bis hin zum ältesten aus dem Jahre 1882 drücken die Bücher einen Willen zur Sachlichkeit aus, geprägt durch die großen Namen, die die Arbeit geleitet haben. Hier finde ich eine Liste der Gründer der Society of Psychical Research und ihrer Präsidenten, die jeden überzeugen sollte, daß Parapsychologie nichts mit unkritischem Glauben zu tun hat: Staatsmänner wie William Gladstone und Arthur Balfour, Schriftsteller wie Lord Tennyson und Frederic Meyers, Philosophen wie Henri Bergson, F. C. Scott Schiller, Hans Driesch und Charlie D. Broad, Psychologen wie William McDougall, Edmund Gurney und Sir William James, der Philologe und Humanist Sir Gilbert Murray, Bischof W. Boyd Carpenter, Astronom Camille Flammarion, der Physiologe und Nobelpreisträger Charles Richet und eine lange Reihe weltbekannter Physiker, vom Entdecker des Thalliums, Sir William Crookes, und dem Universitätsdirektor Sir Oliver Lodge bis zum Cambridge-Rektor und Nobelpreisträger Sir John Rayleight. Zu meiner Überraschung finde ich auch einen Hinweis auf das Ehepaar Curie und die Physiker Einstein, Planck und Schrödinger. Auch heute gibt es keinen Mangel an Namen von Professoren und Nobelpreisträgern in der Kartei der Society of Psychical Research.

Ich erhalte eine Broschüre über die Arbeit der Gesellschaft und lese interessiert über das einstige Ziel: »... die systematisch-wissenschaftliche Untersuchung gewisser Phänomene zu fördern, die ein großes öffentliches Interesse erwecken, weil sie, wenn sie echt sind, offensichtlich durch die anerkannten Hypothesen nicht erklärt werden können ... Die Gesellschaft existiert, um eine wissenschaftliche Annäherung an diese Phänomene zu fördern, frei von Vorurteilen jeder Art. Die Gesellschaft hat darüber hinaus keinen gemeinsamen Standpunkt ...«[62]

Die Gesellschaft hält sich immer noch an folgende Erklärung aus der Gründerzeit: »Um Mißverständnissen vorzubeugen, wird ausdrücklich erklärt, daß die Mitgliedschaft in der Gesellschaft keine Anerkennung irgendwelcher spezieller Erklärung hinsichtlich der untersuchten Phänomene bedeutet oder einen Glauben in bezug auf die Wirkung anderer Kräfte in der physikalischen Welt als die, die von der physikalischen Wissenschaft anerkannt sind.«

»Das sollte doch keinen Konflikt hervorrufen«, sage ich zum Bibliothekar, der sich zu mir an den Tisch gesetzt hat: »Wie stellt man sich zur Kritikervereinigung CSICOP und ihrer Anklage einer schlechten wissenschaftlichen Kontrolle?«

Er läßt sich nicht provozieren und erzählt ruhig und freundlich, daß die Kritiker von der CSICOP und ihre Zeitschrift *The Sceptical Enquirer* für die Gesellschaft von großem Nutzen war, um zusätzliches Bewußtsein über mögliche experimentelle Schwächen zu schaffen. Die Gesellschaft lud neulich ihre Gegner zu einem gemeinsamen abklärenden Treffen ein, das für beide Seiten nützlich war, sagt er. Er räumt ein, daß einige Angriffe von Leuten zu kommen scheinen, die einen irrationalen Wunsch besitzen, paranormale Phänomene um jeden Preis abzulehnen. Doch darauf haben die Sachlicheren im Kritikerverein selbst reagiert, indem sie ausgebrochen sind, um ihre eigene Gruppe für eine objektivere Beurteilung zu bilden, geleitet von einem der Gründer von CSICOP, dem ehemaligen Vorsitzenden und Soziologen Marcello Truzzi.

Ich frage, welche anderen Vereine und Publikationen auf diesem Gebiet existieren, und bekomme einen Stoß von Zeitschriften zu lesen. Unter ihnen ist auch Truzzis Zeitschrift, die *alle* Anomalien oder Abweichungen von der etablierten Wahrheit im Feld der Physik, Biologie und Psychologie untersucht.[63]

Auch ein anderes Blatt fällt mir auf: von der »Kirchlichen Vereinigung für psychische und geistige Studien«. Eine christlich-ökumenische Organisation begann im Jahre 1953 die paranormalen Phänomene im Verhältnis zum christlichen Glauben zu studieren.[64] Hier finde ich unter anderem einen Artikel über die Rolle der Parapsychologie in der religiösen Ausbildung.[65] Der Verfasser betont, das Christentum setze ein anderes Weltbild voraus als das geistfreie maschinenmäßige und die Parapsychologie könne eine sachliche Grundlage für den Glauben des Menschen sein, daß die Welt mehr als eine Maschine ist; daß der Mensch einen freien Willen und eine moralische Verantwortung hat.

Wenn die Maschinen uns nicht das richtige Bild der Welt vermittelt, was dann? fragt der Verfasser: »Was ich vorschlage, ist, daß wir das Maschinenmodell gegen die Beschreibung des Geistes austauschen, der Einfachheit halber nenne ich es den Weltgeist.« Er meint, daß beispielsweise die Telepathie als Ausdruck eines solchen Geistuniversums verstanden werden kann. Er sagt: »Wenn wir nun die Annahme machen, daß dieser Weltgeist nichts anderes ist als der Geist Gottes ... können wir die Verbindung zwischen der Ganzheit und seinen Teilen als den Ausdruck des Heiligen Geistes nehmen.«

Während ich diese Schriften aus den unterschiedlichsten Gebieten lese, bekomme ich einen Eindruck, wie die Ganzheitsidee des neuen Weltbildes zu vielerlei Arten von Zusammenarbeit und größerem Verständnis — über Naturwissenschaften hinweg und auch zwischen diesen und der Philosophie und undogmatischen Religionen — beiträgt.

Bevor ich die SPR und den freundlichen Bibliothekar verlasse, leihe ich mir einige Bücher, die ich zu meinen Gesprächen gebrauchen kann. Dann schlendre ich ins Hotel zu einem späten Mittagessen und vielen noch späteren Nachtstunden mit Lesen und Schreiben ...

Nach einigen Tagen in England fühle ich mich einsam. Ich

bin nicht der Typ, der auf Kontaktsuche geht, und ich vermisse Ragnhild, mit der ich gerne meine Erlebnisse teilen möchte. So führe ich viele nächtliche Auslandsferngespräche vom Hotel aus.
Mein Programm läßt mir nicht mehr Zeit als zum Reisen und Arbeiten. Nach vier Tagen habe ich fünf unterschiedliche Treffen in unterschiedlichen Teilen von England.
Nach meinem Besuch bei der Society for Psychical Research war ich bei Brian Inglis, Autor einiger Nachschlagewerke über parapsychologische Forschung und derjenige, der in England am meisten über dieses Gebiet weiß. Auch er imponierte mir mit seiner toleranten Haltung gegenüber seinen Kritikern, obwohl ich einen Temperaturanstieg registrieren konnte, als wir die gefühlsbeladenen Angriffe auf sein Interessengebiet diskutierten. Im großen und ganzen wirkte er auf mich wie ein nachdenklicher Eremit in seiner höhlenartigen Kellerwohnung voll von Büchern und Papieren. Ich verließ ihn mit einer langen Liste über Kontakte und Bücher.
Ich besuchte auch zwei sehr unterschiedliche Professoren der Quantenphysik, obwohl sie gemeinsame Ansichten in einem Teil wichtiger Gebiete besaßen.
Um den Nobelpreisträger Brian Josephson zu treffen, mußte ich nach Cambridge. Ich war gespannt auf das Treffen, da ich aus Physikerkreisen in Oslo gehört hatte, daß Josephson aufgrund seiner eigenartigen Ansichten und Ideen, mit denen er sich in den letzten Jahren beschäftigt hat, als seriöser Forscher abgeschrieben werden sollte. Nach einem Gespräch mit ihm verstehe ich das als ein Beispiel für den Unwillen vieler Physiker dagegen, daß untraditionelle Fragen gestellt werden, Fragen mit weitreichenden Konsequenzen über ihre Entdeckungen während der letzten Jahrzehnte. Brian Josephson hat sich besonderer Kritik ausgesetzt, indem er auf gewisse Ähnlichkeiten im Weltbild der Quantenphysik und dem hin-

wies, was bei konservativen Wissenschaftlern fast ein Bannwort ist, nämlich die Mystik.

So wie ich ihn verstanden habe, war er damit beschäftigt, wozu einige andere auch gekommen sind — daß eine Ganzheitsauffassung der Wirklichkeit eine zweiseitige Annäherung erfordert: auf der einen Seite die *Beschreibung* und Beurteilung durch wissenschaftlich-logisches Denken, auf der anderen Seite das *Hineinfühlen* durch die Entwicklung direkten intuitiven Erlebens. Er weist darauf hin, daß das Denken den determinierten, vorausbestimmten Bahnen folgt, während der schöpferische Vorgang über das Denken hinausgeht.

Josephson praktiziert diese Zweiseitigkeit durch Wissenschaft und Meditation, und er meint, zwischen der Religion und der Physik klare Verbindungen zu erkennen. Obwohl das, wie er sich ausdrückte, nicht so verstanden werden kann, daß man »Gott als Antwort in einer Gleichung benutzen kann«, meinte er, es wäre durchaus möglich, allgemeinere Schlußfolgerungen aus einer solchen Richtung zu ziehen.

Zusammen mit seinem Kollegen Michael Connor war Josephson an dem sogenannten psychophysischen Gesichtspunkt interessiert, daß die Wirklichkeit einen mentalen Charakter besitzt. Er distanzierte sich von der Vorstellung, das Universum existiere nur als Bewußtsein; doch meinte er wie einige andere Physiker, der Gedankenprozeß besitze gewisse Charakteristika, die auch in der Quantenphysik zum Ausdruck kommen. Die Materie sollte nur als ein begrenzter Fall des Geistes betrachtet werden. In diesem Zusammenhang könnten die Ideen der Mystiker genau das sein, was wir für ein Verständnis der merkwürdigen Phänomene in der Quantenphysik brauchen, sagte Josephson. Seine Zusammenarbeit mit Connor ging von dem Vorhaben aus, diese Verbindung zwischen der Quantenphysik und der Ganzheitsauffassung der Mystik so deutlich wie möglich zu machen — als eine Weiterführung der Ideen, die beispielsweise der Berkeley-Professor Henry Stapp präsentiert hat.[66]

Stapp gehört zu denen, die damit beschäftigt sind, durch den Aspect-Versuch (s. S. 82 ff. nachzuweisen, daß eine Dimension existiert, die sich den gewöhnlichen Zeit-Raum-Begriffen entzieht. Brian Josephson sieht einen möglichen Zusammenhang zwischen der Entdeckung der Quantenphysik und den Fragen, auf die viele Parapsychologen eine Antwort zu finden suchen: Hat das Bewußtsein die Fähigkeit, den Quantenprozeß zu beeinflussen, der ja sonst rein zufällig oder unvoraussehbar ist? Kann diese Einwirkung in solch einem Fall der Grund sein, der erklärt, wie das Bewußtsein auf unser Gehirn einwirkt, also durch Einzelteilchen im Nervenzentrum des Gehirns? In diesem Fall kann dem freien Willen auch eine akzeptable Begründung zugeschrieben werden — wenn man akzeptiert, daß das Bewußtsein einer höheren Dimension entspringt als der materielle zeit- und raumgebundene Apparat des Gehirns.

»Ist es generell schwierig, als Physiker anerkannt zu werden, wenn man solche Ansichten und Interessen zum Ausdruck bringt?« fragte ich zum Schluß.

»Ich glaube das«, sagte Josephson nachdenklich. »Doch da ich einen Nobelpreis bekam, erreichte ich eine gewisse Immunität gegen einen solchen Druck. Obwohl die Forschungsfinanzierung wie auch der Zugang zu Studenten größer sein würden, wenn ich mich auf ein anderes Arbeitsgebiet konzentrieren würde.«

Obwohl der größte Teil des Cambridge-Milieus in dieser Richtung ziemlich verschlossen ist, gibt es auch viele, die offen sind. Josephson erzählte beispielsweise von einem Netzwerk von Fachleuten, die sich unter der Bezeichnung »Das wissenschaftliche und medizinische Netzwerk« zusammengeschlossen haben. Er zeigte mir eine Broschüre der Vereinigung mit dem Titel *Wider Horizons* (»Erweiterte Horizonte«). Es verrät vielleicht etwas über den beschränkten Horizont, den die Mitglieder von ihren Kollegen erwarten, daß sie, wie Josephson sagte, gewählt haben, das Mitgliederregister streng geheimzuhalten.

Mein nächstes Treffen war mit dem dynamischen und jugendlichen Physikprofessor Paul Davies an der Universität in Newcastle. Davies ist auch bekannt als Verfasser einiger Bücher über das Weltbild der Quantenphysik. Zwei davon hatte ich vor unserem Treffen gelesen: *God and the New Physik*[67] berichtet über eine Reihe religiöser und philosophischer Fragen und möglicher wissenschaftlicher Erklärungen, im großen und ganzen ohne eine verschlossene Haltung oder eine persönliche Sicht. Erst in den letzten Kapiteln des Buches deutet er etwas an, das einer Schlußfolgerung ähnelt, oder eine Frage, die eine andere Antwort als eine wissenschaftliche erfordert. In den vorhergehenden Kapiteln besprach er den Versuch der modernen Physik, eine systematische Beschreibung von Handlungsabläufen durch die Geschichte des Universums hindurch zu liefern — bis zurück zu dem Augenblick, da sowohl Raum als auch Zeit entstanden zu sein scheinen. Und er behauptet, die Frage nach der letzten Ursache sei sinnlos, weil sie impliziere, daß man, um wirklich eine Antwort geben zu können, vor der Zeit sein müsse, also jenseits des Entstehens der Zeit.

Nachdem er einige neuere Versuche beschrieben hat, eine »Supergravitationstheorie« zu finden, die die heutigen Gesetze der Physik in einer Art Totalrahmen zusammenfaßt, sagt er: »Doch wir kommen zu der Frage zurück: Weshalb *dieses* Supergesetz? Wir sind so weit bis zur äußersten Frage der Existenz vorgedrungen. Die Physik kann vielleicht den Inhalt, die Entstehung und Organisation des physikalischen Universums erklären, doch nicht die physikalischen Gesetze in sich selbst ... Sie mußten im Ausgangspunkt dagewesen sein, bevor das Universum entstanden sein kann.«

Obwohl die Wissenschaft die Gesetzmäßigkeit der Dinge beschreiben kann, liegt es außerhalb ihrer Möglichkeit, darauf zu antworten, wo diese Gesetze selbst herrühren. Um das zu beantworten, muß man offenbar jenseits des gewöhnlichen Weltbildes der Naturwissenschaft in Raum und Zeit suchen.

Sowohl in diesem als auch in seinen früheren Büchern vermittelt Davies eine lehrreiche Übersicht über eine Unzahl von kleineren unbestätigten Theorien. In *Other Worlds*[68] geht er mögliche Erklärungsversuche der Quantenphysik durch, unter anderem eine Idee, die der von David Bohm ähnelt: Die sinnlich wahrnehmbare Welt ist für uns nur eine ungeheuer vereinfachte Ausgabe der außerhalb liegenden Wirklichkeit, die aus den gleichen unbegrenzten Möglichkeiten besteht, wie sie die Möglichkeitswellen des Elektrons repräsentieren, ein »Superraum« mit einer Anzahl unendlicher Dimensionen.

Sowohl die populäre wie auch die seriöse Literatur in der Physik ist voll von solchen Spekulationen, doch für mich ist das fast uninteressant, da die vielen Theorien dem Leser eine freie Wahl geben, daran zu glauben oder nicht. Mich interessiert es mehr, was in der Praxis dokumentiert ist und welche Prinzipien oder Hauptschlußfolgerungen daraus notwendig folgen. Das wichtige bei allen diesen Theorien ist trotzdem, daß sie Möglichkeiten für Geschehnisse öffnen, die eventuell bestätigt werden *können*, doch wird es oft als sinnlos erachtet, Untersuchungen durchzuführen, weil die heutigen Theorien so etwas oft als grundsätzlich nutzlos ansehen.

Ich hatte ein langes Gespräch mit Professor Davies. Ich verstand ihn als einen offenen Skeptiker. Er war sehr vorsichtig, um auf meine Fragen keine absoluten Antworten zu geben, doch bei einigen Punkten war er ganz eindeutig: »Ja, ich glaube, wir sind auf dem Weg zu einem ›geistigeren‹ Weltbild«, sagte er, »und darüber sind sich die Physiker seit mehr als fünfzig Jahren klar. Um so eigenartiger erscheint es, daß einzelne Wissenschaftler immer noch die Physik als Argument betrachten, um eine solche Auffassung zu bestreiten.«

Ich fragte ihn nach seiner Auffassung zum freien Willen, der ja im alten, mechanistischen Weltbild fast undenkbar war. Stimmte er damit überein, daß der Geist in einem weiteren Zusammenhang erklärt werden muß als nur durch das physikalische Gehirn und daß es Möglichkeiten geben muß, auf physikalische Prozesse mental einzuwirken, zumindest im Gehirn?

Wiederum war er vorsichtig, eine endgültige Antwort zu geben, doch von einer Sache war er überzeugt: Alle Fragen des freien Willens und paranormaler Phänomene müssen im Licht der Quantenphysik diskutiert werden. Er wies auf die bekannten Physiktheoretiker dieser Richtung und sagte zum Schluß: »Nach meiner Meinung ist die generelle Barriere für solche Möglichkeiten beseitigt. Ich bin der Ansicht, daß die Tür jetzt offen ist, um alle Arten von Möglichkeiten zu umfassen, die in Newtons mechanistischer Welt ausgeschlossen waren. Solche Fragen können nicht unter Bezugnahme auf die Physik abgewiesen werden!«

Ich erzählte ihm, daß ich am nächsten Tag Professor Hasted besuchen wollte, und fragte Davies, was er von den Experimenten mit Personen hielt, die behaupten, Metall mit reiner geistiger Kraft biegen zu können. Hierzu war er sehr skeptisch eingestellt. »Ich glaube persönlich nicht, daß jemand Metall biegen kann, ohne es zu berühren«, sagte er. »Soweit ich weiß, konnte Hasted solche Effekte nicht ohne Berührung nachweisen. Da gibt es viele Möglichkeiten für Schwindel seitens der Versuchspersonen. Doch es ist interessant, daß Sie ihn treffen. Da können Sie ja selbst herausfinden, ob das möglich ist.«

Ein Physikprofessor und das Biegen von Metall durch psychische Kraft

John Hasted ist Professor für experimentelle Physik am Birkbeck College der Universität London. Bevor ich zu meiner Reise aufbrach, las ich sein Buch *The Metal Benders.*[69] Es schien so unglaublich, daß ich ihn um ein Gespräch bat. Gleichzeitig war es mir nicht möglich, seine Ergebnisse als Unsinn zu betrachten. Hasted ist ein respektierter Wissenschaftler, der sein Leben lang mit Atom- und Molekularphysik gearbeitet hat, und die Beschreibung seiner Versuche mit den sogenannten Metallbiegern über zehn Jahre hinweg erscheinen in höchstem Maße überzeugend.
Seine Geschichte beginnt mit dem »Löffelbieger« Uri Geller. Hasted glaubt, Geller verfüge über gewisse paranormale Fähigkeiten, doch könnten seine öffentlichen Auftritte von einem wissenschaftlichen Standpunkt aus nicht ernst genommen werden. Was Hasted aufmerksam werden ließ, waren die vielen Leute, die sich nach Gellers Fernsehauftritt meldeten und behaupteten, daß sie die gleichen Fähigkeiten bei sich selbst entdeckt hatten.
Zusammen waren es fast tausend Erwachsene und Kinder, die sich meldeten, viele von diesen bei der Society for Psychical Research. Die meisten waren nicht in der Lage, ihre Fähigkeiten erneut unter kontrollierten Bedingungen zu demonstrieren, doch etwa dreißig von ihnen erschienen vielversprechender zu sein und wurden an Professor Hasted für eine eingehendere Untersuchung verwiesen. Von diesen wählte er schließlich vier oder fünf, die den Eindruck machten, »weiße

Krähen« zu sein. Hasteds Buch handelt von einer zehnjährigen und immer kritischeren Prüfung dieser Personen und von einigen, die später hinzukamen.
Es ist interessant, daß es alles Kinder im Alter von sieben und mehr Jahren waren. Natürlich sind Kinder auch daran interessiert, Spaß zu machen und einen Professor an der Nase herumzuführen, wenn sie erfahren, was von ihnen verlangt wird. Der Kritiker Martin Gardner erzählt über ein solches Beispiel, das auch Hasted erwähnt. Hier sollte ein Kind zeigen, daß es einen Löffel paranormal biegen könne. Ohne davon zu wissen, wurde es durch einen Spiegel beobachtet, der von der anderen Seite durchsichtig war. Einige Kinder entsprachen der Erwartung, die Löffel mit Körperkraft zu biegen. Doch trotz allem ist es klar, daß die Fähigkeiten eines sieben- bis achtjährigen Kindes sehr begrenzt sind, unter kontrollierten Bedingungen einen ausgebildeten Forscher zu betrügen.
Trotzdem erzählt Hasted, daß er in seinen Versuchsserien mit diesen Kindern nach und nach so strenge Verhaltensregeln einführte, daß selbst erwachsene Zauberkünstler keine Chance hatten, unbemerkt ihre Tricks anzuwenden, ohne entdeckt zu werden.
Ist Hasted selbst ein Schwindler? Der Professor erwähnt selbst die Möglichkeit für eine solche Behauptung, doch zeigt er gleichzeitig, wie er sich zum größten Teil dadurch abgesichert hat, daß er andere Wissenschaftler in seine Experimente einbezog. Er erwähnt auch, daß ein Forscher auf diesem Gebiet »nicht an das glauben solle, was er hört und nur die Hälfte von dem glauben soll, was er sieht!« Bei seiner Arbeit bekam Hasted Ermutigung von so wichtigen Forschern wie David Bohm und Arthur Koestler, die beide einzelne seiner Versuche überwacht haben.
Wie Hasted berichtet, passiert es am häufigsten, daß die psychische Einwirkung der Kinder auf das Metall dieses an einem be-

stimmten Punkt stark aufweicht und es durch sein eigenes Gewicht gebogen wird. Danach ist das Material so weich wie Ton geworden, wie man feststellen kann. Er beschreibt einen Versuch, der von einer Videokamera aufgenommen wurde und bei dem ein Junge *ohne Berührung* einen Punkt an einem rostfreien Stahllöffel so weich bekam, daß der Löffel nach dem Biegen nur durch die leichteste Berührung in zwei Stücke auseinanderfiel. Wenn Professor Hasted solche Versuche durchführt, sichert er sich selbstverständlich gegen den üblichen Trick, durch den Metall mit Hilfe von chemischen Mitteln oder wiederholtes Beugen vorher geschwächt wird.
Bei einer anderen Videoaufnahme benutzte Hasted lange Aluminiumstangen, die senkrecht auf einer Befestigung standen. Als der junge Stephan North die Hand ein Stück vom Metall entfernt hielt, jedoch auf sichtbaren Abstand, entstand ein scharfer Knick am oberen Ende der Stange, was deutlich auf der Aufnahme zu sehen ist.
Trotzdem ist es möglich, daß solche Knicke natürlich entstehen, wenn im Metall starke elektromagnetische Kräfte wirken. Um sich gegen etwas Derartiges zu schützen oder um mögliche Fehler in der Registrierung oder Schwächung des Metalls durch Berührung — oder durch chemische beziehungsweise andere Mittel — zu überprüfen, entwickelte Hasted mit der Zeit eine technische Versuchsanordnung, die montiert ist, bevor die Versuchsperson ankommt: Im Metall, das gebogen werden soll, ist ein dünner gefalteter Film, der an den Stromkreis einer Materie gekoppelt ist, damit die Beugung oder eine Streckung im Metall als veränderte Spannung auf einem Voltmeter registriert werden kann. Die Spannungsveränderungen werden automatisch auf einen Schreiber übertragen, so daß jede Beugung registriert werden kann, die ohne physische, menschliche Eingriffe und ohne eine mögliche Suggestion erfolgt.

Als Professor für experimentelle Physik weiß Hasted natürlich sehr gut, wie Induktion oder elektrostatische oder andere elektromagnetische Verhältnisse auf solche Instrumente einwirken können. Deshalb sind seine Geräte, Teile und Kabel vollständig abgeschirmt. Um eine eventuelle Einwirkung von außen erfassen zu können, hat er auch entsprechende Kontrollgeräte in der Nähe. Geben diese keinen Ausschlag und die anderen Geräte registrieren keine Beugung, so können generelle elektrische Einwirkungen ausgeschlossen werden. Zusätzlich läßt er den Schreiber eine längere Zeit vor dem Versuch laufen, um zu kontrollieren, daß vor dem Versuch kein Ausschlag registriert wird. Schließlich ist noch ein Berührungsdetektor Teil der Versuchsanlage, der automatisch Signal gibt, wenn das Metall beim Biegen berührt wird.
Doch die Kritiker sind streng. Es ist denkbar, daß der Versuch nicht so durchgeführt wird, wie der Bericht und der automatische Schreiber es zeigen. Deshalb wird alles auch mit zwei Videokameras aufgenommen, die auf einem zweigeteilten Bild sowohl das Metall auch auch die Meßapparaturen zeigen.
So kommt die Versuchsperson herein und wird mit einer freundlichen Aufforderung auf einen Stuhl gewiesen. Die Kinder bekommen etwas anderes in ihre Hände, damit leichter zu kontrollieren ist, ob das Metall, welches gebogen werden soll, nicht berührt worden ist. Und trotz allem, jedesmal zeigen die klaren Ausschläge auf den Instrumenten, daß es ohne Einwirkung gebogen wurde. Oft ist die Beugung so stark, daß sie auf der Videoaufnahme sichtbar ist. Auf den Kontrollmeßgeräten werden keine störenden Einflüsse registriert.
Ich bin das Ganze im Detail durchgegangen, um zu zeigen, wie gründlich der zur Zeit beste unserer Forscher auf diesem Gebiet arbeitet, um sich gegen Schwindel zu schützen. Sind

Hasteds Forschungsberichte wahr — wenn dieser Professor und Abteilungsleiter der Universität von London kein Scharlatan und Schwindler ist —, dann sehe ich keine andere Möglichkeit als die, daß es psychische Kräfte geben muß, die direkt auf die Materie einwirken und fähig sind, Metall zu beugen. Dies ist eine Bestätigung mit tiefgreifenden Konsequenzen für unser Menschenbild und unsere Wirklichkeitsauffassung. Noch mehr als die reinen Theorien erfordern die menschlichen Möglichkeiten für eine geistige Verbindung mit der Materie um uns herum eine Neubeurteilung und nicht zuletzt die Möglichkeit einer Willensbeeinflussung durch unsere physikalischen Gehirnprozesse.

Da Professor Hasted viele Forscher nennt, die einen oder mehrere seiner Versuche überwacht haben, verstehe ich nicht, wie sein Buch auf Lügen beruhen sollte. Ich verstehe es auch nicht, wie ein hervorragender Wissenschaftler über zehn Jahre hinweg Schwindel betrieben haben könnte.

Trotzdem komme ich zu der Überzeugung, daß es wichtig ist, zu sehen, was für ein Mensch Hasted selbst ist. Und das werde ich bald zu sehen bekommen.

Ein Treffen mit einem mutigen Forscher

Ich hätte wünschen können, ein wenig mehr Zeit in dieser wunderlichen Stadt zu haben, die soviel Charme hat. Es ist schade, daß London an mir vorbeifliegt, während ich mit meinen Notizen von Untergrundstation zu Untergrundstation brause, wieder auf dem Weg zu einem neuen Treffen. Um ein wenig von diesen Gedanken wegzukommen, frühstücke ich recht zeitig in meinem Hotel und schlendre dann durch den Hydepark im allerersten Morgensonnenschein, während der Tau noch auf dem Gras liegt. An der Bayswater

Road steige ich in einen dieser roten Busse und klettere in die obere Etage. Während wir bedächtig die Oxford Street entlangrollen, sehe ich das morgendliche London unter mir. Ich soll zu einem Treffen mit Professor Hasted und kann nicht ganz vergessen, was er in seinem Buch schreibt. Ich schaue auf meine Mitpassagiere und denke an das, was ich gelesen habe. Ein britischer Forscher hat die durchschnittliche Bevölkerung untersucht, um deren psychokinetische Fähigkeiten auszuforschen, also die Fähigkeit, physikalische Materie mit psychischer Einwirkung beeinflussen zu können. Er benutzte Hasteds erprobte Kontrollmethoden und konnte gewisse Reaktionen bei zirka einem Prozent von tausend ausgewählten Personen feststellen. Mit anderen Worten, es ist durchaus möglich, daß einer der Leute in diesem Bus fähig ist, beispielsweise Teile des Steuerungssystems in diesem Bus zu beeinflussen. Weshalb fahren trotzdem Millionen anderer Busse und Fahrzeuge in der Welt umher; nicht zu erwähnen die Flugzeuge mit ihren empfindlichen Computern?
Es ist durchaus richtig, daß man zur Ausübung psychokinetischer Fähigkeiten in einem gewissen, speziell entspannten Zustand sein muß, und die Aufmerksamkeit muß auf einen bestimmten Punkt konzentriert sein, der beeinflußt werden soll. Trotzdem sollte man erwarten, daß die schwachen Fähigkeiten dieses einen Prozents der Bevölkerung hier und da solche Unglücke verursachen. Vielleicht geschieht das auch. Ist es denkbar, daß solche paranormalen Fähigkeiten hinter vielen der ungeklärten technischen Fehler und Unglücke liegen? Oder gibt es einen Mechanismus, der auch diese Kräfte »filtriert«, so daß sie anderen Menschen keinen Schaden zufügen können?
Während ich an der Goodge Street aus dem Bus steige und zur Universität in der Malet Street spaziere, entscheide ich mich dafür, daß dies eine der Fragen an Professor Hasted sein muß.

Wieder betrete ich die ehrwürdige Empfangshalle des Birkbeck College und wandere durch die altmodischen Korridore. Professor Hasted treffe ich in seinem Büro und folge ihm zunächst in eine sehr unwissenschaftliche Küche, um zwei Tassen mit Pulverkaffee für uns zu besorgen.

Hasted macht auf mich einen sehr sympathischen Eindruck. Ein solider, grauhaariger Großvater mit freundlichen Augen, hemdsärmelig, mit Hausschuhen und Hosenträgern. Mir wird sofort klar, daß er in der Lage sein muß, seinen jungen Versuchspersonen das Zutrauen und die Sicherheit zu vermitteln, die er selbst als entscheidend wichtig für den Erfolg der Fähigkeiten hält, die er untersucht hat. Und ich denke, daß dieser Mann wohl kein bewußter Schwindler sein kann.

Ich erzähle ihm, daß ich sein Buch gelesen habe und es schwierig finde, seine Ergebnisse abzuweisen. Doch gerade das wirft eine wichtige Frage auf: »Wenn es so ist, daß viele einzelne mit diesen Fähigkeiten umhergehen, sollte man erwarten, daß sich dies ständig in technischen Unglücksfällen niederschlägt, möglicherweise auch in ernsteren Unfällen?«

»Ja«, sagt Hasted. »Es deutet viel darauf, daß eine gewisse Prozentzahl gewöhnlicher Menschen solche Fähigkeiten hat. Der Psychologe Julian Isaacs machte eine Untersuchung mit tausend Personen und fand heraus, daß eine kleine Anzahl von diesen Psychokinese ausführen könne. Er machte eine gute Arbeit und bekam seinen philosophischen Doktorgrad mit dieser Arbeit. Doch im großen und ganzen ging es dabei um geringe Ausschläge. Darüber hinaus zeigen meine Versuche, daß die Reichweite der psychokinetischen Wirkung kurz ist. Der Abstand zum Metall kann gewöhnlich nicht größer als ein Meter sein. In einem größeren Passagierflugzeug besteht da keine Gefahr, doch vielleicht in Kleinflugzeugen. Es geschehen so viele Unglücke. Ich sage nicht, daß sie alle auf Psychokinese zurückzuführen sind, doch es geschieht viel, was wir nicht verstehen; daß beispielsweise Brände gleichzeitig in mehreren Etagen ohne gewöhnliche Ursache entstehen. Ich war mit Fällen beschäftigt, wo das Computerpersonal den Computer außer Kontrolle setzte. Das geschieht in einigen wenigen Fällen. Die Frage, wie viele solcher Fälle vorkommen, ist nur mit Raten zu beantworten. Viele Kinder, die solche Fähigkeiten haben, scheinen sie in späteren Jahren wieder zu verlieren, und das aus unterschiedlichen Gründen. Solche Phänomene führen oft sowohl Ablehnung als auch praktische Probleme mit sich. So sind es sehr wenige Erwachsene, und die, die es gibt, gebrauchen ihre Fähigkeiten für Auftritte. Das ist schwer kontrollierbar. Deshalb ziehe ich es vor, mit Kindern zu arbeiten.«

»Eine Ursache für das seltene Vorkommen solcher Dinge in gewöhnlichen Zusammenhängen kann ja auch darauf zurückgeführt werden, daß diese Phänomene nur während gewisser mentaler Einstellungen in Erscheinung treten. Dies kann ja auch der Grund sein, weshalb negativ eingestellte Kritiker beweisen können, daß diese Versuche mißglücken, wenn sie zugegen sind. Ich denke, Sie mußten sehr viel psychologisches Verständnis aufbringen, um Vertrauen und Sicherheit bei den Kindern zu erzeugen, damit die Versuche gelingen konnten.«

»Ja, besonders viel Zeit brauchte ich dazu, ihnen ein Vertrauen zu den Laborversuchen zu vermitteln. Ich habe alle Arten von Hilfsmitteln angewandt, um das zu erreichen. Es kann entscheidend sein, die Interessen der Versuchspersonen zu kennen, um so eine aufmunternde Atmosphäre zu schaffen. Stephan North, mit dem ich viel zusammenarbeite, ist zum Beispiel sehr interessiert an Popmusik«, sagt Hasted lächelnd. »Ich lehrte ihn, Gitarre zu spielen. Jetzt ist er besser als ich. Wir hatten hier viele Musiksessions, und ich machte ihn mit einigen Popstars bekannt, unter anderem mit Sting, mit dem ich durch Arthur Koestler in Kontakt kam! Ich begriff, daß das ausgezeichnet ist, um Stephans Interesse zu wecken. Trotzdem gehen die ersten Versuche im Laboratorium immer daneben.«

Nun sitze ich einige Augenblicke stumm da. Langsam geht mir ein Licht auf, wie speziell diese Art von Forschung eigentlich ist und wieviel von dem Versuchsleiter eigentlich verlangt wird. Es imponiert mir auch, daß ein Physikprofessor es wagt, sein Prestige unter seinen Kollegen aufs Spiel zu setzen, indem er Musiksessions mit seinen Versuchspersonen in der Universität arrangiert!

Es ist an und für sich leicht zu verstehen, daß es tiefe psychologische Einsicht erfordert, Fähigkeiten zu fördern, die so großen Vernunftbarrieren gegenüberstehen. Doch das liefert gleichzeitig eine Erklärung, weshalb Kritiker mit einseitiger Forderung nach gewöhnlicher Forschungsroutine ständig Bestätigungen finden, daß paranormale Phänomene unter strenger Kontrolle nicht vorkommen. Hasted muß der Typ einer sehr seltenen Kombination von psychologischer Einsicht und Wille zu kompromißloser fachlicher Kontrolle sein. Ich frage: »Sind Sie niemals von Leuten wie Martin Gardner kritisiert worden?«

»Doch, er versuchte einmal nachzuweisen, daß meine Versuche nicht haltbar seien, indem er seinen Freund, den Zauberkünstler Randi, zu mir schickte. Dieser war getarnt mit einer Empfehlung als Wissenschaftsreporter des *Time Magazine*. Mit Methoden, die ich sehr schnell durchschaute, erzeugte er falsche Signale auf meiner Apparatur. Er wußte allerdings nicht, wie solche Effekte durch eine Abschirmung während des Versuchs verhindert werden können. Doch ich fand das Ganze so peinlich *Time* gegenüber, da ich glaubte, es handle sich um ihren Reporter, daß ich weiter über diese Sache schwieg. Später sah ich ein Buch, in dem ich lesen konnte, daß ich mich habe betrügen lassen. Gardner ist ein sehr tüchtiger Mann und ein guter Mathematiker. Doch ich glaube, er hat eine voreingenommene Sichtweise und wünscht, beweisen zu können, daß paranormale Phänomene gar nicht existieren. Natürlich gibt es inkompetente Forscher und sicher auch einzelne Fälle von Schwindel. Und Gardner wird so etwas sicher entdecken können. Doch mit seinem Interesse, die ganze Möglichkeit abschreiben zu können, kann ihm sehr schnell etwas Wichtiges entgehen. Doch nun hat ja ein Teil der orthodoxen Skeptiker gegen den extremen Standpunkt von Gardner reagiert, indem sie die Bewegung verlassen haben, um eine objektivere Skeptikerorganisation zu gründen. Dafür habe ich große Sympathie. Diese Organisation kann sehr nützlich sein. Das Gebiet ist ja so ungeheuerlich schwierig.«

»Es muß sehr fordernd sein, sich mit etwas zu beschäftigen, das allgemein mit so großem Mißtrauen betrachtet wird. Ich weiß, diese Forschungen sind nur eine Seite Ihrer Arbeit als experimenteller Physiker. Denken Sie, die Versuche mit der Psychokinese haben Ihrem Ansehen als Physiker geschadet?«

»Es ist ein großes Risiko, ja. Eine der Ursachen ist, daß wir heute nicht unsere eigenen Experimente wählen. Wir sind Teil eines ökonomischen Clans. Wir machen die Experimente, die der Universität Geld und Ansehen verschaffen. Machen wir das nicht, wird uns nicht weitergeholfen. Vor zehn bis fünfzehn Jahren war das nicht so. Da hatten wir eine größere individuelle Wahl. Und die Senioren der Wissenschaft glaubten daran.«

»Hatten Sie persönliche Probleme wegen Ihrer unorthodoxen Forschung?«

»Ja, es war keine glückliche Situation. Ich glaube, sagen zu können, daß die der Grund ist, weshalb ich nun weniger Arbeit bekam. Ich habe andere Gebiete, wo ich verantwortlich bin, in denen ich mir nicht erlauben kann, angegriffen zu werden. Ich bin da verantwortlich für die anderen Physiker in der Abteilung. Und ich habe meine eigenen Kämpfe auf meinem Gebiet der Biophysik durchzustehen.«

»So gibt es Leute, die meinen, daß einem seriösen Physiker nicht erlaubt sein sollte...«

»Oh! Es ist alles erlaubt. Doch sie sagen vielleicht: Er hat etwas Unglückliches gemacht, er hat einen Fehler begangen, und deshalb kann er auch Fehler auf anderen Gebieten der Physik machen... Deshalb bekommen wir kein Geld — oder es ist nicht gut für unseren Ruf, so etwas zu tun.«

»Könnten Sie eine Einstellungsveränderung zu diesen Fragen bei der neuen Generation feststellen?«

»Ich weiß, daß viele Studenten interessiert sind. Sie sehen es als eine selbstverständliche Aufgabe, interessiert zu sein, Dinge herauszufinden. Ja, ich habe sehr viel Sympathie bei den Studenten gefunden.«

»Wie steht es mit den Psychologen oder Psychiatern? Man sollte erwarten, daß unter denen, die mit dem Bewußtsein arbeiten, ein gewisses Interesse für Ihre Arbeit zu finden sein sollte.«

»Ja, unter den Psychiatern. Nicht so sehr bei den Psychologen. Die meisten Psychologen haben einen starken behavioristischen Anstrich. Ich glaube, daß es nicht so wenige Psychiater sind, die sich interessiert zeigen. Im übrigen gibt es auch viele Physiker, die eine offene Haltung haben. Ich glaube, dies ist darauf zurückzuführen, daß es so viele eigenartige Dinge in der Physik gibt, viele Dinge, die wesentlich eigenartiger sind als Metallbiegen! Es gibt ja mehr Physiker als nur mich allein, die mit solchen Phänomenen arbeiten.«

»Trotzdem scheint das Biegen von Metall ohne Berührung die gewöhnliche Vernunft so stark herauszufordern, daß selbst viele Physiker, die meinen, wir müßten mit einer Art geistigen Dimension jenseits der Materie rechnen, ernste Schwierigkeiten haben, an diese Möglichkeit zu glauben. Ich sprach gerade mit Professor Paul Davies in Newcastle...«

»Ah, das ist ein guter Mann!«

»Ja, doch scheinen unter den Kritikern Mythen entstanden zu sein, die auch von einzelnen Physikern akzeptiert werden, daß beispielsweise die Versuche mit dem Metallbiegen nicht gut genug durchdacht waren. Davies kannte nicht die Einzelheiten Ihrer Experimente. Er meinte, Sie würden es den Versuchspersonen gestatten, das Metall zu berühren, und damit ist es schwierig...«

»Nein, nein, das ist ja vollständig falsch, ich bin immer jemand gewesen, der bei solchen Versuchen das *Nichtberühren* propagiert hat! Es gibt vielleicht dreißig, vierzig Physiker, die mit dem Metallbiegen arbeiten. Viele davon sind tüchtige Versuchsleiter, doch ich sage immer zu ihnen, daß sie die Berührung des Metalls vermeiden *müssen.*« Der freundliche Professor Hasted erscheint innerlich aufgewühlt, beinahe verzweifelt darüber, daß seine vieljährige gründliche Arbeit einen falschen Ruf bekommen hat. »Was kann ich da machen?« fragt er und schaut mich frustriert an.

Ich erzählte ihm, ich hätte Davies auf sein Buch hingewiesen. Jener meinte, es stelle sich dann anders dar, wenn alle Berührung deutlich verhindert werden konnte. Ich wollte das bei diesem Gespräch geklärt haben: »Doch Davies erwähnte auch, er habe eine Metallstange in einen Glasbehälter eingeschweißt, der bestimmte Gase enthielt und nicht geöffnet werden konnte, ohne daß man es merken würde. So konnte die Versuchsperson die Biegung des Metalls auch zu Hause ohne Aufsicht ausführen. Doch niemand hat diese Stange biegen können...«

Hasted kennt diesen Versuch nicht und bestätigt, daß psychisches Metallbiegen anscheinend beeinträchtigt wird, wenn

das Metall ganz eingeschlossen ist. Doch es ist ein solcher Versuch erfolgreich durchgeführt worden. »Der französische Chemophysiker Wolkowski, der auch Glasbläser ist, hat einige versiegelte Glasbehälter mit ganz eingeschlossenem Metall geblasen. Ich selbst kontrollierte, daß sie versiegelt waren. In drei Fällen war es der begabten Versuchsperson, Jean-Pierre Girard, möglich, das Metall in dem Behälter während einer parapsychologischen Konferenz in Holland zu biegen, bei der ich zugegen war. Das ist sichtbar auf den Fotos von den Versuchen. Doch auch in solchen Fällen muß man sich darüber klar sein, was geschieht, wenn man nicht das ganze Experiment überwacht. Ist das Metall gehärtet, kann es im Behälter erwärmt und langsam abgekühlt werden, so daß die innere Spannung der Härtung aufgelöst wird und eine Biegung auf herkömmliche Art entsteht. Man kann in keinem Fall ganz sicher sein, wenn man nicht die ganze Zeit dabei ist. Und alle Überwachung muß sehr gründlich durchgeführt werden. Bei allen unseren Versuchen in den letzten vier bis fünf Jahren waren wir immer zu zweit. Einer, der die Geräte montiert und ein Auge auf den Diagrammschreiber hält, und ein anderer, der ständig auf die Hände der Versuchsperson achtet. Doch das muß geschehen, ohne daß der Betreffende die Überwachung bemerkt, damit nicht sein Zutrauen und seine Sicherheit gestört werden. In meinem Laboratorium haben wir schöne, blanke Aluminiumwände, die das Ganze klar widerspiegeln, so daß die Kontrollperson genau alles verfolgen kann, ohne bemerkt zu werden. Zusätzlich sollte eine dritte Person als Beobachter zugegen sein. Das kann ein Physiker sein, und seine Aufgabe ist die, *uns* zu beobachten, um die ganze Prozedur zu kontrollieren.«
»Kritiker werden sicher behaupten, daß die Berichte des Kontrollphysikers auch nicht ernst genommen werden können, weil auch er voreingenommen und ›stark gläubig‹ sein kann?«

Hastet lächelt. »Nein, nein, in meiner Abteilung ist keiner, der stark gläubig ist, das kann ich Ihnen versichern!«

»Trotzdem werden die Zauberkünstler behaupten, daß selbst kleinere Kinder in der Lage sind, Tricks zu lernen, um Sie zu betrügen. Würden Sie solche Tricks entdecken?«

»Wir waren sehr gewissenhaft in der Untersuchung mit Kindern — und den Eltern —, die vielleicht versuchen, etwas zu beweisen. Wir hatten einen Fall, wo ein Kind es mit Tricks versuchte. Es wurde sofort entdeckt, und die betreffende Person wurde für weitere Versuche ausgeschlossen.«

»Es scheint, daß Sie an alle denkbaren und undenkbaren Möglichkeiten für Fehler, Betrug und Mißverständnisse in Ihren Experimenten gedacht haben. Doch ich habe so viele Einwände gelesen und gehört, daß ich Sie trotzdem direkt fragen möchte: Haben Sie erfolgreiche Versuche beim Metallbiegen durchgeführt, in denen die folgenden Forderungen der Kritiker alle zufriedengestellt wurden: daß die Versuche im Labor durchgeführt wurden, daß ein klarer Abstand zwischen dem Metall und dem Körper oder den Händen der Versuchsperson garantiert war, daß die Versuche auf Video aufgenommen wurden oder von anderen Forschern überwacht wurden?«

»Ja, all das ist der Fall.«

»Gleichzeitig?«

»Ja.«

»Und auch mit den notwendigen Maßnahmen gegen statische Elektrizität, elektromagnetische Wellen oder Verhältnisse in der Umgebung, die das Metall oder die Meßgeräte beeinflussen können?«

»Ja«, antwortet Professor Hasted. »Als experimenteller Physiker glaube ich, wie ich solche elektrischen Phänomene verhindern kann. Deshalb bekam ich einen abgeschirmten Raum für diese Experimente, mit Metallboden. Das ist wichtig, denn es besteht auch die Möglichkeit, daß sich im Körper der Versuchsperson statische Elektrizität befinden kann. Darüber hinaus habe ich vom ersten Versuch an einen sogenannten Dummy benutzt, ein Kontrollmeßgerät, das dem gleicht, welches für das Biegen im Metall gebraucht wird, doch welches nicht an dieses angeschlossen ist. Es gibt Ausschlag, wenn der Hauptdetektor elektromagnetische Kräfte statt psychische Einwirkung mißt.«

»Somit sind all diese Forderungen der Kritiker in ein und demselben geglückten Experiment erfüllt worden?«

»O ja, ja.«

»Da verstehe ich, ehrlich gesagt, nicht, wie das abgewiesen werden sollte. Doch verstehe ich, daß viele, die hauptsächlich über weniger gut kontrollierte Versuche gehört haben, die ganze Zeit sehr skeptisch geblieben sind, beispielsweise nach Uri Gellers Bühnenauftritten. Er hat ja zugegeben, während einzelner Versuche geschwindelt zu haben.«

»Ja, in seinem Buch gibt er zu, während öffentlicher Auftritte mit Telepathie Illusionskunst gebraucht zu haben. Es war vielleicht nicht immer der Fall. Das wissen wir nicht. Ich bin nicht an Gedankenüberführung interessiert, nur am Metallbiegen, und es ist schwieriger zu schwindeln, auch während Fernsehüberwachung, wenn die Leute vom Fernsehen darauf aufmerksam gemacht worden sind, wonach sie zu sehen haben. Auf der anderen Seite sind Laborversuche etwas anderes als Fernsehshows.«

Professor Hasted meint, daß ein starkes finanzielles Motiv hinter Uri Gellers öffentlichem Auftreten liegt. Geller wurde sehr reich, erzählt er. Doch er hat ihn auch gesehen, wie er überzeugende Metallbiegeversuche unter kontrollierten Bedingungen durchgeführt hat, und er hofft, mit ihm in späteren Jahren arbeiten zu können. Er hat eine Wohnung in London, sagt Hasted.

Ich bin neugierig, selbst herauszufinden, was Geller kann. Bevor ich Hasted verlasse, erhalte ich Gellers Telefonnummer und die Erlaubnis, mich auf Professor Hasted zu beziehen. Doch das ist keine Garantie, daß es mir damit gelingt. Geller wünscht nicht sehr oft, gestört zu werden. Er hat bereits genug Geld...

Erst nachdem der Besuch bei Professor Hasted beendet war, fällt mir ein, daß ich vergaß, die geplante abschließende Frage zu stellen. Statt dessen sandte ich ihm die Frage schriftlich und bekam einen Brief mit folgendem Schluß zurück, wo er meine Frage wiederholt und sie gleichzeitig beantwortet: »Können Sie, nach etwa zehnjähriger Forschung auf dem Gebiet, die Fähigkeit einzelner Menschen, Metall mit psychischer Kraft biegen zu können, ohne allen Zweifel als bewiesen betrachten? — Ja. Freundliche Grüße, J. B. Hasted.«

Zu Besuch bei Uri Geller

Ich meine, was ich bisher gehört und gesehen habe, gibt mir hinreichend Grund, eine größere Offenheit für das offensichtlich Unmögliche zu zeigen, als ich es bisher hatte. Auf der anderen Seite ist mir mehr als je klargeworden, welch kritische Haltung erforderlich ist, wenn man die Behauptungen paranormaler Fähigkeiten beurteilen will. Ich entscheide mich, daran festzuhalten, wenn ich telefonisch um ein Treffen mit Uri Geller bitte. Er hat trotzdem eine Reihe Forscher überzeugen können und auch Zauberkünstler, die ihn von allen Seiten kontrolliert haben. Doch er kennt auch die Tricks der Illusionisten.

Am Telefon treffe ich einen sehr skeptischen Sekretär. Nachdem er meine Frage dem großen Uri Geller vorgelegt hat, kommt er zurück und will wissen, ob ich wirklich aus Norwegen komme? Da das in Ordnung ist, bekomme ich von Uri Geller eine halbe Stunde.

Uri Gellers häusliche Umgebung bestätigt den Eindruck von einem Mann mit Sinn für die guten Seiten des Lebens. In einem luxuriösen Haus in Kensington werde ich von uniformierten Wächtern in einer großen, mit Teppichen ausgelegten Rezeption ausgefragt, bevor eine Telefonanfrage an Geller bestätigt, daß ich erwartet werde. Der Aufzug stoppt leise in einer Wohnung der Jet-Set-Klasse. Plötzlich stehe ich da, umringt von Leuten, die umherwandernd miteinander reden oder sich in tiefe Sofas vor den gediegenen Panoramafenstern mit Aussicht über Londons Dächer geworfen haben. Ein schlanker gutaussehender junger Mann Mitte bis Ende Dreißig, bekleidet mit T-Shirt und kurzen Hosen, kommt in leichtem Trab heran und präsentiert sich.
»Ich bin Uri Geller«, sagt er und weist mich in einen Raum mit einem gewaltigen Glastisch, der ansonsten von Fenstern, Spiegelglasflächen und rostfreiem Stahl geprägt ist. Er bittet mich um Entschuldigung, daß er sein Trainingsprogramm während unserer Unterhaltung durchführen müsse. So setzt er sich auf ein Ergometerfahrrad und zieht los, während ich erzähle, wer ich bin und weshalb ich komme. Leider, sagt er, ist er nicht in Form, um heute Metallbiegen zu demonstrieren, doch wenn ich will, könnten wir ein wenig Gedankenüberführung ausprobieren. Damit springt er vom Rad, setzt sich an den Tisch und wendet sich halb zur Seite, mit einer Hand vor den Augen bittet er mich, irgend etwas zu zeichnen. »Lassen Sie nur die Zeichnung mit der Rückseite nach oben auf dem Tisch liegen, und sagen Sie, wann Sie fertig sind. Jetzt schauen Sie mich an und denken an das, was Sie gezeichnet haben.«
Ich bin fast schockiert über einen so leicht zu durchschauenden Versuch, mich zu betrügen. Als erstes ist es offenbar, daß er mich durch seine halbgeschlossenen Finger sehen kann, dazu gibt es überall Spiegel, und zum Überfluß soll ich die

Zeichnung auf den Tisch legen, der aus blankem Spiegelglas besteht! So leicht will ich es ihm auch nicht machen. Ich suche ein kleines Papierstück, das ich im Schoß halte und vollständig gegen seine Sicht von allen Seiten schütze, auch gegen eventuelle Spiegelungen von der Decke. Ich zeichne unter meiner linken gekrümmten Hand eine Figur und falte das Papier zweimal zusammen, bevor ich es schnell zwischen die Zeitschriften auf dem Tisch stecke.

Zuerst sieht es aus, als ob all meine Verdachtsmomente bestätigt werden. Geller kann nicht »sehen«, was ich gezeichnet habe, selbst als ich den ernsten Versuch mache, die Zeichnung vor meinem inneren Auge wieder erscheinen zu lassen, während ich ihn anstarre, wie er mit geschlossenen Augen dasitzt. Er versucht, die Figur nachzuzeichnen, die ich versteckt habe, doch meine Zeichnung gleicht seiner in keiner Weise.

»Wir sind gewiß nicht auf gleicher Wellenlänge«, sagt er und möchte es noch einmal probieren. Dreimal wiederholt sich das Ganze, und zum Schluß muß ich gestehen, daß seine Zeichnungen den meinen zu gleichen beginnen. Doch das ist nicht genug, mich zu überzeugen. Zum Schluß scheint es, daß er die Sache ernster nimmt. Wir machen einen letzten Versuch. Diesmal bin ich vollkommen sicher: Das Papier, auf welches ich zeichne, ist von keiner Seite einsehbar. Ich versuche die Bewegungen des Kugelschreibers zu tarnen. Jetzt falte ich das Papier in meiner Hand, lege es ins Buch und schaue ihn an.

»Zeichnen Sie die Figur in Gedanken«, sagt er und schließt die Augen.

Ich versuche, die Figur vor mir zu sehen: eine stilisiert gezeichnete Fichte als schmale, gezackte Pyramide. Diesmal sitzt er lange, bevor er seine Augen öffnet und rasch eine Figur zeichnet: eine Fichte mit genau der gleichen Anzahl Zacken auf jeder Seite wie bei meiner Zeichnung! Der einzige Unterschied ist, daß seinem Baum der kurze Stamm fehlt.

Ermuntert sagt Geller: »Das ging gut zum Schluß! Nun probieren wir es andersrum.« Er schreibt etwas auf einen Zettel, faltet ihn zusammen und legt ihn auf den Tisch. »Denken Sie sich eine Hauptstadt! Der erste Name, der in Ihren Gedanken auftaucht.«

Nach einer Weile sage ich zögernd: »Ich dachte zuerst an Rom, aber ...«

Triumphierend faltet er den Zettel wieder auseinander: »Rom« steht da. Hatte er mehrere Zettel, die ich nicht gesehen habe? Auf jeden Fall war die letzte Zeichnung schwer »wegzuerklären«, und ich denke, das Ganze wird ein Beispiel dafür sein, was ich geahnt habe: Geller *kann* vielleicht gewisse verborgene Dinge sehen, doch er will lieber zuerst das versuchen, was er gelernt hat. Als einen endgültigen Beweis für seine Fähigkeiten kann ich diese Vorführung nicht bezeichnen, doch es reicht aus, um interessante Fragen zu stellen.

Bei dem nachfolgenden Gespräch bekomme ich ein Bild von seiner Person mit einer ziemlich unreifen und unklaren Vorstellung über den Zweck dessen, was er betreibt. Auf der einen Seite spricht er oft von Kräften, die Gott ihm gegeben hat, und über seine täglichen Gebete und seine religiösen Interessen. Er ist interessiert an der geistigen Macht über die Materie. Auf der anderen Seite sagt er freiheraus, daß sein Hauptinteresse sei, reich zu sein: »Ich bin bereits reich«, sagt er. »Ich habe es nicht nötig, länger Auftritte zu machen. Meine jetzige Arbeit besteht darin, unbekannte Quellen von Erdöl oder Mineralien zu ›sehen‹. Ich habe Millionen damit verdient, den großen multinationalen Konzernen zu sagen, wo sie bohren sollen.«

Plötzlich geht mir ein Licht auf, weshalb er so interessiert war, als er hörte, daß ich aus Norwegen komme, und weshalb er jetzt fragt, ob ich nicht ein Auftreten im Fernsehen arrangieren könne. Offenbar will er seine Dienste den Ölgesellschaften anbieten, die in der Nordsee bohren.

Geller erwähnt einen Artikel im Busineßblatt *!Forbes*, das über seine Arbeit auf dem Mineralsektor berichtet. Den Artikel konnte ich später beschaffen.[70] Hier wird berichtet, daß Leute wie Geller ernst genommen werden — sowohl von den Militärs als auch von leitenden Geschäftsleuten. Besonders nachdem Präsident Carter seinerzeit eine Untersuchung angeordnet hat, wie weit die Russen im Gebrauch paranormaler Fähigkeiten zu militärischen Zwecken gekommen waren, und nachdem die CIA sechs Millionen Dollar für die psychische Forschung erhalten habe, erzählt das Blatt. Auf die Initiative des bekannten Konzernführers Val Duncan ist Geller bei der britischen Rio Tinto Zinc Corporation und von Anglo-Transvaal benutzt worden, erzählt das Blatt. Und es ist ihm geglückt, Ölfelder zu »sehen«, die auch gefunden worden sind — gegen ein Honorar von gewiß einigen Promille des gefundenen Werts.

Auf dem Weg zurück durch den Regent Park grüble ich über das Phänomen Geller. Was soll ich über ihn denken? Ich weiß es nicht. Eigentlich muß ich sagen, daß Professor Hasteds Arbeit eine weitaus sicherere Antwort auf die Frage gibt, die ich mir über die ungeklärten Möglichkeiten des Geistes gestellt habe. Doch der Besuch bei Geller hat mich auf jeden Fall zu der Überzeugung gebracht, daß paranormale Fähigkeiten zu vielen Zwecken gebraucht werden können — sowohl positiv als auch negativ.

Eine unglaubliche Geschichte: Matthew Manning

Die andere Person, die ich mit einer gewissen Erwartung besuche, ist Matthew Manning, einer der merkwürdigsten Fälle unter denen, die in der britischen Presse Sensationen hervorriefen. Zuerst war ich sehr im Zweifel, ob ich Manning besu-

chen sollte, und noch mehr darüber, wie ich das weitervermitteln könnte. Ein Teil von Mannings Geschichte ist nämlich derart, daß nur seine Erwähnung ausreicht, um mit einem mitleidigen Augenzwinkern und peinlichem Schweigen von denen bedacht zu werden, die auf der Voraussagbarkeit der Wirklichkeit bestehen. Ich muß auch zugeben, daß der erste Teil seiner Geschichte viel zu schlecht kontrolliert worden ist, um akzeptiert zu werden. Hierbei geht es über die Dinge, die in Matthews Heim während seiner Kinderzeit geschahen: Möbel, die ohne Berührung die Treppe hinaufschwebten — im Beisein von Leuten — und ständiges Ummöblieren der ganzen Einrichtung, während die Familie schlief. Die Zahl der mir bekannten Berichte, wie solche Geschehnisse als arrangierte Illusionskunst entlarvt worden sind, ist zu groß, als daß ich an so etwas ohne weiteres glaube.
Es war Professor Georg Hygen ins Oslo, der mir den Rat gab, mit Matthew Manning zu sprechen, während ich in England sei. Hygen war selbst mit ihm in Kontakt und meinte, daß zumindest ein Teil seiner Poltergeistererlebnisse zu den am besten dokumentierten Beispielen dieser Art gehören. Das bloße Beisein bestimmter Personen kann das reine Chaos durch Verrücken und Umherfliegen von Gegenständen erzeugen. Hygen schlug vor, daß ich zuerst Mannings Buch *The Link*[71] lese. Und das tue ich gerade jetzt, während ich in einem Zug auf dem Weg zu einem Treffen mit Manning sitze, und die grauen Mauern und die Reihenhäuser mit ihren kleinen Gärten in Londons Außenbezirken an meinem Fenster vorbeigleiten.
Ein großer Teil von Mannings Geschichte bezieht sich ständig auf paranormale Geschehnisse, während er als Junge das bekannte Oakham-Internat besuchte. Bei einigen dieser Geschehnisse waren nur Schüler zugegen. Diese Geschichten

überfliege ich schnell. Wer weiß, was die Kinder sich zusammengedichtet haben? Wichtiger sind die Aussagen von Erwachsenen, die in den Medien bezeugten, daß Manning Ursache dieser Geschehnisse gewesen sei, die nicht auf normalem Wege zu erklären sind. Wie beispielsweise die Hausleiterin über ein Gespräch mit ihm allein berichtet, während dessen es plötzlich kleine Steinchen und Glasstückchen von der Decke regnete, die in den Kaffeetassen und auf beider Schoß niedergingen. In ihrem Bericht erzählt sie, daß so etwas auch passieren konnte, wenn er allein und ruhig in seinem Zimmer saß. »Da wurde mir plötzlich ganz kalt, und ein Schauer von kleinen Steinchen fällt von der Decke. Ich habe mich inzwischen daran gewöhnt und kann nur noch darüber lächeln.«
Die Hausleiterin erzählt auch über mehr erschreckende Erlebnisse: »Eines Nachts tauchten Messer auf. Einige der Messer waren gelb vom hohen Alter.« Die Messer waren allen in der Schule unbekannt. Wie vieles andere zeigten sie sich, indem sie durch die Luft schwebten. Obwohl diese und viele andere fliegende Gegenstände niemals jemandem geschadet haben, wurden viele Schüler verwirrt und schrieben ihren Eltern von den Phänomenen. Einer von ihnen wurde so stark durch all die merkwürdigen Dinge verschreckt, daß er von der Schule genommen werden mußte, und die Schulleitung war gezwungen, zu der ganzen Affäre Stellung zu beziehen, nicht zuletzt wegen der wachsenden Anzahl von Zeitungsartikeln über die Sache.
Oakhams Rektor John D. Buchanan, einer der bekanntesten Internatsleiter in England, meinte zum Schluß, daß er Matthews Eltern hinzuziehen wollte, um mit ihnen zu besprechen, ob ihr Sohn nicht von der Schule genommen werden sollte. Doch er konnte überredet werden, den Jungen zu behalten, und die unerklärlichen Ereignisse geschahen, solange Matthew auf der Schule in Oakham war. Brandheiße, stark

leuchtende Kreise konnten plötzlich an der Wand sichtbar werden, ohne daß ein Schatten entstand, wenn jemand die Hand über den Lichtring hielt. Ständig neue Gegenstände kamen angeflogen, offenbar nirgendwoher, und das in geschlossenen Räumen. Eine eisige, ätherartige Kälte wurde öfters von Erwachsenen, die in Matthews Nähe standen, als ein Vorzeichen solcher Geschehnisse bemerkt.

Durch Presseberichte bekamen viele Außenstehende den Eindruck, Matthew habe das Ganze mit bewußten Tricks verursacht. Doch Rektor Buchanan hatte sich durch Untersuchungen davon überzeugt, daß dies nicht der Fall sein konnte. Nachdem Matthew sein Examen gemacht hatte, ging die folgende Äußerung des Rektors durch die britische Presse: »Ich bin selbstverständlich sehr skeptisch gegenüber paranormalen Fähigkeiten; doch aufgrund der Begebenheiten in der Schule bin ich überzeugt, daß paranormale Kräfte existieren. All das, was geschah, tut mir sehr leid. Ich kann nicht erklären, wie die Schlafräume in ein einziges Chaos verwandelt werden konnten. Messer, Ziegelsteine, Glas, Kieselsteine und ähnliches tauchten auf, ohne daß irgend jemand eine Ahnung hatte, wo das herkam. Und trotzdem konnten wir nicht feststellen, daß etwas von irgendwelchen anderen Teilen der Schule genommen worden war.« Der Rektor schloß seine Presseerklärung, indem er sagte, man solle Matthew nicht unterstellen, Jux und Unsinn getrieben zu haben: »Ich will es zusammenfassen, indem ich sage, daß Matthew ein reifer, netter und vor allem hundertprozentig ehrenhafter Mensch ist.«

Auch der sehr besonnene Wissenschaftler Dr. George Owen von der Universität Cambridge — der Beobachter und Ratgeber für Matthews Familie, seitdem die ersten Phänomene in ihrem Heim im Jahre 1967 auftauchten — trat dafür ein, daß Matthews Anwesenheit Ereignisse hervorrufen konnte, die sich jeder gewöhnlichen Erklärung entzogen.

Es gibt keinen Grund, die Aussagen von Rektor Buchanan und Dr. Owen als falsch zu bezeichnen. Es ist vielleicht denkbar, daß Poltergeistphänomene wirkliche, paranormale Kräfte in einer Welt repräsentieren, die weniger mechanisch und voraussehbar ist, als wir es glauben. Hygen erzählt auch über langwierige Versuche in den USA, die derartige Phänomene bestätigen. Trotzdem sträuben sich meine ganze Vernunft und mein ganzes kritisches Denkvermögen, zu glauben, daß Dinge — sinnlose Dinge! — aus dem Nichts entstehen und plötzlich durch den Raum schweben. Doch nach einer objektiven Beurteilung ist es schwer zu erklären, wieso eine ganze Schule nicht in der Lage war, einen eventuellen Schwindler zu finden, der während drei Jahren hinter solchen Ereignissen stand. Und trotzdem, ohne systematische Beobachtungen, an die ich mich halten kann, kann ich diesen Teil Mannings nicht als gesichertes Beispiel solcher Verhältnisse zwischen Geist und Materie ansehen, die ich als Ausgangsfrage gestellt hatte. Ich hätte aufgrund einer solchen Geschichte nicht die Zugreise unternommen, wenn die Professoren Hygen, Hasted und Josephson mich nicht auf andere und weitaus besser dokumentierte Ausdrücke für die paranormalen Fähigkeiten Matthew Mannings hingewiesen hätten.
Die Berichte darüber beginnen damit, daß Matthew und seine Eltern Dr. Owen um Rat baten, um diese problematischen Umwälzungen, die ständig in der Nähe des Jungen vorzugehen schienen, zu stoppen. Durch die Erfahrung mit einigen anderen ähnlichen Fällen wußte Owen, daß es möglich sein muß, diese Kräfte in kontrolliertere Formen zu kanalisieren, zum Beispiel »automatisches Schreiben«. Deshalb begann der Junge, an diese Möglichkeit zu denken.
Eines Tages saß Matthew entspannt an seinem Schreibtisch, da schien seine Hand die Kontrolle über seine bewußten Sinne zu übernehmen und begann, »von selbst« Buchstaben

einer unbekannten Handschrift zu formen. Diese Phänomene sind auch aus der traditionellen psychologischen Literatur bekannt, speziell in Verbindung mit Hypnoseexperimenten. Doch Matthew Mannings Fall entwickelte sich zu einem Sonderfall. Nach und nach verschwanden die Poltergeistererlebnisse, doch das, was jetzt kam, war genauso unerklärlich.
Mehrere Male entdeckten Matthew und eine Reihe Beobachter, daß seine Hand fremde Schriftzeichen formte, in einer Sprache, von der er nicht die geringste Ahnung hatte. Solche Dinge kommen auch in der psychologischen Literatur vor, und oft kann nachgewiesen werden, daß die Ursache auf unbewußte Erinnerungen von dem, was die Versuchsperson vor langer Zeit einmal gelesen hat, zurückgeführt werden konnte. Solch eine Erklärung scheint hier weniger wahrscheinlich, nachdem die um Rat gefragten Experten aussagen konnten, daß der Junge mit der Zeit vollständig verstehbare Botschaften in einer Reihe von Sprachen geschrieben hatte, mit denen er niemals in Kontakt gekommen sein konnte, unter anderem Arabisch, Griechisch, Russisch, Latein, Altgriechisch und Angelsächsisch. Zwei von Mannings automatischen Schriften in arabischer Sprache wurden von Professor Suheil Bushrui an der amerikanischen Universität in Beirut beurteilt und als von zwei im Wesen unterschiedlichen Personen beurteilt: Während die eine die Prägung einer Person besaß, die eine sehr begrenzte Ausbildung und Schreibkunst hatte, war die andere ein schriftmäßiges Kunstwerk, geprägt von einer hohen Ausbildung. Sowohl aufgrund des Inhalts als auch der Form wurden die Schriften von dem Professor als unmöglich aus dem Gedächtnis reproduziert betrachtet.
In einzelnen Fällten bezogen sich die Schriften auf Verhältnisse, die nur in einem kleinen, eingeweihten Kreis bekannt waren. Eine solche Botschaft, von einem Frauennamen unterzeichnet, bezog sich auf den griechisch-orthodoxen Metropo-

liten in Großbritannien, den Erzbischof Athenagoras. Nachdem er die Schrift zugesandt bekam, machte der Bischof in einem Bericht die Aussage: »Der Fall Matthew Manning liegt außerhalb jeden Vernunftdenkens. Ich kann mit absoluter Sicherheit behaupten, daß der junge Mann in keiner Weise fähig gewesen sein kann, die Einzelheiten zu wissen, die in diesem Brief standen.«
Mit der Zeit zeigte es sich, obwohl Matthew immer ein miserabler Zeichner gewesen ist, daß er plötzlich, ohne bewußte Anstrengungen, begann, imponierende, signierte Kunstwerke der großen Meister zu zeichnen.
Ich schaue mir die siebzig Zeichnungen an, die im Buch wiedergegeben werden, und finde es unbegreiflich, daß ein Junge ohne besondere entsprechende Ausbildung diese professionellen und im höchsten Grad typischen Zeichnungen von Albrecht Dürer mit Porträts und Detailstudien von Händen und Tieren, alle versehen mit Dürers bekannter Signatur – und auch gleich typische signierte Bilder so unterschiedlicher Künstler wie beispielsweise Aubrey Beardsley, Paul Klee und Pablo Picasso –, zeichnen könnte.
Einige von Matthews Bildern waren so gut ausgeführt, daß Kunstkenner sie für unentdeckte Werke derjenigen hielten, mit deren Namen sie signiert waren. Ja, das Ganze erweckte solch ein Aufsehen und Mißtrauen, daß Rechtsexperten hinzugezogen wurden, um die Zeichnungen und die Verhältnisse ihrer Produktion zu untersuchen.
In der Presseerklärung bei Matthews Schulabgang sagte der Rektor über die künstlerische Entwicklung seines Schülers: »Seine automatischen Malereien und Zeichnungen à la Dürer und in der Art anderer großer Meister zeigten alle deren persönliche Identität. Ich weiß, daß Matthew nicht besonders gut im Zeichnen oder Malen war. Doch sein Kunstlehrer war sehr imponiert von den Malereien, die erschie-

nen, als ob sie Reproduktionen der großen Meister gewesen seien.«

Wieder lege ich das Buch beiseite, um die Glaubwürdigkeit dessen zu überdenken, was ich soeben gelesen habe. Ich glaube, das ist entschieden schwieriger abzuweisen. Hier sind so viele Beobachter dieser automatischen Werke und so viele mit Namen benannte Sprachexperten, die darüber ausgesagt haben, daß das Ganze auf wirkliche Handlungen zurückzuführen sein *muß* — wenn ihre Stellungnahmen nicht verfälscht wiedergegeben wurden. Und das scheint fast unmöglich, wenn man bedenkt, welches Aufsehen diese Berichte in den Medien während der sechziger und siebziger Jahre in England erweckten. Das Buch war zu dieser Zeit auch keine unbekannte Publikation. Es wurde in achtzehn Sprachen übersetzt. Deshalb erscheint es als undenkbar, daß die vielen angegebenen Personen so etwas unwidersprochen hätten durchgehen lassen, wenn ihre Aussagen oder der Hintergrund falsch wiedergegeben worden wären. Und wenn derart zwingende Gründe vorliegen, die Geschichte als wahr anzunehmen, muß man sagen, daß Matthew Manning als »weiße Krähe« anzusehen ist.

Man wird unwillkürlich fragen: Wenn das alles zutrifft, weshalb wurde Manning nicht von kritischen Forschern richtig untersucht? Die Antwort ist: Dies geschah, und das Ergebnis ist nicht weniger schockierend als alles übrige, was geschah bei diesem merkwürdigen Mann. Es war der Nobelpreisträger und Physiker Brian Josephson, der Matthew Manning als »die begabteste parapsychologische Person der westlichen Welt«[72] beschrieb.

Bei einem Interview mit der Londoner Zeitung *Daily Mail*[73] sagte Professor Josephson über die Konsequenzen der Manning-Untersuchung: »Wir haben es hier mit einer neuen Form von Energie zu tun. Diese Energie muß bestimmten

Gesetzen unterliegen. Ich glaube, daß die allgemeinen Methoden der wissenschaftlichen Forschung uns in Zukunft viel über parapsychologische Phänomene aussagen können. All das ist mystisch, doch nicht viel mystischer, als vieles andere in der Physik bereits ist. In vergangenen Zeiten wollten respektable Wissenschaftler nichts mit parapsychologischen Phänomenen zu tun haben. Ich glaube, diese ›respektablen‹ Wissenschaftler werden feststellen, daß sie zu spät an Deck gekommen sind.«

Im Juni/Juli 1974 trafen sich 21 führende Wissenschaftler aus der ganzen westlichen Welt in Toronto, um eine gründliche und durch Filmaufnahmen dokumentierte Untersuchung über Personen mit angeblich paranormalen Fähigkeiten zu machen, unter anderem acht Versuchsserien mit dem damals zwanzigjährigen Matthew Manning.[74] Der Bericht einer dieser Versuchsreihen scheint zu bestätigen, daß Matthew psychokinetische Fähigkeiten hat. Hält er seine Hand über verschieden ausgewählte Metallgegenstände, zeigt es sich, daß sich einige davon unmittelbar — oder nachher — aufgrund Mannings psychischer Kraft verbiegen. Vielleicht genauso interessant und wohl auch schwieriger abzuweisen sind die Ergebnisse der Elektroenzephalographie (Gehirnstrommessung). Hierbei wird die Gehirnaktivität während psychokinetischer Experimente bei den Versuchspersonen gemessen, wie es in dem wissenschaftlichen Bericht von Dr. med. Joel L. Whitton, Psychiater des Toronto Hospital, beschrieben wird. Manning wurde an einen Elektroenzephalographen und einen Elektromyographen (Gerät zur Muskelstrommessung) angeschlossen, die beide mit einem Computer verbunden waren, der die Messungen verglich, während er entspannt oder konzentriert (im üblichen Sinn) war und wenn er, wie es ausgedrückt wurde, »den Strom für seine paranormalen Fähigkeiten eingeschaltet hatte«. Im letzten Fall zeigten die Geräte während zwanzig Sekunden ein für eine wache Person einzigartiges Muster. Es war ein Muster, das nur im vierten Stadium von tiefem Schlag oder bei Einnahme von großen Mengen halluzinogener Drogen vorkommt. Die Ausschläge werden auf den Teil zurückgeführt, der als der »degenerierte Rest des tierischen Gehirns« des Menschen angesehen wird.

Die Ergebnisse bestätigen die Messungen während früherer Psi-Versuche mit anderen parapsychologischen Versuchspersonen. Doch das Energieniveau Mannings wurde als aufsehenerregend hoch, ja als unvergleichlich beschrieben.

Was für Matthew in seinem späteren Leben bestimmend war, entdeckte man während der nachfolgenden Versuche in einer Reihe unterschiedlicher Labors in Texas, Kalifornien und zuletzt unter der Leitung des Neurochemikers Professor Glen Rein an der Londoner Universität.[75] Hier zeigte es sich ohne jeden Zweifel, daß seine psychischen Kräfte auch meßbare Wirkungen auf Organismen besaßen: auf Enzymniveau auf Blutplatten und auf isolierte, lebende Zellen und Pilzkulturen in den Reagenzgläsern des Labors.[76] Nicht zuletzt konnte nachgewiesen werden, daß er eine starke Wirkung auf Krebszellen ausüben konnte. Aufgrund rein psychischer Einwirkung von Manning stieg die Todesrate der Proben von Halskrebszellen zwischen 200 und 1200 Prozent im Verhältnis zu den Kontrollproben.[77]

Danach meine Matthew, daß seine Fähigkeiten zu etwas Vernünftigerem zu gebrauchen seien als für Labordemonstrationen. So ließ er sich als Heiler in einem vergessenen kleinen Nest nieder, zu dem ich jetzt unterwegs bin. Hier behandelt er Patienten, oftmals hoffnungslose Krebsfälle, die aus allen Teilen der Welt angereist kommen.

Während ich aus dem Zug springe und in der pittoresken Kleinstadt Bury St. Edmonds umherwandere, grüble ich weiter über das, was ich gelesen habe. Das Interessante bei Mannings psychischer Beeinflussung auf lebende Zellen ist, daß es offenbar etwas anderes repräsentieren muß als Suggestion, die sicherlich hinter vielen paranormalen Wunderheilungen stehen wird. Doch da die Versuche nicht mit Menschen, sondern mit isolierten Laborproben durchgeführt wurden, kann selbstverständlich eine suggestive Einwirkung ausgeschlossen werden. Mir scheint auch, daß Zauberkunst unmöglich ist, wenn es um die Todesraten von Krebszellen geht!

Wieder einmal bin ich darüber erstaunt, wie effektiv die Barriere irrational-fachlicher Ablehnung von allem ist, was nicht in das genehmigte Wirklichkeitsbild paßt. Welche Weltsensation hätte das hervorgerufen, wenn ein Mittel der gewöhnlichen Schulmedizin die Fähigkeit besäße, die Sterberate von Krebszellen um tausend Prozent zu erhöhen!

Und selbst wenn Mannings Fähigkeiten selten sind, so ist er doch kein Mutant. Seine nachgewiesenen psychischen Eigenschaften müssen, wie Teilhard de Chardin es formulierte, der Ausdruck eines universellen Prinzips sein. So sollte das auch von Interesse für all diejenigen sein, die an den Voraussetzungen unseres freien Willens interessiert sind. Wenn Manning zeigen konnte, daß unsere Psyche auf Körperzellen einwirken kann, so ist es ja wohl rechtens, anzunehmen, daß der Apparat, der im direktesten Kontakt mit ihr steht, nämlich unser physisches Hirn, auch durch die Psyche beeinflußt werden kann.

Obwohl man bei so ungewöhnlichen Phänomenen skeptisch sein soll und diese Skepsis auch sehr nützlich ist, darf in Anbetracht der gewichtigen Indizien, die Manning vorlegt, eine offene kritische Haltung nicht der Grund für eine Ablehnung sein, sondern eine Aufmunterung zu noch gründlicheren Untersuchungen. Keiner kann doch mit Ernst denken, daß es hierbei nicht um für uns alle wichtigen Fragen geht?

Ein Stück weiter in der Hauptstraße von Bury St. Edmonds finde ich schließlich den Ort, den ich suche: Ein bescheidenes Schild an einer gewöhnlichen Eingangstür zeigt mir, daß ich zum Matthew Manning Centre gekommen bin.

Ein junger Assistent weist mir den Weg in einen Raum, der dem Wartezimmer eines gewöhnlichen Arztes gleicht. Ich setze mich, um auf Manning zu warten, bis er mit seinem Patienten fertig ist.

Die ganze Atmosphäre macht den Eindruck nüchterner Bescheidenheit. Es ist schwer, sich zu denken, daß dieses kleine Büro in der versteckten Kleinstadt das Hauptaktionszentrum einer weltbekannten Persönlichkeit sein soll. Doch als ich in dem ausgelegten Informationsmaterial lese, bekomme ich ein anderes Bild. Hier liegen Haufen Kopien von Zeitungsartikeln über Matthew Manning als Heiler, auch von so anerkannten Zeitungen wie *The Guardian*. Es wird über ein Interesse berichtet, auch innerhalb des etablierten medizinischen Milieus, das bei Leuten innerhalb der alternativen Medizin wirklich nicht normal ist: Im Februar 1985 machten seine Ergebnisse so großen Eindruck, daß gewöhnliche Ärzte ihn zu einem Vortrag in die Royal Society of Medicine (Königliche Gesellschaft für Medizin) einluden, und während der späteren Jahre hielt er Vorträge vor Medizinern und Laien sowohl in den USA, Brasilien, Neuseeland und Australien als auch in einer Reihe europäischer Staaten. Die BBC ist dabei, einen Dokumentarfilm über Matthew Mannings eigenartige Fähigkeiten zu machen, der einen halben Abend füllen soll. Es scheint, mittlerweile haben mehrere entdeckt, daß dies eine der seltenen »weißen Krähen« sein kann!

Der junge Mann, der schließlich zu einem kurzen Gespräch rasch aus dem Behandlungsraum kommt, erscheint nicht sonderlich mystisch. Matthew Manning wirkt gleichzeitig effektiv und entspannt. Seine Kleidung mit Hemd und Jeans ist ebenso anspruchslos wie die Einrichtung. Er wirft sich langbeinig in das Sofa und sieht mich direkt mit seinen schwarzen Augen an.

Ich beginne mit der Frage, ob er eine Verbindung zwischen den merkwürdigen Ereignissen seiner Schulzeit und seiner jetzigen Tätigkeit sieht: »Betrachten Sie die Poltergeistererlebnisse und die Fähigkeit zu heilen als Ausdruck ein und derselben Kraft?«

»Ja, es dreht sich hierbei wohl um die gleiche Art Kraft«, sagt er. »Doch wie es in meiner Kindheit zum Ausdruck kam, war das primitiv und ganz unkontrolliert. Heute kann ich sie kontrollieren. Ansonsten mag ich nicht das Wort Kraft benutzen. Ich betrachte es als eine Art Fähigkeit, eine Gabe. Und ich glaube, daß diese nicht nur speziell für mich ist. Wir sind alle mit solchen Möglichkeiten geboren. Alle haben etwas davon, nur in unterschiedlichem Grad. Vieles deutet darauf hin, daß diese Fähigkeiten in früheren Kulturen deutlicher zum Ausdruck kamen, zu einer Zeit, wo es notwendig war, mit der Natur in Einklang zu leben. Heute haben wir kein Bedürfnis mehr, in einem direkt erlebten Kontakt mit der Natur zu leben. Statt dessen entwickeln wir einseitige, intellektuelle Fähigkeiten durch unsere Ausbildung. Das wird schnell das andere abtöten.«

»Doch Sie selbst haben ja auch eine höhere Ausbildung. Glauben Sie, daß sie Ihre psychischen Fähigkeiten beeinflußt hat?«

»Nein, weil ich seit meiner Kindheit gezwungen war, sie als eine Realität anzuerkennen. Mein Intellekt hatte niemals die Möglichkeit, sie zu bestreiten. Das ist auch darauf zurückzuführen, daß ich sehr zeitig Dr. George Owen als Berater erhielt. Er legte immer großen Wert darauf, daß dies nichts Unnatürliches war, keine Krankheit oder irgendeine andere schreckliche Mystik, sondern ein Ausdruck natürlicher menschlicher Möglichkeiten von großem wissenschaftlichen

Interesse. Er weckte auch in mir den Glauben, daß diese Dinge auf keinen Fall und in keiner Weise schädlich für meine Gesundheit waren. So umging ich all die Ängste, die die meisten gegenüber solchen Phänomenen empfinden. Nachher habe ich auch gelernt, daß die Quantenphysik viel Seltsameres repräsentiert als Heilen.«

»Haben die Experimente, bei denen Sie teilgenommen haben, Ihrer Meinung nach die Forscher überzeugen können, daß es sich nicht um Schwindel und Betrug handelt?«

»Ja«, sagt er und lächelt ein wenig. »Weil es bewiesen wurde, daß ich lebende Zellen beeinflussen kann, das kann kein Zauberkünstler. Doch die Forscher brauchen viel zuviel Zeit und Energie, *sich gegenseitig* zu überzeugen, sich auszuzeichnen. Wissenschaftler sollten doch eine offene Haltung haben. Doch sie sind allzu ängstlich vor dem, was andere über sie denken. Während der Versuche, die wir machten, geschahen wirklich eigenartige Dinge, doch sie wagten nicht, darüber zu berichten!«

»Wie wirken Ihre Heilkräfte in der Praxis?«

»Das ist etwas, das *durch* mich kommt. Psychokinetische Kräfte wirken anders. Sie scheinen *von* mir zu kommen. Das machte mich leer und fürchterlich müde. Doch ich glaube, die Heilkräfte werden durch mich kanalisiert, durch meine Hände. Sie werden als deutliche Wärme empfunden. Die Patienten erzählen, sie empfinden ein intensives Gefühl von Hitze oder ein Brennen. Doch ich gebe ihnen niemals das Gefühl, daß dies ausreicht, um gesund zu werden. Ich kann den ersten Anstoß geben, doch bleibende Gesundheit erfordert einen harten Arbeitseinsatz. Wir haben unterschiedliche Programme für Selbstheilung und gesunden Lebensstil entwickelt. Ich möchte nicht als Wundermann oder Mystiker angesehen werden. Ich halte nichts von Heilern, die einen großen Mystikwirbel um ihre Heilkräfte machen und andeuten, daß sie alles in den Griff bekommen, wenn nur der Patient zu ihnen kommt. Ich würde nicht einmal andeuten, daß der Patient seine gewöhnliche medizinische Behandlung fallenläßt. Was ich mache, soll den Einsatz des Arztes ergänzen — und auch den eigenen Einsatz des Patienten. Das Ganze ist nicht mystischer als Akupunktur — die nach meiner Ansicht auf dem gleichen Prinzip beruht.«

»Wo kommen Ihre Patienten her, und welche Leiden sind die häufigsten?«

»Zu mir kommen Patienten aus allen Teilen Englands, doch auch aus Deutschland, der Schweiz, Frankreich, Italien und auch aus Skandinavien. Achtzig Prozent der Fälle sind Krebspatienten. Hier habe ich auch die besten Resultate, vielleicht deshalb, weil ich das als die wichtigste und interessanteste Herausforderung ansehe. Oft sind sie von den Ärzten aufgegeben. Rund zwanzig Prozent wurden praktisch von traditionellen Ärzten zu mir geschickt.«

»Sie könnten sehr reich werden. Ich sprach vor kurzem mit Uri Geller, der sehr an Geld interessiert zu sein schien. Wie stehen Sie dazu? Was nehmen Sie zum Beispiel für eine Behandlung?«

»Gewöhnlich nehme ich ein wenig mehr als fünfzig Mark für die erste Konsultation und etwa hundertzwanzig für die nächste. Ich nehme auch weniger, wenn der Patient sehr arm ist. Am liebsten habe ich ganz gewöhnliche Leute als Patienten, so wie ich. Es ist vielleicht nicht so eigenartig, daß Geller interessiert an Geld ist. Er stammt aus einer armen Familie. Ich wuchs in finanzieller Sicherheit auf. Ich bin nicht sehr interessiert an Reichtum. Wenn das, wofür man lebt, einen geistigen Wert hat, braucht man nicht so viele materielle Dinge.«

»Welche Einstellung haben Sie zur tieferen Bedeutung dessen, was Sie tun und können? Haben Sie eine religiöse Auffassung?«

»Ich bin nicht religiös im gewöhnlichen Sinne. Ich stehe den etablierten Kirchenreligionen, die nach meiner Meinung Furcht und Schuldgefühle produzieren, ablehnend gegenüber. Doch ich kann nicht davon lassen, zu glauben, daß ich eine Art von universeller Liebe kanalisiere, die Sie gerne als Gott bezeichnen können. Um zu heilen, muß man diese Liebe empfinden. Man muß wirklich und persönlich für seine Patienten empfinden. Ich fühle sehr, daß dies die tiefere Bedeutung hinter meiner Arbeit ist. Das eigentliche Ziel ist, den Menschen menschlicher und geistig bewußter zu machen. Das ist auch eine Frage, die die Gesellschaft betrifft. Die industrialisierten Länder beginnen langsam zu begreifen, daß unsere materialistische Kultur nur Unterdrückung und Abhängigkeit für den Rest der Welt gebracht hat. Wir stehen vor einer Wahl zwischen zwei möglichen Entwicklungsrichtungen. Wir können beginnen, der geistigen Seite der Existenz ein größeres Gewicht beizumessen, um damit unsere gegenseitige Verantwortung und die gegenüber der Natur zu verwirklichen, wie uns das Gandhi zeigte. Oder wir können den anderen Weg wählen, der eine noch größere Gewalt und Kriegsgefahr mit sich führt. Unsere geistarme westliche Zivilisation gibt uns keine Möglichkeit. Doch es eilt mit der Wahl. Die Zeit, die wir haben, läuft sehr schnell ab.« Er lächelt. »Ich bedaure, das gilt auch im Augenblick für mich. Ich habe in fünf Minuten den nächsten Patienten!« Er gibt mir die Hand, und ich gehe hinaus auf den langen Weg zurück. Das war ein kurzes Gespräch, doch vielleicht auch ausreichend, um klarzumachen, war für ein Mensch Matthew Manning ist.

Einer der kritischsten Sozialwissenschaftler Englands über paranormale Wunder

Wieder sitze ich im Zug auf dem Weg zu einem Treffen, mein letztes in England. Auch diesmal bin ich sehr gespannt auf das Gespräch mit einem Mann, der für seine persönlichen und oft überraschenden Ansichten bekannt ist. Ich will zum Maudsley Hospital, um den Leiter der psychischen Abteilung, Professor Hans Jürgen Eysenck, zu treffen. Von vielen wird er als der kritischste Sozialwissenschaftler Englands betrachtet. Von einigen wird er auch als »der Schlachter« bezeichnet — aufgrund seiner rücksichtslosen Kritik gegenüber psychologischen Theorien und Therapiemethoden mit fachlich unzureichender Grundlage. Gerade deshalb bin ich an seiner Sicht dessen interessiert, was er in seinem Buch *Der übersinnliche Mensch*[75] bespricht, dessen Titel ich nur kenne. Wegen seiner bekannten skeptischen Einstellung rechne ich ohne weiteres damit, daß er sich sehr kritisch zu den Phänomenen stellt, die er abhandelt. Ich hoffe, seine Begründungen vermitteln mir einen nützlichen Einblick in die sachliche Kritik, die gegen die Mysterien, auf die ich gestoßen bin, erhoben werden können — ausgehend von einer objektiven wissenschaftlichen Haltung.
Nach einigem Suchen in dem gewaltigen Maudsley-Komplex finde ich Professor Eysenck in seinem Büro, ein charmanter, sehr entspannter älterer Herr, ruhig, nachdenklich, sowohl selbstsicher als auch interessiert an anderen, begründeten Ansichten. So sollte unser Gespräch mehr eine offene Diskussion werden als ein gewöhnliches Interview.

Bereits als ich beginne, meine Geschichte über den Hintergrund meines Besuches zu erklären, wird mir klar, daß er in einem wichtigen Punkt nicht mit mir übereinstimmt: Während ich mein Interesse erwähne, die Voraussetzungen für den freien Willen des Menschen zu untersuchen, schüttelt er vielsagend und lächelnd den Kopf. Ich eröffne das Gespräch mit einer Frage, die ich in diesem Zusammenhang als grundlegend betrachte:
»Gewisse Untersuchungen, unter anderem in der Parapsychologie, deuten darauf hin, daß der Geist etwas mehr sein muß als das physische Gehirn. Meinen Sie, das sei möglich, oder wollen Sie den Geist ganz und gar als eine Funktion des physischen Gehirnapparates erklären?«
»Ja«, sagt er mit ruhiger Sicherheit, »ich glaube, daß psychologische Phänomene vollständig ein Produkt der physischen Natur des Gehirns sind. Wir haben kein Wissen über unabhängige Phänomene.«
»Es gibt doch ganz starke Indizien für Psychokinese. Der Geist scheint also Materie beeinflussen zu können. Was denken Sie darüber? Glauben Sie, daß dies auch in eine rein physikalische Erklärung des Menschen hineinpaßt?«
»Ja, ich glaube, wir werden mit der Zeit dafür physikalische Erklärungen finden. Ein Beispiel dessen, worüber ich spreche, ist die Forschung über die Richtungsbestimmung: Sie verbinden den Leuten die Augen, fahren diese rund und durch verschlungene Wege und bitten sie danach, zu zeigen, woher sie gekommen sind. Man sollte glauben, so etwas sei unmöglich. Doch viele schaffen das mit einer offenbar übernatürlichen Fähigkeit. Doch jetzt wissen wir, daß dies eine erklärbare Ursache hat. Sie orientieren sich nach dem Magnetfeld der Erde mit Hilfe schwacher Magnete, die ein Teil der Hirnstruktur sind. Wird das gestört, indem man Elektromagneten am Kopf der Versuchspersonen befestigt, können sie sich nicht länger orientieren. Ich glaube, mit der Zeit kön-

nen wir ähnliche Erklärungen auch für die anderen sogenannten außersinnlichen Wahrnehmungen finden.«

»Man kann erwarten, daß eine Orientierung im Raum sich nach etwas richtet, was raum- und zeitbestimmt sein muß, also etwas im gewöhnlichen Sinne Physikalisches. Es ist schwierig, sich solche Erklärungen bei Fähigkeiten vorzustellen, die Raum und Zeit überschreiten. Professor Emerson hat beispielsweise nachweisen können, daß gewisse Personen Orte und Menschen in weiter Vergangenheit ›sehen‹ können, wenn sie einen alten Gegenstand in die Hände bekommen. Das scheint nicht in einem physisch-mechanischen Raum erklärbar zu sein.«

»Gut, vielleicht, vielleicht auch nicht. Jetzt sprechen wir über Erklärungen, doch wir können eigentlich überhaupt nichts erklären. Alle Theorien sind nur beschreibend. Wir finden Gesetze dafür, wie Dinge aufeinander wirken, doch wir haben keine *Erklärung* dafür, nicht einmal für die Schwerkraft. Wie wollen wir da viel unerklärlichere Phänomene erklären?«

»Es ist doch ein grundlegender Unterschied zwischen dem Glauben, daß alle Phänomene eine physikalische Ursache haben, und dem, daß es Ursachen in einer Seite der Wirklichkeit gibt, die nicht in Zeit und Raum eingeschlossen ist. Ich finde es wichtig, das auseinanderzuhalten. Die Untersuchungen, die ich erwähnte, waren nur ein Beispiel für Phänomene, die zu bestätigen scheinen, daß wir mit einer Seite der Wirklichkeit rechnen müssen, die prinzipiell verschieden von der physischen, zeit- und raumbestimmten Wirklichkeit ist.«

»Tja, es gab vieles, von dem man annahm, es sei unerklärlich und geheimnisvoll — zum Beispiel die Elektrizität. Es ist nur eine Frage der Ausweitung der Gesetze des physikalischen Universums, statt anzunehmen, daß es nicht wirkt, weil wir nicht wissen, wie.«

»Ja, aber heute geht es um etwas mehr als um die Anwendung des traditionellen mechanistischen Bildes vom Universum. Die Quantenphysik zeigt, daß wir mit einer neuen Art von Ganzheit rechnen müssen, einer Verbindung zwischen Dingen, die in keiner Weise von den gewöhnlichen physikalisch-mechanischen Verhältnissen abhängig sind. Der Aspect-Versuch [s. S. 82 ff.] zeigt ja ganz klar, daß Zwillingsphotonen eine Einheit repräsentieren oder einen Zusammenhang, der nicht durch das alte mechanistische oder raum- und zeitbestimmte Gesetz erklärt werden kann.«
»Doch, es ist trotzdem ein physikalisches Phänomen«, entgegnet Eysenck. »Was Sie sagen, bedeutet nur, daß die Gesetze der Physik unzureichend sind. Darüber sind wir uns einig. Wir entdecken ständig neue Dinge. Dies ist kein Grund, zu glauben, daß sie nicht mit neuen, besseren physikalischen Gesetzen erklärt werden können.«
»Ja, an und für sich gehört dies auch zur Physik. Doch das Entscheidende ist: Die Physik selbst mußte erkennen, daß es Phänomene oder Verbindungen gibt, die durch das alte Weltbild — nach dem alles mit einer mechanischen Energie in Zeit und Raum zusammenhängt — nicht erklärt werden können. Was die Photonen verbindet, ist prinzipiell anders. Es ist etwas, das die Einführung einer neuen Art von Begriffen erfordert, die man eher geistig als materiell nennen kann.«
»Es gibt nichts Geistiges an den Photonen.«
»Gut, vielleicht nicht an den Photonen, doch an dem, was sie verbindet. Es ist keine physikalische Kraft im gewöhnlichen Sinne. Es ist eine Art Ganzheitsprinzip, unabhängig von Zeit und Raum.«
»Ah, wir haben vielleicht im Augenblick keine ausreichende Erklärung dafür, doch das erstaunt mich nicht. Wir haben für die Schwerkraft auch keine ausreichende Erklärung.«
»Trotzdem wissen wir«, wende ich ein, »daß die Gravitation

etwas anderes repräsentiert, weil sie sich mit dem Abstand verändert. Hier scheint es nicht um die Frage einer Nicht-Zeit-Dimension zu gehen. Doch wir scheinen hiermit nicht weiterzukommen. Ich möchte gern zu meinem Ausgangspunkt zurück. Glauben Sie an den freien Willen?«

»Nein, absolut nicht«, sagt er bestimmt.

»Sie glauben nicht an irgendeine Form von freiem Willen?«

»Nein, nicht nur das, ich verstehe nicht einmal, was dieser Begriff bedeuten soll!«

»Meine Frage kann natürlich mißverstanden werden. Wir wissen ja alle, wie wir durch Verhältnisse beeinflußt werden, die außerhalb unserer selbst liegen. Die Frage ist, ob wir überhaupt eine Möglichkeit der Wahl haben und auch damit eine Verantwortung innerhalb eines Möglichkeitsrahmens, in dem wir leben.«

»Ich glaube, die Idee des freien Willens ist widersprüchlich in sich selbst. Doch ich glaube, wir sind auch so programmiert, daß wir die *Illusion* eines freien Willens haben!«

»Sie wollen mit anderen Worten sagen, daß die Zukunft vorausbestimmt ist? Sowohl individuell als auch gesellschaftlich?«

»Nein, das ist eine philosophische Frage, für die ich mich nicht kompetent fühle. Was ich sage, ist, daß die Handlungen des Menschen durch seine Genetik und durch seine frühere Umwelt bestimmt sind.«

»Vollständig?«

»Ja, vollständig. Für mich ist es undenkbar, daß er Handlungen ausführen sollte, die total ohne Ursache sind, die nicht seinem Bedürfnis entspringen, seinen Wünschen, seiner früheren Geschichte, seinen Genen. Wenn seine Handlungen nicht motiviert sind, nicht verursacht durch irgend etwas, müssen sie ja rein zufällig sein; das ist nicht eine Frage des freien Willens oder der Wahl!«

»Wollen Sie damit sagen, daß auch die moralisch-ethische Entscheidung etwas ist, wofür wir nicht verantwortlich sind? Wenn ein Mensch unmoralisch handelt, kann er dann einfach nicht anders?«

»Gut, es ist möglich, nachzuweisen, daß starke erbliche und umweltbedingte Faktoren sowohl altruistische als auch unsoziale Handlungen bedingen. Diese Faktoren bestimmen vollständig, wie die Leute sich aufführen.«

»Doch die allgemeine gesellschaftliche Entwicklung wird dann ja durch gegebene, äußere physikalische Verhältnisse im Zusammenspiel mit gesetzbestimmten menschlichen Handlungen verursacht. Nach dieser Auffassung sollte es auch vorherbestimmt sein, ob zum Beispiel ein Atomkrieg kommt oder nicht, gibt es da nichts, was wir tun könnten?«

»Doch, es gibt viel, was da zu tun wäre...«

»Ja, doch was wir tun, ist doch nur das, wozu wir gezwungen sind, nicht etwas, was wir wählen können? Das, was geschieht, ist vorausbestimmt, entweder sind wir uns darüber klar oder nicht?«

»Das sagte ich nicht. Wir sprechen nur über Individuen, Individuen, die Entscheidungen treffen. Diese Entscheidungen sind selbstverständlich festgelegt durch die Situation, in der sich das Individuum befindet, seine Geschichte, Erziehung und Ausbildung und seine genetische Struktur. Ich sehe keine Möglichkeit für eine freie Wahl, die nicht beeinflußt wird von Motivationen und Gewohnheiten und allem anderen. Wie soll man sich eine Wahl vorstellen können, die vollständig unbeeinflußt von Motivationen und Wünschen stattfinden soll?«

»Wenn Sie recht mit Ihrer Behauptung haben, es gäbe keine Wahlmöglichkeit, muß das auch bedeuten, daß die Entwicklung der Gesellschaft ebenso vorgezeichnet ist. Sie ist ja nichts anderes als die Summe aller Individuen. Doch ich denke, wenn die Handlungen dieser Einzelmenschen nicht absolut gebunden sein sollen, muß dies bedeuten, daß es Möglichkeiten für eine Wahl gibt — innerhalb unseres Bezugsrahmens —, die keine physikalische Ursache hat. Sie muß mit anderen Worten aus etwas anderem entspringen, etwas ›außerhalb‹ der physikalisch-gesetzgebundenen Materie. Dies bedeutet nach meiner Auffassung, der freie Wille setzt den Kontakt mit einer Seite des Menschen und der Wirklichkeit voraus, die durch nichts verursacht wurde, die Ursache der Ursachen, wenn Sie so wollen.«

»Das würde insofern nur bedeuten, daß unsere Wahl von dieser neuen Dimension oder was es auch immer sein mag, verursacht ist. Der Wille ist nicht freier als der Grund!«

»Ja, das mag der Fall sein, weil wir hier über den Menschen selbst sprechen als Teil einer Dimension ohne Zeit. In dieser Dimension ist es bedeutungslos, davon zu sprechen, daß wir einer zusätzlichen ›vorhergehenden‹ Ursache unterliegen. Ich akzeptiere, daß die materiellen Seiten des Menschen an die Gesetze der Materie gebunden sind. Doch wenn wir auch Teil einer immateriellen Seite der Wirklichkeit sein sollen, einer Art ›geistigen Dimension‹, die jenseits der materiellen Ursachenketten in Zeit und Raum steht, dann kann man sich eine freie Wahl in dem Grad denken, wie wir Kontakt mit dieser Dimension haben. Deshalb erscheint es mir interessant, daß die Quantenphysik ein Ganzheitsprinzip nachgewiesen hat, welches seinen Ursprung in etwas haben muß, das immateriell und zeitlos ist, weil dessen Wirkungen sowohl unabhängig von physikalischen Kräften als auch von Zeit und Abstand sind.«

»Ich verfüge über einen gewissen Hintergrund in der Physik, und ich kann nicht sehen, wie die Quantenphysik mit einer solchen Dimension zu tun haben soll, worüber Sie sprechen.«

»Gut, wenn vom Photonenexperiment der Aspect-Gruppe gesagt wird, daß es der erste wissenschaftliche Versuch ist, der philosophische Grundfragen beantworten kann, so ist gerade dies auf den Nachweis einer Art regulierenden Ganzheitsprinzips zurückzuführen, das nicht mit mechanischen Zusammenhängen in Raum und Zeit erklärt werden kann, also ein Prinzip, das die Idee einer nichtmateriellen oder ›geistigen‹ Dimension erfordert. Erst durch diese Erweiterung der Wirklichkeit ist der freie Wille überhaupt denkbar geworden.«

»Ich glaube, ich kann keinen Zusammenhang zwischen freiem Willen, so wie wir den Begriff definieren, und dem Verhalten dieser Photonen sehen. Auch mit weniger hochgesteckten Begriffen berufen wir uns auf die Fragen und Probleme der Physik. Doch die sind immer dagewesen. Bohms Atommodell impliziert ein ebensolches ungelöstes Problem. Doch das heißt nicht, daß wir darauf keine Antwort finden, selbst wenn es sehr lange dauert. Wir wissen, da ist ein Problem. Ich glaube, weiter können wir nicht gehen. Es liefert unter keinen Umständen einen Beweis für einen freien Willen oder solche höchst philosophischen Probleme.«

»Ich stimme zu, daß es keinen Beweis darstellt, doch es eröffnet die Möglichkeit. Ich traf kürzlich den Physiker David Bohm, und der wäre auch nicht mit Ihrem absoluten Determinismus einverstanden. Wir stehen hier also vor zwei Ansichten und Möglichkeiten. Ich hoffe, daß Bohm recht hat, weil seine Sichtweise Hoffnung vermittelt. Doch ich weiß nicht. Ich bin auf diese Reise aufgebrochen, um durch die Untersuchung von Theorien und Fakten eine Antwort zu finden, die auf tiefere Zusammenhänge und Möglichkeiten deuten, als das materialistische Weltbild sie bietet. Deshalb möchte ich Sie gerne frage, was Sie in Ihrem Buch über paranormale Phänomene besprechen. Ist das etwas, was sie als mehr oder weniger bewiesen oder als nicht bewiesen ansehen?«

»Ich glaube, was wir Telepathie nennen, ist ganz klar bewiesen. Ich glaube, es gibt auch gutes Beweismaterial für Psychokinese und Hellsehen«, sagt er zu meiner Überraschung. Langsam bekomme ich Respekt vor diesem Mann. Er hat seine Sicht von der Wirklichkeit, doch er läßt das nicht sein Interesse für Tatsachen trüben, die in eine andere Richtung weisen. Für Professor Eysenck ist deutlich die wissenschaftliche Offenheit allem anderen übergeordnet. Ich frage: »Wenn Ihnen eine dieser hellseherischen Personen präsentiert würde, die den Archäologen erzählen, wo diese zu graben haben und was sie finden werden, würden Sie dann die Fähigkeit, in der Zeit zurückzuschauen, als eine Möglichkeit betrachten?«
»Möglichkeit, ja. O ja, im Prinzip. Ich wünschte, es wäre mir möglich, solche Art von Behauptungen zu untersuchen. Ich wäre nicht voreingenommen, das würde ich als vollständig unwissenschaftlich betrachten.«
»Aber Sie haben keine Idee für mögliche Erklärungen?«
»Nein, ich habe überhaupt keine Erklärung. Ich glaube, Sie werden auf diesem Gebiet entdecken, daß orthodoxe Wissenschaftler nicht einmal die Phänomene untersuchen wollen, weil sie von vornherein wissen, sie können nicht mit den sehr begrenzten physikalischen Theorien erklärt werden. Und Sie werden finden, daß die, die sich mit solchen Untersuchungen beschäftigen, von vornherein annehmen, die Physik könne niemals eine Erklärung geben. Ich stehe dazwischen. Ich meine, es ist wissenschaftlich unredlich, es abzulehnen, Beweismaterial für irgend etwas zu betrachten, nur weil man glaubt, es sei nicht möglich. Ich meine, alles sollte untersucht werden, man wird wahrscheinlich irgendwann einmal eine Erklärung im Licht einer erweiterten physikalischen Theorie entdecken.«
»Kennen Sie David Bohms Ideen?«
»Nein, ich kann nicht viel darüber sagen.«

»Er hat eine Art Erklärung. Es ist eine Erklärung, die zum Inhalt hat, was ich die geistige Seite der Wirklichkeit nennen möchte. Ich will sagen, daß seine ›implizite Ordnung‹ genau diese andere geistige Seite darstellt. Er hat bereits entwickelt, was Sie eine erweiterte physikalische Theorie nennen. Und diese zeigt eine mögliche logische Verbindung zwischen Geist und Materie. Und sie gibt auch nach seiner Meinung einen Raum für eine freie Wahl.«

»Können diese theoretischen Annahmen wissenschaftlich geprüft werden?«

»Ja, er setzt existierende Annahmen und ihre Überprüfung in einen neuen Rahmen, der es ermöglicht, viele der unerklärlichen Dinge zu erklären, beispielsweise offenbaren Widerspruch zwischen der Relativitätstheorie und der Quantenphysik. Ich erwähne dies, weil es sich gezeigt hat, daß die Suche nach einer erweiterten physikalischen Theorie nicht unbedingt das ausschließt, was die geistige Seite der Wirklichkeit genannt wird, die unabhängig ist von Raum und Zeit. Ob Sie wohl eine solche physikalische Erklärung, die, wie Sie meinen, früher oder später kommen wird, akzeptieren werden?«

»Ich bin mir ganz klar darüber, daß der Rahmen der klassischen Physik allzu eng ist. Während dreihundert Jahren glaubten die Leute, Newton hätte alle unsere Probleme gelöst. Jetzt wissen wir, wie wenig seine Erklärungen eigentlich erhellen. In tausend Jahren wird man über unsere einfachen Erläuterungen lachen. Ich bin davon überzeugt, daß die Physik kolossal erweitert wird, und Gott weiß, was sie alles umfassen muß. Wüßte ich das, wäre ich ein Genie, wozu ich keinerlei Ambitionen habe. Ich meine wirklich, daß die Fragen, die Sie stellen, weit über die Probleme hinausgehen, mit denen ich arbeite. Sie sind viel abgegrenzter als die philosophischen und religiösen Fragen, die Sie aufwerfen. Das sind Dinge, über die ich selten nachdenke. Doch ich bin natürlich sehr an den Verhältnissen zwischen Geist und Gehirn interessiert. Im Augenblick arbeite ich mit der Psychophysiologie der Intelligenz, der Biochemie der Persönlichkeit und ähnlichem.«

»Im Prinzip wollen Sie also nicht eine Theorie der Wirklichkeit ausschließen, die eine nichtzeitliche und nichträumliche Dimension umfaßt, mit anderen Worten eine geistige Dimension im Universum, wie ich es nennen würde?«

»Wenn man spezielle Hypothesen zu dem Thema formulieren könnte, worüber Sie sprechen, und wenn diese einige unserer ungelösten Probleme lösen könnten, würde ich sehr gerne davon hören. Ich bin im Prinzip kein Widersacher der Möglichkeit für eine andere Seite der Wirklichkeit. Wenn klare Voraussagen getroffen werden können und diese in Versuchen auch bestätigt werden können — phantastisch. Und wenn es wirklich möglich sein soll, die Relativitätstheorie mit der Quantenphysik auf die Weise zu vereinen, daß dies für Physiker akzeptabel ist, ist das wirklich ein großer Fortschritt.«

»Mir ist bewußt, daß Ihre offene Haltung dazu geführt hat, die seriösen Berichte beispielsweise über psychisches Metallbiegen zu akzeptieren, obwohl dieses Phänomen von den meisten Wissenschaftlern abgelehnt wird, weil sie dieses als ein Unding in ihrer Weltauffassung betrachten. Mir scheint, daß die Reaktionen auf Professor Hasteds und andere überzeugende Psychokinese-Versuche ein typisches Beispiel einer mehr gewöhnlichen, irrationalen Ablehnung gegenüber allem Unerklärlichen sind. Ein Forscher, der zuerst das Metallbiegen akzeptierte und glaubte, es könne auf Elektromagnetismus zurückgeführt werden, widerrief das Ganze, weil eine traditionelle Erklärung unmöglich erschien. Andere argumentierten gegen die Phänomene, indem sie auf Gerüchte über experimentelle Schwächen hinweisen, ohne die Sache selbst näher untersucht zu haben.«

Eysenck lächelt. »Sie verstehen, diese Leute betrachten den etablierten wissenschaftlichen Rahmen als etwas Unumgängliches. So etwas mache ich nicht. Ich bin viel mehr daran interessiert, was wir nicht wissen. Ich habe keine Schwierigkeiten, anzuerkennen, daß der heutige Rahmen für das, was als möglich angenommen wird, vollständig und grundlegend im Laufe von einigen Jahren verändert wird. Das berührt mich nicht, ich meine gefühlsmäßig, so wie das bei diesen Leuten der Fall ist.«

»Ich meine, dies ist die einzige akzeptable wissenschaftliche Einstellung, doch es sieht nicht so aus, als ob die sehr verbreitet wäre.«

»Zugegeben, Wissenschaftler sind in höchstem Maße menschlich. Ich glaube, man sollte nicht spezielle Qualitäten bei Wissenschaftlern erwarten, von denen die Wissenschaft selbst geprägt sein sollte. Wissenschaftler sind verdammt eigensinnig, subjektiv und alles andere. Das, was im ganzen gesehen eine Wissenschaft ohne solche negativen Qualitäten schafft, ist die gegenseitige Einwirkung. So erlebe ich das. So ist es kein Problem, daß ich über Psychokinese und über übersinnliche Phänomene schreibe. Mache ich einen Fehler, wird dieser als Fehler nachgewiesen. So ist kein Schaden geschehen. Doch solange man davon überzeugt ist, daß die Phänomene unverfälscht sind, sollte man ihnen in die Augen sehen, weil alles andere die Flucht des Feiglings vor der Verantwortung wäre.«

»Haben Sie andere Bücher über nichtakzeptierte Themen geschrieben?«

»Ich habe ein Buch mit dem Titel *Astrologie. Wissenschaft oder Aberglaube?* [79] geschrieben.«

»Über Astrologie? Ich vermute, daß Ihre Antwort auf die Frage des Titels über die Wissenschaftlichkeit negativ ausgefallen ist?«

»Ich bin dazu gekommen, daß vieles Aberglaube ist. Doch es gibt auch hier einige interessante Phänomene, besonders die, die von Michel Gauquelain in Frankreich untersucht wurden. Sie sind durch die gewöhnlichen, wissenschaftlichen Begriffe nicht zu erklären. Es geht hierbei um Verhältnisse zwischen der Persönlichkeit des Menschen und Planetenpositionen bei der Geburt. Ich habe mit Gauquelain zusammengearbeitet. Seine Statistik und Methodologie sind exemplarisch gründlich. Weder Statistiker noch Astronomen werden daran etwas auszusetzen haben. Es sind Resultate, an denen man nicht vorbeikommt!«

»Ich muß sagen, nur die Andeutung der Frage, ob etwas an der Astrologie dran sein könnte, ist bei neunundneunzig Prozent der Wissenschaftler unmöglich!«

Er lacht: »O ja, sie werden rasend!«

»Doch soweit ich weiß, gibt es auch Untersuchungen, die zeigen, daß gewisse astrologische Behauptungen nicht stichhaltig sind.«

»O gewiß. Und für viele ist es ausreichend, sich damit zu beruhigen, so daß sie nicht näher auf andere Untersuchungen über das gleiche Thema schauen müssen. Ich würde mich freuen, wenn Sie mein Buch lesen. Die statistischen Zusammenhänge, die nachgewiesen wurden, können nicht abgewiesen werden!«

»Viele Forscher kamen in ernste Karriereprobleme, nachdem sie bei der Erforschung paranormaler Phänomene engagiert waren. Haben Sie selbst Reaktionen auf Ihr Interesse für kontroverse Fragen zu spüren bekommen?«

»Nein«, sagt Eysenck ruhig. »Soweit ich weiß, hat bisher niemand Einspruch erhoben. Ich glaube, die Leute in der Psychologie wissen, daß ich sehr kritisch und nicht gutgläubig genug bin, um solche Dinge ohne die Mühe, mich ernsthaft damit zu beschäftigen, anzuerkennen.«

Ich verlasse Eysenck mit dem Gefühl, nicht nur einen mutigen Forscher getroffen zu haben, sondern auch ein einzigartiges Beispiel für einen vorurteilsfreien Forscherdrang und kritische Offenheit, mit anderen Worten das, was das erste Kennzeichen aller Wissenschaft sein sollte.

England — good bye

Nach zwei Wochen intensiver Arbeit und ständiger Treffen in England fühle ich mich leer und abgearbeitet. Glücklicherweise habe ich noch einige Tage, bevor ich mich auf meine dreiwöchige USA-Reise begebe, und ich bin eingeladen, diese Zeit bei meiner Tante in Guilford, eine Stunde Fahrt von London entfernt, zu verbringen.

Es tut gut, einem verständnisvollen Menschen zu begegnen. Nach einem Gespräch, das die Begeisterung meiner Tante für meine Arbeit zum Vorschein bringt, wurde ich fast ins Bett abkommandiert und schlief lange über den Nachmittag hinaus. Als ich erwachte, fühlte ich mich so ruhig und ausgeschlafen wie lange nicht mehr.

Nach einem gemütlichen ländlichen Essen in einem ländlichen Restaurant mit Fachwerk und Reetdach schlendern wir gemeinsam durch den Wald, der jetzt unter Naturschutz steht. Die Schlinggewächse über den knorrigen Eichen schließen uns in einen hellschimmernden, grünen Raum. Das sonnenbeschienene Gras verliert sich geheimnisvoll unter den Laubbäumen und erweckt die Phantasiebilder von Kindertagen im Wald von Sherwood.

Ich habe schon immer ein wunderlich sicheres Zugehörigkeitsgefühl für solch alte Laubwälder gehegt. Es ist wie ein Wiedererleben: Hier bin ich eigentlich zu Hause. Wenn es so etwas geben sollte wie ein früheres Leben, so muß ich einen

großen Teil davon in solchen laubgrünen Wäldern zugebracht haben.
Nach einer Weile kommen wir hinaus auf einen Grashügel, der leicht auf einen stillen Damm abfällt. Wir setzen uns auf eine verwitterte Bank und schauen auf die Bäume, hinter denen soeben die Sonne versinkt. Wir sprechen eine Weile über die eigenartigen Erkenntnisse über die Wirklichkeit, die diese Reise zum Vorschein gebracht hat. So sitzen wir in stillem Erleben vor einer friedlichen Szene. Einen Augenblick ist der Geist gedankenleer. Nach langen Tagen ununterbrochener Anstrengung, um *zu verstehen*, ist es wunderbar, sich eine kleine Stunde damit zu begnügen, einfach *zu sein*, die Strahlen der untergehenden Sonne füllen mich, ohne daß ich nach einer Ursache frage.
Da plötzlich schlägt es in mir ein wie ein Blitz: Was ist das für ein sinnloser Blödsinn, womit ich mich die ganze Zeit befasse? Was hat es für einen Sinn, nach Erklärungen und Begründungen zu suchen für etwas so Offensichtliches wie das Wunder der Natur um mich herum? Offenbart sich nicht die Bedeutung von allem in jedem Detail der Harmonie der Ganzheit? Ist nicht die Schönheit darin und in meinem Erlebnis selbst nichts anderes als ein Ausdruck einer übergeordneten Bedeutung, die keine ärmliche Theorie zu erfassen vermag? Weder die Psychokinese noch die Telepathie kann mir mehr erzählen, als ich in diesem Augenblick über die geistige Seite der Wirklichkeit weiß, die mich mit allem Lebendigen verbindet und die die unfaßbare Ganzheit des Universums bildet. Wie unendlich primitiv ist die Idee, daß der Zufall oder mechanische Gesetze all das erklären können! Jeder, der die Fähigkeit besitzt, dieses unendliche Wechselspiel, das sich in der Natur entfaltet, zu erfassen, muß erleben, welch bedeutendes Wunder überall zum Ausdruck kommt.
Doch niemals zuvor ist diese Augenblickserkenntnis durch

meinen Geist geschossen, nie der kritische Gedanke in mein Bewußtsein eingebrochen: Woher weiß ich eigentlich, daß mein Ganzheitserlebnis das einzig mögliche ist? Ja, eigentlich weiß ich, daß solch unkritisches Vertrauen in die Intuition und Gefühle die Menschen in höchst unterschiedliche und oft erschreckende Überzeugungen gebracht hat, von religiösem Fanatismus bis zu hysterischer Führeranbetung und geistiger Selbstbeweihräucherung. Wozu sollte unser logischer Sinn sonst erschaffen worden sein, wenn er nicht unsere unsicher wechselnde Intuition korrigiert? Vielleicht liegt die Möglichkeit unserer Zeit in einer Synthese der Einseitigkeiten, die die ganze Menschheitsgeschichte beherrschten. Weder der kühle Intellekt noch der blinde Glaube allein werden uns an dem Absturz hindern, der vor uns liegt. Das schafft nur einen neue Art von Glaube, ein Glaube, der nicht das Wissen verneint, sondern es bestärkt und vertieft, das Wissen, das jetzt für uns zugänglich ist, wenn wir es nur ins Auge zu fassen wagen.

So fühle ich wieder die Bedeutung meiner Reise: Die Quantenphysik, die Parapsychologie und andere Forschung, die über die Grenzen unseres Wissens hinausgeht, kann als bedeutungslos erscheinen, wenn wir diese in eine Relation zu dem erlebten Wunder in der Natur setzen. Doch Forschung ist notwendig, um uns das gemeinsame Spiel von geistigen Erlebnissen und der Wirklichkeit zu zeigen.

Mehr als je zuvor brauchen wir Haltepunkte in unserem Glauben an eine tiefere Bedeutung in unserem Leben. Niemals hatten wir ein stärkeres Bedürfnis, an etwas zu glauben, das uns untereinander und mit allem anderen vereint. Und niemals mehr als heute haben wir des Glaubens bedurft, daß ein Kontakt damit etwas ist, das uns die Kraft gibt, aus den mechanischen Ketten von Ursache und Wirkung auszubrechen und unsere freie Verantwortung zu verwirklichen.

Doch ein solcher Glaube kann kaum etwas anderes sein als eine ohnmächtige Hoffnung, wenn nicht unsere sachliche Vernunft nüchterne Bestätigungen dafür findet, daß die Kraft des Geistes durch die materielle Wirklichkeit praktisch zum Ausdruck kommt. Deshalb ist die Forschung über die Fragen so wichtig. Selbst wenn die Phänomene, die das beweisen, oft bedeutungslos erscheinen, so können sie doch ein universelles Prinzip von grundlegender Bedeutung nachweisen.

Durch den Nachweis, daß etwas Nichtmaterielles jenseits der Materie zu finden ist, kann die Forschung die Grundlage dieses Glaubens im weitesten Sinne demonstrieren, jedoch nicht im Gegensatz zu Vernunft und Wissen, das wir in unserer Zeit weder ablehnen können noch dürfen.

Mit diesen Gedanken folge ich meiner freundlichen Begleitung in ihr Haus zurück, wo ich alle Tonbänder und Notizen aus dem alten England einpacke, um meine weitere Untersuchung in der Neuen Welt fortzusetzen.

Mit neuen Fragen zu einem neuen Kontinent

Auf dem Flug nach New York habe ich genug Zeit, das zu sortieren, was ich bisher gefunden habe. Es sieht so aus, als ob die Quantenphysik die wichtigste Grundlage für das erweiterte Weltbild liefert, das ich weiter untersuchen will, nicht zuletzt deshalb, weil ihre Entdeckungen von dem Physikmilieu selbst anerkannt wurden.

Das, was mich als erstes zwang, meine Ansicht über die Materie zu verändern, war der direkte Nachweis der Psi-Wellen durch die Physik: Die Kleinstteile aller Dinge haben keine festgelegte Existenz als Partikel, sondern sind örtlich unbestimmte Psi-Wellen, die ihre potentielle Energie an einem nicht festlegbaren Ort miteinander austauschen. In festem Stoff vollzieht sich diese Wellenübertragung in ungeheuerlich kurzem Abstand, bevor die unzähligen Partikelwellen sich treffen, sich in einem kurzen Augenblick materialisieren, um dann in neue Wellen überzugehen. Obwohl das meiste dieses »Wellentanzes« in einem Gegenstand innerhalb dessen gebunden ist, was wir als stabile Form erkennen können, trägt die Theorie doch zu einer vollkommen neuen Sicht über die Materie bei. Diese Sichtweise wird nun phantasievoller und lebendiger als das, wofür das alte Weltbild Raum gab. Ich kann es gut verstehen, daß dieses neue Bild des inneren, pulsierenden Wellentanzes viele Physiker dazu gebracht hat, die Möglichkeit für ein Wechselspiel zwischen diesem und dem menschlichen Bewußtsein anzuerkennen. Selbst physisches Metallbiegen kann eine akzeptable Möglichkeit für freiden-

kende Quantenphysiker sein. Professor Hasteds Versuche kann ich als nichts anderes betrachten denn als eine klare Bedeutung dafür, daß diese Möglichkeit durchaus real ist.
Noch deutlicher erschien mir die Verbindung zwischen Bewußtsein und Universum, als ich die Milliarden Lichtquanten und andere freie Teilchen verstand, die Auge und Haut treffen und unser Bild der Welt erzeugen, indem sie ihre Energie an unseren Sinnesapparat abgeben. Vorher waren sie nur Möglichkeiten, vielleicht ausgebreitet über unfaßbar große Abstände im Universum. Erst der Austausch mit unserem Sinnesapparat und somit mit unserem Bewußtsein legte ihren unbestimmten Kreis möglicher Endpunkte fest. Durch David Bohms Theorien verstand ich das als eine Weiterentwicklung zu einem möglichen und vollständig neuen Ganzheitsbild von der Welt, ein totales Wechselspiel abstrakter Wellen, wo Bewußtsein und Materie als Ausdruck der gleichen Wirklichkeit gesehen werden müssen. In Bohms Welt kann auch die Telepathie als ziemlich natürliche Konsequenz angesehen werden.
Was mir trotz allem den größten Schock eines neuen Verständnisses vermittelte, war der Aspect-Versuch mit den Zwillingsphotonen, der deutlich zeigt, daß zwei Teilchen eine ungetrennte Einheit bleiben, selbst wenn sie sich über Milliarden Lichtjahre voneinander getrennt haben. Durch die Festlegung der Schwingung des einen Photons wird das andere gleichzeitig mit verändert, unabhängig vom Abstand zwischen ihnen und ohne irgendwelche physikalischen Signale, die diese Information vermittelt haben können. Damit wird es unumgänglich notwendig, anzuerkennen, daß eine Verbindung existiert, mit der die Physiker vorher nicht gerechnet hatten. Die Versuche zeigten eine Verbindung und ein Einheitsprinzip in einer Dimension, die unabhängig von Raum und Zeit existieren muß. Für mich wurde die Erkenntnis die-

ser zeit- und raumlosen Dimension entscheidend, weil sie, logisch gesehen, nicht allein durch die Photonen abgegrenzt gedacht werden kann. Indem diese Dimension unabgegrenzt auch in Zeit und Raum existiert, muß sie überall sein, jenseits von allem, in allem, muß von allem eine Seite sein. Diese unbegrenzte Seite aller Dinge repräsentiert damit auch notwendigerweise eine Verbindung zwischen allem, was existiert und existiert hat. Alles, was jetzt existiert, ist nur durch die Raum-Zeit-Dimension abgetrennt, alle Dinge und das Bewußtsein aller Dinge. Die Ganzheit findet sich in jedem Teil, so wie es Bohm mit seinem Hologramm darstellt. Die logische Konsequenz des Photonenexperiments ist also, daß wir mit einer Seite von allem Existierenden rechnen müssen, die schwerlich anders denn als geistig bezeichnet werden kann. Damit wurde es auch möglich, sich die äußerste Ursache für den Beginn des Universums und der Entwicklungsmuster als etwas vorzustellen, das man in dieser Dimension außerhalb, innerhalb und jenseits der Materie selbst zu suchen hat. Sind wir ein Teil dieser Dimension, womit wir durchaus zu rechnen haben, so stellt sich auch die Frage des freien Willens in einem neuen Licht.

Trotz allem wäre es vielleicht als schwierig angesehen worden, an dieses zweiseitige Bild des Universums zu glauben, wenn es nicht Beispiele für das Überschreiten von Zeit und Raum gäbe. Deshalb sind die überzeugenden Berichte von Professor Emerson eine wichtige Bestätigung. Die Fähigkeiten, die sein Mitarbeiter McMullen demonstrierte, müssen als entscheidender Ausdruck für die Möglichkeit des menschlichen Geistes angesehen werden, mit einer Dimension in Kontakt zu kommen, wo Vergangenheit und Gegenwart, fern und nah zusammen existieren — in einer »simultanen Wirklichkeit«, wie es die Physiker ausdrücken.

Leben wir in einer gemeinsamen Gedankenwelt?

Es sind noch einige Stunden, bis wir in New York landen. Ich lege mich in meinen Sitz zurück und betrachte die anderen Flugpassagiere um mich herum. Wie immer erscheint es mir schwierig, was ich über paranormale Fähigkeiten lese, mit der Wirklichkeit in Einklang zu bringen, in der ich gerade stecke. Wenn es so ist, daß wir alle miteinander durch eine Ebene in Kontakt sind, die alles miteinander verbindet, weshalb erhalte ich dann keine Gedankenimpulse von dem freundlichen älteren Herrn neben mir, mit dem ich gerade gesprochen habe? Kann die Ursache die sein, daß ich nicht die Fähigkeit entwickelt habe, meine Empfänglichkeit auf dieses große Meer von geistigen Strömen zu konzentrieren, worin wir vielleicht alle fließen? Ist es möglich, daß wir in unserem täglichen Dasein nur für das empfänglich sind, was wir unser gemeinsames Bewußtsein nennen?
Rupert Sheldrake, den ich auf meiner Heimreise in London treffen soll, hat eine Idee entwickelt, die so etwas andeutet. Er behauptet, daß wir gegenseitig unsere Erinnerungsbilder beeinflussen. Je mehr sich eine Vorstellung in einer gewissen Situation gebildet hat, desto schneller werden sich andere das gleiche aneignen können.
Um Sheldrakes Hypothese zu testen, führte die BBC vor einiger Zeit einen Erinnerungsversuch mit mehreren Millionen Fernsehzuschauern als Teilnehmer aus. Sowohl dieser Versuch als auch andere, auf die ich später zurückkommen werde, scheinen Sheldrakes Behauptung in gewisser Weise zu stützen: Menschliche Erfahrungen bilden immaterielle »Felder«, die normalerweise nicht wahrgenommen werden können. Wenn jedoch hinreichend viele gleiche Erfahrung teilt, formiert sich ein ständig stärkeres und konstanteres »gemeinsames Feld«, das letztlich eine dauernde Wirkung auf unsere kollektive Vorstellung ausübt.

Trotzdem bin ich vorsichtig, Schlußfolgerungen zu ziehen, ohne die Sache näher zu untersuchen, nicht zuletzt weil ich entdecke, daß ich bereits eine ähnliche Behauptung unter die Lupe genommen hatte — die oft diskutierte Geschichte der Affen in dem Buch *The Hundredth Monkey*:[80] Ein Affenstamm auf einer Japan vorgelagerten Inselgruppe wurde längere Zeit mit Kartoffeln gefüttert, die von den Affenforschern im Sand ausgelegt wurden. Eines Tages machte eine junge Äffin eine Entdeckung, auf die bisher kein anderer Affe gekommen war. Sie trug die Kartoffel ins Wasser und wusch sie, bevor sie diese aß. Die Idee verbreitete sich durch Lernen von Affe zu Affe, bis ein großer Teil der Affenkolonie das Kartoffelwaschen praktizierte. Dann geschah das Unglaubliche: Plötzlich begann der *ganze* Affenstamm, seine Kartoffeln zu waschen, und das nicht nur auf der Insel, wo alles begonnen hatte, sondern auch auf den Nachbarinseln und auf dem Festland im Inneren des Landes!
Die Schlußfolgerung schien also zu sein, daß, wenn ein Wissen oder eine Erkenntnis hinreichend viele Individuen erreicht hat, dieses direkt an alle anderen der gleichen Art überführt werden kann, unabhängig vom Lernen.
Eigentlich deutet viel darauf hin, daß der Mensch durch die Geschichte eine Art kollektives Bewußtsein entwickelt haben kann. Doch kann das in diesem Fall so schnell und einfach entstehen und sich so verbreiten? Obwohl ich glaube, wir sollten für solche Möglichkeiten eine größere Offenheit zeigen, bin ich überzeugt, daß diese Offenheit mit einer gehörigen Portion kritischer Vernunft kombiniert werden muß. Deshalb beschloß ich, zu untersuchen, worauf die Affengeschichte eigentlich beruhte.
In *The Hundredth Monkeywird* wird Lyall Watsons Buch *Lifetide*[81] angegeben, das ich mir beschaffte. Ich fand, die neuen Quellenangaben erschienen sehr seriös. Watson bezieht sich

auf fünf wissenschaftliche Berichte japanischer Forscher. Nach der Detektivarbeit von mehreren Tagen konnte ich einen davon in der biologischen Bibliothek der Universität Blindern und einen in der Universitätsbibliothek Oslo aufstöbern. Zwei andere bekam ich aus Japan. An der Universität fand ich außerdem einige andere Werke, die die gleiche mehrjährige Erforschung der *Macaca-fuscata*-Affen und ihr Lernverhalten beim Kartoffelwaschen behandelten.

Diese Quellen überzeugten mich wieder, wie wichtig es ist, seine kritische Haltung zu bewahren, wenn man nach Bausteinen für ein neues Wirklichkeitsverständnis sucht. In den Berichten, die ich durchsuchte, fand ich nicht ein einziges Mal die Andeutung einer paranormalen Bewußtseinsübertragung. Was hier beschrieben wird, ist ganz einfach die Erfahrung, wie die Forscher das langsame Lernen von Individuum zu Individuum registrierten. Es geht auch daraus hervor, daß die Idee des Kartoffelwaschens mehrere Ausgangspunkte hatte. Auch auf anderen Inseln wurde dasselbe entdeckt und auf gewöhnliche Weise weitergeführt.

Es ist nicht in erster Linie Watson selbst, der hier kritisiert werden muß. Er gibt in seinem Buch zu, daß das eigentliche Moment dieser Geschichte, die plötzliche gemeinsame Erkenntnis unter den Affen, »etwas ist, das hauptsächlich auf persönlichen Berichten und einem Teil von Anekdoten der leitenden Forscher beruht«, die ihre Ahnungen nicht veröffentlichen wollten, aus Furcht, lächerlich gemacht zu werden. Doch genau diese Phänomene, die die Geschichte als zu zweifelhaft erscheinen lassen, um sichere Schlußfolgerungen darauf zu bauen, sind in der weiteren Verbreitung ausgelassen worden.

So gilt die Geschichte von den hundert Affen bei Millionen von Menschen als wissenschaftlich bewiesen. Und das Ergebnis war nicht nur positiv, wie der Verfasser es zweifellos meinte. Dieser Bericht hat auch eine allgemein verbreitete Auffassung innerhalb der neuen Bewegung von oft unkritischer Geistigkeit bestärkt. Diese Auffassung geht davon aus, daß wir die lange und schwere Arbeit, die es erfordert, eine bessere Welt zu schaffen, vergessen können; das einzige, was wir noch zu tun haben, ist, daß wir uns hinsetzen und uns auf unser »gemeinsames kosmisches Bewußtsein« konzentrieren.

Trotzdem habe ich die gleiche Angst vor dem wissenschaftlichen Dogmatismus, der in die entgegengesetzte Richtung weist und aufgrund der Entdeckung solcher Schwächen in der Beweisführung jede nähere Untersuchung des Prinzips und paranormaler Fähigkeiten überhaupt ablehnt. Seriöse Forschung gibt uns Grund genug, unser altes Menschen- und Weltbild auszuweiten, auch wenn es um übersinnlichen Kontakt zwischen unseren individuellen Bewußtseinsinhalten geht. Bereits C. G. Jung sprach über kollektiv-menschliche Urvorstellungen oder Archetypen, die nachher von der Erfahrung des einzelnen abhängen. Vielleicht können weitere Untersuchungen von Sheldrakes Hypothese neue Bestätigungen dieses Gedankens vermitteln. Vielleicht kann das auch auf die Frage eine Antwort geben: Ist es so, daß die Impulse, die wir von anderen Menschen erhalten, so schwach sind, daß sie selten über die Bewußtseinsschwelle kommen? Vielleicht schafft auch die Vernunft Sperren und hemmt unsere Empfänglichkeit für die »schwachen« Signale, die uns alle verbinden.

Ich weiß, daß der Forscher, den ich heute in Manhattan treffen werde, genau das untersucht hat. Der Gedanke fasziniert mich, weil er darauf weist, daß wir trotz allem in einer gemeinsamen Gedankenwelt leben und miteinander enger verbunden sind, als wir es glauben. Das bedeutet in dem Fall, daß die »unendliche Einsamkeit der Seele« weniger absolut und verzweifelt sein kann, wie sie von vielen von uns erlebt worden ist. Das ist jedenfalls ein guter Gedanke, der mich erfüllt, als ich den Sicherheitsgurt löse und auf den Ausgang zugehe, um nun nach New York zu kommen, wo ich mehr über diese optimistischen Möglichkeiten zu erfahren hoffe.

Gedankenübertragung unterhalb des Bewußtseins

Seit meinem ersten Besuch in Manhattan vor zwanzig Jahren, der für mich ein Schockerlebnis war, sah ich in dieser Stadt immer ein karikiertes Symbol unserer Zeit, einen Hexenkessel verwirrender Gegensätze. Und wieder bin ich tief berührt, als ich aus dem Bus am Times Square steige und über die Fifth Avenue und Lexington zum Hotel spaziere: Rastlosigkeit und Ruhe, das Schöne und das Häßliche, die Luxuswagen auf der Straße und die schmierigen Spelunken in den Nebenstraßen, hohe Kultur und primitive Pornographie Seite an Seite, die freie Entfaltung des Reichtums und die erniedrigende Unfreiheit der Armut.

Doch in erster Linie erlebe ich New York als einen extremen Ausdruck für die Härte unserer Wettbewerbsgesellschaft: Nirgendwo anders kommt derjenige schlechter weg, der mit vorsichtigen Anfragen um Hilfe bittet. Hier werden nur zwei Dinge allgemein respektiert, die Fähigkeit, für jede Hilfe und Freundlichkeit zu bezahlen, und der Sinn für den harten und fordernden Ton im New-York-Jargon. Ich verstehe, daß viele trotzdem diese Stadt lieben. Doch sowohl für Touristen als auch für die Bewohner hängt die Fähigkeit, den New Yorker Charme zu erleben, sehr von der »Größe« des Portemonnaies ab.

Ich stelle mein Gepäck in mein nacktes, tristes Zimmer in einer Jugendherberge ab, die die einzige Möglichkeit innerhalb meiner ökonomischen Grenzen für diese Reise zu sein scheint. Dann nehme ich einen Bus, der mich in die West 73rd Street zur amerikanischen Gesellschaft für psychische Forschung bringt.

Diese US-Parallele der britischen Society for Psychical Research trägt den gleichen Anschein ehrwürdigen Alters. Die Räumlichkeiten, die ich betrete, erinnern mich daran, daß auch die amerikanische Erforschung paranormaler Phänomene auf eine hundertjährige Tradition gründet, sie ist nur zwei Jahre jünger als die Londoner Gesellschaft.

In der großen Empfangshalle treffe ich den Forscher Douglas Dean, einen Chemophysiker in den Sechzigern, der eine Reihe von Jahren darauf verwandt hat, die menschliche Fähigkeit zu untersuchen, Informationen unabhängig von normaler Sinneswahrnehmung aussenden und empfangen zu können. Ich habe dieses Treffen mit Dean vereinbart, weil ich über seine Versuche mit dem sogenannten Plethysmographen gelesen habe, ein Instrument, das die Blutzufuhr der Haut unter verschiedenen Gefühlszuständen registriert.

Parapsychologen haben sich schon lange damit beschäftigt, daß Menschen fähig zu sein scheinen, starke Erlebnisse auf Abstand voneinander mitzufühlen, besonders bei Personen, die einander nahestehen. Die Psychologin Thelma Moss schrieb ihre Doktorarbeit über eine Untersuchung solcher Verhältnisse. Sie placierte den »Sender« dieser paranormalen Impulse in einen sorgfältig isolierten Raum und ließ die betreffende Person unterschiedliche gefühlsbeladene Situationen erleben. Diese konnten beispielsweise durch Bilder von Nazi-Konzentrationslagern oder vom Tod des Präsidenten Kennedy, aber auch von sehr leicht bekleideten Damen hervorgerufen werden. Es konnte sich auch um einen Schock handeln, der dadurch verursacht wurde, daß die Füße der Versuchsperson in eiskaltes Wasser gesetzt wurden. Ohne zu wissen, was im »Senderaum« vor sich ging, sollte der Empfänger, der entspannt in einem anderen Raum ruhte, seine unmittelbaren Gedanken und Gefühle auf ein Tonband sprechen. Unabhängige Kontrollpersonen erhielten Kopien des Tonbands mit einer Übersicht der zufällig inszenierten und aufgelisteten Ereignisse, die der Sender über sich ergehen lassen mußte. Die Frage war, ob diese unabhängigen Kontrollpersonen aufgrund der Beschreibungen des Empfängers und deren Ähnlichkeit mit den Erlebnissen des Senders den entsprechenden Zeitpunkt der Ereignisse und ihre Reihenfolge bestimmen konnten. Nach dreißig derartigen Versuchen konnten die Kontrollpersonen ein Zusammentreffen zwischen den Erlebnissen des Senders und den Empfängerbeschreibungen in so vielen Fällen bestätigen, daß dies nur mit einer Chance von eins zu tausend auf Zufall zurückgeführt werden konnte.[82] Ein solches Resultat gibt eine gewisse Andeutung von Möglichkeiten paranormaler Gedankenübertragung. Doch nach meiner Ansicht ist der Versuchsaufbau viel zu unsicher, um als ein sicherer Beweis zu gelten.

Die Frage, die sich Douglas Dean stellte, war, ob solche übersinnlichen Übertragungen vielleicht allgemeiner waren als diese gewöhnlichen Telepathieexperimente mit besonders empfänglichen Personen. War es möglich, daß spezielle empfindliche Instrumente unbewußte Körperreaktionen auf paranormale Signale hin registrieren konnten, die so schwach waren, daß sie bei gewöhnlichen Menschen nicht über die Schwelle zum Bewußtsein gelangten? Ein solches Instrument würde ja auch die Reaktionen viel sicherer und objektiver registrieren können als die persönlichen Beschreibungen...

Dean erklärt sich sofort bereit, mir eine gründliche Einführung in seine Methodik und die Resultate zu geben. Wir kommen überein, unsere Unterhaltung in einem Restaurant um die Ecke fortzusetzen, wo ich während des Essens und bei einem Glas Weis seinen Ausführungen folge.

Der Ausgangspunkt des Ganzen ist die Tatsache, daß die Adern im Körper ständig ihre Ausdehnung verändern, unter anderem bei jedem Herzschlag. Doch das geschieht auch, wenn das Gehirn unter bestimmten seelischen Zuständen Nervenimpulse aussendet — etwa wenn ein Student von seinem Professor erfährt, daß er durch das Examen gefallen ist, sagt Dean. Die Blutgefäße der äußeren Körperteile, besonders der Fingerspitzen, reagieren darauf, indem sie sich zusammenziehen und das Blut in die inneren, vitalen Organe strömt. Der Plethysmograph ist ein Instrument, das an die Finger angeschlossen wird, um hier diese Wirkung zu messen. Seine Empfindlichkeit ist so groß, daß er auch Reaktionen wahrnimmt, über die sich die Versuchsperson nicht bewußt ist. Der Plethysmograph wird an einen Schreiber angeschlossen, der automatisch alle Variationen des Blutvolumens im Finger auf ein Diagramm in Form einer Kurve überträgt.

Ich frage, wie dieses Instrument gebraucht wurde, um paranormale Übertragungen zu registrieren. Dean erzählt mir von seinen Versuchen im parapsychologischen Labor des Newark College of Engineering: »Der Empfänger, Professor Mihalasky vom Newark College, legte sich auf eine Matratze in einem vollkommen geschlossenen und schallisolierten Raum. Der Plethysmograph wurde an seinen Fingern befestigt, und wir baten ihn, entspannt zu liegen und die Gedanken frei laufen zu lassen. Ansonsten bekam er keinerlei Hinweise, was geschehen sollte. Danach wurde er in dem verschlossenen Raum allein gelassen.«

Bei diesem Versuch wurde der telepathische Sender in den Nachbarraum geführt, doch Dean führte auch Versuche durch, bei denen sich der Sender in einem anderen Gebäude befand. Auf jeden Fall werden durch die Leitung des Plethysmographen die Blutreaktionen des Empfängers auf einen im gleichen Raum befindlichen Schreiber überführt. Der Plethysmograph ist so placiert, daß die Versuchsperson während des Versuchs nicht erkennen kann, welche Ergebnisse das Gerät ausschreibt. »In diesem Experiment war ich selbst der Sender«, erzählt Dean, und auf meine Frage nach einer unabhängigen Kontrolle versichert er mir, daß selbstverständlich ein Beobachter des Forschungsinstituts zur Überwachung zugegen war.

Zu Beginn des Versuchs erhielt Dean eine Anzahl von Karten mit der Rückseite nach oben vor sich hingelegt. Auf fünf dieser Karten standen Namen mit gefühlsmäßiger Bedeutung speziell für den Empfänger, auf fünf anderen standen Namen, die für Dean selbst viel bedeuteten, während auf fünf Karten rein zufällig ausgewählte Namen aus dem Telefonkatalog standen, und fünf andere Karten waren unbeschrieben. Die Karten wurden von einer Person aus der unteren Etage hereingebracht, wo sie vorher nach einem speziellen System statistischer Zufälligkeit gemischt worden waren. Die betreffende Person hatte auch auf die gleiche Art die zufälligen Zeitintervalle festgelegt, die verstreichen sollten, bis wieder eine neue Karte umgedreht werden durfte. So drehte Dean die Karten nacheinander um, betrachtete sie zwanzig Sekunden und wartete die festgelegte Zeit, bis er die nächste Karte umdrehte. Nach dem Durchgang der zwanzig Karten wurde die Ausschrift des Plethysmographen neben die Kontrollperson gelegt, und der nächste Versuch wurde vorbereitet. Nach zehn solcher Serien wurden alle Ausdrucke an drei Forscher des St. Joseph's College gesandt, die sie jeder für sich bewerteten und dies entsprechend dokumentierten.

»Was fanden sie als Ergebnis?« frage ich gespannt.

»Die Ausschläge auf dem Plethysmographen waren deutlich am größten, wenn der Sender Namen las, zu denen der *Empfänger* starke Beziehungen hatte«, antwortete Dean. »Gegenüber neutralen Namen oder Namen, die nur für den Sender eine Bedeutung hatten, waren die Reaktionen unsicher. Doch auf die unbeschriebenen Karten erfolgten überhaupt keine Blutreaktionen, die über die normalen Variationen hinausgingen.«

»Wie groß waren die Unterschiede auf dem Ausdruck?«

»In den Zwischenperioden und wenn unbeschriebene Karten aufgelegt wurden, waren die durchschnittlichen Ausschläge nicht größer als einen halben Millimeter. Der Durchschnitt für die Perioden, in denen der Sender auf den Namen sah, den der Empfänger kannte, waren dagegen neuneinhalb Millimeter.«

»Obwohl der Versuch eine andere Reaktion auf die Gefühle des Senders zeigte, als ich es erwartet hatte, ist das ja eigentlich ein sehr wichtiges Ergebnis«, sage ich. »Das zeigt ja deutlich, daß wir ständig Impulse von den Sinneseindrücken anderer auf einer unbewußten Ebene empfangen. Glauben Sie, diese Versuche halten einer Kritik stand?«

»Unabhängige Beurteilungen haben jedenfalls auf keine andere logische Erklärung als auf die paranormale Gedankenübertragung weisen können«, antwortet er. »Der Unterschied in den Reaktionen des Empfängers, als der Sender auf die gefühlsbeladenen Karten und auf die unbeschriebenen Karten sah, ist statistisch absolut signifikant.«

Ich frage, welche Maßnahmen gegen eine Fehlbeurteilung durch den Wunsch eines positiven Ergebnisses bei den Teilnehmern getroffen worden sind, und werde wiederum von der Gründlichkeit beeindruckt, die viele moderne Parapsychologen an den Tag legen: »Die Versuche wurden als sogenannte Doppelblindversuche durchgeführt, um uns genau dagegen zu sichern«, sagt Dean. »Das heißt, weder die Versuchsperson noch die, die für die Messungen verantwortlich war, wußte, wann der Sender die unterschiedlichen Karten ansah. Sowohl die Reihenfolge der Karten als auch die Intervalle zwischen diesen waren die ganze Zeit unbekannt, und das nicht nur für den Empfänger, sondern auch für die Kontrollperson, die die einzige war, die eventuell die Kurven manipulieren konnte. Und der Sender hatte eine Übersicht über die Messungen.«

»Was ist mit denen, die später die Auswertung vornahmen? Konnten die nicht durch ihr Wissen über den Zeitpunkt, in dem die gefühlsbeladenen Karten aufgelegt wurden, beeinflußt worden sein, als sie die Kurven auswerteten?«

»Sie kannten diese Zeitpunkte nicht«, antwortet Dean ruhig. »Das war ein Teil des Doppelblindversuchs. Wir sandten ihnen nur die Ausschriften, während der Code, wann die unterschiedlichen Karten betrachtet wurden, in unserem Labor eingeschlossen wurde, bis die Ergebnisse der Auswertung vorlagen. Erst als ich die Ausdrucke wiederbekam, erhielten sie den Code von mir. Die Methode, um eine zufällige Verteilung der unterschiedlichen Karten und der Intervalle zwischen ihnen zu sichern, wurde von dem statistischen Berater der Versuchsserie, Dr. Malcolm Turner, ausgewählt. Um zu untersuchen, ob die Resultate nicht trotzdem auf eine gewöhnliche Variation der Kurve zurückzuführen seien, nahmen wir übrigens eine neue Berechnung der verhältnismäßigen Ausschläge vor, nachdem wir die Karten vertauscht hatten. Da sank das statistische Ergebnis auf Null.«

Ich denke eine Weile über mögliche Schwächen in der Versuchsanordnung nach, doch ich finde keine. Bin ich wieder auf eine »weiße Krähe« getroffen? Warum ist so etwas nicht allgemein bekannt? Und wenn kritische Forscher doch noch Schwächen an Deans Experiment finden sollten, weshalb haben sie nicht weitere Versuche mit dieser Methode durchgeführt? Diese Vorgehensweise scheint doch offensichtlich der Forderung nachzukommen, die selten in der Parapsychologie erfüllt wird, nämlich die Forderung nach Reproduzierbar-

keit! Das Interessante an Deans Ansatz ist nicht das Resultat des Versuches, sondern die Tatsache, daß die Versuche unabhängig von bestimmten, ausgesuchten Personen oder seltenen Geistes- oder Seelenzuständen durchgeführt werden können. Die unbewußten Reaktionen auf paranormale Impulse sehen so aus, als ob sie allgemeinmenschlicher Art wären.
Mir ist wohl bewußt, daß die Idee der unbewußten Empfänglichkeit für Telepathie untersucht worden ist, auch mit anderen Methoden. Doch nur ein verschwindend geringer Teil der Forscher hat sich mit dem menschlichen Bewußtsein beschäftigt: Am Maimonides Medical Center hat Stanley Krippner mehr als zehn Jahre untersucht, ob ein unbewußter Zustand wie die Traumphase während des Schlafs eine generell größere Empfänglichkeit für telepathische Signale zeigt. In seinem Traumlabor ist es Krippners Mitarbeiterstab gelungen, so starke Beweise für telepathisches Träumen zu liefern, daß dies wenig Raum für Zweifel übrigläßt.[83] Selbst Freud sagte, es sei eine unwiderlegbare Tatsache, daß der Schlaf günstige Bedingungen für Telepathie schafft. Doch für die meisten Forscher scheint sich Offenheit auf das zu beschränken, was sich innerhalb der gewöhnlichen, akzeptierten Erklärungsmodelle befindet. Sollten wir nicht schleunigst anerkennen, daß das, was jetzt vielleicht als erstes erforderlich scheint, eine Ausweitung des mechanistischen Weltbildes ist, welches die Quantenphysik bereits seit langem verlassen hat? Es ist vielleicht doch kein Aberglaube, wenn die Mehrzahl der Amerikaner, folgt man einer Meinungsumfrage, behaupten, daß sie paranormale Erlebnisse hatten.[84]
Über diese Dinge spreche ich mit Douglas Dean, während die Zeit vergeht und der Kellner ungeduldig auf unsere längst leeren Teller schaut. Dean hat viel über die Hintergründe der Parapsychologie nachgedacht. Er ist mit der Frage beschäftigt, ob das, womit die moderne Psi-Forschung sich beschäftigt,

die andere, nichtanerkannte Seite des Menschen, vielleicht eine Art nichtmechanische »Energiedimension« darstellt, für die alle älteren Kulturen einen Ausdruck hatten: Die Begriffe Ch'i in China, Ki in Japan, Ka in Ägypten, Mana auf Hawaii oder Prana in Indien drücken alle das Bewußtsein von einer solchen Energie aus. »Selbst in der alten westlichen Kultur gibt es Vorstellungen darüber«, sagt Dean. »Nur die wissenschaftliche Sprache besitzt keinen Ausdruck dafür und lehnt etwas ab, das eine allgemeine Erkenntnis in der ganzen Menschengeschichte gewesen ist.«
Erst spät in der Nacht verabschieden wir uns. Nach einem langen Gespräch über den menschlichen Geist und seine Möglichkeiten ist es ein eigenartiges Erlebnis, durch die glitzernd lockende Äußerlichkeit des Nachtlebens von Manhattan zu wandern, bevor ich endlich todmüde in mein Bett der Jugendherberge krieche, um vor meiner morgigen Weiterreise einige Stunden Schlaf zu finden.

Können Quantenphysik und Parapsychologie den freien Willen erklären?

Früh am nächsten Morgen sitze ich im Bus nach Princeton, New Jersey, während den Slums außerhalb von New York fröhliche Laubbäume und Rasenflächen folgen. Wir sind in den »Gartenstaat« gekommen. Es ist gut, einige Stunden für sich zu haben, während der Körper ruht und die Gedanken sich frei bewegen.
Ich hege die Hoffnung, das Treffen, zu dem ich jetzt unterwegs bin, kann etwas von dem, was ich bereits gelernt habe, mit meiner allerersten und vielleicht wichtigsten Frage verbinden: Wie kann dem freien Willen des Menschen eine vernünftige Begründung gegeben werden, ohne in Konflikt da-

mit zu kommen, was Hirnforschung und Psychologie über die offensichtlich mechanisch-gesetzmäßigen Funktionen des Gehirns wissen?
Es gibt Leute, die behaupten, das Prinzip der Zufälligkeit in der Quantenphysik liefere eine ausreichende Begründung für die Willensfreiheit. Sie fragen, wie der menschliche Geist mechanischer sein sollte als die Kleinstteilchen der Materie. Wir wissen ja, das Gehirn besteht aus einzelnen Quanten, deren Verhalten nicht vorausgesagt werden kann.
Ich bin der Ansicht, diese Einstellung reicht nicht aus. Erstens hat Zufälligkeit nichts mit Willen zu tun. Weder werden unsere Handlungen gänzlich von Gesetzmäßigkeiten bestimmt noch vom reinen Zufall, andernfalls wäre unsere Unfreiheit gleich groß. Darüber hinaus ist die gesamte Hirnfunktion keineswegs zufällig, obwohl das Verhalten der Einzelpartikel es schon ist. Aufgrund der Quantenphysik werden sich die vielen Einzelfälle immer gegenseitig aufheben, wenn die Anzahl der Quanten in so riesigen Mengen wie beispielsweise in Gehirnzellen vorkommen. Deshalb werden sich solch große Einheiten mit der üblichen mechanischen Gesetzmäßigkeit entfalten.
Da erscheinen mir andere Verhältnisse wesentlich interessanter. Der menschliche Geist scheint ja die gleiche, zweiseitige Natur aufzuweisen wie das Universum als Ganzheit. Das Bewußtsein hat auf der einen Seite einen materiellen Aspekt, die physikalisch-mechanische Natur des Gehirns. Diese bedingt die Wirkungsweise des Gehirns nach den materiellen Gesetzen. Doch es muß notwendigerweise auch eine nichtmaterielle Dimension jenseits von alldem existieren, eine Ebene, welche die eigentliche Ursache der Naturgesetze und des Universums darstellt.
Bei dieser Argumentation ist es wichtig, daß man die Fähigkeit des Menschen nachweisen kann, sowohl tote Materie als

auch lebende Zellen mit psychischer Kraft zu beeinflussen. Ebendiese Art von geistiger Kraft repräsentiert die Fähigkeit des Geistes, sich über die Materie zu erheben — und damit auch über die Gesetzmäßigkeiten des Gehirns.

Doch es gibt noch etwas, was hier unklar ist. Diese »paranormalen« Fähigkeiten kommen offenbar nur in seltenen und ganz speziellen Situationen zum Ausdruck. So muß es wohl auch sein: Würden die Naturgesetze, die die Materie aufrechterhalten, ständig außer Kraft gesetzt werden, würde alles in einem Chaos enden. Der freie Wille muß dagegen eine latente Möglichkeit sein, wenn er einen Sinn haben soll. Dies bedeutet, daß er sich auch ausdrückt, ohne die bekannten Gesetze der materiellen Seite des Gehirns zu brechen. Das erscheint als ein Paradoxon, trotzdem eröffnet uns die Quantenphysik diese Möglichkeit: Wenn unser freier Geist und Wille die Einzelquanten im Gehirn beeinflussen kann, wird das ohne einen Bruch irgendwelcher notwendigen Gesetzmäßigkeiten geschehen, weil diese Quanten in ihrem Verhalten nicht gesetzmäßig sind. Die Frage ist da, ob eine Wirkung des Geistes auf etwas so unfaßbar Kleines überhaupt eine Bedeutung im Hirnprozeß erlangen kann.

Der bekannte Physiker Henry Stapp an der Universität Berkeley antwortet auf diese Frage mit »Ja«, und er begründet seine Auffassung sowohl mit der Quantenphysik als auch mit der Hirnforschung.[85]

Neuere Studien des Gehirnprozesses zeigen, schreibt er,[86] daß die Muster, die das Gehirn entwickelt, sehr empfindlich auf bestimmte chemische Verhältnisse an den Verbindungs- und Treffpunkten der Nervenzellen reagieren. Und diese Verhältnisse seien wiederum von Quantenprozessen kontrolliert. Wie ich jetzt gelernt habe, bestehen die Quantenprozesse im Ausgangspunkt aus unbegrenzten Möglichkeiten. Diese Möglichkeiten breiten sich als abstrakte Wellen über das ganze Gehirn aus. Ständig brechen solche Möglichkeitswellen zusammen, um an irgendeinem Punkt Energie abzugeben, der nicht gesetzmäßig vorausbestimmt werden kann. Dieses fast abstrakte Wechselspiel zwischen Möglichkeit und Wirklichkeit ist das, worauf der Geist seinen Einfluß ausüben könnte — mit schwachen, jedoch ausreichenden Wirkungen auf die Bahnen der Nervenimpulse —, *ohne* die Naturgesetze zu brechen, die wir kennen.

Mit dieser Ansicht steht Henry Stapp nicht allein da. Sowohl Mathematiker[87] und Physiker wie Walker,[88] Wigner[89] und Neumann als auch drei der führenden Hirnforscher, Sperry, Eccles und Pribram, stimmen im Prinzip damit überein, daß der Geist auf das Gehirn einwirken kann, ohne die Naturgesetze zu brechen. Stapp weist auf den Hirnforscher und Nobelpreisträger Roger Sperry,[90] der behauptet hat, das Bewußtsein »spiele« mit den Gehirnprozessen »zusammen« und übe einen aktiven Einfluß auf diese aus. Subjektive, mentale Phänomene »haben eine übergeordnete, bestimmende Kontrolle«, schreibt er. »In diesem Sinn bewegt der Geist die Materie.«

Stapp verweist auf den Hirnforscher und Nobelpreisträger J. C. Eccles,[91] der meint, daß die Funktion des Gehirns durch die Einwirkung einer materiellen Seite verstanden werden muß. Eccles bezieht sich mit dieser Ansicht auf die Tatsache, daß es ungeheuerlich schwacher Wirkungen auf die Synapsen oder Verbindungspunkte der Nervenzellen bedarf, um einen elektrischen »Abschluß« zu beeinflussen, der den weiteren Gang der Nervenimpulse zu mehreren hunderttausend anderen Gehirnzellen bestimmt.[92/93] Stapp schreibt, diese Idee habe ihn zuerst mit der Ursachenbeschreibung der Physik in Konflikt gebracht. Doch im Licht der Quantenphysik und deren erweiterten Weltbildes zeige sich das in keiner Weise im Widerspruch zu dem heute bekannten Wissen. So

ist ein *möglicher* Treffpunkt zwischen Geist und Materie gefunden.
So weit, so gut. Es ist also möglich, daß der Geist die Gehirneinflüsse auf eine akzeptable Weise steuern kann, wenn das Bewußtsein wirklich das Verhalten der einzelnen Quanten beeinflussen kann. Damit stehe ich vor der entscheidenden Antwort auf meine Frage, ob eine solche psychische Einwirkung auf das zufällige Verhalten der Quanten durch die Forschung nachgewiesen werden kann. Genau das ist es, was der Wissenschaftler untersucht, zu dem ich jetzt unterwegs bin, Direktor Charles Honorton, Leiter des Psycho-physical Research Laboratory in Princeton. Ich fühle, daß ich endlich vor einer möglichen Erklärung der Frage stehe, derentwegen ich diese Reise unternommen habe.

Charles Honorton: Der Geist und sein Einfluß auf das Gehirn

Nachdem ich von dem »smarten« Taxifahrer, der mich vom Bushalteplatz weiterfuhr, gehörig übers Ohr gehauen wurde, stehe ich nun vor dem Neubau des psychophysikalischen Forschungslabors außerhalb der Stadt. Es ist sicherlich Mittagszeit, als ich das Gebäude betrete. Die ersten Räume stehen leer. Ich gehe etwas weiter durch die Gänge und schaue mir die Büros an, die reihenweise mit Computern ausgerüstet sind. Weiter innen entdecke ich ein größeres Labor mit unverständlichen Apparaturen. Alles erscheint neu und hypermodern. Ich gewinne den Eindruck, daß der Leiter dieses Forschungszentrums einer der wenigen ist, die es geschafft haben, hinreichende Mittel für diese kontroverse Forschung zu beschaffen. Da kommt mir ein Mann entgegen. Er ist relativ klein, strahlt jedoch eine sichere Autorität aus. Ruhig und freundlich reicht er mir die Hand und präsentiert sich als Charles Honorton. Beide haben wir bereits zu Mittag gegessen, und er bittet mich zu einer Tasse Kaffee und einem Gespräch in sein großes, helles Büro. Er sagt, er wolle mir später die Labors zeigen.

Ich erzähle ihm, ich sei speziell an seinen Experimenten interessiert, um zu untersuchen, ob das Bewußtsein das Prinzip des Zufalls beeinflussen kann, das in der Quantenphysik nachgewiesen wurde. Ich frage ihn, ob bereits eine hinreichend große Anzahl von Versuchen durchgeführt worden ist, um etwas Konkretes darüber aussagen zu können.

Honorton reicht mir einen wissenschaftlichen Bericht über den Hintergrund seiner Arbeit mit diesen Fragen[94] und erzählt, daß die ersten Versuche von seinem früheren Kollegen Helmut Schmidt in den siebziger Jahren durchgeführt worden sind. Schmidt nahm als Ausgangspunkt das radioaktive Strontium 90, welches Elektronen zu vollständig zufälligen Zeitpunkten abschießt. Ein Geigerzähler, der solche Abschüsse registriert, wurde an Lampen angeschlossen, die entweder ein- oder abgeschaltet wurden, abhängig von den Intervallen zwischen den Abschüssen. Weiterhin wurde das Ein- und Ausschalten der Lampen von einem Computer automatisch registriert. Das Ein- und Ausschalten der Lampen geschieht nun in gleicher Weise zufällig wie das Würfeln oder das Werfen von Münzen. Wie zum Beispiel beim Wurf von Münzen ergibt eine ausreichend große Anzahl von Versuchen immer eine Verteilung der beiden Möglichkeiten fünfzig zu fünfzig.

Die Frage ist nun, ob eine Versuchsperson, die gebeten wird, den Rhythmus des Ein- und Ausschaltens der Lampen zu beeinflussen, diese Durchschnittsverteilung *verändern* kann. Sollte es ihr möglich sein, das Verhältnis zwischen Ein- und Ausschalten in der von ihm gewünschten Richtung zu ver-

schieben, ohne die Instrumente zu berühren, muß dies bedeuten, daß ihr Bewußtsein das Zufälligkeitsprinzip bei dem Elektronenabschuß beeinflußt hat.
Schmidts fünfzehn Versuchspersonen führten mehr als dreißigtausend solcher individueller Versuche durch, berichtet Honorton. Und genaue statistische Berechnungen zeigten, daß die Verteilung der Zufälle, die nach der Quantenphysik gleich sein sollen, unter Einwirkung des Bewußtseins nicht länger zufällig war: Die Wahrscheinlichkeit, daß die gesamte Abweichung vom erwarteten Durchschnitt zufällig gewesen ist, beträgt eins zu tausend.
Dieses Ergebnis interessierte nicht nur die Quantenphysiker, die schon lange an dem Verhältnis zwischen dem Bewußtsein des Beobachters und den Beobachtungsresultaten auf dem Quantenniveau interessiert waren. Selbst Professor Hansel, der vielleicht bekannteste »Psi-Kritiker« neben Gardner, meinte, wenn Schmidts Versuche sich als reproduzierbar erwiesen, müßten sie als bestätigt angesehen werden.
»Wurden sie wiederholt?« fragte ich interessiert.
»Tatsächlich wurden ganze 322 ähnliche Experimente von 28 verschiedenen Forschern in der Zeit bis 1984 durchgeführt«, erzählt Honorton, »alle mit ähnlichen REG-Geräten.[95] Zusammengenommen ist die Wahrscheinlichkeit, daß das Ergebnis auf Zufall beruht, nicht größer als eins zu zweihundert Milliarden.«
»Das sollte doch die Skeptiker dazu verpflichten, die versprochene Belohnung auszubezahlen, die auf den Nachweis eines paranormalen Phänomens ausgeschrieben ist«, sage ich.
Honorton lächelt. »Wenn man einmal erst die Haltung eingenommen hat, daß so etwas sowieso unmöglich ist, werden auch kaum Forschungsergebnisse akzeptiert werden, die in die entgegengesetzte Richtung weisen.«
»Welche Folgerungen ziehen Sie selbst? Können Sie sagen,

daß dies die Fähigkeit des Bewußtseins beweist, beispielsweise Quantenprozesse im Gehirn zu beeinflussen?«
»Ich bin Forscher«, sagt Honorton. »Ich bin damit beschäftigt, was faktisch geschieht, und bin vorsichtig mit meinen Schlußfolgerungen. Doch es besteht kein Zweifel daran, daß diese Art von Forschung enorme Möglichkeiten für die Untersuchung wichtiger wissenschaftlicher und philosophischer Fragen eröffnet. Es gibt immer mehr Forscher, die meinen, daß die Quantenphysik und die Parapsychologie in einem Zusammenhang gesehen werden müssen. Der Physiker Costa de Beauregard hat gesagt: ›Wenn es die Parapsychologie noch nicht gegeben hätte, so wäre sie von der Quantenphysik entdeckt worden!‹«
»Meinen Sie, es gibt eine sachliche Grundlage für Kritik an Schmidts Versuchen und auch an ähnlichen Versuchen anderer?«
»Da gehört einiges dazu, die *gesamten* Ergebnisse abzuweisen«, sagt Honorton. »In Einzelversuchen ist es durchaus möglich, daß Fehler in der Apparatur die Ergebnisse verschoben haben. Doch selbst wenn man annimmt, so etwas sei in einzelnen Fällen geschehen, und wenn dies in der Berechnung berücksichtigt wird, ist immer noch genug vorhanden, jeden Statistiker zu überzeugen. Es besteht die Möglichkeit, daß Versuche, die Schmidts Ergebnisse widerlegen, nicht erwähnt werden. Sollte dies doch der Fall sein, wird allerdings die Totalstatistik geschwächt, doch das wird niemals ausreichen, sie abzuweisen. Trotzdem haben wir versucht, uns gegen speziell diese Fehlerquellen zu schützen, indem wir diese Versuchsanlage hier entwickelt haben«, sagt Honorton und erhebt sich.
Ich folge ihm ins Hauptlaboratorium, wo er eine kleine Computerdiskette hervorsucht. Mit einem gewissen Stolz erzählt er mir, wie das Ganze funktioniert: »Dies ist das wichtigste

Element in der tragbaren Ausrüstung, die wir für Experimente mit Mikrocomputern entwickelt haben«, erklärt Honorton. »Indem dieses Element in den Computer gesetzt wird, erhält man ein spannendes und motivierendes Spiel auf dem Bildschirm. Wir nennen es das tragbare ›Psi-Labor‹, das wir an alle liefern, die dies selbst nachprüfen wollen, seien sie Kritiker oder nicht. Schauen Sie her...«

Honorton führt mich an einen Computer mit Bildschirm, setzt die Diskette ein und läßt mich versuchen. Während ich auf den Startknopf drücke, erscheint eine horizontale Mittellinie auf dem Bildschirm, und ein dichtes Rad kleiner, leuchtender Punkte entzündet sich von links nach rechts. Die entströmenden Punkte bilden rasch eine unregelmäßig gewellte Linie aus vielen Punkten, die über und unter der festen Mittellinie dahinrollen.

»Die Punkte folgen den elektronischen Spannungsvariationen in einer Diode«, erklärt Honorton. »Die Varianten drücken das Zufallsprinzip der Quantenabschüsse aus. Es zeigt sich, daß die vielen Punkte sich im Ganzen gleich über und unter der Mittellinie verteilen werden. Eine gesamte Messung der Über- und Unterverteilung geschieht automatisch durch einen eingebauten statistischen Rechner, der das Resultat am Ende des Versuchs zeigt.«

Die Maschine bittet mich, einige persönliche Fragen zu beantworten, und fragt mich, ob ich die Bewegung der Punkte nach oberhalb oder unterhalb der Mittellinie verändern will. Ich drücke auf den Knopf »Auf«. Honorton erklärt, daß ich das Spiel auf unterschiedliche Weise durchführen kann, doch ich wähle die Möglichkeit, die Punkte dann hervorzurufen, indem ich einen Knopf drücke, unmittelbar bevor die Diode die Plazierung der Punkte festlegt. So kann ich selbst das Tempo bestimmen.

Ich folge Honortons Rat; ich lehne mich in meinem weichen

Stuhl zurück und versuche, mich zu entspannen. Ich darf auf keinen Fall konzentriert und angespannt sein. Das ist nicht leicht mit dem Reiseprogramm, das ich hinter mir habe, doch ich versuche es und drücke auf den Auslöser. Die Punkte verteilen sich über und unter die Linie wie vorher. Ich atme tief und denke entspannt: Jetzt gehen die Punkte hoch. Und tatsächlich gehen sie hoch. Die Punkte entfernen sich von der Mittellinie und bewegen sich auf die Oberkante des Bildschirms zu. Ich werde eifrig und richte mich im Stuhl auf, um meinen Erfolg besser betrachten zu können, gleichzeitig fallen die Wellenlinien hinunter unter die Mittellinie. Ich denke darüber nach, was ich hätte anders tun sollen, und werde mit der Zeit skeptisch: Ist das nicht ziemlich unwahrscheinlich? Nein, ich erhalte keine Kontrolle über die Bewegung der Punkte. Als die Wellen ganz die rechte Seite des Schirms erreicht haben, drücke ich auf den Schlußknopf und erhalte das Resultat auf dem Schirm: Die Verteilung repräsentiert keine Abweichung vom Durchschnitt. »Mehr Erfolg beim nächstenmal«, sagt die Maschine, und ich versuche es wieder, doch mit steigendem Mißtrauen in meine eigenen psychischen Fähigkeiten.

Jetzt zeigt die Resultatbeurteilung, daß die Punkte sich unnormal verteilt haben, jedoch nicht in die Richtung, die ich versucht habe. Sie sind mehr unter die Linie geschoben worden als darüber, und dasselbe wiederholt sich trotz aller leuchtenden Aufmunterungen des Computers.

Das war eigentlich schon interessant genug, weil es eine Bestätigung dessen ist, was eine Reihe anderer Versuche gezeigt hat: Versuchspersonen, die ihr intellektuelles und kritisches Denken gegenüber dem, was vor sich geht, nicht abstellen können, haben immer wieder Resultate erreicht, die wohl von dem Normalen abweichen, allerdings in entgegengesetzter Richtung. Es scheint so zu sein, daß der Intellekt so stark

gegen die Idee des paranormalen Einflusses reagiert, daß er unbewußt versucht, seine Skepsis zu bestätigen, indem er dem Prozeß eine negative Richtung gibt. Doch das sind trotz allem nur Spekulationen, und als ich auf den Knopf drücke, um das Gesamtresultat meiner Versuche zu erhalten, antwortet der Schirm: »Keine signifikante Abweichung.«
Ein junger Mann, der die Verantwortung für die Geräte hat, kommt zu uns, und ich frage ihn, ob das Anfängerschwierigkeiten sind, die ich erlebt habe.
»Ja, normalerweise brauchen wir viel Zeit, um unsere Versuchspersonen dahin zu bekommen, daß sie in eine Art passiven Aufmerksamkeitszustand geraten«, sagt er.
»Wir haben auch vergleichende Versuche gemacht, die zeigen, wie entscheidend das ist«, erklärt Honorton. »Die Ergebnisse wurden deutlich besser, als die Versuchsperson eine Aufmunterung erhielt, sich sicher und voll Vertrauen zu fühlen, statt einer unpersönlichen und strengen Behandlung durch den Versuchsleiter.«
»Was geschieht, wenn sich Leute mit besonderen psychischen Fähigkeiten an die Maschine setzen?«
Der junge Mann lächelt: »Neulich hatte ich hier einen, der die Linien fast senkrecht hochbekam und sie faktisch aus dem Bildschirm oben verschwanden! Statistisch gesehen, sollte so etwas unmöglich sein.«
Doch Honorton warnt vor zu schnellen Schlüssen: »Das Entscheidende bei dieser Ausrüstung ist, daß die Versuchsanordnung für möglichst viele kopierbar sein soll. Und etwas noch Wichtigeres ist: Wir haben eine eingebaute Garantie, daß ein Fehler in der Apparatur die Resultate nicht beeinflußt!«
»Wie ist das möglich?«
»Indem die Zieldefinition ständig verändert wird, wodurch ein Fehler in einer bestimmten Richtung kompensiert wird. Langzeitversuche mit Kontrollfahrten *ohne* Einwirkung ha-

ben gezeigt, daß der Apparat eine fast perfekte Verteilung von fünfzig zu fünfzig erzielt.«

Beeindruckt bitte ich ihn, mir noch die anderen Labors zu zeigen, die alle den gleichen Eindruck einer soliden wissenschaftlichen Gründlichkeit widerspiegeln. Hier sind die Wände so schwarz, und die Geräuschisolation ist so vollständig, daß es scheint, die Außenwelt existiere nicht länger, wenn die Tür geschlossen ist. In einem tiefen Lehnstuhl liegt ein Paar Kopfhörer. Sie geben »weiße Töne« ab, erklärt Honorton, das bedeutet, sie geben einen Ton mit einer so zufälligen Frequenz ab, daß die Gedankenassoziationen beim Hören soweit als möglich abgeschaltet werden sollen. Gleichzeitig erhält die Versuchsperson eine Art von halbierten Tischtennisbällen über die Augen, so daß auch alle Gesichtseindrücke ausgeschlossen sind. In diesem Zustand soll er beurteilen, welche vier möglichen Bilder in seinem Bewußtsein auftauchen, während die »Sendeperson« eines von diesen in einem anderen Raum betrachtet. Die Wahl der Bilder, der Rhythmus zwischen ihnen und die Resultatbeurteilung ist ganz den Computern überlassen.

Honorton hat viele überzeugende Ergebnisse auf vielen Gebieten der Psi-Forschung erreicht, doch es ist die psychische Einwirkung der Quanten, woran ich jetzt interessiert bin, besonders die Frage, ob das unseren freien Willen als Wirkung des Gehirns durch die Kleinstpartikel erklären kann. Deshalb frage ich Honorton, während wir in sein Büro zurückgehen:

»Es sieht so aus, als ob diese Versuchsreihen eine endgültige Bestätigung geben können, daß die Zufälligkeit der Quantenprozesse durch das menschliche Bewußtsein beeinflußt werden kann. Doch alle diese Versuche drehen sich um Wirkungen der Quanten außerhalb des Körpers. Sehen Sie Möglichkeiten, auf direkte Weise zu untersuchen, ob der Wille die eigenen Gehirnprozesse kontrollieren kann?«

»Das ist schon längst bestätigt«, antwortet Honorton. »Die sogenannte Biofeedback-Forschung konnte klar nachweisen, daß die Fähigkeit, das autonome oder selbstgesteuerte Nervensystem zu kontrollieren, nicht nur bei Fakiren zu finden ist. Es ist auch bei gewöhnlichen Menschen nachweisbar, wenn die Körperfunktionen bei ihnen mehr fühlbar gemacht werden.«

»Wie geschieht das in der Praxis?«

»Die Versuchsperson ruht entspannt auf einem Sofa, während sie zum Beispiel einen Bildschirm betrachtet, der mit einem bestimmten Teil des Körpers verbunden ist. Der Bildschirm kann ein leuchtendes Farbbild zeigen, das von Rot über Violett bis Blau variiert, abhängig vom veränderten Zustand in den Körperteilen, sagen wir etwa von der Hauttemperatur an einem bestimmten Punkt. Der Witz an der Sache ist, daß selbst mikroskopische Veränderungen vergrößert werden und klar und deutlich durch die Farben sichtbar werden. So wird die Versuchsperson gebeten, ihre Aufmerksamkeit auf diese Farbschwingungen zu lenken, um sie zu beeinflussen. Nach einiger Zeit des Trainings wird sie es vielleicht schaffen, eine deutliche Farbveränderung auf dem Schirm hervorzurufen. Das bedeutet, die Versuchsperson ist fähig, eine Körperfunktion zu kontrollieren, die normalerweise als unkontrollierbar betrachtet wird. Und das gilt keineswegs nur für begabte Personen. Fast jeder kann sich derartige Fähigkeiten mit solch einem Hilfsmittel antrainieren. Es hat sich gezeigt, daß der Wille eine Kontrolle über alles ausüben kann, von der Pulsfrequenz über die Körpertemperatur bis hin zur Aktivität von einzelnen Zellen. Keiner weiß, *wie* das Bewußtsein es schafft, verschiedene Körperteile zu unterscheiden, doch es ist eine Tatsache, daß dies geschieht.«

Honorton weist auf eine Reihe von Forschungsergebnissen auf diesem Gebiet,[96] doch ich möchte zurück zum Ausgangspunkt: »Wie ist es mit der Kontrolle über den Gehirnprozeß, ist diese auch nachgewiesen?«

»Ja«, antwortet Honorton. »Die willentliche Kontrolle über die Gehirnwellen ist ebendas, was bei dem erwähnten Versuch nachgewiesen wurde. Diese Art von Versuchen machte man in einer Reihe von Labors seit der Entwicklung der Biofeedback-Forschung vor etwa fünfzehn Jahren. In den späteren Jahren hat man auch mit der Untersuchung begonnen, ob eine Verbindung zwischen der Fähigkeit besteht, gewisse Gehirnwellen hervorzurufen, und der Fähigkeit, Quantenprozesse durch REG-Versuche zu beeinflussen.«

»Ich erlebe das als ungeheuer wichtig in der Diskussion, ob der Wille das Gehirn kontrolliert oder umgekehrt«, sage ich. »Trotzdem erscheint es mir, daß derartige Dinge bei den meisten konservativen norwegischen Hirnforschern, mit denen ich gesprochen habe, unbekannt sind. Soweit ich es verstanden habe, sehen diese Leute keine andere Möglichkeit, als daß die geistigen Prozesse vollständig durch die Gehirnprozesse bestimmt sind.«

»Die Fragen, die die Wissenschaft stellt, und die Antworten, die man findet, hängen in höchstem Maß vom Konsens eines Forschungsmilieus ab. Gegen die Haltbarkeit der Annahme, daß die Verbindung zwischen Geist und Gehirn *nur* einseitig ist, daß Gehirnprozesse ganz und gar das Bewußtsein bedingen, besteht heute eine begründete und immer mehr zunehmende Skepsis.«

Freiheit und Determinismus

Ich verlasse Honorton mit vielen neuen Gedanken, und auf meiner Busfahrt zurück nach New York grüble ich weiterhin darüber nach. Selbstverständlich wird man niemals zu einem vollen Verständnis dessen kommen, was Bewußtsein und freier Wille eigentlich sind. Doch in diesem Zusammenhang ist es vielleicht möglich, den Nachweis zu erbringen, daß unsere menschliche, geistige Seite etwas mehr ist als ein kraftloses Anhängsel des mechanischen Hirns und daß die *Wirkungen* des Geistes ständig in der physischen Welt zum Vorschein kommen. Und etwas anderes ist zumindest ebenso wichtig: Selbst wenn das Bewußtsein in sich selbst unfaßbar bleibt, so ist es nicht länger im Widerstreit mit dem neuen Wissenschaftsverständnis, das nach den *Treffpunkten* zwischen Geist und Materie, Zeit und Zeitlosigkeit, Freiheit und Gesetzmäßigkeit sucht. Solche Treffpunkte sollten nachgewiesen werden können, wenn das Bewußtsein nicht machtlos sein soll — und wenn wir wirklich glauben können, daß es das auch nicht ist.

Ich erinnere mich an das Gespräch mit dem Psychiater in Norwegen, derjenige, der gerne an den freien Willen glauben wollte, es aber nicht konnte, weil diese Idee seinem Wissen über Ursachen widersprach.

Zuerst ist es leicht verständlich, daß unser Wissen bezüglich der gesetzmäßigen Wirklichkeit den Glauben an unsere Wahlmöglichkeiten oder an unseren freien Willen erschwert oder gar unmöglich macht. Wie kann etwas sowohl vorausbestimmt als auch frei sein?

Die erste Möglichkeit, daß die Freiheitsidee überhaupt in das physikalische Weltbild hineinpaßt, ist durch die Quantenphysik eröffnet worden: Auf dem Niveau des unendlich Kleinen gibt es keine Gesetzmäßigkeiten. Doch bei der Ansammlung von Milliarden solcher Quanten, die solche Einheiten bilden, wie wir sie in der Wirklichkeit kennen, wird die Summe der Zufälligkeiten zur gewöhnlichen Gesetzmäßigkeit umgewandelt. Deshalb erscheint es richtig, den Treffpunkt zwischen der Gesetzmäßigkeit und der Freiheit zu suchen, dort, wo das unendlich Kleine auf das Große einwirken kann: Das ist da der Fall, wo die gewöhnlich großen Einheiten sich in einem

instabilen Zustand befinden, daß selbst verschwindend geringe Einwirkungen den weiteren Verlauf der Entwicklung entscheiden können.
Es gibt viele solcher Situationen, wo ein gesetzmäßiger Prozeß für einen Augenblick vor einer Wahl zwischen vielen gleichwertigen Möglichkeiten quasi stehenbleibt und wo eine unendlich kleine Einwirkung entscheidend sein kann. Der große Physiker James Maxwell behandelte die Bedeutung dieser »Wahlpunkte« in einer Abhandlung über Wissenschaft und den freien Willen:[97] »Die Klippe, die sich nach dem Frost gelöst hat und nun auf einem einzigen Punkt im Berg balanciert, der kleine Funke, der den großen Waldbrand entzündet, das kleine Wort, das einen Weltkrieg auslöst, der kleine Skrupel, der jemanden an seine Handlung erinnert ... In diesen Punkten kann [eine unendlich kleine Beeinflussung] eine Reaktion von größter Bedeutung hervorrufen. Alle großen Resultate menschlichen Bestrebens sind abhängig davon, ob sich jemand diese speziellen Zustände zunutze gemacht hat, wenn sie entstehen.«
Mit Begeisterung höre ich später, daß dieses Prinzip jetzt auch in einem anderen Zusammenhang festgestellt wurde als dem der Quantenphysik und der Chemie. Ich beziehe mich auf einen Artikel im *Scientific American* vom Dezember 1986. Hier wird auf Berichte hingewiesen, die zeigen, daß auch die makroskopisch »große« Welt, wie wir sie kennen, ein Element der Unvoraussagbarkeit hat: In Situationen, bei denen »ideelle« Billardkugeln miteinander kollidieren, war man früher der Ansicht, daß nach dem Zusammenstoß alle Kugelbahnen im Prinzip genau zu berechnen seien, ausgehend vom ursprünglichen Gewicht der Kugeln, ihrer Geschwindigkeit und ihrer Laufbahn. Eine solche Voraussage zeigt sich jetzt als prinzipiell unmöglich, auch in makroskopischem Maßstab.

An irgendeinem Ort treten verschwindend geringe Abweichungen von der angenommenen mechanischen Gesetzmäßigkeit auf. Das Entscheidende dabei ist, daß diese unbedeutende Unbestimmtheit im weiteren Handlungsverlauf potenziert und damit hochdimensioniert wird. Selbst unsere tägliche Wirklichkeit ist also nicht so berechenbar, wie viele es geglaubt haben.
In ebendieser Hochdimensionierung einer mikroskopischen Unbestimmtheit ahne ich eine Verbindung zwischen den offenen Möglichkeiten der Welt der Quanten und unserer eigenen. Nicht weniger interessant ist, daß der Artikel im *Scientific American* diese Entdeckung direkt auf die Frage der Willensfreiheit bezieht. Ich frage mich wieder, ob es denkbar ist, daß die kleine Unbestimmtheit, die den Ketten von Ursache und Wirkung in Raum und Zeit widerspricht, ein Treffpunkt zwischen der Raum-Zeit- und Nicht-Zeit-Dimension sein kann.
Plötzlich erscheint es mir, daß ich alle Entwicklung in diesem Licht erkennen kann. Normalerweise gehen die Dinge nach einem stabilen Muster ihren gewohnten und regelmäßigen Gang. Das eine Ereignis folgt regelmäßig dem anderen. Doch hier und da hält diese gleichgerichtete Entwicklung an einem Treffpunkt inne. Ein Zustand der Instabilität ist erreicht, wobei der weitere Verlauf in viele Richtungen gehen kann. Da kann ein sonst unbedeutender Einsatz alles entscheiden. Das muß der Augenblick der Wahl auf vielen Ebenen sein.
Ist nicht unsere Geschichte ein Beispiel? Durch lange Zeitperioden hinweg war die Entwicklung durch historische Traditionen und eine langsame Anpassung gegeben. Doch dann entstand eine Periode ohne Stabilität, Unruhe und Auflösung herrschten. Das Gesetzmäßige wurde durch die freie Möglichkeit ersetzt. Die Zeit der Revolutionen ist eine Zeit,

in der die Zukunft geschaffen wird! Stehen wir nicht gerade in solch einer Epoche der Auflösung und der unbestimmten Zukunftsmöglichkeiten?
Und wie ist es mit unserem eigenen Leben? Kennen wir nicht alle die Situationen, wo eine Periode der Gewohnheiten und sicherer Routine von einer Krise abgelöst wird, wo ein Muster äußerer Geschehnisse die Sicherheit in Stücke zerreißt und auflöst? All das verschwand, was den weiteren Weg bestimmen sollte? Das Sein steht an einem Scheidepunkt, der Augenblick der Wahlfreiheit — wenn wir ihn ergreifen können.
In diesem Licht wird es natürlich, nach solche instabilen Punkten offener Möglichkeiten zu suchen, dort, wo unsere individuelle Wahl ihren Ursprung hat; im Bewußtsein selbst oder in seinem »materiellen Apparat«.
Das Hauptmuster für die Nervenbahnen des Gehirns scheinen dasselbe Bild, das Prinzip eines Wechsels zwischen Gesetzmäßigkeit und Möglichkeit, widerzuspiegeln: Durch das einzelne Neuron sind die Richtungsimpulse gegeben. Doch in den äußersten Vereinigungen erscheint es so, daß die Prozesse vor den vielen Möglichkeiten für den Zeitraum einer Millisekunde stillstehen. In diesem Punkt haben wir, so wie Eccles es beschreibt, den entscheidenden Zustand einer so instabilen Balance, daß selbst die unbedeutendste Einwirkung für den weiteren Verlauf des Prozesses entscheidend sein kann. Ebendeshalb, sagt der Physiker Stapp, kann dieser Punkt es sein, an dem eine zufällige Einwirkung von Einzelquanten den weiteren Weg unabhängig von jeder Gesetzmäßigkeit bestimmen kann. Das ist der Punkt, an dem die Gesetzmäßigkeit die Freiheit trifft. Damit haben wir auch den Punkt, an dem das Bewußtsein eingreifen kann, ohne daß dies unserem Wissen über Gesetzmäßigkeiten widerspricht; der Punkt, an dem der Geist die offenen Möglichkeiten beein-

flussen kann — vorausgesetzt, das Bewußtsein kann das zufällige Quantengeschehen überhaupt beeinflussen. Wie wichtig ist es, daß diese Voraussetzung nun endlich bestätigt zu sein scheint?!

Ich denke weiter und finde es immer natürlicher, wenn der Treffpunkt zwischen Geist und Materie eben in der Welt der Quanten gesucht werden muß, so wie es die Professoren Josephson, Bohm, Stapp und viele andere behaupten.

Der Astrophysiker Arthur Eddington sagt in seinem Buch über das Wesen der materiellen Welt, es gebe nichts, das verhindert, daß eine Ansammlung von Atomen, die das Gehirn bilden, in sich selbst eine denkende Einheit ausmachen kraft einer Wesensart, die die Physik unbestimmt und unbestimmbar lasse.[98]

Der entscheidende Punkt ist, daß die Quanten selbst eine Art Zwischenstadium zwischen immateriellen Möglichkeiten und Augenblicksrealitäten repräsentieren. Die Möglichkeitswellen der Quanten scheinen derselben abstrakten Dimension anzugehören wie das reine Bewußtsein. Was könnte da wahrscheinlicher sein, als daß diese »Psi-Wellen« den Treffpunkt zwischen dem Bewußtsein und der Materie darstellen? So wie ich das jetzt sehe, liefern Schmidts und Honortons Versuche nur noch zusätzliche Beweise für eine Ansicht, die jedenfalls denkbar ist.

Bei jedem neuen Wissensgebiet erscheint es so, daß neue Ideen und neue kritische Forschung mit den etablierten »Wahrheiten« und Denkmustern aufräumt. Mehr und mehr bekomme ich das Gefühl, daß wir vor einem Wendepunkt im Verständnis unserer selbst und der Welt stehen.

Die Pioniere des neuen Denkens

Als ich ins Hotel zurückgekommen bin, muß ich wieder zur Weiterreise packen. Ich soll nach Kalifornien, um dort einige der Pioniere des neuen Denkens oder »Paradigmas« zu treffen. Der Begriff Paradigma stammt von dem Wissenschaftsphilosophen Thomas S. Kuhn, der in seinem Buch über *Die Struktur wissenschaftlicher Revolutionen*[99] zeigt, wie neue Prinzipien des Verstehens im Forschungsmilieu hervorwachsen und weshalb sie immer Widerstand bei den Repräsentanten der etablierten Ideen hervorrufen. Mit der Zeit wird eine steigende Anzahl von »Anomalien« oder Tatsachen, die nicht in den alten Rahmen des Verstehens passen, letzteren einem so großen Druck aussetzen, daß eine neue ganzheitliche Sicht nicht länger umgangen werden kann. Nach einer Krise wird das neue Paradigma das alte ablösen, welches dann zur neuen wissenschaftlichen »Wahrheit« wird, eine Wahrheit, die gleichermaßen intensiv gegen alle neuen Ideen verteidigt wird, die mit diesem akzeptierten Modell brechen.

Es sind eine Reihe von zentralen Namen, die immerzu von denen genannt werden, die mit dem Paradigmenwechsel in unserer Zeit beschäftigt sind. In England habe ich bereits einen davon getroffen, David Bohm. Auf dem Heimweg soll ich dann den Biophysiker Rupert Sheldrake treffen, und in Kalifornien haben ich Gespräche mit mehreren verabredet, unter anderem dem Physiker Geoffrey Chew, der Autorin Marilyn Ferguson, dem Hirnforscher Karl Pribram und dem Parapsychologen Russel Targ.

Derjenige, der mir vielleicht die umfassendste Übersicht über die unzähligen Arten der Forschung im Licht der neuen Weltsicht gab, ist der Physiker Fritjof Capra, der das nun weltbekannte Buch *The Turning Point*[100] geschrieben hat.

Sowohl aus Capras als auch aus Büchern anderer über den Einstellungswechsel geht hervor, daß dies ein Hauptgedanke ist, der sich überall durchzusetzen scheint, besonders als Resultat der Entdeckungen der Quantenphysik. Es ist die neue Idee der *Ganzheit:* nicht Newtons mechanistischer Ganzheitsbegriff der Biologie, sondern ein Zusammenhang auf einer tieferen Dimension. Um das Neue dieses Ganzheitsverständnisses zu verdeutlichen, hat der norwegische Philosoph Arne Næss den Begriff »tiefe Ökologie« geprägt, der sich nun international durchsetzt.

Weil das neue Verständnis die mechanischen Zusammenhänge von Ursache und Wirkung als einzige und tiefste Erklärung abweisen, hat es auch eine neue Sicht von der menschlichen Freiheit und den Möglichkeiten des Menschen zum Inhalt. Der menschliche Geist ist ein Teil des immateriellen Ganzheitsprinzips und kann deshalb auch selbst schöpferisch und frei sein.

Einer der ersten, die mich mit ihrer streng logischen Argumentation für eine nichtmaterielle, ordnende Ganzheitskraft im Universum faszinierten, war der französische Jesuitenpater, Geologe, Paläontologe, Anthropologe und Philosoph Teilhard de Chardin.[101] Er geht davon aus, daß alle die Phänomene, die wir einmal als Sonderfälle entdeckt haben, sich später als etwas Universelles herausgestellt haben. So muß es auch mit dem sein, was wir mit Bewußtsein oder Geist bezeichnen, sagt er. Das Bewußtsein kann nichts speziell Menschliches sein, etwas, das beim Menschen plötzlich in der höchsten Lebensform entstand. Alles, was existiert, hat seine ersten Keime in so weiter Vergangenheit, wie wir fähig sind, diese im Universum wahrzunehmen. So muß es auch mit dem sein, was wir mit den Begriffen Geist und Bewußtsein belegen: Die immaterielle »Energie«, die jetzt durch den Geist des Menschen zum Ausdruck kommt, war auch in den ersten Atomen zugegen, jedoch als eine vage und unpersönliche Tendenz.

Wie wir selbst, so hat auch das, was wir mit toter Materie bezeichnen, nicht nur eine äußere, sondern auch eine innere Seite, und das Innere der Atome ist eben das Bewußtsein in seiner ursprünglichen, nichtpersönlichen Form. Es war das Innere der Dinge, das die Partikel sich zu Atomen zusammenfinden ließ, die Atome zu Molekülen, diese zu Kristallen und zu immer komplexeren Strukturen bis zu den ersten Zellen und lebenden Organismen, sagt Teilhard de Chardin. Das Leben ist nicht ganz plötzlich entstanden, sondern es ist der Ausdruck eines Stadiums im fortschreitenden Prozeß zur Persönlichkeit der inneren, immateriellen Energie aller Dinge. Der menschliche Geist unserer heutigen Zeit repräsentiert den bisher größten Fortschritt in dieser Entwicklung des Bewußtseins zu immer höheren Stufen — *die* jedoch keineswegs die letzten sind, sagt Teilhard de Chardin. Die beiden Tendenzen, die die bisherige Entwicklung geformt haben, weisen mit logischer Konsequenz zum Bewußtsein und zur Ganzheit auf einer höheren Ebene. Das Innere der Dinge trägt nämlich nicht nur dazu bei, jedem Teil eine immer individuellere Funktion im Verhältnis zu den anderen Teilen der Ganzheit zu vermitteln, dessen Teil es ist, sondern die innere »Energie« zieht auch immer komplexere Ganzheiten zu *neuen* Ganzheiten auf einem noch höheren Niveau zusammen.

Das heutige begrenzte und isolierte Selbsterlebnis des Menschen kann deshalb nur eine Stufe auf der Leiter der Entwicklung sein, die uns zu einem universellen Bewußtsein führen wird. In diesem Endpunkt der Entwicklung werden die Einzelbewußtheiten individueller als heute und gleichzeitig mehr eins miteinander sein, weil sie sich um das versammeln, was Teilhard den *Punkt Omega* nennt, den Kern des universellen Bewußtseins.

Im Vorwort zur britischen Ausgabe wird Teilhard de Chardins Grundgedanke von Julian Huxley unterstützt, einem der führenden Biologen unseres Jahrhunderts. Dies deutet darauf hin, daß die Idee des immateriellen, verbindenden und formenden Ganzheitsprinzips vielleicht eine größere Basis hat, als man zunächst vermuten mag.

Mir scheint, daß Teilhard de Chardins Sichtweise eine zutreffendere Erklärung für das Entstehen des Lebens und des Bewußtseins darstellt, als beispielsweise das, was durch E. F. Schumacher in seinem Buch *Guide for the Perplexed*[102] vorgestellt wurde. Darin behauptet er, daß sowohl das Leben als auch das Bewußtsein ausgesprochene Neuschöpfungen der Entwicklungsgeschichte sein müssen. Teilhard de Chardin bestreitet nicht, daß jenseits der Phänomene ein Schöpfungsprinzip liegt, doch er sieht dies als eine immaterielle Energie, die sich auf einem höheren Niveau äußert, und zwar jedesmal, wenn sie sich durch eine komplexere Zusammensetzung von früher voneinander getrennten Formen ausdrücken kann.

Es überrascht mich nicht, daß Teilhard de Chardins Idee eines Prinzips — sowohl in ihrer Tendenz zur Individualisierung als auch zum Zusammenschluß auf einer höheren Ebene — viel mit Arthur Koestlers Gedanken von zwei universellen Prinzipien gemein hat, die ebenfalls selbsterhaltend und auch integrierend sind. Es stimmt auch mit den komplementären Prinzipien des Taoismus, dem Yin und Yang überein, die von den Quantenphysikern wie etwa Niels Bohr und vielen der Sprecher des neuen Weltbildes »wiederentdeckt« wurden. Fritjof Capra behandelt das in seinem Buch *The Tao of Physics.*[103]

Im ganzen ist es leicht, die Konturen eines gemeinsamen, neuen Weltbildes bei denen zu erkennen, die nach Alternativen zum mechanischen Universum von Newton suchen. Einer der neuen Denker, die von den Anhängern des neuen Paradigmas mit größtem Respekt kommentiert werden, ist der Physikochemiker Ilya Prigogine, der im Jahre 1977 den Chemienobelpreis für seine Arbeit über die sogenannten »dissipativen Strukturen« erhielt.

Leider konnte ich meine Reise mit Prigogines vielen USA-Besuchen nicht in Einklang bringen, doch möchte ich gerne seine Hauptgedanken kennenlernen, bevor ich andere Vertreter des neuen Denkens in Kalifornien treffe. Deshalb brauche ich meinen letzten Tag in New York, um das wichtige Buch zu lesen, das er in Zusammenarbeit mit Isabelle Stengers geschrieben hat.[104]

Ilya Prigogine: Der Augenblick der Möglichkeit zwischen Chaos und Ordnung

Der Autor Alvin Toffler sagt zu Prigogines Werk, es sei nicht nur ein Buch, es sei eine »Brechstange« für die Veränderung der Wissenschaft selbst. Es zwinge uns, die Ziele der Wissenschaft, ihre Methoden, ihre erkenntnistheoretischen Grundlagen, ja ihr ganzes Weltbild zu verändern. Dieses Buch könne als ein Symbol für die historische Erneuerung der Wissenschaft in unserer Zeit stehen, die keine informierte Person heute ignorieren kann.

Während ich das Buch lese, wird mir deutlich, was mit dieser Aussage gemeint ist. Prigogine ist zu neuen, universellen Prinzipien vorgedrungen, die in ihrer Grundaussage identisch sind mit dem, was die Quantenphysik demonstriert hat. Der Unterschied ist, daß Prigogine sich zu seinen Folgerungen durch systematische Forschung aus den wissenschaftlich akzeptierten Theorien und dem auf dieser Grundlage erarbeiteten Wissen vorgearbeitet hat. Mit Hilfe der Chemie hat er nicht nur die Hauptideen der Quantenphysik bestätigt, er hat sie auch in Richtung eines neuen Weltverständnisses weitergeführt, auf das viele gewartet haben.

Eines ist wichtig: Es gibt noch mehrere Nobelpreisträger als Prigogine, die Gedanken in ähnlicher Richtung präsentiert haben. Doch nur Prigogine war es, soweit ich weiß, der genau dafür den Nobelpreis erhielt. Dadurch hat er mit seinen revolutionierenden Ideen dem neuen Weltbild auch in konservativeren Forscherkreisen eine Legitimation ermöglicht. Somit kann sich das zeigen, was Toffler schrieb, daß Prigogine die entscheidende Brechstange für eine Veränderung der Wissenschaft selbst geschaffen hat. Er kann uns den Impuls gegeben haben, der ein solches Verständnis erzwingen wird, das eine Revolution in den etablierten Kreisen kennzeichnet — der Wechsel zu einem neuen Prinzip des Verstehens. Was ist der Hauptinhalt in Prigogines neuem Weltbild?

Die Entwicklung ist keine Linie von zusammenhängenden Ursachen und Wirkungen, sonden besteht aus Perioden der Ordnung und Regelmäßigkeit mit eingeschobenen Intervallen von Chaos und Unordnung, in denen die feste Gesetzmäßigkeit gebrochen wird, um durch eine neue und nicht vorausbestimmte Ordnung ersetzt zu werden. So sieht Prigogine — stark vereinfacht dargestellt — das universelle Wechselspiel zwischen Gesetzmäßigkeit und Schöpfung, Sein und Werden.

Seine Prinzipien sind für jedes komplexe, offene System gültig, das seine Energie mit der Umgebung austauscht (dissipativ = energieverbrauchend). Das kann eine chemische Lösung sein, die Wärme aufnimmt und abgibt, ein dynamisches Muster im Hirn, ein lebender Organismus, der Energie aufnimmt und umbildet, ja selbst eine Großstadtgesellschaft, die ihre Energie (Kraftquellen und Rohstoffe) von außen bezieht, diese im Fabrikationsprozeß umbildet und in Form von Waren verteilt.[105] Mit der Zeit steigern sich die Wellen des Wechselspiels zu einem größeren Umfang und einer größeren Komplexität, jenseits der kritischen Schwelle verläßt das System den Gleichgewichtszustand als Ergebnis der Fluktuation oder Schwingung. Das System erreicht also den Zustand des Chaos und nähert sich, unabhängig von den Ausgangsbedingungen, dem Grenzzyklus, wenn das periodische Verhalten stabil ist, sagt Prigogine.

In den Übergangszuständen, die Prigogine beschreibt, können nicht die Gesetzmäßigkeiten, die aus den Erfahrungen der Vorzeit abgeleitet werden, das zukünftige Geschehen bestimmen. Weder die Zufälligkeit des Chaos noch die Ordnung, aus der es entsprang, ist bestimmend für die neue Ordnung. Das Ziel — oder der ordnende »Sinn« — ist das, was den Prozeß in dieser Situation festlegt!

Der Ausgangspunkt für Prigogines Folgerungen ist die Chemie. Mit einem einfachen Beispiel illustriert er das Hauptprinzip: an einer chemischen Lösung, in welcher der Energieaustausch mit der Umgebung die Moleküle in eine immer stärkere Schwingung versetzt hat. Indem die Schwingungen eine bestimmte Schwelle erreichen, kommt das System aus dem Gleichgewicht und geht in ein reines Chaos über, ein Chaos, in dem jede mechanische Gesetzmäßigkeit aufhört. Aus dieser totalen Unordnung entsteht sodann eine unvorhergesehene Ordnung. Die chemische Masse beginnt mit einer bestimmten Frequenz zu pulsieren, also in einer ganz systematischen Zeitordnung, wie eine »chemische Uhr«. Und gleichzeitig kommt plötzlich im Raum auch eine neue Ordnung zum Vorschein.

Prigogine beschreibt diesen Zusammenhang anhand eines

Beispiels. Angenommen, wir haben zwei Arten von Molekülen, »rote« und »blaue«. Aufgrund der chaotischen Bewegungen der Moleküle sollte man erwarten, daß sich in einem bestimmten Augenblick mehr rote Moleküle etwa im linken Teil des Behälters befänden, später dann mehr blaue und so weiter. Der Behälter erschiene »violett« mit einigen unregelmäßigen blauen oder roten Streifen. »Bei einer chemischen Uhr geschieht dies jedoch nicht«, sagt Prigogine, »hier ist das System durchgängig blau, wird dann schlagartig rot und daraufhin wieder blau. Diese Veränderungen vollziehen sich in *regelmäßigen* Zeitintervallen — wir haben einen kohärenten Prozeß.«

Prigogine präzisiert, wie unbegreiflich dies im Licht mechanistischer Sicht ist: Wäre eine solche »chemische Uhr« nicht beobachtet worden, hätte man nicht geglaubt, daß dies möglich wäre, denn um die Farbe ganz gleichzeitig zu wechseln, müssen die Moleküle eine Möglichkeit haben, miteinander zu »kommunizieren«. Das System muß als Ganzes agieren. Doch eine Kommunikation im gewöhnlichen Sinne bedeutet, daß die Teile durch irgendeine physikalische Kraft in einem »mechanischen« Kontakt zueinander stehen. Das kann hier nicht der Fall sein. Das Wechselspiel zwischen den Molekülen erstreckt sich nicht über einen Abstand von mehr als zehn millionstel Millimeter, sagt Prigogine, trotzdem ist das System so strukturiert, als ob jedes Molekül über den Totalzustand des Ganzen »informiert« sei. Also: Obwohl jede Einheit ganz selbstbestimmt ist, spiegelt sich der ganze Zustand des Systems in den kleinsten Teilen. Das Ergebnis dieser organisierenden Fähigkeit, die nicht auf physische Kräfte oder mechanische Verbindungen zurückzuführen ist, nennt Prigogine eine dissipative Struktur.

In anderen Zusammenhängen werden die erstaunlichen Systeme selbstorganisierende Strukturen genannt. Mit Begeisterung erkenne ich das Prinzip des Hologramms und der Quantenphysik wieder: Die Teile beinhalten das Ganze. Ganzheit und Teil sind eins. So hat auch die Chemie das bestätigt, was die moderne Physik uns bereits gezeigt hat. Was die beiden Zwillingsphotonen im Aspect-Versuch (s. S. 82ff.) verband, konnten auch keine Kräfte in Zeit und Raum sein. Sowohl das Wechselspiel der Photonen als auch das Wechselspiel der Moleküle setzt ein immaterielles, ordnendes Prinzip voraus, das in Zeit und Raum wirksam ist, jedoch selbst auf eine Nicht-Zeit- und Nicht-Raum-Dimension zurückzuführen ist. Prigogines »chemische Uhr« zeigt, daß die Ganzheitsverbindung zwischen den Photonen kein Sonderfall war. Wie Teilhard de Chardin sagte, zeigt es sich immer, daß das, was zuerst eine Ausnahme von der natürlichen Ordnung zu sein scheint, in Wirklichkeit ein universelles Prinzip widerspiegelt. So, wie ich es sehe, ist die Existenz der »Nicht-Zeit-Dimension« die entscheidende Grenzlinie zwischen dem alten, mechanistischen und dem neuen Weltbild. Deshalb ist es immer noch schwierig oder unmöglich für die etablierte Wissenschaft, das anzuerkennen. Aus diesem Grund ist der Mut Prigogines zu bewundern, der dieses Problem direkt ansprach: Vielleicht gibt es eine subtilere Form von Wirklichkeit, die sowohl die Gesetzmäßigkeit als auch den Zufall umfaßt, die Zeit und die Ewigkeit.

Mir scheint, Prigogine bestätigt darüber hinaus, wozu auch ich gekommen bin, nämlich daß ein Erleben der Zeitlosigkeit nicht dem intellektuellen Denken folgt, sondern die intuitive Erkenntnis des Künstlers voraussetzt. Die menschlichen Symbole, meint Prigogine, haben als Ausgangspunkt sowohl das, was in der Zeit existiert, als auch das Ewige, das außerhalb der Zeit Liegende — was wohl besonders für die künstlerische Betätigung von Relevanz sein wird.

Es gibt kaum ein wissenschaftliches Gebiet, in dem sich Prigogines Prinzipien nicht als gültig erwiesen haben. Eins der Beispiele für selbstorganisierende Systeme stammt aus der Biologie: Acresin-Amöben *(Dictyostelium discoideum)* sind Einzeller, die hauptsächlich von Bakterien leben und sich durch Teilung vermehren. Normalerweise findet man diese Amöben über das Gebiet verteilt, welches die Kolonie bevölkert. Doch haben sie sich so weit vermehrt, daß ein Nahrungsmangel entsteht, geschieht etwas Merkwürdiges. Sie stellen die Vermehrung ein und bewegen sich statt dessen aufeinander zu, bis sie eine Art gemeinsamen »Körper« von vielen tausend Einzelamöben gebildet haben. Aus dieser Organisation wächst ein Stengel heraus, an dem sich ein Klumpen von Sporen bildet. Eine große Anzahl von »Individuen« hat sich zusammengeschlossen, um einen gemeinsamen Organismus zu bilden, der einer Pflanze oder einem Pilz (Schleimpilz) gleicht, mit einem ganz anderen Formprinzip als dem, das sie gewöhnlich besitzen. Damit können sie, als Antwort auf einen lokalen Nahrungsmangel, das Überleben der Art sichern, indem sie ihre Nachkommen auf ferne Gebiete verteilen, was durch eine gewöhnliche Zellteilung nicht möglich gewesen wäre.

Früher ist dies durch chemische Prozesse erklärt worden, die man in Verbindung mit dem Nahrungsmangel der Amöben entdeckt hat: Es beginnt damit, daß eine von ihnen einen chemischen Stoff produziert, der mit der Zeit auch von den anderen produziert wird. Die Reaktion auf diesen Stoff ist, daß sich die Amöben in die Richtung hin bewegen, woher das erste chemische Signal ausgesandt worden ist.

Doch das ist wohl nicht die ganze Geschichte eines solchen Prozesses, bei dem einige wenige in einer instabilen Situation »beschließen«, daß sich eine große Anzahl von Einheiten zu einem System formen und eine Ganzheitsstruktur bilden soll, sagt Prigogine. Die mechanischen Ursachen *und* auch

die universellen, ordnenden Prinzipien müssen in Betracht gezogen werden.
Hier wirft Prigogine eine wichtige Frage auf, nicht in bezug auf die Entwicklungslehre selbst, sondern ihre eventuelle Forderung, die einzige und eigentliche Erklärung liefern zu können. Die mechanistischen Entwicklungsgesetze können nicht allein das unendlich komplizierte Wechselspiel von unzähligen Einheiten erklären, die einen neuen, komplexen Organismus nach einer Periode eines instabilen biologischen Milieus bilden, ebensowenig wie mechanische Prozesse die Ursache für das ordnende Prinzip sein können, das abgetrennte Moleküle veranlaßt, spontan eine neue selbstorganisierende oder dissipative Struktur zu bilden.
Das Studium chemischer Instabilität, sagt Prigogine, sei für breite Kreise der Wissenschaft von Interesse — nicht nur für Mathematiker, Physiker, Chemiker und Biologen, sondern auch für Ökonomen und Soziologen. Marilyn Ferguson[106] berichtet, daß Prigogines Ideen unter anderem dazu benutzt worden sind, um Verkehrsmuster in den USA vorherzusagen, um zu zeigen, wie Streß als eine Kraft zur Schaffung einer neuen Harmonie aufgefaßt werden kann, und um zu erklären, wie sich Städte und ökonomische Systeme entwickeln.
Persönlich erscheint mir am wichtigsten bei Prigogines Ideen, daß sie einen logischen Zusammenhang zwischen den gesetzmäßigen und offenen Möglichkeiten zeigen. Er legt dar, daß jede Entwicklung in offenen, komplexen Systemen aus einem Wechsel zwischen stabilen Perioden linearer Ketten von Ursache und Wirkung und Intervallen von Chaos und Auflösung besteht, wo die Zukunft durch die Vergangenheit nicht bestimmt wird. Für den einzelnen wie auch für die Gesellschaft ist dies der Augenblick der Wahl, die Möglichkeit der Freiheit. Ebendas Chaos, das die stabile Ordnung ablöst, ist der Punkt der Entwicklung, der jede Voraussage unmög-

lich macht, weil das Chaos die systematische Reihenfolge der Dinge auflöst und jede gesetzmäßige Verbindung mit der Vergangenheit bricht.

Je komplizierter eine Gesellschaft ist, je gewaltsamer ihre konkurrierenden Kräfte jede Ordnung zu bedrohen scheinen, desto größer ist das Potential für einen raschen Übergang durch das Chaos zu einer grundlegend neuen, harmonischen Ordnung. Kein Wunder, daß Prigogine bei denen Begeisterung erweckte, die die heutige Krise als eine Möglichkeit für die Entwicklung einer neuen und besseren Gesellschaft betrachten. Gerade in dieser verwirrenden Zeit, die wir jetzt erleben, hat Prigogine die Zukunft mit soliden wissenschaftlichen Begründungen in unsere Hände gelegt.

TEIL III

Nach Kalifornien — dem Ausgangspunkt des neuen Bewußtseins?

In dem Augenblick, als ich in das Flugzeug nach Kalifornien steige, wird mir bewußt, daß ich noch nie eine Gruppe von so unterschiedlichen Flugpassagieren gesehen habe. Auf meinen Reisen nach London oder New York befand ich mich unter deutschen mit — im großen und ganzen gesehen — »traditioneller« Garderobe. Wogegen ich hier in eine Gruppe von Leuten mit Shorts, Sandalen, Cowboyhüten und -stiefeln, Lederjacken und Pullovern, maßgeschneiderten Tropenanzügen geraten bin. Asiaten und Südamerikaner, Weiße und Schwarze: das Ganze spiegelt den Staat wider, zu dem wir reisen, ein Ort, wo keine Kultur und keine Norm allgemeingültig ist und alles möglich erscheint. Wenn irgendein Ort auf unserer Erde dem Bild Prigogines vom Chaos vor der neuen Ordnung entsprechen sollte, so muß es Kalifornien sein.

Das behauptet auch die patriotische Kalifornierin und New-Age-Verfasserin Marilyn Ferguson in ihrem Buch *The Aquarian Conspiracy*[107] — Konspiration, das heißt Verschwörung, im Zeichen des Wassermannes, oder *Die sanfte Verschwörung*, wie die deutsche Übersetzung betitelt ist. Während ich mich von lächelnden Stewardessen bewirten lasse, schaue ich noch einmal in Marilyn Fergusons Buch, bevor ich sie in Los Angeles treffe.

Kalifornien ist dabei, das Zentrum für ein neues Weltbewußtsein zu werden, sagt Marilyn Ferguson. Der Ort, wo die Vision des Menschen über eine neue und bessere Zukunft bereits auf dem Weg zur Wirklichkeit ist. Und von Kalifornien

breitet sich ein Netzwerk über die ganze Welt — ein Netzwerk von einzelnen, die in einer neuen Art und Weise denken, auf eine neue Art und Weise glauben — an die Einheit des Menschen mit dem Universum, an seinen Geist und seine unbegrenzten Möglichkeiten. Weil diese neuen Gedanken noch nicht von der etablierten Gesellschaft anerkannt sind, verbreiten sie sich im verborgenen, sagt sie. Es ist wie eine Verschwörung im Zeichen des Wassermannes, weil dieses Sternzeichen als das Symbol für die Vertiefung in das geistige und universelle Ganzheitsbewußtsein steht. Marilyn Ferguson ist keine Astrologin, doch sie verwendet das Wassermannsymbol der Astrologie, da die Astrologen meinen, daß die Menschheit kurz vor dem Übergang in das Wassermannzeitalter steht.
Marilyn Ferguson ist nicht allein mit der Auffassung, Kalifornien, der letzte und neueste Pionierstaat, sei das Zentrum der Veränderung. Sie zitiert eine Sonderausgabe der Zeitschrift *Look* über diesen Staat, worin behauptet wird, Kalifornien entwickle sich zu einer neuen Gesellschaft, entwickle überhaupt eine neue Art von Mensch, der darin fungieren kann. Etwas kämpfe hier, um geboren zu werden, sagt Jacob Neddleman, der von Marilyn Ferguson zitiert wird. »Ich wünschte, ich könnte klar darlegen, was es mit Kalifornien auf sich hat, was so viele seiner Bewohner — und nicht nur die jungen Menschen — so viel zugänglicher für die kosmischen Dimensionen des menschlichen Lebens macht.«
Nun ist es ja immer so, daß man besonders von den Ideen seiner nächsten Umgebung beeindruckt ist, man überschätzt gerne die Allgemeingültigkeit solcher Ideen, Marilyn Ferguson wurde auch wegen ihres übertriebenen Optimismus und ihres mangelnden Verständnisses für die mächtigen Institutionen und etablierten Einstellungen der Allgemeinheit kritisiert, die immer noch die Entwicklung mit gewaltiger Kraft in die genau

entgegengesetzte Richtung ihrer Prophetien treiben. Trotzdem erwähnt sie in ihrem Buch unzählige Beispiele neuer Forschung und Erkenntnis, Meinungsumfragen, Bewegungen und Organisationen zugunsten der neuen Sicht, daß es wirklich schwerfällt, dem Eindruck zu entgehen, es breche sich tatsächlich etwas Neues eine Bahn. Und die Möglichkeit der Bedeutung Kaliforniens in diesem Zusammenhang ist nicht nur auf »gläubiger« Begeisterung gegründet. Kalifornien ist ohne Zweifel ein Kraftzentrum in einer der mächtigsten Gesellschaften der Welt. In diesem Staat wird mehr als die Hälfte aller Grundlagenforschung der USA betrieben, berichtet Marilyn Ferguson. Hier gibt es mehr hervorragende Forscher und Nobelpreisträger als in irgendeinem anderen amerikanischen Staat und wahrscheinlich ein vielfältigeres geistiges Leben als in irgendeinem anderen Ort auf der Welt, selbst wenn vieles davon immer noch als verwirrendes Chaos hervortritt.
Ich möchte der letzte sein, der diese begeisterte Auffassung kritisiert, die Marilyn Ferguson vertritt. Nach allem, was ich gelesen, und dem, was ich gehört habe, glaube ich, daß sie mit ihrer Hauptaussage recht hat: Es *gibt* etwas Neues, ja Revolutionierendes, das sich in der Entwicklung befindet, selbst wenn dieses Neue härter und länger gegen das solide System etablierter Einstellungen in der Wirtschaft, Forschung, im Denken und Handeln kämpfen muß, als sie glaubt.

Internationale Konferenzen für die Annäherung von Religion und Wissenschaft

In der Tasche habe ich eine Mappe mit Programmen und Referaten von internationalen Konferenzen, die vielleicht mehr als etwas anderes zeigen, wie die neue Einstellung trotz allem den Eingang in etablierte Kreise findet. Es ist eine Art von Zusammentreffen, die in den letzten Jahren immer häufiger stattfinden, sie sind gekennzeichnet durch ein *neues Denken* quer durch alle wissenschaftlichen, religiösen und kulturellen Gebiete, was vor einigen Jahrzehnten unmöglich war.

Im September 1983 trafen sich weltbekannte Wissenschaftler und religiöse Führer als Redner bei einer Konferenz in Tirol. Die Gespräche drehten sich um die Annäherung zwischen der neueren Naturwissenschaft und den alten geistigen Traditionen — unter dem Thema der Konferenz: »Andere Wirklichkeiten«. Als Repräsentanten der Wissenschaft sprachen beispielsweise David Bohm, Fritjof Capra, Rupert Sheldrake und der chilenische Neurobiologe Francisco Varela. Ihre religiösen Diskussionspartner waren der Benediktinerpater und Doktor der Philosophie David Steindl-Rast aus Österreich, der amerikanische Zen-Buddhist Richard Baker-Roshi und das geistige Oberhaupt des tibetanischen Buddhismus, der Dalai-Lama.

Nicht ohne Grund fällt den Quantenphysikern bei diesen Treffen eine zentrale Rolle zu, denn ihre Entdeckungen liefern die Grundlage für das, was sich jetzt auf andere Gebiete der Gesellschaft überträgt.

Im Jahre 1979 war die französische Regierung Mitarrangeur einer internationalen Konferenz in Córdoba, Spanien, wo Physiker, Neurologen, Psychoanalytiker und Philosophen zusammenkamen, um »das kritische Bedürfnis eines neuen Verständnisrahmens, der die geistigen und quantenphysikalischen Phänomene umfaßt«, zu diskutieren. Die dreißig Teilnehmer waren sich einig, daß die Konferenz eine »historische Erkenntnis des aktuellen Wandels in den Einstellungen der Wissenschaft und seiner Bedeutung für die Gesellschaft« markiere.

Der Direktor der Kulturabteilung des französischen Radios, Yves Jaigu, sagte nach einem aus Córdoba übertragenen Gespräch der Teilnehmer, daß die Programme aus Córdoba »die Zivilisationskrise unserer Zeit und eine Wiedervereinigung der zwei parallelen Wege zum Verständnis behandeln: die rational-empirische Wissenschaft und das innere Suchen durch Intuition und Phantasie«, eine Frage, von der, wie er meinte, die Institutionen, die unsere täglichen Neuigkeiten verbreiten, noch keine Notiz genommen haben. Die Wahl von Córdoba als Konferenzort war nicht zufällig, sagte Direktor Jaigu. Hier hat die arabische Kultur ihren Weg nach Europa gefunden und hier entstand die Trennung von Spiritualität und Wissenschaft in unserem Teil der Welt. Die Hoffnung war, »daß das, was in Córdoba im 11. Jahrhundert getrennt wurde, im Jahre 1979 wiedervereint werden sollte«.

Ein französischer Teilnehmer, der Physiker Costa de Beauregard, sprach während der Konferenz über die eigentümlichen Verbindungen zwischen Zwillingsphotonen in der Quantenphysik, die »ein grundlegenderes Muster von Verbindungen andeuten, das auch parapsychologische Phänomene umfassen kann«.

Mit der Zeit sind solche Treffen über ein neues Weltbild größer und ambitionierter geworden, und immer mehr Zweige der Wissenschaft kamen hinzu.

Anfang August 1985 wurde eine große Konferenz in Massachusetts arrangiert, auf der die Idee dieses neuen Weltbildes über selbstorganisierende Ganzheiten in Beziehung zu unserem ganzen Erdball beurteilt wurde. Das Hauptthema der Konferenz warf die unkonventionelle Frage auf: »Ist unsere Erdkugel ein lebender Organismus?« Hier nahmen die Repräsentanten von über dreißig Fach- und Kulturorganisationen teil. Selten wurde ein so tiefgreifendes Thema von Fachleuten behandelt, deren einzelne Wissensgebiete so weit auseinanderlagen: Es kamen Fachleute aus der Friedensforschung, Philosophie, Politik, Technologie, aus der Ökologie, Biologie, Pa-

rapsychologie und Traumforschung, aus der Mathematik, der indianischen Kunst und Kultur, der Physik, Medizin und industriellen Forschung und Atmosphärenforschung, der Sprachforschung, Anthroposophie, Archäologie, es kamen Juristen und Familienforscher und viele andere mehr. Darüber hinaus nahmen eine Reihe religiöser und geistiger Führer, Autoren, Künstler und Repräsentanten einer Reihe von Umwelt- und Alternativbewegungen teil.
Das sagt etwas über das Gewicht und die Verbreitung des neuen Denkens durch dieses Symposium aus, organisiert von The National Audubon Society in Zusammenarbeit mit — unter anderem — Planetary Citizens. Man hatte eine Reihe international bekannter Professoren, Nobelpreisträger von sechzehn verschiedenen Universitäten sowie zwanzig Forschungs- und Unterrichtszentren aus vier verschiedenen Kontinenten versammelt — darunter auch konservative Institutionen wie zum Beispiel NASA und Smithsonian Institution in den USA.
Wichtigkeit und Breite war ebenso das Kennzeichen des interkulturellen Zusammenkommens »Spirit of Peace« (Geist des Friedens), das im März 1985 in Amsterdam in Verbindung mit dem vierzigjährigen Bestehen der UNO organisiert wurde. Der Untertitel zu diesem Treffen lautete: »Kultur, Religion und Wissenschaft am Wendepunkt«. In der Einladung hierzu schrieb der Physiker Fritjof Capra unter anderem: »Wir befinden uns in einer vielseitigen globalen Krise ... und der erste Schritt, um diese Krise zu überwinden, ist die Erkenntnis eines neuen Weltbildes, einer neuen Vision der Wirklichkeit.« Das alte Weltbild, das jetzt vor dem Untergang stehe, habe den Glaube an ein mechanisches Universum zum Inhalt, an den menschlichen Körper als Maschine und an eine Gesellschaft als Arena für Konkurrenz und materiellen Fortschritt mit ökonomischem und technologischem

Wachstum — und nicht zuletzt den Glauben, daß die Frau dem Manne untertan sei, als eine Folge eines grundlegenden Naturgesetzes.

Hiergegen stellte Capra die Vision eines neuen Weltbildes über einen fundamentalen Zusammenhang und die Zusammengehörigkeit zwischen allen Individuen und Phänomenen auf dieser Erdkugel, »die natürliche Grundlage für den Weltfrieden«.

Diese Vision wurde bereits verwirklicht, meinte einer der Repräsentanten der Konferenz für die Urbevölkerung der Welt: »Jetzt ist die Zeit reif. Wir stehen vor der Wiederkehr der Traumzeit.« Neben ihm in der Diskussion über eine spirituelle Weltsicht stehen nicht nur bekannte Namen der Physik, Biologie, Medizin, Psychiatrie, Anthropologie und Religionshistorie, sondern auch Tibetaner, Hinduisten, Taoisten, Juden, Katholiken, Zen-Buddhisten, Muslims und Sufis.

Der Gedanke einer Vereinigung quer durch alle Gebiete hat die »Netzwerkarbeit« zu einer zentralen Aufgabe für alle Anhänger des neuen Weltbildes gemacht. Statt daß die Gruppen untereinander konkurrieren, sind sie in einem zusammenarbeitenden Netzwerk organisiert, das oft aus vielen tausend Einzelgruppen bestehen kann. Die Leitung einer solchen Initiative wurde während einer UN-Konferenz im Januar 1984 gegründet, unter anderem auf Initiative des Club of Rome. Die »Planetary Initiative« umfaßt heute über fünfhundert Organisationen und Netzwerke in dreißig verschiedenen Ländern.

Vieles davon ist zweifellos von Kalifornien inspiriert, wie es Marilyn Ferguson behauptet, beispielsweise vom Esalen-Institut bei Big Sur. Dieses »Wachstums«-Institut, gegründet von Michael Murphy und Richard Price, bietet Workshops in verschiedenen bewußtseinsverändernden Systemen und Techniken an und ist der transpersonalen Psychologie eng verbun-

den. Später schossen in Kalifornien Institutionen und Zentren für neue Forschung, neue Religion und neue Ideen wie Pilze aus dem Boden. Im Jahre 1973 erweckte es auch eine gewisse Aufmerksamkeit, als der Astronaut Edgar D. Mitchell vom Apollo-14-Raumfahrzeug ein privates »Institut für Noetische Wissenschaften« in Palo Alto leiten sollte, um die Entwicklung des neuen Weltbildes zu unterstützen, beispielsweise durch parapsychologische Forschung.
Heute sind Marilyn Fergusons eigenes Zentrum und ihre Zeitschrift *Brain/Mind Bulletin* wichtige Bestandteile der New-Age-Bewegung. Es wird interessant sein, einen persönlichen Eindruck von den Ansichten zu gewinnen, die diese Menschen vertreten.

Bei Marilyn Ferguson und ihrem Stab im Zentrum für die »sanfte Verschwörung«

Auf dem Flugplatz in Los Angeles werde ich von Lamar Hoover und seiner Frau Sally abgeholt, die mich mit nach Ojai nehmen, einem friedlichen, kleinen Ort in den Bergen über der Hexenküche der Autofahrer. Lamar ist ein pensionierter Redakteur, der jetzt unsere skandinavische Organisation *Die Zukunft in unseren Händen* in den USA vertritt, nachdem er in unserem Organisationszentrum in Oslo vor einigen Jahren gearbeitet hat. Bei ihm soll ich einige Tage bleiben, um meine weitere Reise vorzubereiten.
Auch in Ojai finden sich Zentren für Kaliforniens geistige Interessen, beispielsweise für die theosophische Bewegung, wo ich den Philosophieprofessor Henry Skolimowski bei einer offenen Diskussion mit einigen zufälligen Zuhörern treffe. Die Veranstaltung und die Gespräche geben mir einen Vorgeschmack von dem, was ich an vielen Orten in Kalifornien er-

leben werde: Nachdem Skolimowski eine Präsentation der neuen »tieferen Ökologie« und ihrer spirituellen Ganzheitssicht vermittelt hat, zeigt es sich, daß die neuen Themen und Erkenntnisse, die anderswo auf der Welt Interesse und Skepsis zu erwecken vermögen, hier als etwas Selbstverständliches und Wohlbekanntes entgegengenommen werden. Die meisten der Teilnehmer scheinen bereits mehr oder weniger zu einer geistigen Bewegung zu gehören. Das ist vielleicht nicht so verwunderlich, wenn man weiß, daß sich mindestens fünfzehn Millionen Amerikaner der »New-Age-Bewegung« angeschlossen haben sollen. Von diesen stammt ein großer Teil aus Kalifornien.

Nach einem Spaziergang mit Skolimowski bei Sonnenuntergang werde ich zu einem Abendessen bei meinen Gastgebern Lamar und Sally abgeholt. Endlich ist es mir auch möglich, Ragnhild anzurufen.

Die restliche Zeit in Los Angeles soll ich bei Freunden in Pasadena wohnen, und auf dem Weg dahin bekomme ich die Möglichkeit, Marilyn Ferguson in ihrem Haus in den besseren Vororten von Los Angeles zu besuchen.

Nachdem ich eine himmelsleiterähnliche Treppe durch einen wildblühenden Garten hinaufgestiegen bin, stehe ich vor einem Backsteinhaus im spanischen Stil. Sofort werde ich in eine Halle mit hohem Gewölbe und kirchenähnlicher Glasmalerei unter dem Dach hineingewinkt. Ich sehe tiefe Teppiche, Sofagruppen und eine Art Bar oder Empfangstheke.

Mir wird gesagt, Marilyn habe es sehr eilig. Sie sei soeben im Begriff, zu einer Vortragsreise nach Europa aufzubrechen. Ich setze mich auf ein Sofa und warte.

Durch die Fenster sehe ich Hollywood Hills in der Ferne. Hier drinnen ist die Stimmung geprägt von einer wunderlich stillen Unruhe. Einige Kinder spielen an der Schranke, junge Leute gehen ständig aus und ein, umarmen sich, reden und gehen wieder. Und die ganze Zeit läutet das Telefon, Anfragen, Bescheid an Marilyn. Dann kommt sie selbst und setzt sich einen Augenblick. Sie ist eine schlanke Dame mittleren Alters, die mich mit dunklen, ruhigen Augen anschaut, bedauert, daß es hier so hektisch zugehe, und mir ein kurzes Gespräch anbietet, bevor sie mich einem ihrer Helfer überläßt.

»Wie und an wen vermitteln Sie die Botschaft, die Sie in Ihren Büchern präsentieren?« frage ich.

»Wir legen das Hauptgewicht auf die Kommunikation mit Führungspersönlichkeiten«, sagt sie, »wirkliche Führungspersönlichkeiten, denen Respekt von *allen* Seiten entgegengebracht wird. Wir haben auch eine Reihe von Freunden, die in Zeitungen schreiben. Doch das geschieht nach keiner geplanten Strategie. Im übrigen arbeiten wir an der Bildung eines Netzwerks von Einzelpersonen, das jedermann zugänglich sein soll. Obwohl viele Leute hierherkommen — viele von ihnen übernachten auf dem Fußboden —, sind wir hier zu beschäftigt, um als Versammlungsort zu dienen. Wir sind ein Informationszentrum, in erster Linie durch unser Mitteilungsblatt *Brain/Mind Bulletin*, durch Vorträge und durch mein Buch.«

Weiter kommen wir nicht. Sie wird zu einem wichtigen Telefongespräch gerufen. Ihr Mitarbeiter übernimmt, während Marilyn in ihrer langsamen Unruhe hin und her läuft, einige wenige Worte in irgendwelche Gespräche einwerfend, um sich dann wieder zu entfernen. Die ganze Zeit erscheinen Menschen, sie kommen und gehen, nicht eilig, doch mit einer Art unstrukturierten, entspannten Rastlosigkeit, die mich verwirrt. Mir wird nicht klar, wer hier wohnt, wer fester Mitarbeiter und wer nur zufälliger Besucher ist.

Nach einer Weile wird uns ein Pappteller mit Mittagessen in die Hand gedrückt. Alle gehen umher und essen. Einer von Marilyns engsten Mitarbeitern, Ray Gottlieb, winkt mich auf die Veranda, wo wir eine Weile die Ruhe zu einem Gespräch finden. Während wir essen, frage ich, wie sie sich gegenüber dem kalifornischen Sinn für alle Art unkritisch übernommener Mystik und Neureligiosität verhalten. »Welchen Nachdruck legen Sie auf den Sinn für kritisches Denken und Sachlichkeit?«

»Ja«, sagt Ray, der über einen Hintergrund in alternativer Medizin verfügt, »vieles von diesem Mystischen, wovon die meisten Leute begeistert werden, beispielsweise Astrologie, könnte im Prinzip Beispiel dafür sein, womit wir uns beschäftigen. Doch kritisches Denken ist wichtig. Die verbreitete Übervereinfachung unter gewöhnlichen Menschen ist eine Gefahr. Wir sind bekümmert über die kritiklose allgemeine Reaktion, doch Marilyns Buch bezog neue Gruppen aus der Mittelklasse mit ein.«

Ray erzählte mit einem gewissen Stolz über das Interesse der Geschäftswelt. »Marilyns Gruppe ist neulich gebeten worden, mit einer der großen Computergesellschaften zusammenzuarbeiten. Es geht dabei um die Entwicklung eines Systems für den Einsatz von Computern im Unterricht, das den Gebrauch von Ressourcen vergeudenden und oft veralteten Schulbüchern ersetzen soll. Mit Hilfe eines neuen Datenprogramms sollen die Schüler selbst das Tempo und den Schwierigkeitsgrad des Unterrichts bestimmen können. Damit kann nicht nur der Unterrichtsstoff nach den allerneuesten Informationen des Fachgebietes ständig auf dem laufenden gehalten werden, es kann auch eine kreativere und ausdrucksvollere Anpassung an das Individuum im Unterricht bedeuten«, sagt er. »Der Berater, der mit uns Kontakt aufgenommen hat, möchte unsere Hilfe beanspruchen, um unsere Ideen über die Möglichkeiten des Menschen in diese Programme mit einzubauen.«

»Ehrlich gesagt«, antwortete ich erstaunt, »wie stimmt das

mit dem überein, was Marilyn schreibt, zum Beispiel über den Sinn für gemeinschaftliches Erleben und die Verantwortung füreinander durch gegenseitiges Verständnis und Zusammenarbeit? Hier werden ja die Verlierer sich selbst überlassen, während die guten vorbeisausen, ohne überhaupt soziale Fähigkeiten zu entwickeln. Der Abstand zwischen Gewinner und Verlierer wird noch größer, und keiner kann von des anderen Problemen und Denkweisen lernen. Ihr sprecht von einem allseitigen Menschen in sozialer Gemeinschaft, doch dies hier, soweit ich es verstehen kann, wird die Einseitigkeiten des Schülers entwickeln, außerhalb jeden sozialen Zusammenhangs, und ihn noch mehr egozentrisch und konkurrenzorientiert machen.«

Ich treffe auf wenig Verständnis für meine Einwände. »An das Individuum angepaßter Computerunterricht wird helfen, daß jedes Kind seine Fähigkeiten entwickelt, gleichgültig, in welcher Richtung«, sagt Ray. »Alle sind auf die eine oder andere Art begabt.«

Ich frage, ob so etwas die zukünftigen Führungspersönlichkeiten nicht zu asozialen Theoretikern macht. »Ist nicht für jemanden, der die Verantwortung für die Entwicklung der Gesellschaft trägt, soziale Erfahrung und Verständnis genauso wichtig wie einseitiges, theoretisches Können?«

»Es besteht keine Gefahr, daß die Schule solche Persönlichkeiten hervorbringt«, meint Ray. Und er kann nicht verstehen, weshalb effektiver theoretischer Unterricht die Leute asozial machen soll. »Im Gegenteil, das kann mehr Zeit für soziale Zwecke frei machen«, meint er.

Ich bin weit davon entfernt, überzeugt zu sein, und ich erwähne die andere Seite, die darauf weist, daß der Zusammenhang von Ziel und Mitteln nicht genügend durchdacht ist. »In der New-Age-Bewegung sagt man oft, das Überleben des Menschen hänge davon ab, ein größeres Gewicht auf das geistige

Wachstum zu legen«, sage ich. »Dies muß ja auch bedeuten, daß die einseitige Profitorientierung der Industrie und des Menschen durch soziale Verantwortung ersetzt werden soll. Bestehen keine Bedenken, in eine unkritische Zusammenarbeit mit solchen Großkonzernen zu gehen? Das hat doch sicher eine stillschweigende Unterstützung ihrer Profitziele und ihrer zweifelhaften Politik in vielen anderen Teilen der Welt zur Voraussetzung?«

»Das sehen wir auf längere Sicht«, sagt Ray. »Wir möchten dazu beitragen, daß das Profitdenken der Konzerne auf eine größere und langfristigere Perspektive verlegt wird, indem wir unsere Ideen mit einbauen. Profit an und für sich ist nichts Negatives. Wir meinen, es ist wichtig, mit der Industrie ein positives Verhältnis aufzubauen.«

Auch meine Frage, ob Profit und materielles Wachstum im reichsten Land der Erde der rechte Ausdruck für eine geistige globale Gemeinschaftsidee sein kann, erweckt keine Widerrede.

Marilyn streift umher. Sie hat gehört, worüber wir sprechen, und reicht mir eine Anzeige, die zeigen soll, daß die Industrie beeinflußt werden kann, sozial zu denken. Die Anzeige ist von einer Tabakfirma, die junge Menschen auffordert, nicht mit dem Rauchen zu beginnen.

Zuerst fühle ich mich ein wenig geschlagen, doch mit der Zeit erwacht die Erinnerung über indirekte Strategien, die ich so gut aus meiner Zeit in der Werbebranche kenne. Das ist gewiß keine Annonce, die an die Jugend gerichtet ist, sondern an die Eltern. Ich frage mich im stillen, wie viele rauchende Eltern diese Firma durch die Goodwillannonce zum Kauf ihrer Marke herumkriegen will... Doch mir wird klar, daß die Chance für ein gemeinsames Verständnis hier sehr klein ist. Ich schweige und behalte meine Gedanken und Annahmen für mich. Auch fühle ich, daß die herr-

schende Unruhe um uns wenig dazu geeignet ist, unsere Gesichtspunkte zu vertiefen. Ich bedanke mich für das Essen und das Gespräch und folge einem hilfreichen jungen Assistenten, der mir die Redaktion des *Brain/Mind Bulletin* im Keller zeigen soll.
Die Räume sind heute verlassen, doch geben sie einen Eindruck moderner Effektivität und Ordnung mit Textverarbeitungscomputern und geräumigen Archiven. Ich bekomme einen Haufen Lesematerial mit und werde in die Stadt gefahren, wo ich meine neuen Gastgeber treffe. Auf dem Weg dorthin komme ich an einem weiteren fürstlichen Gebäude vorbei, das durch ein Schild am Eingang als Zentrum einer »Bruderschaft der Selbstrealisation« ausgewiesen wird.
Während eines ruhigen Wochenendes bei meinen gastfreundlichen norwegisch-amerikanischen Wirten bekomme ich die Zeit, über meine Eindrücke dieses ersten Treffens mit der kalifornischen Neuorientierung nachzudenken. Bei einem Besuch in Pasadena erhalte ich wieder neue Impressionen. Auf der Post, wo ich einen Brief nach Hause einwerfen will, finde ich eine Missionsbroschüre, die den Amerikanern Hilfe anbietet, um ihr Gewissen gegenüber der Armut der Welt auf eine *lohnende* Art und Weise zu erleichtern: Mit einer steuerfreien Gabe von tausend Dollar an die Missionsgesellschaft kann man sowohl sein humanitäres Gewissen befriedigen als auch jedes Jahr Geld verdienen! »Schaff dir ein Einkommen fürs Leben, und hilf den Armen!« lockt die Überschrift.
Ich schlendre weiter und schaue auf die Menschen und Waren in den Geschäften. Ein Plakat läßt mich anhalten: »Quantendurchbruch mit Erfolg«, lese ich. Das Plakat erzählt, wie eine Kassette zu fünfzig Dollar mich lehrt, die geistigen Quantenkräfte mit Hilfe von Quantenernährung und Quantenübungen zu nutzen, um meinen Geist in eine dynamische Balance zu bringen. Eine andere Kassette ist offensichtlich noch wich-

tiger. Sie gibt Unterricht in geistiger Selbstvertiefung, die mich zu einem *Totalen Gewinner* macht! Zum Überfluß bekomme ich an der Ecke ein Reklameblatt in die Hand gedrückt. Auf der einen Seite werden Kurse in Tranceüberführung, Sexualität und Zukunftssehen verkauft, während auf der anderen Seite eine Beratung angeboten wird, die meine persönlichen und ökonomischen Probleme lösen wird und mir erzählt, ob ich ein früheres Leben hatte.

Nach einigen Tagen scheint es, daß ich bereits genug gehört und gesehen habe, um einen ernsten Zweifel an Marilyn Fergusons Glauben an das kalifornische Modell für eine Veränderung begründen zu können. Ich erkenne die Bedeutung von dem, was sie erreicht hat, um eine neue Sicht für die menschlichen Möglichkeiten zu eröffnen. Doch die Botschaft kann auch mißbraucht werden. Was ich bisher erlebt habe, deutet genau in diese Richtung: Nach dem blinden Glauben vieler Generationen an den Intellekt ohne Geist, der alle unsere Probleme löst, riskieren wir nun, daß das Pendel in sein direktes Gegenteil umschwingt, in einen blinden und einseitigen Geistglauben ohne korrigierende, kritische Gedanken. Wie soll eine solche Haltung praktische Strategien für eine Veränderung der stahlharten Strukturen schaffen können, die unser Leben dirigieren und die bisher viele Erneuerungsversuche erstickt haben? Wieder scheint mir bestätigt, was ich als unsere einzige Hoffnung ansehe: eine Synthese von dem, was bisher als unvereinbarer Gegensatz bestanden hat — Spiritualität und Intellekt, Ganzheitserlebnis und Analyse, Ost und West, Intuition und Wissen, das Weibliche und das Männliche, die undogmatische Religion und die offene, aber kritische Wissenschaft.

Doch mir ist bewußt, daß es in Kalifornien viel mehr gibt als das, worauf ich bisher gestoßen bin. Hier wirken auch einige der führenden Repräsentanten bester wissenschaftlicher Tradition. Der vorurteilsfreie Wille zu sachlicher Nachprüfung solch intuitiver Erkenntnisse war immer Voraussetzung für natürliche und unverfälschte Entdeckungen. Ich weiß, daß die kalifornische Bewegung auch viele der mehr konservativen Gruppen in den USA inspiriert hat, was nun mehr und mehr seine Wirkung zeigt. Mit einem neuen Glauben an den menschlichen Geist und dessen Möglichkeiten nehmen Millionen von Amerikanern heute an Maßnahmen teil, die in radikaler Weise mit dem Alten brechen: neue Geldsysteme mit einem ökologischen Wertsystem, kooperativer Handel ohne Profitziele, Kollektivproduktion und gemeinsame Landwirtschaft und Industrie, lokaler Arbeitstausch und Teilung von Aufgaben in der Fürsorge, alternativer Handel und Kulturkontakte mit Entwicklungsländern, Friedensbewegungen für ein Ost-West-Verständnis und Freundschaftsaustausch, soziale, notenfreie Ausbildungssysteme, Non-Profit-Reisebüros und ähnliches. Überall werden neue Ideen in die Tat umgesetzt, die auf einem anderen Wertsystem und einer anderen Sicht des Menschen aufbauen als die etablierte Konkurrenz-und Profitgesellschaft.

Es ist durchaus möglich, daß Kalifornien der Ursprung für den Glauben an neue Möglichkeiten war, die hinter alldem liegen. Doch die praktische Verwirklichung dieser radikalen Alternativen scheint mir mehr allgemein in den anderen Staaten der USA verbreitet zu sein als hier. In seinem Buch *Human Scale*[108] zeigt Kirkpatrick Sale beispielsweise, daß diese konstruktive Veränderungsbewegung in der führenden Weltmacht nicht nur auf einer Sonderstellung von kleinen Außenseitergruppen basiert. Hier werden ganze Serien von Meinungsumfragen des bekannten Harris-Instituts besprochen, die zeigen, daß das Mißtrauen gegenüber dem Bestehenden und der Glaube an andere Werte und Lösungen heute bei der Mehrzahl der Amerikaner vorhanden sind.

Im Konflikt zwischen der Macht des Neuen und des Alten sind wohl nicht mehr als oberflächliche Lösungen zu erwarten, und auch die Flucht vor der Wirklichkeit taucht auf, besonders hier in Kalifornien, wo alles eine Tendenz besitzt, als Weltspitze zu gelten. Hier sind die Gefahren und Möglichkeiten des Aufbruchs sichtbarer als an irgendeinem anderen Ort.

Vorläufig habe ich mehr von diesem alten Chaos gesehen als vom Beginn des Neuen in Kalifornien. Doch was ich gelesen und von anderer Seite erfahren habe, ist mehr als genug, um zu erkennen, daß der Nobelpreisträger Prigogine mit folgender Aussage recht hat: »Im Chaos liegen die Möglichkeiten der Veränderung.« Deshalb bin ich mehr an wissenschaftlicher Pionierarbeit in der Forschung interessiert, die uns alle eine neue Grundlage und einen neuen Glauben gibt, einen Glauben an unsere Zukunft und auch an den Menschen selbst. Was sich überall Bahn bricht, basiert nicht zuletzt auf einer neuen Sicht des Menschen. Die beiden Hirnforscher, die ich jetzt treffen werde, haben jeder auf seine Weise dazu beigetragen.

Zwei Pioniere der Hirnforschung über unser Bewußtsein

Im Jahre 1981 bekam der amerikanische Neurophysiologe Roger Sperry den Nobelpreis (Physiologie/Medizin) für seine Untersuchungen von Patienten mit »geteilten Gehirnhälften«; Menschen, deren Verbindung zwischen rechter und linker Hemisphäre unterbrochen war. Es handelte sich beispielsweise um Epilepsiepatienten, bei denen das *Corpus callosum* (Gehirnbalken) durchschnitten wurde, um zu verhindern, daß die großen epileptischen Anfälle zwischen den Gehirnhälften hin und her prallten. Das *Corpus callosum* ist ein »dickes Kabel« mit 250 Millionen Verbindungsfasern.
Sperrys Ergebnisse haben sehr zu einer Veränderung der Einstellung zu Geist und Bewußtsein beigetragen. Diese neuen Einstellungen sind nun in den Kreisen der Hirnforscher im Vormarsch. Wie in der Quantenphysik und in der Chemie geschieht auch hier eine Entwicklung fort vom Materialismus und vom sogenannten Reduktionismus, der davon ausging, die Ganzheit sei dadurch zu verstehen, daß sie in kleine Teile »zerschnitten« würde, daß komplizierte Zusammenhänge von den einzelnen Teilen ausgehend erklärt würden. Letzteres brachte eine Tendenz mit sich, den Geist des Menschen lediglich als ein Resultat von mechanischen Hirnprozessen zu betrachten, sagt Sperry. Wie die alte Physik das Universum als Maschine auffaßte, so sahen auch viele Bewußtseinsforscher das menschliche Gehirn als eine Art mechanischen Automaten, der all unsere Gedanken bestimmt.
Sperry bezieht sich auf D. M. Armstrong, den Begründer der

materialistischen Theorie über die Identität von Verstand und Gehirn. Er sagte in den sechziger Jahren: »Der Mensch ist ganz und gar ein materielles Objekt und hat nichts anderes als physikalische Eigenschaften. Die Wissenschaft kann eine vollständige Erklärung des Menschen aufgrund rein physikalisch-chemischer Bedingungen liefern.«[109]

Es ist wohl unrichtig, zu behaupten, daß die Forschungsmethoden des Reduktionismus vollständig verlassen worden sind. Bevor ich aus Norwegen abreiste, führte ich Gespräche mit zwei unserer führenden Hirnforscher. Der eine erklärte sich ohne Vorbehalte als Reduktionist. Der andere war offener, meinte aber, daß die Idee über das Bewußtsein und den freien Willen unabhängig vom physikalischen Determinismus und eine für die Forschung unbrauchbare und nicht anwendbare Idee sei. Doch Sperry hat dazu beigetragen, daß die Idee, den menschlichen Geist als etwas Ganzheitliches zu betrachten, das über dem Mechanismus des Gehirns steht und in diesen hineinwirkt, nun in größerem Maße akzeptiert wird.

Sperrys Beschreibung, wie er zu diesen Schlußfolgerungen kam, ist faszinierend: »Es zeigte sich«, sagt er, »daß wir die Nervenbahnen zwischen dem linken und rechten Teil des Gehirns vollständig durchtrennen konnten, zweihundertfünfzig Millionen Nervenfasern — und es schien zunächst überhaupt keinen funktionellen Mangel bei den Leuten hervorzurufen. Dies paßt in die Vorstellung, das Gehirn sei durch eine ganzheitliche Anpassungsfähigkeit charakterisiert.«[110]

Eigenartig war, daß beide der voneinander getrennten Teile den Charakter der ganzheitlichen Person bewahrten!

Weil man an eine mechanistische Erklärung geglaubt hatte, meinten vordem viele, jede Gehirnhemisphäre habe eine separate Teilfunktion inne, und das eigentliche Bewußtsein sei im linken Teil des Gehirns angesiedelt. Sperry zeigte, daß der rechte Teil des Gehirns auch »vernünftig« dachte; doch zeigte er ebenso, daß die zwei Teile anfallende Probleme auf ihre eigene Art lösten und beurteilten. In der linken Hälfte dominierte die Fähigkeit für »die Sprache, das Schreiben und Kalkulieren«, und diese Seite sei »aggressiv, ausführend und leitend in der Kontrolle der meisten Verhaltensmuster«, sagt Sperry, während der rechte Teil »normalerweise nicht in der Lage ist, durch Sprache oder Schrift zu antworten, obwohl er langsam gesprochene Instruktionen sehr gut versteht. Es ist typisch, daß dieser Teil auch keine Rechenaufgaben lösen kann, die über einfache Additionen bis zur Zahl Zwanzig hinausgehen.« Doch die rechte Seite sei klar besser in der Auffassung von »räumlichen Formen, wechselseitigen Verhältnissen und Veränderungen«, und sie »sieht aus, als ob sie mehr ganzheits- und einheitsorientiert ist als analytisch und teilorientiert. Sie scheint eine mehr konkrete, sammelnde Einsicht zu umfassen, als das bei der linken Seite der Fall ist.«[111]

Eine Teilung des Gehirns wird also nicht mechanische Teilfunktionen mit sich bringen, wie dies die reduktionistische Ansicht voraussetzt. Im Prinzip ist die Ganzheit in jedem Teil vorhanden.

Im großen und ganzen sieht es so aus, als ob die zwei Hälften des Gehirns bei Frauen weniger spezialisiert sind. Ich verstehe das dahingehend, daß Frauen nicht so leicht wie Männer einseitige Persönlichkeitstypen entwickeln. Auf jeden Fall ist man der Auffassung, die geringere Seitenspezialisierung könne die Ursache dafür sein, daß Frauen durchschnittlich besser verbale Tests bestehen, während Männer oft besser bei mathematischen Tests sind. Auf jeden Fall hat Sperry nachgewiesen, daß unsere Schulen viel zu einseitig entwickelt sind und die logisch-mathematische Seite unseres Bewußtseins überbetonen, während das mehr künstlerische und unmittelbar

ganzheitlich orientierte Bewußtsein aufgrund des mangelnden Trainings stagnieren kann.
In einem seiner interessanten Versuche zeigte Sperry, wie beide Gehirnhemisphären ganzheitlich und doch unterschiedlich sind. Sperry ließ eine »hirngeteilte« Versuchsperson einen Gegenstand in der Hand halten, die von der rechten Gehirnhälfte gesteuert wird, doch ohne sie diesen sehen zu lassen. Wenn nun der Patient gebeten wurde, den Gegenstand mit Worten zu beschreiben, stritt dieser jedes Wissen über den Gegenstand ab. Wurde er jedoch gebeten, etwas Ähnliches unter verschiedenen Gegenständen mit der anderen Hand zu *fühlen*, suchte er immer den richtigen heraus, selbst wenn er auch mündlich darauf bestand, daß er nicht wußte, was die andere Hand festhalte, sondern dies nur raten könne.
Jedes Hirnteil wirkt also als feine bewußte Persönlichkeit, die selbständig »versteht, denkt, behält, Schlüsse zieht, beurteilt, will und fühlt«, sagt Sperry. Und die zwei Teile können zur gleichen Lösung des Problems kommen, jedoch »auf unterschiedliche Art und Weise und mit Hilfe verschiedenartiger Strategien«!
Solche Versuche brachten Sperry und viele andere Hirnforscher zu der Überzeugung, daß das Bewußtsein nicht auf ein mechanisches Zusammenspiel zwischen Einzelteilen zurückzuführen sei, vielmehr müsse es etwas Ganzheitliches und Übergeordnetes sein, das auf das gesamte Gehirn einwirkt. — Und das bekam eine entscheidende Bedeutung für ihr Verständnis des menschlichen Geistes.
Während frühere wissenschaftliche Theorien die mechanischen Gehirnprozesse als das Bestimmende für das Bewußtsein beschrieben und letzteres nur als ein Resultat der ersteren betrachtet wurden, stelle man das Ganze jetzt auf den Kopf, sagt Sperry. »Heute akzeptieren viele von uns in der Verhaltens- und Nervenforschung die Auffassung, daß inne-

re, bewußte Erfahrung in sich selbst eine verursachende Rolle von höchstem Niveau in den Hirnfunktionen spielt.« Dies folge aus der veränderten Auffassung, »daß der Geist faktisch die Materie im Gehirn bewegt«.

Diese neuen Gesichtspunkte seien heute in der Hirnforschung und den Verhaltenswissenschaften sehr stark im Vormarsch, sagt Sperry. Es wird »die dritte Revolution in der Psychologie gezeichnet«, und es geht hierbei um eine mentalistische und ganzheitliche Auffassung. »Im Gehirn bedeutet dies, daß die *höheren* mentalen Programme die *niedrigen* Nervenaktivitäten bestimmen. Doch dieses Prinzip ist universell und gilt überall im Zusammenspiel zwischen Ganzheiten und ihren Teilen.«

Wieder zeigt sich, daß die Schlußfolgerungen der heutigen Pioniere in der Forschung in vielen unterschiedlichen Fachgebieten sich gleichen. Ich gehe mit einer großen Erwartung zum California Institute of Technology (CALTEC) in Pasadena, wo Roger Sperry dreißig Jahre Professor war.

Ein Gespräch mit Roger Sperry

Mit seiner Eleganz, seinem vornehmen Auftreten und dem sorgsam gepflegten grauen Bart stellt sich mir Professor Sperry als ein Mann vor, der es gewohnt ist, daß man ihm zuhört, einer, dessen Ideen Einfluß haben.

»Mit dem Begriff Vitalismus meine ich die Steuerung von oben«, antwortet er auf meine diesbezügliche Frage. »Die vorherigen Theorien basierten auf dem Mikrodeterminismus, darauf, daß das Ganze funktionieren sollte. Diese Vorstellungen müssen durch einen Makrodeterminismus ergänzt werden, der sagt, daß die Ganzheit auch die Teile lenkt, und zwar durch eine Kontrolle, die nach unten wirkt. – Denken Sie an einen Computer. Das Programm regelt die Teile des Computers und ihre Funktion, doch es ist nicht möglich, den Sinn des Programms zu erfassen, wenn man nur untersucht, wie diese Teile aufeinander einwirken. Es sind nicht die Teile, die das Programm ausmachen. Das Programm ist übergeordnet. So ist es auch mit dem Gehirn. Das Muster der Neuronen wird durch die Gedankenmuster kontrolliert, die eingeübt wurden. Das ist ein ununterbrochenes Wechselspiel. Das Gehirn entwickelt seine eigenen mentalen Programme, die auf die Physiologie zurückwirken.«

»Wie sehen Sie die Frage des freien menschlichen Willens? Bedeutet Ihre Abrechnung mit dem einseitigen Reduktionismus auch eine Abfuhr an den Determinismus?«

»Ich bin für einen Kompromiß zwischen dem Reduktionismus und einer holistischen Auffassung«, sagt Sperry. »Mein freier Wille ist determiniert, doch nicht auf dem physischen Niveau. Der Wille ist bestimmt durch mentale Prozesse und Eigenschaften. Sie machen das, was Sie zu tun wünschen.«

»Können Sie den Geist oder den Willen durch materielle Zeit-Raum-Begriffe erklären, oder placieren Sie diese in eine immaterielle Dimension?«

»Das, was die Funktion der Teile bestimmt, ist nicht materiell, nicht erklärbar durch Atome und Partikel«, antwortet Sperry bestimmt. »Sie sehen das bei Heilungsprozessen, wo die Ganzheit wiedererschaffen wird, obwohl die Funktion der Teile zerstört war. Da wird die Kontrolle von oben nach unten sichtbar. Das Prinzip der nichtmechanischen ›Abwärtskontrolle‹ wirkt sich auf allen Ebenen aus. Ein Atom, das in einem Molekül eingefangen wird, ist nicht länger sein eigener Herr. Es entstehen ganz neue Situationen. Die Idee einer solchen ganzheitsschaffenden ›Abwärtskontrolle‹ verändert das gesamte Bild der Wirklichkeit. Es repräsentiert ein neues Paradigma, das einen Dialog zwischen Religion und

Wissenschaft, zwischen östlichen und westlichen Ideologien eröffnet und auch eine neue Ausrichtung der moralischen Werte über Gemeinsamkeit und Verantwortung zum Inhalt hat. Hierin liegt eine Lösung für alle Menschen.«

»Betrachten Sie sich als religiös?«

»Wenn Religion als das äußerste Anliegen definiert wird, ja.«

»Wie und wann entstand diese entscheidende Ansicht der ›Abwärtskontrolle‹ in der Wissenschaft unseres Jahrhunderts?«

»Ich glaube, der Einstellungswechsel hat seine Wurzeln darin, daß man die Idee des Vitalismus in die Diskussion über Geist und Gehirn einbezog«, antwortete Sperry. »Der Holismus, oder die Idee über die Bedeutung der Ganzheit entstand etwa 1920, doch diese Vorstellung konnte niemals in die Wissenschaft eindringen. In den Jahren 1964 und 1965 führte ich den abwärtsgehenden Kontrollfaktor des Holismus ein. Damit wurde es möglich, alle Fragen über Ganzheit und Teil zu beantworten. Das war drei bis vier Jahre nachdem der Behaviorismus oder das Studium des Verhaltens unabhängig vom Bewußtsein verworfen wurde. Es war das erstemal, daß ein ganzer Zweig der Wissenschaft die abwärtsgehende Kontrolle annahm. Jetzt breitet sich die Idee auch in den Sozialwissenschaften, der Politik und in anderen Gebieten aus. Doch die Physik und die Chemie akzeptieren das nicht. Besonders nicht hier im California Institute of Technology. Hier hat man eine mehr teilorientierte Haltung als irgendwo anders. Doch die Gesetze können nicht die Ganzheit erklären!«

»Gibt nicht die Quantenphysik eine gewisse Inspiration für diese neue Ganzheitssicht? Dort war man ja lange mit einem nichtmechanischen Ganzheitsprinzip beschäftigt, das unter anderem durch die Photonenversuche der Aspect-Gruppe (s. S. 82 ff.) bestätigt wurden?«

»Ich bin skeptisch hinsichtlich der Versuche, Schlüsse über

die Ganzheit auf der Grundlage von Photonenexperimenten zu ziehen. Wir haben diese Ideen seit den siebziger Jahren stark gefördert. So kam Capra in den achtziger Jahren. Er sagte, daß alles auf die Physik zurückzuführen sei, und begann, all die alten Lieder von vorn zu singen.«

»Das wichtigste bei den Photonenexperimenten ist nach meiner Auffassung, daß sie eine Ganzheitsverbindung demonstrieren, die unabhängig von Raum und Zeit wirkt. Das weist auf etwas, das nicht abgegrenzt werden kann, und deshalb muß dieses Etwas ein universelles Prinzip sein, welches verursacht, ohne selbst durch materielle Verhältnisse verursacht zu werden. Für mich scheint es plausibel, daß die mentale ›Abwärtswirkung‹ im Gehirn dem gleichen Prinzip angehört. Wenn das Bewußtsein aus einer solchen Seite der Wirklichkeit entspringt, kann es auch verursachend und frei sein. Wie stehen Sie hierzu? Glauben Sie, daß es ein Prinzip gibt, welches gesetzmäßiger Vorausbestimmung widerspricht?«

Sperry zögert ein wenig und sagt dann: »Ich glaube, ich komme nicht von dem Gedanken weg, daß es ein gesetzmäßiges, determiniertes Universum gibt. Ich stehe da auf Einsteins Seite.«

Ich erwähne auch Emersons klare Beweise für die geistige Fähigkeit, Zeit und Raum zu überschreiten. Doch jetzt will Sperry mir nicht länger folgen: »Sollte sich so etwas als möglich erweisen, verlieren wir jede solide Grundlage, auch für moralische Werte«, meinte er.

Ich glaube, Roger Sperry läßt einige wichtige Fragen unbeantwortet. Wie können Freiheit, freie Wahl und moralische Verantwortung in seinem vollständig festgelegten Universum möglich sein? Und Emersons wohldokumentierte Beispiele? Ich verlasse Roger Sperry in der Hoffnung, daß der Hirnforscher, den ich in San Francisco treffen soll, mir weiterhelfen wird.

Während einer beeindruckenden Flugreise in der frühen Morgensonne über Kaliforniens grünem Teppich mit beleuchteten Bergketten und tiefen, schattigen Tälern frage ich mich, was die Entdeckung unserer zwei Arten von Bewußtsein eigentlich bedeutet.

In einem bin ich mir sicher: Mein unmittelbares Erleben der schönen Landschaft, über die wir langsam hinwegschweben, ist kein Ergebnis eines intellektuellen, linken Hirnprozesses. Es ist ein direktes Ganzheitserlebnis, das nicht aufgeteilt und analysiert werden kann, ebensowenig wie Kunst und Liebe durch systematisches Denken hervorgebracht werden können.

Ist es so, daß unsere zwei Hirnhälften derart eingerichtet sind, um je eine Seite der komplementären Wirklichkeit zu erkennen? Ist es möglich, daß einseitige wissenschaftliche Ausbildung die rechte Hirnhälfte und ihre Fähigkeit schwächt, das alles verbindende Hier und Jetzt, welches Raum und Zeit überschreitet, zu erleben? Kann die Ablehnung der vielen Forscher all dessen, was auf eine solche Nicht-Zeit-Dimension weist, darauf zurückzuführen sein, daß die *Erfahrungen* in dieser Dimension eine andere Art von Bewußtsein erfordern als das einseitige, linksseitige Hirnverständnis, das besonders bei der Arbeit an einer wissenschaftlichen Karriere entwickelt wird? Ist das der Grund, weshalb das Ganzheitsprinzip, das nicht in gewöhnlichen Zusammenhängen von Ursache und Wirkung beschrieben werden kann, noch solch einen großen Widerstand bei den meisten Forschern erweckt und als wirklichkeitsfern oder »mystisch« abgewiesen wird?

Ich denke an die Wissenschaftler, die ich traf und die sich ohne weiteres für ein solch komplementäres Bild der Wirklichkeit aussprachen. Sie alle sind Menschen, die in gleicher Weise ein großes Gewicht auf das Wirklichkeitserlebnis wie auch auf die Wirklichkeitsanalyse gelegt haben.

Der norwegische Professor Sven Oluf Sørensen, der Gespräche mit den Leuten als uninteressant bezeichnet, die das intellektuell Unerklärliche abweisen, ist nicht nur Sohn des Malers Henrik Sørensen, sondern hat auch selbst gemalt. Das gleiche gilt für viele der geistig orientierten Pioniere der Quantenphysik — so scheint auch David Bohms spirituelles Weltbild durch sein ungeheuerlich allseitiges Kulturinteresse, welches weit über das Wissenschaftliche hinausgreift, entwickelt worden zu sein. Bei all diesen Menschen kann ein Zusammenhang zwischen einer gleichwertigen Entwicklung beider Hirnteile und der Fähigkeit bestanden haben, die zeitlose Seite der Wirklichkeit zu erleben und zu akzeptieren.

In die gleiche Richtung weist auch eine Reihe von Untersuchungen, die andeuten, daß parapsychologische Fähigkeiten wesentlich weiter bei den Menschen entwickelt sind, die einer schöpferischen Tätigkeit nachgehen, als bei denjenigen, die rein intellektuell arbeiten. Im Jahre 1973 veröffentlichte das *Journal of Humanistic Psychology* zwei diesbezügliche Versuchsserien. Eine davon wurde von Charles Honorton ausgeführt, mit dem ich letztlich noch ein Gespräch in New Jersey führte. Seine Schlußfolgerung war, daß ein klarer Zusammenhang zwischen parapsychologischen und schöpferischen Fähigkeiten bestand. Honorton fand auch wesentliche Unterschiede zwischen schöpferischen und nichtschöpferischen Menschen in Präkognitionsversuchen: Die Kreativen zeigten häufiger die Fähigkeit, zukünftige Ereignisse vorauszusagen.

Ein Experiment von Schmeidler und McConnell zeigte entsprechende Zusammenhänge zwischen parapsychologischen Testergebnissen und der allgemeinen Einstellung zur Welt. Die Versuchspersonen, die in diesen Tests »am besten« abschnitten, waren Leute mit einer ausgeprägten offenen Haltung gegenüber neuen Erfahrungen außerhalb der eingefahrenen Gedankenbahnen.

Dieses Verhältnis zwischen parapsychologischen Fähigkeiten und einer gutentwickelten rechten Hirnhälfte kann vielleicht auch erklären, was mir schon lange aufgefallen war, daß nämlich Frauen, die nach Sperry oft weniger »spezialisiert« sind als Männer, viel offener für die Phänomene zu sein scheinen, die nicht in eine Raum-Zeit-Wirklichkeit passen.

Dies ist natürlich eine vereinfachte Darstellung. Es gibt auch viele konservative Wissenschaftler, die sich mit Kunst und Natur beschäftigen. Trotzdem kann ich mich nicht von dem Gefühl befreien, daß das intensive und unmittelbare Erlebnis nach langen Perioden einseitiger, analytischer Denkarbeit schwieriger zugänglich ist. Ich merke das auch bei mir selbst.

Vor einiger Zeit fand ich ein Zitat von Darwins testamentarischen Bemerkungen, geschrieben, kurz bevor er starb, nach einer Reihe von Jahren mit intellektuell »linksseitiger Hirnanalyse« der Ursachen und Wirkungen der Entwicklung. Hier beschreibt er ganz direkt dieses Gefühl, die Fähigkeit für das tiefe Ganzheitserlebnis verloren zu haben, was besonders gegenüber Kunst und Natur erforderlich ist und das typische Kennzeichen der »nichtmathematischen« rechten Hirnhälfte zu sein scheint. Er habe seit vielen Jahren nicht eine einzige Zeile Poesie lesen können, schreibt Darwin. Er habe versucht, Shakespeare zu lesen, doch fand er dies »ungeheuerlich langweilig«. Er habe auch vollständig den Sinn für Malerei und Musik verloren; um sich an etwas zu erfreuen, denke er energisch an die Arbeit, mit der er zur Zeit beschäftigt sei. Er habe sich ein wenig Sinn für die Schönheit der Natur bewahrt, doch auch hier finde er nicht den großen Nutzen wie in alten Tagen. Das sei ein merkwürdiger und beklagenswerter Verlust aller höheren ethischen Sinne. Der Verlust dieser Fähigkeiten sei ein Verlust an Glück und könne vielleicht schädlich für die Intelligenz sein. Es sei sicherlich noch

schädlicher für den moralischen Charakter, weil unsere natürlichen Gefühle abstumpfen.
Das scheint eine Beschreibung einer einseitig linken Hirnspezialisierung zu sein, wobei die rechte Seite fast außer Funktion gesetzt wurde. Ich denke an die analytisch hochentwickelten Gehirne, die in der Lage sind, Atomwaffen zu bauen und einzusetzen. Ich bin sicher, daß, wenn sie die Fähigkeit entwickelt hätten, sich in die unfaßbaren Leiden der Zehntausende von Opfern in tiefer Weise einzuleben, der Entschluß zum Abwurf der Hiroschimabombe unmöglich gewesen wäre. Ich denke an die Taktiken der großen Politik und der Weltwirtschaft, die praktisch voraussetzen, daß ihre Führer die einseitige Fähigkeit besitzen, das Spiel mit dem Menschenschicksal als eine Bewegung von Punkten auf einem globusförmigen Schachbrett zu betrachten. Und ich erinnere mich an die intelligenten Technokraten und Politiker, die sich erregen, sobald »irrationale Gefühle« der protestierenden Bevölkerung aufkommen, wenn zugunsten »ökonomisch vernünftigen« Fortschritts ein Naturgebiet zerstört werden soll.
Es scheint mir, daß ich viele Beispiele erkenne, wie einseitig Intellektuelle auf einer zahlenbegründeten Politik bestehen können, irritiert über den »Protest der rechten Hirnseite« anderer, deren Ausgangspunkt in einem Erlebnis liegt, das sie nicht länger fähig sein läßt, sich anzupassen. Die Gefahr liegt, wie Sperry andeutete, in den hochspezialisierten Ausbildungen, die für eine Führungsposition heute verlangt werden. Sie sind einseitig auf die Konkurrenz intellektueller Fertigkeiten gerichtet. Sie geben wenig Training für soziales Mitgefühl und ein Ganzheitserlebnis, wofür die rechte Hirnhälfte eingerichtet ist. Auf der anderen Seite steht die einseitige rechte Hirnhälfte machtlos vor einer Welt, in der Geld und Zahlen, Technologie und Machtdenken längst die Diskussionsgrundlage festgelegt haben.

Roger Sperry selbst ist unschlüssig, allzu weitgehende Folgerungen aus seinen Studien über den Unterschied zwischen der rechten und der linken Hirnhemisphäre zu ziehen, doch andere Fachleute haben das in einem viel weiteren Zusammenhang diskutiert.

Meditation, verschiedene Stufen des Bewußtseins und das ewige Jetzt

In dem Buch *The Psychology of Consciousness*[112] zeigt der amerikanische Professor der medizinischen Psychologie Robert E. Ornstein, daß sehr viele der alten Kulturen bestimmte Vorstellungen mit der entsprechenden »rechten« und »linken« Hirnhälfte verbinden, was mehr in die generelle Einteilung der Hirnforscher paßt. Wenn man weiß, daß der rechte Hirnteil die linke Seite des Körpers steuert, ist es interessant zu hören, daß die Mojave-Indianer die linke Hand als Ausdruck des Mütterlichen betrachten und die rechte als die aktive, väterliche Hand und daß beispielsweise die Hopi-Indianer die linke Hand als die musikalische bezeichnen und die rechte als die intellektuelle.

Ornstein verweist auf William Domhoff, der eine größere Übersicht über Mythen und Symbole ausgearbeitet hat, die sich auf eine solche Seitenteilung des Hirns beziehen: Die linke Körperseite (entsprechend dem rechten Hirnteil) wird oft als das Gebiet der Träume betrachtet, als das Intuitive, das Heilige und auch als das Feminine — im Gegensatz zur rechten Seite, die maskuline Eigenschaften besitzt. In der indischen Vedanta-Philosophie wird die Zweiseitigkeit des Bewußtseins als ein Zusammenspiel zwischen *Buddhi* (Intellekt) und *Manas* (Geist) beschrieben.

Professor Ornstein ist sich selbstverständlich darüber klar, daß die Hirnteile keine absoluten Spezialisierungen repräsentieren, jedoch unterschiedliche Tendenzen. Diese kommen bei der Einteilung in die komplementären Seiten der Wirklichkeit, die sich in alten Kulturen finden lassen, deutlicher zum Vorschein. Das ist vielleicht am deutlichsten beim Taoismus mit seiner Vorstellung von Yin und Yang, dem universell weiblichen und männlichen Prinzip, zu erkennen.

Für meine Untersuchung ist es das wichtigste, daß Ornsteins Einteilung das Ewige, Zeitlose, Gleichzeitige der femininen, linken Körperseite (entsprechend der rechten Hirnhälfte) zuordnet, während das Historische, Zeitorientierte, linear Aufgeteilte und analytisch Ursachenbestimmte der intellektuellen männlichen Seite entspricht. Die wissenschaftliche Ausbildung der analytischen Ursachenbeschreibung scheint also nach altem Wissen als komplementär zum Erleben der Nicht-Zeit-Dimension der Wirklichkeit aufgefaßt zu werden.

W. B. Beveridge hat bereits 1950 den Bedarf an der Entwicklung der intuitiven Seite bei Forschern erkannt.[113] Intuitives Wissen soll das rationale Wissen, die wissenschaftlichen Fähigkeiten ergänzen, meint er. Vieles deutet darauf hin, daß dies der Einstellungswandel zu sein scheint, auf den die Wissenschaft zusteuert. Die entscheidende, zeitlose Ganzheitsdimension, die für das klassische wissenschaftliche Denken als so unzugänglich erscheint, kann vielleicht nicht nur deshalb akzeptiert werden, weil sie eine notwendige Konsequenz neueren Wissens darstellt, sondern auch, weil sie für den Forscher eine erlebte Realität darstellt, eine höherentwickelte intuitive Fähigkeit. Weil das Schwergewicht der Forschung in den letzten Jahren allzuweit zur strengen Logik der linken Hirnhälfte tendierte, seien viele grundlegende menschliche Fragen übersehen worden, meint Ornstein.

Die gleiche Auffassung wurde auch von vielen Quantenphysikern vertreten. Einer von ihnen war der große Physiker K. V. Laurekainen, der über die Konsequenzen der Entdeckung der Quantenphysik folgendes sagte: »Das bedeutet, daß wir einen Grund haben, Descartes' rationalistische Philosophie abzulehnen... Die Wissenschaft muß eingestehen, daß rationale Methoden nicht die ganze Seite der Wirklichkeit erfassen können.«[114]

Ornstein ist kein Sprecher für eine *einseitige* Geistigkeit, und das ist auch nicht das alte Wissen, auf das er sich bezieht. Es ist Sicht unserer Kultur, die Aufspaltung separater Einzelteile, die zur Tendenz geführt hat, die zwei Seiten der Wirklichkeitswahrnehmung gegeneinanderzustellen — als ein Entweder-Oder. Für einen Taoisten ist eine Diskussion, inwieweit das Yin- oder Yang-Prinzip hervorgehoben werden sollte, von keinerlei Belang: Es ist Balance, das Zusammenspiel zwischen ihnen, was das universelle Gleichgewicht und Harmonie darstellt.

Wie kann nun die unterentwickelte Fähigkeit zum Erleben der alles verbindenden, zeitlosen Ganzheitsdimension in einer Kultur erlernt werden, die es gewohnt ist, alles in Zeitketten von linearen Ursache- und Wirkungszusammenhängen aufzuteilen? Wie kann der vernachlässigte rechte Hirnteil trainiert werden? — Sich Zeit für andere zu lassen, die Liebe und Einfühlungsvermögen brauchen, ein tieferes Erleben in der Kunst und Natur zu suchen, seine intellektuellen Aktivitäten durch praktisches Handwerk auszugleichen und sich vor allem des Problems bewußt zu sein kann ganz deutlich dazu beitragen, uns zu einem mehr ganzheitlichen Menschen zu machen. Doch auch solche Bemühungen können sich als mehr einseitig intellektuell statt als ganzheitliches Erleben erweisen, wenn das Denken vorher durch einseitiges analytisches Denken überfordert wurde. Da kann die Liebe zum sexuellen Ich-Erlebnis statt zu einem Erlebnis der Einheit werden, das Zusammensein mit Kinder kann zu einer Theorie über die Methode werden statt zu der Fähigkeit, auch in der Gedankenwelt des Kindes zu leben. Das Kunsterlebnis kann über die Begeisterung der eigenen Fähigkeit zur Kunstanalyse verlorengehen, und das Sicheinfühlen in die Leiden von Unterdrückten kann eine Frage theoretischer Solidarität und ideologischer Rechtgläubigkeit werden.

Wie kommt ein Gedankenmensch aus solch einer Zwangssituation heraus? Wie kann man erfahren, daß es nicht notwendigerweise richtig ist, was mir ein Professor zu Hause während eines Gesprächs sagte — daß es ein Kennzeichen des Menschen ist, das Denken nicht sein lassen zu können? Wie kann das Hier-und-Jetzt-Erlebnis die zeitbestimmten Gedankenreihen verdrängen?

Wenn es richtig ist, was ich bereits vorher gefolgert habe, daß das Denken allein ein gesetzmäßiger, logisch-mechanischer Prozeß ist — weil er notwendigerweise mit Verhältnissen der einen Seite der Wirklichkeit operieren muß, die ja aus zusammengeketteten, linearen Ereignisreihen in Zeit und Raum bestehen —, dann wird die Frage wichtig, wie der Geist zumindest zeitweilig aus den determinierten Gedankenspiralen herauskommen kann und jedesmal auf einer neuen, freieren Grundlage beginnt.

Ornstein gibt die gleiche Antwort wie viele andere Repräsentanten dieser neuen Wirklichkeitsauffassung, eine Antwort, die auf jahrtausendealter Erfahrung aller anderen Kulturen basiert, die älter sind als unsere westliche: Die Fähigkeit, das allumfassende, zeitlose Jetzt erleben zu können, werde durch Meditation gelernt, meint er. Doch das ist kein einfacher Weg, und es ist sicherlich nicht möglich in einem der vielen »geistigen Instant-Kurse«, die ich in Kalifornien kennenlernte. Diese sind wohl ein Ausdruck unserer westlichen Hast, selbst so etwas Komplexes wie ein tiefes Wirklichkeitsverständnis mittels Reduktionen wie oberflächlichen Techniken oder auch durch Drogen zu erlangen. Was in anderen Kulturen als ein Resultat einer geistigen Entwicklung eines langen Lebens betrachtet wird, möchten wir durch einen raschen Handgriff lernen.

Dies ist freilich kein Grund, daran zu zweifeln, daß die tiefere Seite der Wirklichkeit auch mit Hilfe halluzinogener Drogen erfahren werden kann. Der Schriftsteller Aldous Huxley erzählt über eine solche Erfahrung in seinem Buch *The Doors of Perception.*[115] Doch er wirft auch die Frage auf, ob eine so leicht gewonnene Erkenntnis zu einer bleibenden, tieferen Persönlichkeitsentwicklung beitragen wird. Da scheint Meditation eine Methode zu sein, die in ganz anderer Weise in eine Bildung der Persönlichkeit integriert werden kann.

»Meditation wird in vielen traditionellen Kulturen als der erste, wichtigste Schritt auf dem Weg zu einem mehr umfassenden Wissen betrachtet«, sagt Ornstein. »Für viele kann das die direkte Erfahrung vermitteln, daß ihr Alltagsbewußtsein nur ein persönliches Konstrukt ist. Deshalb kann Meditieren dazu beitragen, das Bewußtsein zu einer neuen Funktionsweise auszuweiten.«

Die vielen alten Meditationstechniken haben alle das gleiche Hauptziel, das rationale Denken »anzuhalten«, um der direkten Erkenntnis Raum zu geben. Ornstein sagt, daß »Meditation als ein zwischenzeitlicher Versuch betrachtet wird, die lineare, verbale Aktivität und gleichzeitig alle äußeren Einflüsse eine Weile abzustellen«. In vielen Fällen wird während der Meditation Abgeschiedenheit empfohlen. Auf jeden Fall gehen die Übungen darauf hinaus, alle Aufmerksamkeit auf eins zu konzentrieren, einen Gegenstand, einen Laut, einen wiederholten Gesang, ein Gebet oder auch eine bildliche Vorstellung. In einigen Traditionen zentriert sich die Aufmerksamkeit auf die Atmung. Auf jeden Fall ist das Ziel, daß die entspannte, doch gerichtete Aufmerksamkeit aus den Gedankenreihen herausgleitet. Obwohl letztere zu Beginn immer wieder auftauchen, wird die Aufmerksamkeit jedesmal ohne Anstrengung auf den einen zentralen Punkt zurückgeführt, bis der Geist von allem anderen befreit ist und ein ungestörtes Ganzheitserlebnis verbleibt. »Bewußtsein als ›Vereinigung‹ oder ›Einheit‹ ist vielleicht die höchstentwickelte Stufe dieser Art von Erleben«, sagt Ornstein. Er bestätigt auch meine Vermutung, daß erst in der Meditation die Gedankenfreiheit eine zeitlose Dimension erlebt, die die Teile mit der totalen Ganzheit verbindet. Das wird die Idee aufheben, daß alles eine Ursache in Zeit und Raum haben muß. »Das Erlebnis der Dauer scheint aus dem konstruiert zu sein, was wir als Rückblick betrachten. In der nichtlinearen Form existiert nur das Jetzt, und das ist auch alles, was existiert... Nur durch eine lineare Form des Zeitbewußtseins kann man auf eine Reihenfolge von Ursache und Wirkung schließen«, sagt er. »Zum erstenmal befinden wir uns in der Situation, wo wir eine Psychologie haben, die allen Ernstes von Transzendenz oder Überschreitung der Zeit sprechen kann... Da diese Erfahrungen sehr schwer einer analytischen Erklärung und sprachlichen Analyse zugänglich sind, bestreiten viele, daß sie wirklich sind. Das Wort, das am häufigsten benutzt wird, ist ›Mystik‹. Es war ein Tabu in der Forschung... Wir müssen unsere Vorstellung von dem ausweiten, was für den Menschen möglich ist und was nicht.«

Ich erinnere mich an eine Aussage des großen Physikers Erwin Schrödinger: Westliches Denken versuchte noch immer, alles zu objektivieren, sagt er; es benötige Bluttransfusionen vom östlichen Denken.[116]

Der Hirnforscher, der die Ganzheitsidee der Quantenphysik »von innen« entdeckte

Während der Lektüre von Büchern und Zeitschriften über das neue Menschen- und Weltbild stieß ich immer wieder auf den Namen des Neurowissenschaftlers Karl Pribram. Pribram steht seit langem im Zentrum der Diskussion über den Platz des Bewußtseins in der materiellen Welt, da er als eher konservativ jüngerer Forscher Leiter der Yerkes-Laboratorien war, später Grundlagenforschung an der Yale-Universität betrieb und jetzt als Professor am Stanford Research Institute tätig ist.

Karl Pribram ist schwer in das übliche Entweder-oder-Bild einzuordnen, bei dem es um die Frage geht, ob der Geist das Gehirn steuert oder umgekehrt. Er stellt sich auf eine Weise mitten hinein: Es ist möglich, »keiner der beiden Auffassungen ein Vorrecht einzuräumen, indem der Gedanke der zweiseitigen Natur der Wirklichkeit gestützt wird«, sagt er[117] und weist auf Philosophen, die behaupten, das Mentale und das Materielle seien ganz einfach zwei verschiedene Ausdrücke ein und desselben Prozesses. »Beide Realitäten entstehen durch die zugrundeliegenden Strukturen«, meint Pribram.

Eine solche Auffassung erinnert sehr stark an die Einstellung des Physikers David Bohm über die »eingebaute Ordnung« der Wirklichkeit, und Pribram hat auch praktisch mit Bohm über eine Ganzheitsauffassung von Bewußtsein und Universum zusammengearbeitet. Dies scheint wieder ein Beispiel dafür zu sein, wie unsere heutigen führenden Forscher sich in einer gemeinsamen Sicht in den Hauptzügen eines neuen Weltbildes zu nähern scheinen.

Wie viele Forscher der neuen Weltauffassung wurde auch Pribram inspiriert vom Prinzip des Hologramms und wie die

Ganzheit in jedem Teil zugegen ist.[118] Die traditionelle mechanistische Sicht war, daß sowohl das Gedächtnis als auch unterschiedliche mentale Reaktionen an bestimmten Orten im Gehirn zu lokalisieren seien. Viele Forschungsergebnisse schienen dieses Prinzip zu bestätigen. Doch andere Fakten sprechen gegen eine solche Auffassung: Wie kommt es, daß Patienten, denen 20 Prozent des Gehirns entfernt worden war, nicht ein entsprechendes »Loch« im Gedächtnis empfanden, ja überhaupt keinen Gedächtnisverlust feststellten — und daß Katzen weiterhin sehen konnten, obwohl ihr Sehnerv zu 98 Prozent zerstört worden war?
Pribrams Überlegungen gingen dahin, daß diese Probleme gelöst werden können, wenn man sich das Gehirn wie ein Hologramm funktionierend vorstellt, wo die Sinneseindrücke sich als Wellen ausdehnen und in Form von Interferenzmustern im *ganzen* Gehirn präsent sind. Nach diesem holographischen Prinzip können Gedankenbilder später als Erinnerungen von allen Teilen des Gehirns hervorgerufen werden.
Indem Pribram mit seinem Sohn, einem Physiker, diskutierte, bekam er die Impulse, die Idee auszuarbeiten. Die Psi-Wellen der Quantenphysik, die sich als immaterielle Möglichkeiten und auch durch manifeste, materielle Teilchen ausdrücken können, schienen die gleiche Zweiseitigkeit der mentalen und materiellen Natur des Bewußtseins zu demonstrieren. Auf diese Weise kann die Idee des holographischen Bewußtseins beide Sichtweisen umfassen, das heißt die mentalistische und auch die materialistische Auffassung des Geistes.
Durch eigene Forschung und durch die Arbeit anderer konnte Pribram viele Sachverhalte nachweisen, die das Bild vom Gehirn als Hologramm stützen. Die Interferenzmuster mentaler Bilder können nach Pribrams Auffassung als gelagerte

Verbindungspunkte oder Synapsen in den Nervenzellen des Gehirns gedacht werden. Entsteht ein Gedankenbild durch Assoziation, könnte es dem entsprechen, was geschieht, wenn ein ganzes Bild durch Beleuchtung eines Hologrammteiles zum Vorschein kommt.

Ungefähr zu diesem Zeitpunkt stieß Pribram auf die Schriften David Bohms, bei dem das Universum auf eine Art beschrieben wird, die deutliche Parallelen zu seiner eigenen Auffassung über das Gehirn zeigt. Von daher war es naheliegend, auf die weiteren Verhältnisse zwischen Bewußtsein und Gehirn als Ausdruck der universellen Zweiseitigkeit zu kommen, die Bohm als eine den Dingen »eingefaltete« oder implizite Ordnung beschrieb, gesammelt in der totalen Ganzheitsbewegung (Holobewegung). Durch die Zusammenarbeit zwischen Pribram und Bohms sind diese Gedanken zu einer Art gemeinsamen Supertheorie weiterentwickelt worden, die — sehr vereinfacht ausgedrückt — davon ausgeht, daß Geist und Materie, Ganzheit und Teil der Ausdruck eines alles verbindenden, universellen Prinzips sind.

»Wenn man es so sieht, daß das Gehirn und das physikalische Universum die eingefaltete holographische Ordnung teilen, werden jeder Teil dieser Ordnung und jeder Organismus in einem gewissen Sinn im ganzen Universum repräsentiert sein«, sagt Pribram,[119] und er weist darauf hin, daß Physiker wie Bohm und Capra Parallelen zwischen dieser Sicht und den Beschreibungen von Mystikern über die Grundlage religiöser und paranormaler Phänomene entdeckt haben: »Die Überschreitung der Grenzen von Zeit und Raum, das holographische Prinzip, daß jeder Teil das Ganze repräsentiert, ist die Transformation von der eingefalteten zur ausgedrückten Ordnung des außerhalb der gewöhnlichen menschlichen Erfahrung Liegenden, die auf das täglich wahrnehmbare Newtonsche Universum begrenzt ist.« Und die Reaktionen auf seine Veröffentlichungen bestärkten Pribram in der Auffassung, daß wir uns inmitten eines Einstellungswandels nicht nur in der Psychologie, sondern in der gesamten Wissenschaft befinden.

Den Tag vor meinem Treffen mit Pribram habe ich für mich. Ich schlendre durch die Nebenstraßen, esse Krabben bei »Fisherman's Wharf« und nehme die Straßenbahn, um die norwegische Seemannskirche zu besuchen. Dort kann ich Zeitungen aus Norwegen lesen. Hier erzähle ich auch über den Zweck meiner Reise und werde gebeten, einen Vortrag über das neue Weltbild vor einer Gruppe von jungen Skandinaviern zu halten, die zu Besuch sind. Einige der jungen Leute fassen dies als eine der Zeit entsprechende Tendenz auf, als ein Suchen nach neuer Hoffnung, nach einem Glauben in einer Welt, in der sich alles verändert und alles so hoffnungslos erscheint. Die Gespräche nach dem Vortrag stärken meine Überzeugung, daß sich eine neue Weltauffassung Bahn bricht, daß sie etwas ist, worauf viele gewartet und gehofft haben.

Als ich herauskomme, ist es Abend. Ich schlendre mit vielen anderen gutgelaunten Touristen durch das schöne Hafenviertel und denke daran, wie anders alles war, als ich mit Ragnhild zusammen hier war. Auch das sagte mir etwas über das Ganzheitsprinzip, mit dem die Denker beschäftigt sind. Es ist nicht nur eine Frage, ob man einen Gesprächspartner findet, mit dem man reden kann. Selbst in der Stille ist ein gemeinsames Erlebnis mehr als das, was man allein empfindet.

Schließlich gehe ich zurück zu meinen Gastgebern und telefoniere nach Hause. »Nun sind es nur noch elf Wochen, bis du wieder zurückkommst«, sagt Ragnhild.

Karl Pribram wirkt entschieden jünger, als ich es von jemandem erwartet hätte, der bereits seit 37 Jahren Nachfolger des berühmten Hirnforschers Karl Lashley als Leiter seines Forscherteams ist. Heute sitzt Pribram selbst als weltbekannter Professor der Stanford-Universität auf dem Lehrstuhl für Psychologie, Psychiatrie und Verhaltensforschung.

Ich treffe einen erfrischend lebendigen Mann mit sehr viel Charme. Er trägt einen Bart, sein Haar ist ergraut, er wirkt elegant, und sein humorvolles Wesen strahlt eine ansteckende Lebensfreude aus. Selten traf ich einen Interviewpartner, der solche Fähigkeiten besaß, seinen Standpunkt zu erklären.

Ich beschreibe Pribram das, was ich in vielen Jahren versucht habe, nämlich das öffentliche Interesse für eine Veränderung der Gesellschaft zu wecken, die eine Lösung der Hauptprobleme unserer Zeit ermöglichen kann. »Heute wissen die meisten, daß eine Veränderung notwendig ist«, sage ich, »doch es fehlt ihnen offenbar der Glaube, daß so etwas überhaupt möglich ist. Die meisten glauben, der Lauf der Geschichte sei vorausbestimmt und der einzelne habe keine andere Wahl, als sich anzupassen. Doch ich verstehe, daß Sie und Physiker wie Bohm, Chew und Stapp vor einer neuen Weltsicht stehen, die einen Ausdruck für den freien Willen des Menschen und seine Verantwortung zum Inhalt hat. Impiziert das auch den Glauben, daß die Richtung der Entwicklung verändert werden kann?«

»Ich kenne die Leute, die Sie erwähnen, sehr gut«, sagt Pribram. »Ja, ich habe eine sehr positive Einstellung zu alldem, und viele meiner Ansichten bauen auf das, was Chew und Bohm gezeigt haben. Ich glaube, Sie wollen wissen, ob das vernünftig ist. Lassen Sie mich zuerst die Frage über den Determinismus oder die Vorausbestimmung aufnehmen. Ich bin so wie David Bohm ein Determinist.«

»Sie zählen sich zu den Deterministen?«

»Ja, doch das bedeutet nicht, daß ich meine, wir können individuelle Handlungen, eine Wahl oder Geschehnisse voraussagen. Lassen Sie mich das verdeutlichen: Im Wissenschafts- und Industriemuseum in Chicago sah ich eine Demonstration, bei der Stahlkugeln aus der dritten Etage auf den Boden geworfen wurden, wo sie sich nach dem Gesetz der Wahrscheinlichkeitsverteilung über dem Boden verteilen. Die Erklärung ging davon aus, daß keiner voraussagen konnte, welche Bahn eine dieser Kugeln nehmen werde, doch ein Faktum, welches nicht erwähnt wurde, ist, daß diese Kugeln durch einen symmetrischen Raum fallen. Wäre das nicht der Fall, wären sie nicht in solch einer systematisch-zufälligen Verteilung aufgekommen, sondern in einem vollständigen Chaos. Um eine mathematische Wahrscheinlichkeitsstruktur zu erreichen, braucht man einen Hintergrund oder, wie Bohm sagt, eine determinierte Struktur. Um irgendeinen Indeterminismus zu bestimmen, muß man irgend etwas Determiniertes, eine Hintergrundstruktur besitzen. Oder es ist das pure Nichts, das reine Chaos.«

»Und Sie meinen, in einem solchen Wirklichkeitsbild ist Raum für eine individuelle Wahl?«

»Natürlich! Jedes individuelle Ereignis hat nichtdeterminierte Eigenschaften. Doch die würden keine Wahl repräsentieren, sondern nur das vollständige Chaos, wenn hinter alldem nicht eine Struktur stünde. Einsteins Aussage erklärt das: ›Der Herrgott würfelt nicht.‹ Das ist vollständig falsch: Gott *wirft* Würfel mit dem Universum! Einstein hatte recht, als er das meinte, jedoch drückte er es nicht richtig aus, da man nicht mit Kugeln würfeln kann. Die sechs Seiten des Würfels repräsentieren die determinierte Struktur jenseits der mathematisch zufälligen Resultate. Sehen Sie, wie der Determinismus und Indeterminismus komplementäre Seiten ein und derselben Sache sind? Die Welt ist weder vorausbestimmt noch vollständig offen. Individuelle Geschehnisse sind unabhängig, doch sie geschehen innerhalb einer mehr oder weniger determinierten Struktur!«

»Und innerhalb dieser vorausbestimmten Struktur findet sich Raum für kreative Neuschöpfungen?«

»Ja, lassen Sie uns den nächsten Schritt machen«, lächelt Pribram wie ein verständnisvoller Lehrer. »In der Physik wird Energie als Potential für Arbeit oder Veränderung definiert, zum Beispiel als das Potential oder die Möglichkeit, ein Atom zu verändern, oder ein Potential, das in einer Bewegung liegt. Wir haben hier also ein Potential- oder Möglichkeitsgebiet. Und dieses Gebiet ist übergeordnet oder *beinhaltet* Raum und Zeit. Deshalb gibt es hier auch keine Ketten von Ursache und Wirkung, weil diese den Zeitfaktor voraussetzen. Das ist das Prinzip von Bohms eingefalteter Ordnung. Es ist ein Potential, eine mögliche Ordnung, die keine Vorausbestimmung repräsentiert. Oder lassen Sie mich es so ausdrücken: Es ist eine Ordnung, die akausal oder potentiell ist. Und als *potentielle* Ordnung produziert sie Kreativität.«

»Ihr Weltbild erinnert ein wenig an das Weltbild der Astrologie, welches sagt, daß gewisse Strukturen im Universum bereits bei der Geburt die Zukunft beeinflussen. Ich traf Astrologen, die aus meinem Geburtshoroskop die Muster der Hauptereignisse meines vergangenen Lebens erkennen zu können glaubten. Es ist schwierig, zu erkennen, wie eine solche Sicht der Entwicklung des einzelnen Raum für Freiheit, freie Wahl und Verantwortung lassen kann.«

»Lassen Sie uns das von einer anderen Seite betrachten«, sagt Pribram und beugt sich vor. »Sie sprachen über Freiheit und Verantwortung, *responsibility*. Eine der Wahlmöglichkeiten, die Sie haben, liegt in der Fähigkeit, die vorliegenden Möglichkeiten auszunutzen — Ihre Fähigkeiten, darauf zu antworten: *ability to respond*. Also *respons-ability*, die Fähigkeit zu antworten! Das, was vorausbestimmt ist, war also, daß Ihnen die Wahl gelassen wurde, doch nicht, daß Sie davon Gebrauch machen müssen!«

»Dieses Wortspiel macht die Sache klar: ›Verantwortungs-Fähigkeiten‹ — ›respons-ability‹, die Fähigkeit, auf eine vorausbestimmte Situation und ihre Möglichkeiten zu antworten, zu reagieren!«

»Das ist nicht mein Verdienst«, sagte Pribram bescheiden. »Das habe ich von Fritz Pearls gelernt. Gut, der dritte Schritt ist der, diese eingebaute Ordnung im Verhältnis zur Physik zu betrachten, so wie das Bohm macht. — Man hat darüber gesprochen, das Universum müsse von irgend etwas erfüllt sein, und das nennt man ›Äther‹. Gut, ich glaube, daß das Universum *voll* ist, doch dieser Äther, der es füllt, hat nicht die gleichen Eigenschaften wie die Luft oder das Wasser, er hat kein Trägheitsmoment. Er hat unvergleichbare Eigenschaften, es ist das *Quantenpotential*, die eingefalteten Möglichkeiten, die dieses Medium ausmachen. — Wenn man nun dieses Bild des Universums hat, kommt man zurück auf James Maxwell. Geschieht in Maxwells Universum zum Beispiel etwas im Andromedanebel, verursacht das eine Störung im Potential dieses ›Äthers‹. Diese Störung wird beispielsweise zu Licht, wenn sie unser Auge streift. Verstehen Sie das? Anstatt sich zu denken, daß im Andromedanebel etwas ist, was mit einer Art Kanone Photonen abschießt, kleine ›Dinger‹, die den ganzen Weg durch den Raum zurücklegen, kommt man zurück auf eine Sicht des Universums, die sehr einfach ist, einige sagen: zu einer *vereinfachten* Sicht des Universums. Warum nicht, es ist ja nicht so kompliziert, wie die Quantenphysiker es gerne machen. Das ist die eingefaltete Ordnung, und die verhält sich neutral zur ganzen Frage des Determinismus und Indeterminismus. Das Ganze entspringt aus diesen drei Stufen in David Bohms Sichtweise, die alles viel leichter akzeptabel und auch viel einfacher macht. — Gut, wollen wir wieder auf Ihre ursprüngliche Frage über die Entwicklung des heutigen Menschen zurückkommen?«

»Ja, lassen Sie uns das tun: Die Entwicklung der Gesellschaft ist ja die Summe der vielen individuellen Entscheidungen. Gibt Ihre Sicht Raum für eine freie Wahl, die die totale katastrophenorientierte Entwicklung, in der wir uns jetzt befinden, verändern kann?«

»Ich fühle, daß der Ursprung der Atombombe, also die theoretische Quantenphysik, auch den Kern für das Gegenteil der Bombe in sich birgt. Das ist die neue Bewegung, die jetzt hervortritt. Mit anderen Worten: Zieht man die eingefaltete Ordnung und all die Weltprobleme in Betracht, die die Ursache für diese neue Veränderungsbewegung waren, glaube ich, daß dies mit der Zeit unser ganzes wissenschaftliches Denken verändern wird. Doch wir müssen die Möglichkeiten nutzen, für die uns die Situation eine Verantwortung überläßt; wir müssen die Fähigkeit zu antworten — ›*respons-ability*‹ — zeigen! Es ist nicht damit getan, sich im Sessel zurückzulehnen und alles geschehen zu lassen. Die Grundlagen sind durch die Entdeckungen des 20. Jahrhunderts deterministisch gegeben worden, das gibt uns die Möglichkeiten — diese sind wieder vorausbestimmt. Doch ob wir handeln werden, ob wir etwas damit machen, das ist unsere Sache.«

»Ja, dies erscheint an und für sich selbstverständlich. Wichtig ist, daß das Problem von einem ganzheitlich akzeptablen Weltbild aus erklärt wird, das eine Antwort auf das Problem des Determinismus und der Möglichkeit der Wahl gibt, womit so viele von uns gekämpft haben.«

Pribram lächelt. »Es erscheint so einfach, wenn ich darüber spreche, doch ich habe mit dem Problem zwanzig Jahre lang gekämpft und eine Menge darüber geschrieben. Ich habe mit

Bohm zehn Jahre zusammengearbeitet und ich brachte ihn mit Geoffrey Chew und Henry Stapp zusammen, und Sie wissen, das sind alles kritische Menschen.«
»Das sind Leute, die ich getroffen habe oder die ich noch treffen werde. Es sieht aus, als ob ich genau über sie gestolpert bin.«
Pribram unterbricht eifrig: »Ja, wie geschah das? Es geschah auch mit mir die ganze Zeit. Wenn man wirklich mit etwas beschäftigt ist, fallen die Dinge einem auf eine merkwürdige Weise in den Schoß. Sie wissen, daß Jung über solche Fälle schrieb, zusammen mit einem Nobelpreisträger der Quantenphysik [Pauli]. Das, worüber wir hier sprechen, ist genau die determinierte Seite der Angelegenheit. Die Frage ist nur, wählt man, dem zu folgen, oder nicht, *das* ist Ihre Wahl.«
»Ich würde gerne Ihre Ansicht über ein anderes wunderliches Phänomen hören, auf das ich gestoßen bin. Von der Enkelin des Nestors der kanadischen Archäologie, Ann Emerson, bekam ich seine Berichte übersandt, darüber, wie eine hellseherische Person unzählige Male ihm Informationen über unbekannte Lebensverhältnisse, über Wohnorte in ferner Vergangenheit vermittelte, neue Beschreibungen, die jedesmal durch Untersuchungen und Ausgrabungen bestätigt wurden. Ist ein solches direktes, intuitives Wissen in Ihrem Menschen- und Weltbild möglich?«
»Ho!« sagte Pribram und lacht, deutlich gefangen von dem Beispiel. »Lassen Sie mich über einen lustigen Spruch erzählen, den ich immer dann hervorhole, wenn ich über so etwas spreche. Ich pflege zu sagen, daß vieles von dem, womit wir uns heute beschäftigt haben, in den Veden vorkommt, in dem heiligen Buch der Hindus. Sie wissen, daß Schrödinger das erwähnte, auch Bohr und Heisenberg. Und so sage ich: Gut, ihr versteht, wenn ihr euch selbst in den gleichen Energiebereich dieser Wellenlänge bringen könnt, werdet ihr selbstver-

ständlich alles wissen, was geschehen wird, wie das die Hindus sagen. Alles ist da, sie haben nur einen Haufen Probleme, davon zu sprechen, weil alles vorhanden ist: In der Essenz haben sie all das erfahren, was wir mit großen Anstrengungen in unseren Labors entwickeln! — Das sage ich als Witz, doch Sie verstehen, daß *etwas* darin liegt, daß unsere Hirne den ganzen Rest der Welt widerspiegeln.«

»Ihre forschungs- und vernunftbegründete Weltsicht wird von einzelnen religiösen Personen als eine wissenschaftliche Erklärung einer Art Religion verstanden werden. Fühlen Sie, daß die neueren wissenschaftlichen Theorien heute einen Dialog mit den Religionen eröffnen?«

»Ich will es so ausdrücken, daß die neue Ordnung, die Quantenordnung oder die ›implizierte Ordnung‹, die erste wissenschaftliche Entdeckung seit Galilei ist, die Wissenschaft und Religion eher zusammenbringt, als daß sie die beiden zu einem Streit veranlassen wird. Ich glaube, daß dies der wichtigste Einfluß ist, der auf das 21. Jahrhundert wirkt.«

»Ja, ich glaube ebenso, daß auch eher vernunftorientierte Menschen wieder an etwas Tieferes glauben werden. Doch darin liegt für mich etwas, was zumindest ebenso wichtig ist, nämlich daß die neue Auffassung sowohl dem religiösen Determinismus widerspricht, der sagt: ›Jede Verantwortung liegt bei Gott‹, als auch den materialistischen Determinismus, der uns verantwortungslos macht, indem er sagt: ›Unsere Entscheidung ist vorausbestimmt von den Naturgesetzen.‹ Viele Leute meinen, das neue Weltverständnis sei nicht mehr als Glaube und Spekulation. Deshalb sollte es eine wichtige Forschungsaufgabe sein, nachzuweisen, daß unser Bewußtsein die mechanistischen Gesetze von Zeit und Raum überschreiten kann, nicht nur in der Theorie, sondern auch in der Praxis. Psychokinese oder andere Einwirkungen des Geistes auf die Materie wären eine solche nachweisliche Konsequenz der neuen Theorie.«

»Ja«, sagt Pribram nachdenklich. »Ich glaube, Psychokinese ist ein Phänomen, das in der Forschung der neuen Zeit an erster Stelle rangiert. Ich glaube, da kann etwas erreicht werden, weil das objektiv untersucht werden kann, während Telepathie oder ähnliches schwieriger ist, weil es nur subjektiv erfahren werden kann. Doch ich glaube, daß selbst der deutlichste Beweis diejenigen nicht überzeugen kann, die immer noch nicht über die alten Theorien hinausschauen können. Als Beispiel erzählte ich einmal vor einer Versammlung, daß ich aus Santa Barbara käme, wo ich soeben ein Erdbeben erlebt hätte, und ich fragte die Gesellschaft, ob sie glaube, daß dies wahr sei. Sie antworteten, selbstverständlich würden sie das glauben. Daraufhin zeigte ich ihnen einen Schlüssel, den Uri Geller in meinem Beisein gebogen hatte, ohne daß ich eine Möglichkeit für einen Trick erkennen konnte. ›Weshalb wollt ihr *das* nicht glauben?‹ Man antwortete, dies müsse erst durch wiederholte Versuche bewiesen werden. Ich sagte: ›Gut, könnt ihr so freundlich sein und ein Erdbeben reproduzieren?‹ — Auf einen Beweis hinweisen zu können ist nicht das Hauptproblem. Das Problem ist, daß wir keine Grundlage haben, die Phänomene zu verstehen, wenn sie geschehen. Doch innerhalb der Wissenschaft sollte es doch niemals vorkommen, daß man sagt: Das glaube ich nicht, weil ich es nicht verstehe! Vieles von dem, was die Wissenschaft heute zu wissen glaubt, sind Dinge, die einst abgelehnt wurden, weil sie unbegreiflich waren. Lassen Sie uns einen offenen Blick auf die Angelegenheit werfen: Wir haben nicht die geringste Grundlage für ein Verständnis psychokinetischer Phänomene und wie wir diese einordnen können. Wenn nun einer nachweisen kann, daß Geller psychisch Metall biegt und daß ein Laserbild zeigt, daß bei der Beugung eine andere Struktur im Beugungspunkt vorliegt als durch den Gebrauch physischer Kraft, gut, dann sagen wir ja, und dafür müssen wir eine

Grundlage suchen! Doch dieses Problem wird sich im nächsten Jahrhundert von selbst lösen — oder schon früher, glaube ich.«

»Ich traf Professor John Hastet in London. Seine Versuche mit jungen Metallbiegern wirkten auf mich sehr überzeugend. Kennen Sie ihn?«

»O ja, wissen Sie, als ich mit Bohm zusammenarbeitete, war auch Hasted oft dabei. Er zeigte mir sein Beweismaterial, eine sehr imponierende Arbeit!«

»Doch trotzdem wird das Phänomen von den meisten Wissenschaftlern abgewiesen, ohne daß sie sich in die solide Forschungsgrundlage eingearbeitet haben. Und selbst wenn solche Phänomene noch eine Erklärung vermissen lassen — kann Ihre offenere Einstellung darauf zurückzuführen sein, daß diese Dinge Ihr Wirklichkeitsbild nicht so sehr erschüttern?«

»Oh, weshalb sollten wir davor Angst haben, unsere Wirklichkeitsbilder über den Haufen zu werfen? Ich selbst war zehn Jahre lang ein strenger Behaviorist. Und da ich Lashleys Nachfolger in den Yerkes-Laboratorien wurde, fragte ich ihn: ›Sind Sie sicher, daß Sie einen Behavioristen und Skinner-Anhänger wie mich in Ihrer Position wünschen?‹ Er antwortete: ›Das ist in Ordnung, Doktor Pribram, ich hatte meine Watson-Periode, Sie werden auch noch erwachsen werden!‹ Und aufgrund von Erfahrungen mußte ich meinen Standpunkt ändern, als ich in den siebziger Jahren auf das holographische Prinzip stieß, das es möglich machte, den Veda-Aspekt zu denken, und das nichtlokalisierte Gedächtnis erklärte und vieles andere.«

»Doch es gibt heute eine Haltung«, sagte ich, »die eine Veränderung des etablierten Weltbildes zu erschweren scheint, obwohl die akzeptierten Ergebnisse des Aspect-Versuchs (s. S. 82 ff.) gezeigt haben, daß dieses Weltbild veraltet ist. Die Haltung geht davon aus, daß man nicht die Konsequenzen diskutieren will. Man hält sich an seine Forschung und will keinen Standpunkt zu irgendeinem Weltbild überhaupt beziehen. Das bedeutet in der Praxis, daß alle anderen Zusammenhänge in den alten Vorstellungen steckenbleiben.«

»O ja, der Philosoph Popper sagte etwas Ähnliches zu Bohm, er solle sich an die Mathematik halten. Ich schrieb einen acht Seiten langen Brief an ihn, um ihm klarzumachen, daß er sich selbst widerspricht, da er ja selbst ein Weltbild besitzt. ›Du wirst als der Philosoph des Behaviorismus enden‹, sagte ich.«

Pribram lacht laut: »Er wurde wild! Ja, ich stimme da mit Ihnen überein. Schauen Sie sich nur in dieser Abteilung um. Sehr wenige Professoren haben von dem eine Ahnung, worüber ich spreche. Doch es gibt eine Menge von Studenten, die sehr begeistert sind. Sie wissen, Max Planck sagte, daß die Wissenschaft durch beständige Begräbnisse voranschreitet. Und seien Sie sich dessen sicher, Ihre Enkelkinder werden nicht größere Probleme damit haben als mit der Erkenntnis, daß die Erde rund ist! Gewiß, es eilt, dieses Wissen zu verbreiten, doch wir haben keine andere Möglichkeit, als das zu tun, was uns zu tun möglich ist. Tun wir das nicht, so wird die Bombe fallen. Und wir müssen es auf eine verantwortungsbewußte Art und Weise tun. Wir müssen Glauben und Vertrauen haben und weiter fortschreiten. Das ist nicht leicht, weil das Establishment um Jahre hinterherhinkt. Doch wir leiden keine Not. Denken Sie an Pasteur, er wurde ins Gefängnis gesetzt, und Semmelweis wurde die Berufsausübung verboten wegen seiner ersten Bakterientheorien. Trotz allem leben wir in einer aufgeklärteren Zeit als vor hundert Jahren. Vorläufig bin ich aus dieser medizinischen Fakultät nicht hinausgeworfen worden, obwohl sie mir nicht sehr geholfen haben. Ich bin in dieser medizinischen Schule der schlechtbezahlteste Dr. med., doch ich bin trotzdem hier! Und es gibt eine ganze Reihe anderer, die so denken. Sie sollten Prigogine treffen, er ist auch auf eine gewisse Weise auf unserer Seite, indem er einsieht, daß Energie nicht Materie ist. Ich werde an seiner Rom-Konferenz teilnehmen. Wir beeinflussen uns gegenseitig. Er analysiert auch meine Daten. So sind wir eine kleine Gruppe. Wir arbeiten zusammen auf — wie ich meine — der rechten Spur. Es sind Menschen, die auf eine Art alle intuitiv sind, und das ist gut. Marilyn Ferguson schrieb über diese Art von Leuten, die jetzt überall auftauchen.«

»Ja, ich glaube auch, das Denken muß durch Intuition bereichert werden, um auf die richtige Spur dieses neuen Verstehens zu kommen. Doch das Vertrauen auf die Intuition allein hat sich ebenso als zweifelhaft erwiesen und oft gefährliche Resultate gezeitigt.«

»Ja, Bergson sagte das auf eine schöne Art: ›Intuition ist etwas, das du überprüfen möchtest!‹ Glaubst du an Intuition, ohne sie zu überprüfen, so ist das reines Rätselraten...«

»Ich sprach seinerzeit mit einem Psychiater«, sagte ich, »der die Frustration unsere Zeit derart ausdrückte: ›Mein Wissen und meine Erfahrungen widersprechen der Auffassung, daß freier Wille möglich ist‹, meinte er, ›doch weil ich mit einem solchen Wissen nicht leben kann, versuche ich es im Alltäglichen zu verdrängen.‹«

»Eine solche Haltung zum freien Willen ist darauf zurückzuführen, daß man die Sache nicht gründlich genug durchdacht hat«, sagte Pribram. »Machen Sie das, so werden Sie finden, daß Freiheit und Determinismus in gleichem Maße notwendige Seiten ein und derselben Sache sind: Um Freiheit zu haben, braucht man eine determinierte Struktur. Sonst wird alles chaotisch, und Chaos ist erst recht nicht Freiheit! — Ja, wir leben in einer schwierigen und verwirrten Übergangszeit«, sagte er nach einer kurzen Pause, »doch es ist eine neue Auffassung im Kommen, und die gewinnt immer mehr Bo-

den. Ich schreibe darüber im *American Psychologist* und in der Zeitschrift der amerikanischen Psychologievereinigung *Monitor*, und ich erhielt eine große Anzahl von Briefen, in denen steht: ›Ja, ja! Es ist an der Zeit, daß dies gesagt wird!‹«
Nachdem er mich zu einem guten Mittagessen in Stanfords großer Kantine eingeladen hat, verlasse ich Pribram mit dem Gefühl neuen Glaubens und neuer Begeisterung.

Unser wundersames Bewußtsein

Es ist Sonntag. Ich sitze unter einem Laubbaum auf dem Rasen eines parkähnlichen Friedhofs in Oakland außerhalb von San Francisco. Neben mir liegt Lektüre, die ich heute lesen und durchdenken wollte, doch ich finde keinen Anfang. Statt dessen bleibe ich sitzen und schaue über den Wald von Kreuzen und Grabsteinen unten am Hang. Zwischen ihnen ragen einige turmhohe Mausoleen empor, und ich denke, es ist höchst zweifelhaft, ob ein solch demonstrativer Reichtum ein besonderer Trost war, als das Lebenslicht zu flackern begann und die gleichen Fragen für alle die aufwarf, die jetzt hier unten ruhen: Wofür war das Ganze gut? Und was jetzt?
Ja, was war es, das plötzlich verlöschte? Ist es richtig, zu glauben, daß etwas so Unbegreifliches und Allumfassendes wie der menschliche Geist innerhalb von wenigen Sekunden vernichtet werden kann?
Eines ist auf jeden Fall sicher: Erlischt das physische Leben, so hat das Bewußtsein keine Verbindung mehr mit seinem materiellen Apparat im Gehirn und im Körper. Doch das liefert an und für sich keinen Beweis dafür, daß der menschliche Geist damit aufhört zu existieren. Inwieweit dies der Fall ist, hängt unter anderem davon ab, ob das Bewußtsein durch die Hirnprozesse, die an die Sinnesempfindungen, Gedanken

und Gefühle gebunden sind, ausreichend erklärt werden kann.
Die Hirnforscher wissen einiges über die Funktion der Nervenbahnen des Gehirns, wenn ein Mensch bestimmte Dinge erlebt. Sie können auch diverse Erlebnisse produzieren, indem sie gewisse elektrische Impulse an bestimmte Hirnteile übermitteln. Das sagt etwas aus über das Zusammenspiel des physischen Apparates und der materiellen Wirklichkeit. Doch es sagt nicht, inwieweit der physikalische Hirnapparat auch mit unserem offensichtlich immateriellen Geist zusammenhängen kann.
Die Hirnforscher wissen auch, wie die Gene unsere vererbten Eigenschaften festlegen, wie das Gehirn sich während der Schwangerschaft entwickelt. Und weiter wissen die Psychologen einiges darüber, wie der Hirnapparat durch Sinneseindrücke und Lernen geprägt wird. Das Bewußtsein des Geistes ist und bleibt etwas anderes, etwas Immaterielles in jedem Individuum, etwas, das niemals »zerschnitten« und »unter die Lupe gelegt« werden kann.
Was die Forscher untersuchen können, ist »der Mensch als Roboter«. Deshalb haben auch einzelne behauptet, es gäbe keinen prinzipiellen Unterschied zwischen einem Roboter und einem denkenden Menschen und das Ganze sei nur eine Frage der Komplexität. Im Äußeren ist das ja auch wahr. Es ist zumindest theoretisch möglich, einen Roboter zu bauen, der zum Verwechseln ähnlich wie ein Mensch reagiert. Doch gleichgültig, wie weit man in dieser Roboternachahmung menschlicher Reaktionen geht, so besteht nicht der mindeste Grund, anzunehmen, daß ein Roboter irgendwann einmal anfangen könnte, das, was mit ihm geschieht, zu erleben. Er würde niemals beginnen, zu denken und zu fühlen, und er wird sich niemals im stillen fragen: Was ist der Sinn meiner Existenz? Er würde niemals etwas erschaffen können, das

nicht in seinem Programm gespeichert ist, und er besäße niemals die Fähigkeit zur inneren Freude, Sorge, Liebe und zum Erleben von Kunst. Seine imponierende Mechanik würde niemals das hervorbringen, was wir das unfaßliche und immaterielle Bewußtsein nennen — weil so etwas nicht durch eine mechanische Zusammensetzung materieller Einzelteile geschehen kann, unabhängig, wie viele diese auch sein mögen. Er wird niemals den Programmierer überraschen können, der seine Handlungsmuster festlegte. Das Bewußtsein muß also etwas *Zusätzliches* zur »menschlichen Maschine« sein, etwas prinzipiell anderes. Deshalb kann es auch nicht vollständig als Resultat der Maschinenteile erklärt werden.
Der Hirnforscher und Computerspezialist Professor Donald MacKay von der Keele-Universität sagt in seiner Korrespondenz mit mir: »Logischerweise gehören Maschinen der gleichen Kategorie an wie Gehirne, jedoch nicht Geist, und Geist ist auch kein Gehirn. Die Annahme, daß der Geist Gehirn sein könne oder eine Maschine, wäre eine Verwechslung der Kategorien.«
Daß wir ein individuelles Bewußtsein haben, ist die Grundlage dafür, daß unsere Handlungen — logisch gesehen — nicht vorausbestimmt sein können, hebt er in einem seiner Briefe hervor. In einer seiner Schriften[120] kann MacKay nachweisen, daß es ein Trugschluß ist, wenn man behauptet, ein Prozeß im Gehirn könne eine Muskelzusammenziehung im Arm verursachen und die Hebung des Armes sei vollständig mechanisch determiniert. Die entscheidende Frage ist, sagt er: »Was ist die Ursache des Prozesses im Gehirn, der den Muskel zur Zusammenziehung veranlaßte?«
Das Bewußtsein repräsentiert die Information, die die Hirnprozesse einem ganzheitlichen Muster folgen läßt, behauptet MacKay, wie das Programm, das in einem Computer liegt, die elektrischen Impulse der Maschine ordnet. Der Unter-

schied ist, daß der Geist ein Bewußtsein repräsentiert, das selbst verstehen kann und deshalb sowohl am Zusammenspiel teilnimmt als auch seine Programme beeinflussen kann.

Doch wenn Geist und Gehirn zwei prinzipiell verschiedenen Kategorien angehören, ist es dann nicht möglich, daß der Geist eine Existenz besitzt, die vom Gehirn *unabhängig* ist? Wir wissen, solange der Mensch lebt, vollzieht sich dieses Zusammenspiel zwischen seiner »Maschinen«- und Bewußtseinsseite. Die Frage ist, ob unser eigentlich unbegreiflicher Geist etwas ist, das unabhängig von der »materiellen Maschine« gedacht werden kann, durch die er sich ausdrückt. Zu dieser Frage ist es wichtig zu wissen, ob unser tiefstes Bewußtsein eine Reichweite hat, die über Zeit und Raum hinausgeht. Ist es dann richtig, anzunehmen, daß der Geist auf den Körper und seine zugedachten Jahre und Monate abgegrenzt werden kann? Sind das Fragen, die sich jeder weiteren Beurteilung entziehen, oder gibt es Tatsachen, welche die eine oder andere Ansicht untermauern?

Der am meisten deterministisch orientierte Hirnforscher in Norwegen, mit dem ich über diese Frage sprach, war überhaupt nicht im Zweifel, daß die Idee der Persönlichkeit unabhängig vom Körper vollständig falsch sei: »Machen Sie einen Schnitt in einem bestimmten Teil des Gehirns eines Menschen, und Sie werden ihn herumkrabbeln sehen wie ein Tier«, sagte er. »Wo ist da seine unsterbliche Seele?«

Ich glaube nicht, daß die Frage so einfach zu beantworten ist. Sollte es so sein, daß die eigentliche Grundlage des Bewußtseins in einer Dimension jenseits von Zeit und Raum zu suchen ist, so kann es durchaus möglich sein, daß sie sich trotzdem nur durch den mehr oder weniger materiellen Apparat unseres Gehirns in unserer Raum-Zeit-Wirklichkeit ausdrücken kann. Dies würde bedeuten, daß unser Bewußtsein

nach der Zerstörung des Gehirns keine Ausdrucksmöglichkeit in der uns bekannten Welt hat, womit aber keinesfalls seine Nichtexistenz bewiesen ist.
Gibt es etwas, das den Gedanken an eine nichtmaterielle Grundlage unseres Bewußtseins stützt? Sind wir vollständig abhängig von den »physischen Sinnen« im Zusammenspiel mit dem Gehirn, um irgend etwas registrieren zu können, oder sind wir das nicht? Kann die Fähigkeit von Professor Emersons Medium McMullen, die Vergangenheit zu erleben, überhaupt als »physischer Sinneseindruck« verstanden werden, oder deutet dies auf ein Bewußtsein, welches ganz anders erklärt werden muß?

Bewußtsein außerhalb des Körpers

Im Laufe der letzten Jahrzehnte haben verschiedene Forscher Tausende von Fällen außerkörperlicher Erfahrungen untersucht. Viele davon stammen von Patienten, die nach einer Operation unter voller Narkose berichten konnten, daß sie sich als schwebend über ihrem eigenen Körper erlebt hatten, wobei sie die Operation im Detail registrierten, und nach dem Aufwachen auch die Gespräche wiedergeben konnten, die während der Operation geführt worden waren. Dr. Robert Crookhall, der siebenhundert ähnliche Fälle gesammelt und untersucht hat, gelangte zu dem Schluß, daß solche Erlebnisse viel häufiger vorkommen, als viele glauben.[121]
Trotzdem kann ich nicht ohne weiteres akzeptieren, daß diese Beispiele auf »übersinnliche« Wahrnehmung zurückzuführen seien. Viele davon können ganz einfach dadurch zustande kommen, daß der Wahrnehmungsapparat empfindlich genug ist, Sinneseindrücke selbst in einem Zustand aufzunehmen, den wir als Bewußtlosigkeit bezeichnen. Doch es gibt auch

viele Forscher, die dieser Spur weiter gefolgt sind. Einer von ihnen ist Dr. Charles Tart von der University of California, der selbst von dem Skeptiker Martin Gardner als ein Parapsychologe mit einem ungewöhnlichen Sinn für kritische Forschung und einem dementsprechenden Experimentaufbau respektiert wurde.

Tart wurde es ermöglicht, eine seriöse Untersuchung von außerkörperlichen Phänomenen durchzuführen, indem er in Kontakt mit einer Dame kam, welche die Fähigkeit besaß, derartige Erlebnisse zu jedem beliebigen Zeitpunkt hervorzurufen. Damit umging er das Problem, das so oft mit parapsychologischer Forschung verknüpft ist, nämlich daß die Phänomene nur unter seltenen oder ganz bestimmten Situationen auftreten.

Tarts Versuchsperson erlebte gewöhnlich, daß sie während des Schlafs aus dem Körper »hinausfloß« und an der Decke umherschwebte, von wo aus sie sowohl ihren Körper als auch alles andere aus der Vogelperspektive registrieren konnte, was im Raum vorging. Die Frage, die sich Tart zu untersuchen vorgenommen hatte, war, ob ihre Erlebnisse auf gewöhnliches Träumen zurückzuführen seien oder ob sie faktisch Dinge sehen konnte, die eigentlich unsichtbar waren.

Um die Experimentserie unter kontrollierten Bedingungen durchführen zu können, ließ Tart die Versuchsperson auf einem Bett im Labor übernachten. Sie wurde an ein EEG-Gerät angeschlossen, um die Gehirnaktivität zu registrieren. Der Anschluß an das EEG-Gerät geschah aus zwei Gründen. Als erstes registrierte es eventuelle Veränderungen der Hirnstromwellen, und zum anderen waren die Leitungen so befestigt, daß die Dame ihren Kopf nicht höher als etwa einen halben Meter heben konnte, ohne die Anschlüsse herauszureißen. Stünde sie vom Bett auf, so würde dies an der Aufzeichnung der Hirnstromwellen sichtbar werden.

Auf einem Regal fast zwei Meter über der Versuchsperson placierte Tart eine Apparatur, auf der man verschiedene Zahlenkombinationen einstellen kann. Bevor die Dame das Labor betrat und die EEG-Elektroden für die Nacht befestigt wurden, stellte er den Apparat auf eine zufällig gewählte fünfziffrige Zahl und schob ihn so weit in das Regal unter der Zimmerdecke, daß er vom Bett aus garantiert nicht zu sehen war. Als die Dame am nächsten Morgen beschrieb, wie sie den Körper verlassen hatte und unter der Decke schwebte, konnte sie auch berichten, daß ihr die Zahlen aufgefallen waren, und sie war darüber hinaus fähig, sie alle in korrekter Reihenfolge wiederzugeben.[122]

Eine mögliche Erklärung war, daß die Versuchsperson durch Telepathie Tarts eigene Kenntnisse über die Zahlen übermittelt bekommen hatte. Bei späteren Experimenten wurden die Zahlen deshalb maschinell eingestellt, wobei eine zufällige Ziffernkombination gewählt wurde, die der Versuchsleiter nicht kannte. Die Ergebnisse waren jedoch die gleichen.

Mir ist klar, daß etwas Derartiges von vielen abgewiesen wird, doch weshalb? Kennen wir nicht alle eigentlich genug Beispiele, um einzusehen, daß die Erklärung, nur das Gehirn sei der Hort des Geistes, viel zu einfach und ignorant ist? Wenn ich an Ragnhild denke, die unseren neugeborenen Sohn mehrere Kilometer entfernt weinen »hörte« und den Zeitpunkt durch einen direkt danach erfolgenden Telefonanruf bestätigt bekommt, so benötige ich nicht Professor Emersons und andere Bestätigungen von Autoritäten. Vielleicht fehlt es uns nicht so sehr an Beweisen, sondern vielmehr an gutem Willen, das anzuerkennen, was wir wissen.

Weil die Idee der nichtphysikalischen Seite des Geistes unerklärlich ist unter gewöhnlichen wissenschaftlichen Bedingungen, sind die Fakten, die sie belegen, ganz einfach zur Seite geschoben worden. Wir sträuben uns dagegen, darüber zu reden, sagt beispielsweise der Literaturnobelpreisträger Saul Bellow, weil unsere Sprache nicht ausreicht und weil nur wenige Menschen das Risiko auf sich nehmen, davon zu sprechen. Wir wären in diesem Fall gezwungen zu sagen: »Die Seele existiert«, und das ist tabu.

Ich glaube, die neuen Theorien der Quantenphysik und Hirnforschung können niemals unseren immateriellen Geist vollständig erklären, doch sie haben uns zumindest die Grundlage gegeben, seine Existenz anzuerkennen.

Etwas von dem, was mich an der neuen holographischen Beschreibung besonders fasziniert, ist der neue Rahmen für das Verständnis von Bewußtseinsphänomenen, die in dem alten, mechanistischen Erklärungsmodell einfach keinen Platz fanden. Nach dem neuen holographischen Weltbild ist das Universum in jedem menschlichen Geist vorhanden, so wie es auch in jedem anderen Teil der Wirklichkeit widergespiegelt wird. Daher ist es verständlich, daß sich die mathematische Ordnung des Universums in unserer offenbar angeborenen Fähigkeit zu mathematisch-logischem Denken widerspiegelt.

Es scheint ein Zusammenhang zwischen dem Bewußtsein und der Ordnung des Universums zu bestehen, der sehr schwer durch die bekannten Theorien des Lernens oder durch entwicklungsmäßige Anpassung erklärt werden kann. Wieso können wir die mathematischen Verhältnisse der Tonschwingungen, die sich bei musikalischen Harmonien bilden, erkennen? Wenn ein Klang aus mehreren Sequenzen besteht und einzelne Brüche bildet, beispielsweise 2/3 oder 3/4, hören wir einen harmonischen Akkord, sagt der Naturphilosoph Walter Heitler.[123] Doch es seien nicht notwendigerweise die mathematischen Schwingungen in der Luft, die wir da wahrnehmen, behauptet er. Es scheint, das Bewußtsein registriere das immaterielle, mathematische Gesetz, das sowohl jenseits der Natur als auch des Bewußtseins liegt, sagt Heitler. Obwohl die Frequenzverhältnisse nicht ganz stimmig sein können, seien wir trotzdem in der Lage, den richtigen Akkord zu hören. Wir hören ihn als richtig!

Es ist zu simpel, das als ein Resultat von entwicklungsmäßigen Zufällen zu erklären, die durch den Überlebenskampf ausgewählt worden sind. Welcher entscheidende Überlebensvorteil sollte es sein, Harmonien zu hören oder die unbeschreiblichen Reichtümer zu erleben oder zu erschaffen, die in den großen Werken der Musik liegen? Welche mechanistische Entwicklungs- oder Lerntheorie kann Mozarts Fähigkeit erklären, mit der er seine ersten Kompositionen als Fünfjähriger schuf, in unbewußtem Gehorsam den mathematischen Gesetzen folgend, die bei jedem musikalischen Werk erkannt werden können?

Bereits Johannes Kepler (1571—1630), der auch ein großer Musiktheoretiker war, sprach davon, daß unser Bewußtsein die universelle Ordnung widerspiegelt, erzählt Heitler. Die Archetypen der Harmonie seien im Menschen verankert und entsprechen den rationalen Zahlenverhältnissen zwischen Schwingungen in der äußeren Welt. Die Anlage des Menschen sei — physiologisch und psychologisch — deshalb ganz eng verbunden mit dem, was in der äußeren Natur existiert...

In einem weiteren Zitat von Kepler sieht es so aus, daß er zum gleichen Ganzheitsbild gekommen ist, wie es jetzt von der holographischen Theorie entwickelt wurde, daß die Existenz des Universums in jedem Teil und in jedes Menschen Bewußtsein vorhanden ist: »Es existiert und geschieht nichts am sichtbaren Himmel, dessen Sinneseindruck sich nicht auf irgendeinem verborgenen Wege des Sinnzusammenhanges auf die Erde und in alle seelischen Fähigkeiten der Naturdinge weiter ausdehnt, und so werden diese seelischen Fähigkeiten hier auf Erden genauso affiziert wie der Himmel selber...

Des Menschen natürliche Seel ist nit größer denn ein einziger Punct/und in diesen Puncten wird die Gestalt und Charakter des ganzen Himmels, wann er auch noch hundertmal so groß wäre/potentialiter eyngedruckt.«[124]

Die Idee, die später als eine Konsequenz aus der Quantenphysik des 20. Jahrhunderts entwickelt werden sollte, scheint also bereits bei Kepler durch eine geniale Intuition entstanden zu sein.

Platon (427—347 v. Chr.) meinte, daß die universelle Ordnung einen Ursprungs in einer zeitlosen Dimension haben müsse, die unserem Bewußtsein zugrunde liegt. Dem, was wir erfassen und wahrnehmen, lägen Ideen, Gesetze und Begriffe zugrunde, die dauerhafter und deshalb wirklicher seien als die wahrnehmbaren Dinge, die wir unmittelbar auffassen. Der Kreis, den wir zeichnen, erscheine und verschwinde durch das Auswischen. Doch der Begriff des Kreises bleibe bestehen. Wir können nicht die Idee der Dreiecke erkennen, doch sie existieren überall. Es gab sie schon, bevor irgend etwas begann, und sie werden existieren, wenn die ganze Welt der Dinge zugrunde gegangen ist.[125]

War es diese Verbindung zwischen dem Geist und der Ordnung der Natur, die es auch Demokrit (460—370 v. Chr.) ermöglichte, sein Atommodell zu skizzieren — und das über zweitausend Jahre bevor die moderne Wissenschaft uns auf etwas Vergleichbares brachte? Auf jeden Fall erscheint es mir unmöglich, eine materialistisch-mechanische Erklärung des übersinnlichen Wissens unseres Geistes über die Ordnung der Natur zu erkennen. Das wäre so, als ob man die Naturgesetze aus sich selbst heraus erklären wollte. Oder wie Heitler das ausdrückt: Die Natur folge dem nichtmateriellen, geistigen Element und Gesetz. Deshalb seien auch die geistigen Gesetze in der Natur selbst verankert.

Bei einzelnen Personen kommen diese gemeinsam menschlichen Fähigkeiten in einem unmittelbaren Erleben der mathematischen Verhältnisse der Natur so stark zum Ausdruck, daß sie allein als ein Beweis für das Geheimnis des Bewußtseins betrachtet werden können: Vor einiger Zeit trat ein Maurer und Werftarbeiter im norwegischen Fernsehen auf, wo er Fähigkeiten zeigte, die eigentlich unmöglich sein sollten, besonders für jemanden mit einer siebenjährigen Volksschulausbildung ohne spätere theoretische Schulung. Unter anderem konnte er nach einer Sekunde die Quadratwurzel der Zahl 22 343 699 angeben. Die konkrete Antwort kam, bevor der Moderator die Zahl in seinen Rechner eingegeben hatte. Wenn das mit bewußten, linearen Gedankenprozessen ausgeführt worden wäre, wäre das Ganze unmöglich gewesen, weil die verhältnismäßig langsamen Nervenimpulse im Gehirn bedeutend längere Zeit gebraucht hätten, um diese Aufgabe auszurechnen. Doch der Maurer rechnete nicht: »Ich weiß nicht, wie das geschieht — ich sehe die Antwort nur vor mir«, sagt er. In diesem Beispiel, das keineswegs ein Einzelfall ist, wird eine Art von Leistung repräsentiert, bei der eine mechanistische Erklärung des menschlichen Bewußtseins vollständig unzureichend ist. Ich glaube, daß jeder Forscher, der es wagt, einen nüchternen Überblick auf all das zu werfen, was wir faktisch über unerklärliche menschliche Fähigkeiten wissen, anstatt sie aus dem wissenschaftlichen Interessenfeld zu schieben, anerkennen muß, daß eine Reihe von Bewußtseinsphänomenen nicht von der materiellen Apparatur des Gehirns allein erklärt werden kann.

Ein bekanntes Beispiel ist die Geschichte »The Wreck of the Titan«,[126] hierin wurde der Untergang der Titanic beschrieben, jedoch vierzehn Jahre vor der Katastrophe. Der Verfasser Morgan Robertson behauptete, daß er seine Geschichte von einer Art inneren Stimme erhalten habe. Zu einem Zeitpunkt, an dem keine Pläne für Riesenschiffe bekannt waren, kam seine Geschichte über den kolossalen Touristendampfer Titan heraus – mit detaillierten Beschreibungen, die treffend mit dem späteren Schiff übereinstimmten: Sowohl die fiktive Titan als auch die reale Titanic waren Luxusschiffe, viel größer und stabiler gebaut als jedes andere Schiff vorher. Das Phantasieschiff wies erstaunlich ähnliche Bedingungen auf wie die Titanic – bezüglich des Gewichts, der Größe, der Geschwindigkeit wie auch der Anzahl der Passagiere und Rettungsboote. Beide Schiffe waren mit ähnlichen technischen Finessen ausgestattet; unter anderem beschrieb Robertson die gleiche Art von wasserdichten Schotten mit elektrisch kontrollierten Klappen, die vierzehn Jahre später als die große Neuigkeit bei der Titanic vorgestellt wurden.

Von beiden Schiffen wurde gesagt, sie seien unsinkbar. Beide sanken trotzdem auf dem Weg über den Atlantik. Und, es ist fast unglaublich, sowohl Robertsons Geschichte wie auch die spätere Katastrophe geschahen im April bei einem Zusammenstoß mit einem Eisberg mit einer Geschwindigkeit von über zwanzig Knoten und nur einer kleinen Anzahl von Überlebenden.

Seitdem Morgan Robertsons Erzählung herauskam, haben sich viele Verfasser zu seinen erstaunlichen Voraussagen geäußert. Einige von ihnen argumentieren auch, daß eine Zufälligkeit und Wissen über Schiffe (Robertson war vorher Seemann) ihn zu den Voraussagen geführt haben. In dem Buch *The Futility God*[127] versucht J. W. Hannah, diese Möglichkeit zu durchdenken. Er vergleicht Titans Namen mit Beschreibungen von sechzig berühmten Atlantikschiffen zwischen 1819 und 1910 und weist darauf hin, daß kein anderes Schiff als die Titanic sich Robertsons Beschreibung nähert. Hannah berechnet auch die Wahrscheinlichkeit, daß die Ähnlichkeiten auf Zufall beruhen sollten: Er fand heraus, daß die Wahrscheinlichkeit, eine solche Art von Ähnlichkeit in der

Beschreibung zu treffen, eins zu etwa vier Milliarden beträgt. Eine gründliche Beurteilung dessen, doch mit einer weniger gewagten Folgerung, findet sich im Journal der amerikanischen parapsychologischen Gesellschaft.[128]

Im Buch *Parapsychology and the Unconscious*[129] diskutiert Jule Eisenbud Robertsons Voraussagen. Nach dem Studium verschiedener Schriften über Robertsons Leben und sechzig seiner eigenen Bücher und Novellen zeigt Eisenbud, wie die Interessen des Verfassers ständig um okkulte Phänomene, unterbewußte Führung und Schicksal kreisten. Robertson war Alkoholiker und konnte ohne die »innere Stimme«, die ihm den Stoff vermittelte, nicht schreiben. Schwieg diese Stimme, so konnte er Tage und Wochen im Bett liegen und darauf warten, daß ihm die Fortsetzung mitgeteilt wurde.

Es ist allgemein bekannt, daß solche unerklärlichen Vorahnungen kommender Ereignisse oft an dramatische Begebenheiten geknüpft sind, und die Titanic-Tragödie scheint viele solcher Vorerlebnisse hervorgerufen zu haben. Neunzehn dieser Fälle hat Professor Ian Stevenson an der Universität von Virginia analysiert. Doch von einem Teil davon kann die Möglichkeit einer »Erinnerungsverschiebung in die Zukunft« nicht ausgeschlossen werden. Deshalb sind die Voraussagen, die *vor* dem Unglück veröffentlicht wurden, von besonderem Gewicht. Das bezieht sich nicht nur auf die Erzählung Robertsons, sondern unter anderem auch auf eine Vision, die der Redakteur W. T. Stead von der *Pall Mall Gazette* in einem Artikel bereits im Jahre 1890 beschrieb. Da sah er sich selbst in einem Boot, das nach einem Zusammenstoß mit einem Eisberg sank, wonach er von dem Schiffsführer gerettet wurde, der sich später als der Kapitän der Titanic erweisen sollte.

Sowohl für die Titanic-Katastrophe als auch für andere große Tragödien finden sich unzählige Prophetien, die ziemlich unwiderleglich bezeugen, daß unser Bewußtsein die Zeit- und Raumbegrenzung der physischen Wahrnehmung überschreiten *kann*. Die Frage ist nur, ob man sich die Mühe macht, die weißen Krähen näher zu untersuchen, die gefunden werden können.

Das Siriusmysterium — das Wissen der Dogonen von dem Unsichtbaren

Bevor ich zurück nach Europa flog, stieß ich auf einen Bericht, der jetzt, in der Erinnerung, als eine mögliche Bestätigung von Bohms und Pribrams Theorie über die unbegrenzte Reichweite des Bewußtseins auftaucht.[130] Der Autor Robert Temple hatte sich während sieben Jahren speziell auf die Kosmologien oder Weltbilder alter Kulturen konzentriert. Es zeigte sich, daß viele von ihnen über ein Wissen vom Universum verfügen, das erst durch unsere neue Forschung bekannt geworden ist. Dieses alte Wissen erscheint so unerklärlich, daß der Verfasser und auch andere darüber nachgedacht haben, ob sie auf frühere Besuche aus dem Weltraum zurückzuführen seien. Für mich zeigt es sich als viel naheliegender, eine Erklärung in der neuen holographischen Theorie zu suchen, daß das Universum in jedem einzelnen Bewußtsein widergespiegelt wird.

In Temples Buch wird beispielsweise ein Bericht der französischen Anthropologen Marcel Griaule und Germaine Dieterlen zitiert, die nach jahrelangen Studien bei den afrikanischen Dogonen schließlich in die uralte Kosmologie des Stammes eingeweiht wurden.

Der Inhalt des Berichtes war so merkwürdig, daß ich einen norwegischen Anthropologieprofessor fragte, ob das Ganze eine Konstruktion sein könne. Doch er bestätigte eine gewisse Bekanntschaft sowohl mit den französischen Kollegen als auch ihren Dogonen-Studien. Aber gleichzeitig erwähnte er einige Verhältnisse, die in solchen Fällen Mißverständnisse hervorrufen können. Zuallererst sollte man sich darüber im klaren sein, daß diese Art von Stammesmythen oft durch Symbole und Beschreibungen dargestellt werden, die sehr schnell falsch interpretiert werden können. Man muß auch damit rechnen, daß sich der Hauptinformant des Anthropologen vielleicht durch langjährigen Kontakt mit Weißen sein verblüffendes Wissen über moderne Wissenschaftsliteratur hat aneignen können und das in die Dogonen-Kosmologie mit eingedichtet hat. Der Professor erwähnte ebenso, daß der Dogonen-Stamm sein Wissen durch Informationen von modernen afrikanischen Kulturzentren in neuerer Zeit bezogen haben könnte.

Um die Möglichkeit solcher Mißverständnisse abzuklären, versuchte ich später, mit der Anthropologin Germaine Dieterlen, Direktorin des nationalen Forschungszentrums in Paris, in Kontakt zu kommen. Nach mehreren Versuchen erhielt ich schließlich eine Antwort, in der sie auf das ursprüngliche Quellenmaterial in ihrem und Griaules Buch *Le Renard Pâle*[131] verwies. Es ist das erste vollständige Werk über die Kosmologie der Dogonen.

Nachdem ich den sechshundert Seiten langen Bericht gelesen hatte, beurteilte ich die oben erwähnte mögliche Kritik in diesem Fall als sehr unwahrscheinlich. Eine Reihe unabhängiger Informanten unterschiedlicher Stämme haben erzählt, wie das erstaunliche Wissen der Dogonen klar in Symbolen und Gegenständen ausgedrückt wurde. Diese wurden während der wichtigen Zeremonien gebraucht, die alle sechzig Jahre durch die Jahrhunderte hinweg abgehalten wurden. Der älteste dieser vielsagenden Gegenstände ist auf das 13. Jahrhundert datiert worden. Die wichtigsten und unbegreiflichsten

Themen des Berichts sind so direkt ausgedrückt worden, daß sie keinesfalls durch erfahrene Anthropologen bei jahrzehntelangen Untersuchungen mißverstanden werden können.
Die Dogonen sind ein altes Bauernvolk und leben im Gebiet des Niger an der Grenze zwischen Mali und Obervolta. Wie andere afrikanische Stämme wurden sie von den Europäern als unwissend und naiv betrachtet. Man schrieb ihnen ein primitives Wirklichkeitsverständnis zu ohne das Bewußtsein eines Gottes, sagt der afrikanische Historiker Dr. Lausine Kaba. Er betrachtet Griaules und Dieterlens Buch als eine endgültige Abrechnung mit dieser langlebigen Fehleinschätzung.
Die Expeditionen unter Professor Griaules Leitung starteten im Jahre 1931. Nach Griaules Tod führte seine Kollegin die Arbeit fort. Zusammengenommen dauerten ihre Studien über die Kosmologie der Dogonen mehr als dreißig Jahre.
Die Tiefe des afrikanischen Denkens wurde für die beiden Forscher ernstlich klargelegt, als Griaule, nach einem Treffen mit den Ältesten der Dogonen, für die Einweihung in ihre uralten geheimen Mysterien angenommen wurde. Danach entwickelte sich ein tiefer und gegenseitiger Respekt zwischen dem Stamm und den Forschern. Nachdem Griaule im Jahre 1956 starb, nahmen Tausende von Dogonen an der feierlichen Zeremonie teil, die der Stamm zu seiner Ehre veranstaltete.
Das Weltbild der Dogonen ist nicht so zerteilt wie unseres, berichtet Germaine Dieterlen. Da gibt es keine Trennung zwischen dem Heiligen und dem Profanen. Ihre Weisen sind sowohl Priester als auch Wissenschaftler. Für sie sind die Sterne und Galaxien beseelte Teile eines dynamischen Ganzen in einem beständigen Wechselspiel von Energien. Und da das Universum Gott Ammas Schöpfung ist, ja eigentlich Amma selbst ist, ist es mit all seinem Inhalt heilig, vom unendlich Großen bis zum unendlich Kleinen. Diese Ganzheitssicht ha-

ben die Dogonen zu einer fortgeschrittenen und umfassenden Kosmologie entwickelt, daß Griaule nicht damit zögert, sie auf die gleiche Höhe wie die klassischen Überlieferungen des Mittelmeergebietes zu stellen.

Obwohl die Dogonen kein gewöhnliches Schriftsystem besitzen, schufen sie eine imponierende Symbolsprache mit über elftausend Zeichen, die in systematische Kategorien eingeteilt sind. Hiermit konnten sie durch die Jahrhunderte ihre Kosmologie ausdrücken und bewahren, und sie haben eine Astronomie, einen Kalender, ein numerisches System, ein umfassendes physiologisches und anatomisches Wissen entwickeln können.

Während ich den Bericht dieser beiden Anthropologen lese, bin ich erstaunt darüber, wie die Dogonen längst die Essenz dessen erfaßt zu haben scheinen, was wir als das neue Weltbild verstehen und das unsere Kultur erst jetzt zu ahnen beginnt. Die Welt wird als ein Ganzes aufgefaßt. In diesem Ganzen wirkt ein denkender, verwirklichender und schaffender Gott in einem kompletten System, welches auch die Unordnung impliziert. Der Begriff Gesetzmäßigkeit ist weniger vorhanden als eine von vornherein etablierte Harmonie, unaufhörlich gestört und kontinuierlich restrukturiert. Jeder Teil dieser Ganzheit repräsentiert die Totalität. Da gibt es weder Subjekt noch Objekt, nur Dinge, die in einem Feld zusammengekettet sind. Es sind nicht die Dinge selbst, sondern das Symbol der Dinge, das essentiell ist. Dem Menschen wohnt das Universum inne. Seine Glieder sind eine Widerspiegelung des verwickelten Schöpfungsprozesses, und die menschliche Schöpfung wird als ein Ausdruck für all die Kräfte und Energien angesehen, die in unserem Sonnensystem wirken.

Auch der Schöpfungsbericht der Dogonen umfaßt mehrere hundert Seiten des Berichts. Er erinnert an unsere moderne

Vorstellung von den ersten Minuten unseres Universums: Der Ausgangspunkt für die Schöpfung war das Welten-Ei. Als Amma die Schale des Eies brach, erhob sich ein Wirbelwind, Po, das kleinste aller Dinge, wurde erschaffen, unsichtbar im Zentrum. Ammas schöpferischer Wille wohnte in Po. In Po, der das Kleinste ist, gibt es noch etwas Kleineres, das Leben. Amma schuf zuerst seinen eigenen Zwilling, das heißt das Universum selbst. Amma wird durch das schöpferische Wort in diesem Universum anwesend bleiben. Diese beiden, Amma oder Gott auf der einen Seite und die Welt, die er erschuf, auf der anderen Seite, repräsentiert das Prinzip, das die ganze Wirklichkeit prägt, nämlich die Zweiseitigkeit, die auch für die Reproduktion die Voraussetzung ist.

Das für uns am meisten Überraschende ist vielleicht das konkrete und »moderne« Wissen über Astronomie, das die Dogonen bereits entwickelt hatten, als wir noch glaubten, die Erdkugel wäre die unbewegliche Mitte des Universums. Durch die Jahrhunderte haben sie gewußt, daß die Erde und unsere Nachbarplaneten sowohl um die Sonne kreisen als auch um ihre eigene Achse rotieren. Sie sagen, daß der »Mond trocken und ohne Leben« sei. Ihre alte Astronomie trennt klar zwischen Fixsternen, die sich nicht um andere Himmelskörper drehen, und andere »Sterne« oder Satelliten oder Monden, die »einen Kreis beschreiben«. Sie sprechen über eine unendliche Anzahl von Sternen, gesammelt in Galaxien, die sie »spiralförmig drehende Sternenwelten« nennen, und sie haben ein eigenes Wort für Milchstraße, die sich langsam drehende Spiralsternenwelt, der die Erde angehört.

Sie haben vier unterschiedliche Kalender, einen für den Kreislauf der Erde oder für die zwölf Monate, die »der Raum sind, durch die die Erde sich bewegt«, einen Mondkalender, einen Siriuskalender und einen Landwirtschaftskalender, der auf den Positionen der Venus basiert.

Obwohl das Wissen der Dogonen auf Beobachtungen und systematischem Denken aufgebaut war, erscheint es, daß ihre fortschrittlichen Folgerungen auf die direkte, intuitive Wissensaneignung der »rechten Hirnhälfte« zurückzuführen ist. Diese Art der Erkenntnis ist in unserer Kultur so wenig entwickelt, daß wir eine Erfahrung über ihre Reichweite vermisse und deshalb ablehnen, ihre Ergebnisse anzuerkennen. Was am meisten unwiderlegbar auf eine solche Fähigkeit der Dogonen weist, wird in ihrer Kosmologie das Siriusmysterium genannt: Solange die Zeremonien dieses Volkes in der Geschichte zurückverfolgt werden können, haben sich ihre Mythen um den Begleitstern des Siriussterns Sirius B zentriert. Das ist ein Stern, der für das bloße Auge vollständig unsichtbar ist. Selbst mit den stärksten Teleskopen, die uns in der ersten Hälfte des vorigen Jahrhunderts zugänglich waren, war Sirius B nicht zu registrieren. Seine Existenz wurde 1844 auf der Basis von Unregelmäßigkeiten der Siriusbahn berechnet. Doch erst im Jahre 1862 war die Teleskoptechnik so weit entwickelt worden, daß Sirius B konkret von dem Astronomen Alvin Clark entdeckt werden konnte.
Weil das Licht, das uns von Sirius B erreicht, nur der zehntausendste Teil dessen ist, das uns vom Hauptstern Sirius erreicht, würde der Begleiter vollständig unsichtbar sein, selbst wenn er nicht von den am stärksten leuchtenden Sternen des Himmelsraumes überdeckt wäre. Diesen unsichtbaren Punkt zwischen den unzähligen sichtbaren Sternen haben also die Dogonen als Ausgangspunkt für ihre Kosmologie gewählt. Weshalb? Die Antwort der Dogonen bestätigt aufs äußerste ihr unbegreifliches Wissen.
Wir wissen jetzt, daß Sirius B ein »weißer Zwerg« mit einer unfaßbaren Dichte ist. Seine Masse ist so komprimiert, daß seine Materie zusammengebrochen ist. Eine Streichholz-

schachtel seiner Masse würde über zwei Tonnen wiegen. Trotz seines Gewichts ist Sirius B ein sehr kleiner Stern.
Die Dogonen sagen, »Po tolo« (Sirius B) sei das kleinste und trotzdem das schwerste Ding am Himmel, er sei der schwerste Stern. Sie beschreiben ihn als weiß, und sie erzählen, daß er aus einem speziellen Metall, Sagala bestehe, das so dicht sei, daß alle Wesen auf Erden zusammen nicht einen kleinen Teil davon heben könnten. Er beeinflußt die Bahn von Sirius, der der einzige ist, der keiner regulären Kurve folgt.
Das Unbegreiflichste ist vielleicht trotzdem, daß sie die Umlaufzeit des unsichtbaren Sterns um Sirius von fünfzig Jahren kennen und seine Bahn korrekt als eine ellipsenförmige Umlaufbahn zeichnen, genau wie unsere Astronomen sie beschreiben. — Die Dogonen berichten darüber hinaus über andere Verhältnisse im Universum, beispielsweise von einigen Monden eines Sonnensystems, das ohne Teleskop nicht gesehen werden kann.
Welche Folgerungen kann ich daraus ziehen? Wie groß ist die Wahrscheinlichkeit, daß dieses Wissen der Dogonen aus Büchern neuerer Zeit stammt? Wer sich wirklich mit diesem enormen anthropologischen Material befaßt, wird wohl kaum an eine solche Möglichkeit glauben. Die Geschichte über Sirius B ist vollständig integriert und steht zentral in dem klugen und umfassenden Weltverständnis der Dogonen, das Ganze kann meines Erachtens nicht in der letzten Generation »erdichtet« worden sein! Und was ist mit den uralten Kultgegenständen, die in einer Symbolsprache die gleiche Geschichte erzählen?
Trotzdem will ich wissen, wie diejenigen, die sich über mehrere Jahrzehnte damit beschäftigt haben, die Sache betrachten. Ich schreibe wieder an Germaine Dieterlen in Paris und frage direkt, wie sie zu den von mir vorgebrachten Erklärungsmöglichkeiten steht. Ich bekomme einen freundlichen

Antwortbrief, aus dem die Anthropologin mir erlaubt zu zitieren.
Über die Möglichkeit, daß Einzelinformationen aus westlichen Quellen benutzt worden sind, schreibt sie: »Die Hauptzüge in ihrer Kosmologie sind wohlbekannt und bestätigt, nicht nur durch ihre eigenen uralten Mythen, sondern auch durch eine gewisse Anzahl anderer Völker in Westafrika.«
Auf die Frage, ob der Dogonen-Stamm selbst seine Kenntnisse über den unsichtbaren Stern aus modernen Kulturzentren haben kann, antwortet sie: »Keiner konnte die Geschichte von Sirius B in der Vergangenheit konstruieren, da diese durch Zeremonien und rituelle Gegenstände, die bei den Dogonen seit mehr als tausend Jahren im Gebrauch waren, klar repräsentiert war. Es besteht auch kein Zweifel an ihren Erklärungen, daß die Umlaufzeit von Sirius B (fünfzig Jahre) richtig ist. Unsere Studien umfassen auch mehr als hundert andere Sterne und Konstellationen, die in der Kosmologie der Dogonen erwähnt waren.«
Die gründliche Pionierarbeit der französischen Forscher erhielt in Fachkreisen eine sehr positive Kritik. Trotzdem bin ich nicht im Zweifel, daß sie einer Kritik ausgesetzt gewesen wäre, wenn nur der geringste Zweifel an der Frage aufgetaucht worden wäre, wie die Dogonen sich das Wissen über diese unsichtbaren Verhältnisse im Universum ohne Instrumente verschafft haben könnten. Sicherheitshalber sagen sie auch freiheraus, daß sie sich damit nicht beschäftigt haben: Diese Frage sei weder beantwortet noch gestellt worden. Ich muß sagen, ich verstehe sie sehr gut: Hätten sie versucht, diese Frage zu beantworten, wären sie gezwungen gewesen festzustellen, daß die Dogonen ihr Wissen durch eine andere Art von Erkennen als durch die physikalische Wahrnehmung bekommen haben. Damit hätten sie einen Tabubereich in der etablierten Wissenschaft berührt, und ihr ganzes lebenslanges

Dogonen-Studium wäre als wenig glaubwürdig abgewiesen worden — oder vielleicht auch als ein Resultat von Mißverständnissen und Fehlinterpretationen eingestuft worden, deren Möglichkeit der norwegische Professor andeutete.

Folgerungen für das Bewußtsein

Für diejenigen, die die Konsequenzen aus den revolutionierenden Ergebnissen der neuen Forschung gezogen haben, ist das Wissen der Dogonen längst nichts Unmögliches oder Undenkbares. Ich erwähnte die Geschichte während meiner Gespräche mit dem Physiker David Bohm und dem Hirnforscher Karl Pribram, die beide die Möglichkeit für eine solch direkte, universelle Erkenntnis annahmen. Bohm sagte unter anderem darüber: »Es ist vollständig möglich, daß alles, was existiert, alles andere umfaßt und daß unser Bewußtsein deshalb eine Wahrnehmung für solch eine implizite Ordnung entwickeln kann. Das Bewußtsein kann sehr gut diese tieferen Ebenen der eingefalteten Ordnung umfassen, wo die Grenzen von Zeit und Raum unscharf werden, wo auf eine Art alles sichtbar wird. In einem solchen Fall besteht die Möglichkeit, auf diese weit entfernt liegenden Dinge aufmerksam zu werden.«
Während eines Treffens über die neuen »Dimensionen des Bewußtseins« in New York im Jahre 1979 sagte der Nobelpreisträger Eugene Wiegner: »Das Bewußtsein ist die eigentliche, grundlegende Wirklichkeit. Wir stehen erst ganz am Anfang eines Verständnisses über Bewußtsein.«[132] Ja, uns fehlt bisher jede Möglichkeit, das offensichtlich unbegrenzte Potential des Bewußtseins zu beschreiben. Trotzdem kann die neueste Forschung etwas über das prinzipielle Verhältnis des Geistes zur äußeren, materiellen Wirklichkeit sagen.

Wenn ich nun das sammle, was ich von der neuen Forschung als das am meisten Überzeugende kenne und so ernst nehme, wie ich es wegen der möglich denkbaren Schwächen kann, zu welcher Folgerung sollte ich da im Namen der Vernunft kommen?

In erster Linie scheint es klar, daß unser Bewußtsein eine Reichweite besitzt, die über den begrenzten Raum hinausgeht, der mit unseren bekannten Sinnen erfahren werden kann. Das wird unter anderem durch die Telepathieforschung und auch durch das Wissen der Dogonen über ferne und unsichtbare Verhältnisse angedeutet.

Zweitens ist es mir nicht möglich, Professor Emersons Berichte und auch diejenigen anderer abzuweisen, die bewiesen haben, daß der Geist über die Begrenzungen der Zeit hinausgreift, in deren Grenzen unsere Sinne eingeschlossen sind. Die vorliegenden Voraussagen über den Untergang der Titanic sind eine von vielen Tatsachen, die in die gleiche Richtung weisen.

Ebenso habe ich gute Gründe, damit zu rechnen, daß unser Bewußtsein Verbindung mit einer Seite der Wirklichkeit hat, die das Nahe mit dem Fernen und die Gegenwart mit den Mustern der Zukunft verbindet. Verglichen mit den Beweisen der Quantenphysik bezüglich einer zeitlosen und raumlosen Dimension, scheint es mir natürlich, zu folgern, daß das Bewußtsein zumindest eine Verbindung mit dieser alles verbindenden, immateriellen Dimension hat. Aber diese Fähigkeit des Bewußtseins, die Wirklichkeit in Zeit und Raum zu überschreiten, kommt darüber hinaus durch unseren physischen Apparat zum Ausdruck. Bedeutet dies, daß unser Geist trotz allem nur durch unseren Körper wirken kann?

Hier scheinen mir Pribrams und Bohms Theorie wie auch die Ganzheitssicht der alten Quantenphysiker über das Universum eine Antwort anzudeuten: Das Bewußtsein registriert nicht nur, es ist selbst Ausdruck der immateriellen Dimension der Ganzheit. Deshalb scheint es mir nicht richtig, die Existenz des Geistes in der Zeit auf den Körper abzugrenzen. Das, was ein Teil des Zeitlosen ist, kann nicht abgeschlossen werden, und wie die Forschung über die Wahrnehmungen außerhalb des Körpers zeigt, ist das Bewußtsein auch nicht unbedingt an den Körper in räumlicher Beziehung gebunden. Mehrere Forschungsberichte deuten darauf hin, daß unser Bewußtsein nicht nur ein Produkt materieller Hirnprozesse ist, sondern mit dem Gehirn in einem wechselseitigen Verhältnis steht. Weil das Bewußtsein in der jetzigen Form während der menschlichen Entwicklung entstanden ist, muß es nach der darwinistischen Auffassung einen entwicklungsmäßigen Vorteil repräsentieren. Dann *muß* dieser notwendigerweise mehr gewesen sein als die materiellen Prozesse, meint der Neurologe und Nobelpreisträger J. C. Eccles: »Wäre der Geist vollständig unfähig, Veränderungen in der Funktion des Hirns und somit auch in der Handlung zu verursachen, dann gäbe es keinen biologischen Grund, daß er als Resultat der natürlichen Auswahl entstanden ist oder von dieser aufrechterhalten wird.«[133] Henry Stapps Analyse über den Zusammenhang von Geist und Materie wird unterstützt durch Hasteds, Honortons und Mannings Nachweise, daß der Geist die Materie und auch die Quantenprozesse des Gehirns beeinflussen, ja selbst die Funktion einzelner Zellen stören kann.

Wie steht es mit dem individuellen Bewußtsein? Ist es richtig, anzunehmen, daß dieses eine Existenz über den Körper hinaus besitzt, oder ist es wahrscheinlicher, daß es in die totale, immaterielle Nicht-Zeit-Dimension nach dem Tod des Körpers aufgeht?

Hier besteht doch eine größere Uneinigkeit zwischen den Repräsentanten des neuen Weltbildes, aber in diesem Zusammenhang scheint es mir wichtig, eine einzelne Tatsache im Auge zu behalten: Es ist das *persönliche* Bewußtsein, dessen Existenz im gemeinsamen Spiel mit der immateriellen Dimension nachgewiesen wurde, das auch davon ein Teil ist. Es geht also in der zeitlosen Dimension ebenfalls um das Verhältnis zwischen etwas Individuellem und etwas Totalem, zumindest so lange, wie der physische Körper existiert. Doch wenn man akzeptiert, daß es logisch unmöglich ist, sich ein Ende dessen zu denken, was zeitlos ist, dann scheint es notwendig, sich auch das Verhältnis zwischen dem Individuellen und dem Totalen unbegrenzt von Zeit und Raum vorzustellen, so wie Teilhard de Chardin es formuliert — obwohl das eine Vorstellung ist, die schwer zu begreifen sein wird.

Auf jeden Fall gibt es gute Gründe, C. G. Jungs Ansicht zu unterstützen: »Früher oder später werden sich Atomphysik und Psychologie des Unbewußten in bedeutender Weise annähern, da beide, unabhängig voneinander und von entgegengesetzter Seite, in transzendentales Gebiet vorstoßen ... Psyche kann kein ›ganz anderes‹ sein als Materie, denn wie könnte sie dann den Stoff bewegen? Und Stoff kann der Psyche nicht fremd sein, denn wie könnte er sie dann erzeugen? Psyche und Materie sind ein und derselben Welt, und eines hat am anderen Teil, sonst wäre Wechselwirkung unmöglich. Man müßte daher, wenn die Forschung nur weit genug vorstoßen kann, zu einer letzthinnigen Übereinstimmung physischer und psychologischer Begriffe gelangen. Unsere derzeitigen Versuche mögen gewagt sein, aber ich glaube, daß sie auf der richtigen Linie liegen.«[134] Jungs Sichtweise ist nicht zuletzt ein Resultat seiner Zusammenarbeit mit dem großen Kernphysiker Wolfgang Pauli.

Im ganzen sieht es so aus, als sei das neue Denken in erster Linie aus dem neuen Wirklichkeitsverständnis der Quantenphysik notwendig geworden. Trotzdem scheint es, daß der größte Teil unserer heutigen Physiker selbst nicht die notwendigen Schlüsse in die Richtung irgendeines Weltbildes überhaupt zieht. Was ist die Ursache dieses Unwillens, die Konsequenzen der Theorien zu diskutieren, worauf sie ihre Forschung aufbauen?

Ich entscheide mich, daß dies meine Hauptfrage an die beiden weltbekannten Physiker ist, die ich bald in Berkeleys Physiklaboratorien treffen werde.

Weshalb wurde das Weltbild der neuen Physik verdrängt?

Umgeben von Studenten und Professoren in Berkeleys Mensa, lese ich Geoffrey Chews und Henry Stapps Theorien, bevor ich die beiden Wissenschaftler treffe. Was mich besonders an Stapps Ideen interessiert, seine Analyse der Möglichkeit des Willens, auf die Hirnprozesse zu wirken, bin ich bereits durchgegangen. Auch Chew behandelt die Frage über das Verhältnis zwischen Bewußtsein und Materie, doch unter einem anderen Blickwinkel.

Professor Chew ist heute Leiter des Institut für Physik der bekannten Berkeley-Laboratorien der University of California. Bereits in den sechziger Jahren brachte er einen Beitrag zu dem, was lange das Ziel von Quantenphysikern gewesen ist, nämlich die Quantenphysik mit der Realitätstheorie zu verneinen.

Chews Theorie ist eine Weiterentwicklung der sogenannten S-Matrix-Theorie, die ursprünglich von Heisenberg in den vierziger Jahren vorgestellt wurde. Chew war auch mit den philosophischen Konsequenzen dieser Theorie beschäftigt. Sie hat zu einem Neudenken in vielen unterschiedlichen Gebieten angeregt und wird in Fachkreisen als *the bootstrap approach* oder »Schnürsenkelansatz« bezeichnet. Dieser Begriff drückt, einfach gesagt, den Gedanken aus, daß nichts in der Natur als unabhängig von etwas anderem betrachtet werden kann. Weder die Einheiten noch die Kräfte, noch die Theorien, die sie beschreiben, können als für sich allein stehend betrachtet werden. Die Bootstrap-Theorie akzeptiert keine fun-

damentalen Einheiten von irgendwelcher Art, also keine grundlegenden Konstanten oder Gesetze, sondern betrachtet das Universum als ein dynamisches »Gewebe« von Geschehnissen, die untereinander verbunden sind.
Die Bootstrap-Philosophie drückt das Faktum aus, das durch die Quantenphysik geklärt wurde, daß die Natur nicht auf grundlegende Einheiten von zum Beispiel Materie reduziert werden kann, sondern als selbsterhaltend verstanden werden muß. Chew zieht mit anderen Worten die volle Konsequenz aus der Idee, für die die Quantenphysik die Grundlage lieferte: Alles im Universum ist verbunden mit allem anderen in einem totalen Gewebe wechselseitiger Wirkungen. Das Prinzip der Ganzheit kommt in den gegenseitigen Verhältnissen zum Ausdruck. Die Konsequenz hiervon ist selbstverständlich, daß auch jede *Beobachtung* in das ganze Netzwerk eingreift und es somit beeinflußt. Beobachtungen sind keine neutralen Feststellungen eines gegebenen Verhältnisses, sondern aktiv wirksam in der Formung der Wirklichkeit, die beobachtet wird. Die grundlegende Struktur der materiellen Welt wäre dann »letztlich durch die Art und Weise bestimmt ... wie wir diese Welt sehen; die beobachteten Strukturen der Materie wären somit Spiegelungen der Strukturen unseres Bewußtseins«, schreibt Fritjof Capra in seinem Buch *The Turning Point.*[135]
Ein wichtiger Begriff der Bootstrap-Theorie ist die Ordnung, das heißt die Ordnung in der Verknüpfung der subatomaren Vorgänge, eine Ordnung unterschiedlicher Kategorien, die wiederum in Unterkategorien unterteilt werden kann.
Während ich die verschiedenen Beschreibungen von Geoffrey Chews Theorie lese, werde ich ständig an David Bohms »implizite Ordnung«, Prigogines selbstorganisierende Systeme und Pribrams holographisches Bewußtsein und Universum erinnert, die alle auf die gleiche Schlußfolgerung weisen:

Die Ganzheit ist in jedem Teil. Jedes Teilchen besteht aus allen anderen Teilchen.
Und Capra, der sich mit Chews Gedanken beschäftigt, sagt: »Die zunehmende Anwendung der *bootstrap*-Methode eröffnet die noch nie dagewesene Möglichkeit, das Studium des menschlichen Bewußtseins ausdrücklich in künftige Theorien von der Materie einbeziehen zu können.«[136] Chew selbst sagt: »Unsere gegenwärtigen Schwierigkeiten [mit der modernen Physik] könnte man von daher lediglich als einen Vorgeschmack auf eine vollkommen neue Form menschlicher, intellektueller Bestrebungen betrachten; Bestrebungen, die nicht nur außerhalb der Physik liegen, sondern nicht einmal als wissenschaftlich beschrieben werden.«[137]

Fragen an Geoffrey Chew und Henry Stapp

Beide Physiker erscheinen jünger, als ich erwartet hatte, sie erinnern mich mehr an guttrainierte Sportler als an »verstaubte« Professoren, und sie zeigen ein großes Verständnis für meine Laieninteressen an der modernen Physik und deren Auswirkungen auf das Wirklichkeitsverständnis unserer Zeit.[138]
Ich eröffne das Gespräch, indem ich über meine mehrwöchige Reise durch England und die USA erzähle, wobei ich eine Reihe von denjenigen getroffen habe, die mit dem Einstellungswandel beschäftigt sind: »Was mir besonders auffiel, ist die Tatsache, daß alle, die mit neuen wissenschaftlichen Grundlagen beschäftigt sind, um Phänomene zu erforschen, die früher undenkbar waren, sich einer in den Hauptzügen gemeinsamen Ganzheitssicht nähern. Als Beispiel sehe ich klare Gemeinsamkeiten zwischen Bohms ›impliziter Ordnung‹ und der Bootstrap-Philosophie.«

Chew: »Es ist richtig, daß viele der neuen Gedanken auf eine gemeinsame Sicht weisen. Ich habe das deutliche Gefühl, viele von uns arbeiten mit Dingen, die verschiedene Seiten des gleichen Bildes zeichnen. Ich habe einen Artikel in diesem Sinne geschrieben. Bezüglich Bohm muß ich sagen, daß ich sehr stark mit den meisten seiner Ideen sympathisiere, obwohl ich selbst ein anderes Modell benutze. Doch wir haben vielleicht eine unterschiedliche Auffassung von der Zeit. Meine Ansicht ist die, daß man von der Standardauffassung über die Zeit fortkommen muß, weil das Probleme in bezug auf das Quantenprinzip schafft. Der entscheidende Punkt ist hierbei der, daß die Dinge nicht kontinuierlich geschehen. Versucht man, die Idee der Quanten in das Raum-Zeit-Kontinuum einzupassen, kommt man in Schwierigkeiten.«
»Ich war sehr mit der Frage beschäftigt, ob Zeit in sich selbst eine Nicht-Zeit-Dimension voraussetzt: Folgt man den regelmäßigen Ketten von Ursache und Wirkung rückwärts zu dem ersten Anfang — Zeit kann ja nicht gleichzeitig ewig sein, sondern setzt einen Anfang voraus —, kommt man dahin, daß ebendas Zeit- und Ursachenprinzip aus etwas entstanden sein muß, was Nicht-Zeit ist; also eine zeitlose Ursache der Ursachen, die auch der Ursprung der Naturgesetze sein muß. Für mich ist das wichtig, weil ich anders keine Möglichkeit für den freien Willen des Menschen und seine Verantwortung sehe, indem der Mensch selbst ein Teil dieses zeitlosen, schöpferischen Prinzips ist. Nur so kann man denken, daß man ursprünglich kreativ ist, mit der Möglichkeit, etwas zu schaffen, das nicht durch gewöhnliche Ursachenerklärung abgedeckt werden kann.«
Stapp: »Das ist richtig, ich stimme vollkommen mit diesem Standpunkt überein. Es scheint die einzige Möglichkeit zu sein, dem Dilemma zu entkommen, daß die Freiheit weder auf einen Determinismus noch auf Zufälligkeit bauen kann.

Wir sprechen da von einem selbstschaffenden System, daß das Universum ein System ist, das wenigstens in einigen Beziehungen unabhängig und selbstschöpferisch ist.«
Chew: »Was wir für die objektive Wirklichkeit halten, kann nichts Exaktes sein, sondern nur eine Annäherung. Eine Seite der Quantentheorie impliziert ja, daß die Vorstellung von Raum und Zeit kein konkretes Bild gibt. Folgen wir dem konsequent, so müssen wir über den Rahmen hinaus, der seit Newton akzeptiert war. Er sagt ja, wir leben in einem determinierten Raum-Zeit-Zusammenhang und unsere Auffassung vom Universum müsse auf den Raum-Zeit-Begriffen aufbauen. Ich wurde neulich überrascht, als ich entdeckte, daß der Pionier der Quantenphysik Wolfgang Pauli während der letzten Jahre seines Lebens davon überzeugt war, daß unsere Vorstellung von Zeit und Raum das eigentliche Problem war. Die Idee des Determinismus oder der Vorausbestimmung setzt die Zeitauffassung voraus, und wenn man dann fragt, was Zeit eigentlich bedeutet, kommt man zu der Frage, was Determinismus ist.«
Stapp: »Es ist interessant, zu sehen, wie Heisenberg, einer der Begründer der Quantenphysik, die physische Welt betrachtete. Werner Heisenberg war mit der sogenannten ›Kopenhagener Schule‹ der Quanten verknüpft. Diese Schule sagt, daß die Quantenphysik nur als ein wissenschaftliches *Werkzeug* für die Voraussagen der klassischen Beobachtungen benutzt werden sollte. Trotzdem ging er weiter in der Beschreibung der Natur, von der Theorie ausgehend. Für ihn repräsentierte das Quantenniveau eine Art ›Mikro-Möglichkeit‹. Hieraus entstanden hier und dort Ereignisse auf dem gewöhnlichen Mikro-Niveau auf eine *nicht* vorausbestimmte Weise. Und das bildet dann die ›wirkliche‹ Welt, die wir kennen.«
»Damit, daß das Gehirn und seine Neuronen dem ›gewöhnlich großen‹ Niveau angehören, ist es denkbar, daß Prozesse

solcher Quantenmöglichkeiten entstehen und der Wille dieses beeinflussen kann? Ich frage deshalb, weil ich Charles Honorton getroffen habe, der meint, nachgewiesen zu haben, das Bewußtsein könne auf den Zeitpunkt der sonst zufälligen Quantenabschüsse einwirken.«

Stapp: »Die Quantenprozesse werden ja auf die eine oder andere Art bestimmt. Auf eine gewissen Weise ist das nicht ganz zufällig. Das ist das Interessante an Bells Theorem und dem Experiment mit den beiden Zwillingsphotonen. Wenn das, was mit dem einen von ihnen geschieht, vollständig zufällig geschehen soll, könnte das nicht von dem beeinflußt werden, was man mit dem andern macht. Deshalb existiert eine Verbindung, die über die Zufälligkeit hinausgeht. Es kann mit anderen Worten nicht so sein, daß die Bestimmung dessen, was auf dem Quantenniveau geschieht, unabhängig vom Menschen ist. Was Einzelgeschehnisse verursacht, respektiert keine Zeit- und Raum-Zusammenhänge. Und das hat etwas mit den Experimenten zu tun, die Sie erwähnt haben: Sobald man einräumt, daß es solche verursachenden Verbindungen gibt, die nicht durch Zeit und Raum repräsentiert werden, wird es zumindest faßbar und akzeptabel, daß solche Versuche positive Resultate haben. Obwohl ich keine Versuche mache und deshalb auch nicht fähig bin, die entsprechende Versuchsanordnung zu beurteilen, scheint es mir interessant, daß die Leute solche Experimente machen.«

»Ich habe auch mit Professor Hasted in London über seine langjährigen Versuche mit Kindern gesprochen, die praktisch zeigen, daß diese Kinder mit rein psychischer Kraft Metall biegen können. Obwohl es fast unmöglich erscheint, Schwächen in seinem gründlichen Kontrollapparat zu finden, habe ich erfahren, daß die meisten Wissenschaftler diese Möglichkeit abweisen.«

Chew: »Ich habe von mehreren ähnlichen Experimenten gehört. Unter anderem hatten wir hier in Berkeley einen chinesischen Physiker zu Besuch. Er hat andere Arten von Experimenten mit dem gleichen Phänomen gemacht, und er erzählte uns, in China sei dies weitestgehend akzeptiert. Eine der Ursachen ist vielleicht, daß sie eine große Bevölkerung haben und somit eine ausreichende Auswahl von Kindern mit diesen speziellen Fähigkeiten. Auf jeden Fall ist das dort anerkannt. Er war mit einigen sehr anspruchsvollen Experimenten beschäftigt und war sehr überrascht, als er entdeckte, daß dies in den USA als wissenschaftlich nicht ganz respektabel betrachtet wurde. In vielen chinesischen Labors haben sie eigene Abteilungen für die Erforschung solcher Phänomene, und das wird als nichts Besonderes betrachtet. In meiner Sicht, daß die Idee über unsere objektive Wirklichkeit nur eine Annäherung darstellt, liegt auch, daß man niemals ein System vollständig isolieren kann. Es gibt immer auch andere Verbindungen: Auf eine Art kann man sagen, daß die psychischen Wirkungen, die Sie erwähnten, außerhalb der Physik liegen, doch ich bin der Überzeugung, daß die Entwicklung der Quantenphysik im 20. Jahrhundert den Schlüssel für das Verständnis dieser Verbindungen vermitteln kann.«

Ich erwähne ein anderes kontroverses Thema, nämlich die Fähigkeit, auf intuitive Weise verborgene Dinge zu sehen, so wie Emerson es nachgewiesen hat. Als Beispiel nenne ich das erstaunliche Wissen der Dogonen über die unsichtbaren Verhältnisse im Universum: »Die Fähigkeit zu einem solch direkten Erleben von Situationen und Ereignissen, unabhängig von der physischen Wahrnehmung, sollte nicht von denen für undenkbar gehalten werden, die in der neuen Einstellung eine Art totaler Verbindung zwischen allem Existierenden sehen?«

Chew: »In Anbetracht meiner eigenen Fragen über die Meinung von der objektiven Wirklichkeit, von Zeit und Raum, sehe ich das als eine Möglichkeit.«

»Sollte da die Forschung über diese Dinge nicht ermuntert werden, unter anderem weil das zu einer Klärung von Problemen beitragen wird, die die Quantenphysik aufwirft und auf die bisher noch keine klare Antwort gefunden worden ist?«

Stapp: »Seit der Geburt der Quantentheorie ist die wissenschaftliche Entwicklung in großem Grade durch die Philosophie der Kopenhagener Schule gelenkt worden, und deren streng formale Seite erwähnt nicht einmal diese Fragen. Bohr selbst war nicht dagegen tieferzugehen. Für ihn war das mehr ein Arbeitsprinzip. Doch wie die Kopenhagener Auffassung heute angewandt wird, scheint es, daß man nicht tiefer in das Ganze eindringen, sondern sich auf die praktische Anwendung der Theorie konzentrieren solle, alles andere sei vergeudete Zeit. Das führte auch zu Resultaten, während diejenigen, die tiefere Fragen gestellt haben, nicht auf einen entsprechenden praktischen Erfolg verweisen können.«

»Doch selbst wenn die philosophischen Konsequenzen nichts für die rein materielle Entwicklung bedeuten, so haben sie offenbar doch eine große Bedeutung für einen neuen Glauben an den Menschen als Mitschöpfer seines eigenen Schicksals — im Gegensatz zu der alten Auffassung, die uns passiv machte und uns den gesetzmäßigen Entwicklungen opferte. Für viele wird es auch wichtig sein, daß das Bild der Quantenphysik von einer Welt, in der wir alle durch ein raum- und zeitüberschreitendes Prinzip fundamental miteinander verbunden sind, uns gewisse Haltepunkte für das religiöse Suchen nach einer tieferen Bedeutung des Lebens geben kann, die nicht der Vernunft widerspricht?«

Stapp: »Ja, Wolfgang Pauli war damit sehr beschäftigt. Er sagte, die wichtige und ungeheuerlich schwierige Aufgabe unserer Zeit bestehe darin, eine neue Theorie der Wirklichkeit aufzubauen. Dies sei auch das, was er meine, wenn er ständig betone, daß Wissenschaft und Religion auf die eine oder andere Art vereint werden müßten.«

»Die wichtigsten Prinzipien der Quantenphysik scheinen ja mit Bells Theorem abgedeckt zu sein oder in dem Nachweis der Verbindung zwischen den Zwillingsphotonen, die eine absolute ›Synchronizität‹ unabhängig vom Abstand aufweisen, so daß die Einwirkung auf das eine direkt das andere mit vollkommener Gleichzeitigkeit beeinflußt, gleichgültig, wie groß der Abstand der beiden voneinander sein mag. Werden heute alle Physiker das als ein Faktum anerkennen?«

Chew: »O ja, das ist allgemein anerkannt.«

»Gut, als ich das verstanden hatte, war das ausreichend, meine ganze Auffassung von der Wirklichkeit zu verändern. Es ist doch offensichtlich, daß es eine Art von Ganzheitsprinzip im Universum geben muß, das unabhängig von Zeit und Raum ist. Deshalb muß das jenseits oder in allen Dingen gefunden werden, es muß ein Prinzip sein, das alles mit allem verbindet. Wie können moderne Physiker bewußt so grundlegende Konsequenzen von dem übersehen, was sie faktisch wissen?«

Chew: »Das ist eine sehr interessante psychologische und soziologische Frage, die Sie stellen. Sie wissen, daß sich diejenigen, welche die Quantenphysik erfanden, dieser eigenartigen Konsequenzen *sehr* bewußt waren, und sie argumentierten entsprechend mit einem starken Engagement. Doch dann kam eine neue Generation von Physikern, die schlecht und recht lernten, daß dies so war: Man konnte aus der Theorie eine Menge von Voraussagen treffen, und die sahen alle so aus, als ob sie bestätigt würden. Diese Generation wurde nicht im mindesten von den Ergebnissen der Versuche, die Sie erwähnen, erstaunt. Es war nur das, was sie erwartet hatten! So lautet die Frage: Weshalb akzeptierten sie es, als sie zuerst davon hörten? Ich unterrichte genau das und kann Ihnen auch erzählen, wie die Studenten reagieren. Sie werden mit einer Reihe merkwürdiger neuer Ideen konfrontiert, und man sagt ihnen, sie sollen Geduld haben und die Einzelheiten lernen, dann werden sie zu einem Verständnis des Ganzen gelangen. Und die Tatsache, daß die Voraussagen bestätigt werden, zeigt, daß die Theorie gut ist. Es ist ein wichtiger Punkt, daß die Studenten große Anstrengungen unternehmen müssen, die Zusammenhänge der Quantenphysik zu erlernen. Wenn man das Ganze nun endlich beherrscht und entdeckt, daß sowieso kein anderer Fragen stellt, werden die Fragen kollektiv vergessen. Das macht es leichter, mit der neuen Thematik umzugehen. Ich bin selbst da durchgegangen. Ich schaffe es auch, die Konsequenzen während vieler Jahre zu vergessen. Ein wesentlicher Grund lag auch darin, daß mein Hauptlehrer Enrico Fermi diese Haltung einnahm. Eigenartigerweise war er überhaupt nicht an philosophischen Fragen interessiert. Er war definitiv kein Humanist. Ein Gedanke der Art, wie Sie ihn ausdrücken, war für Fermi gegenstandslos, eine ›Nicht-Frage‹! Und er lehrte auch seine Schüler, so zu ignorieren. Doch in den späteren Jahren bin ich dazu gekommen, daß dies nicht ignoriert werden *kann*, und ich weiß, es sind sehr viele, die über das gleiche bekümmert sind. Und die Anzahl wächst. Ich nehme an, wenn Sie Physiker über einem bestimmten Alter oder mit einer gewissen Erfahrung fragen, werden Sie eine gewisse Tendenz feststellen, zurück zu den Anfängen zu gehen und darüber nachzudenken, was das Ganze bedeutet.«

»Ich bin mir da nicht so ganz sicher. Es scheint mir, viele weisen den Versuch ab, sich ein prinzipielles Weltbild zu bilden, das die Phänomene der Quantenphysik umfaßt. Selbst wenn sie einräumen, die Quantenphysik vermittle eine andere Sicht der Wirklichkeit als das mechanistische Bild Newtons, akzeptieren viele Physiker in allen anderen Zusammenhängen Newtons Verständnis darüber, wie das Universum funktioniert.«

Stapp scheint das gleiche zu meinen: »Wir haben die Quantenphysik noch nicht in unser Weltbild integriert. Und das ist auch darauf zurückzuführen, daß diese Art Fragen mit einem Tabu belegt sind. Früher waren es vielleicht Naturphilosophen oder einige ›neugierige‹ Menschen, die sich damit beschäftigten, herauszufinden, wie die Welt beschaffen war. Doch Menschen, die mit dieser Frage beschäftigt sind, gibt es heute nicht allzu viele. Die Leute haben ihren Beruf und ihr Auskommen, und die Physiker sind im großen und ganzen gesehen Ingenieure, nur auf einem speziellen Niveau. Was sie von der Quantenphysik wünschen, ist ein ›Kochbuch‹, das ihnen sagt, wie und was sie zu tun haben.«
»Für mich ist es ganz offensichtlich, daß auch Wissenschaftler, die Spekulationen über ein Weltbild abweisen, trotzdem ein festgelegtes Wirklichkeitsverständnis haben, obwohl sie sich das nicht bewußtmachen. Das kommt durch die unmittelbare Abweisung zum Beispiel der parapsychologischen Phänomene und anderer Dinge zum Ausdruck, die nicht in das alte Newtonsche Modell des Universums passen. Dagegen scheint es so, daß die, welche die philosophischen Konsequenzen der modernen Physik wirklich durchdenken, unweigerlich zu einer Weltauffassung gelangen, die in diese Richtung weist, während die Physiker, die so etwas nicht machen, bei ihrer mechanistischen Auffassung bleiben!«
Stapp: »Ja, sie haben dazu eine *Haltung*, eine Haltung gegenüber vielen Phänomenen. Und die geht davon aus, Ideen abzuweisen, die zeigen, wie die Wirklichkeit eigentlich ist.«
»Ich hatte erwartet, mehrere hier in Kalifornien zu finden, die dem neuen Weltbild offen gegenüberstehen.«
Chew: »Ja, ich glaube schon, daß Sie hier mehrere finden, doch die Hauptzahl der Physiker, auch hier in Berkeley, wird für solche Ideen nicht besonders offen sein, wenn sie ihnen überhaupt bekannt sind. Dagegen werden Sie in vielen

anderen Gruppen solche Leute finden. Doch die Physiker sind meist der Auffassung, die Philosophie gehe sie nichts an.«

Abschließend versuche ich, meinen Standpunkt zu präzisieren: »Ich empfinde die ablehnende Haltung der Physiker philosophischem Denken gegenüber aus zwei Gründen als sehr gefährlich. Zuerst bedeutet dies, daß man seine Forschung und ihre Resultate in keinem ganzheitlichen Rahmen zu sehen brauche. Die Atombombe ist ja ein Stichwort, das darauf weisen kann, wohin dies führt. Als nächstes sieht es so aus, als ob jeder Physiker, der die quantenphysikalischen Konsequenzen durchdenkt, erreicht, was wir heute so dringend brauchen: ein Weltverständnis, das einen ganz anderen Glauben an Zusammengehörigkeit, Freiheit und Verantwortung vermitteln kann, als der alte Determinismus dafür Raum läßt. Ich kenne viele Nichtfachleute, die das ahnen, doch wenn diese dann ›gewöhnliche‹ Physiker aufsuchen, bekommen sie zu hören, sie hätten alles mißverstanden, die Physik sage nichts über ein Weltbild aus! Ich glaube, das muß der Grund sein, warum die wichtigen Konsequenzen, die die ersten großen Quantenphysiker faktisch sahen und auch diskutierten, immer noch nicht den Einfluß erreicht haben, den sie in unserem heutigen Denken verdienen. Die Ursache dieser Tabuisierung philosophischer Diskussion muß tiefer stecken als der reine Pragmatismus. Für mich erscheint es mehr als eine Angst, ein Weltbild zu akzeptieren, das sich allzusehr von dem entfernt, was man zu wissen glaubte — also die Furcht vor einer Welt, in der man nicht länger damit rechnen kann, daß alles so funktioniert, wie es vorausgesetzt wurde.«

Stapp lächelt und denkt ein wenig nach: »Das ist ein interessanter Gedanke, und ich glaube, Sie haben recht. Sie wissen, viele junge Menschen beschäftigen sich mit der Physik, weil sie glauben, daß hier die grundlegenden Probleme der Wirklichkeit behandelt werden. Sie kommen also mit ihren tiefsten Fragen zur Quantenphysik und erwarten, daß sie ihnen etwas über das innerste Wesen der Wirklichkeit erzählt. Und dann werden sie gebeten, jede Art solcher Neugierde wegzulassen. Sie werden dazu erzogen, all die tiefen Fragen zu verdrängen, die sie sich einmal gestellt haben.«

»So glauben Sie, es besteht eine Furcht, an das erinnert zu werden, was sie einmal verdrängt haben?«

Stapp: »Ja, das glaube ich. Ich bin mir da eigentlich ganz sicher, daß eine Art verborgener Angst vor diesen dunklen Fragen besteht, die dort immer noch bohren. Und alle wissen, daß es etwas Dunkles, Ungeklärtes ist, was da übergangen wird und wozu man erzogen wird, es zu umgehen. Man mag es nicht einmal benennen. Ja, es gibt eine Furcht, ja.«

»Ich habe über eine Organisation hier in den Staaten gehört, die sich ›The Association of Concerned Scientists‹ [Vereinigung verantwortungsbewußter Wissenschaftler] nennt, eine Vereinigung für die Verantwortung innerhalb der Wissenschaft, die aus Leuten bestehen, die meinen, daß sich in der heutigen Situation keiner von der Verantwortung dessen befreien kann, womit man sich beschäftigt. Ich fühle ebenso, daß diese Art von Verantwortung leicht verdrängt wird, wenn man erst einmal die Überzeugung hat, daß die philosophischen Konsequenzen nicht diskutiert werden sollen.«

Stapp: »Ja, in allen wissenschaftlichen Disziplinen finden Sie Studenten, die bis lange in die Nacht hinein mit ihren Freunden über diese tiefgreifenden Fragen diskutieren. Doch alle müssen sie früher oder später zugunsten der fachlichen Anforderungen vergessen. Erst recht möchten ihre selbstherrlichen Professoren nicht daran erinnert werden, daß es sehr viel gibt, was sie selbst nicht verstehen.«

Professor Stapp begleitet mich hinaus, und während wir uns an der Treppe verabschieden, frage ich ihn, wie viele es hier in Berkeley gibt, die sich mit den besprochenen Fragen befassen. Stapp überlegt eine Weile, bevor er antwortet: »Ja, ich komme auf zwei. Und Sie haben beide getroffen ...«

Rückblick auf die Zeit in Kalifornien

Das Interview mit Chew und Stapp war meine letzte Aufgabe in den USA. Während ich für die Heimreise packe, durchdenke ich all das, was ich gehört und gesehen habe. Zwischen den Treffen reiste ich ein wenig umher, war in Los Angeles und San Francisco, um mir ein breiteres Bild dessen zu verschaffen, was hier geschieht; und vieles davon erschien mir enttäuschend und erschreckend.

Ich konnte mir Kataloge in Buchstärke verschaffen, gefüllt mit einer unglaublichen Mischung an Angeboten von Geisterbeschwörung, Schamanismus, Traumdeutung und Sektenreligion — und nicht zuletzt über Meditation und Selbstvertiefung, was Karriere und Reichtum sichern soll. Ich habe Leute über Löffelbiegepartys sprechen hören, wo man unter Einfluß eines charismatischen Leiters an »psychischem Löffelbiegen« teilnahm, deutlich ohne den geringsten Sinn für kritische Vernunft oder ein Interesse für die mögliche Bedeutung des Phänomens. Auch habe ich von der Welle gelesen, »Superbabys« zu entwickeln, wo der Glaube an die menschlich geistigen Möglichkeiten sich in Babyschulen und Data-Spielen niederschlug, die einem Ein- oder Zweijährigen einen möglichst frühen Start in die Karrierekonkurrenz des Lebens vermitteln soll.[139]

Im Ansatz sagt das etwas Konstruktives über die kalifornische New-Age-Bewegung, über die Sehnsucht nach etwas Tieferem als dem Glauben an den Materialismus. Doch vieles davon läßt eine durchdachte und konsequente Werteinstellung vermissen und wird zu einem Zerrbild dessen, was es eigentlich sein könnte. Während die moderne Grundlagenforschung auf ein neues Verständnis mitmenschlicher Gemeinsamkeit weist, ist der Hauptstrom des New-Age wenig anderes als eine geistige Variante der heutigen Ego-Interessen. Während die neuere Forschung den Grund für einen Glauben an den Menschen vermittelt, als Mitschöpfer einer verantwortlichen Weltentwicklung, sind große Teile der Bewegung dabei, die Welt zugunsten einer passiven Geistesvertiefung und des »kosmischen Bewußtseins« zu vergessen. Während neue Wissenschaftstheorien auf eine Entwicklung deuten, wo geistige Werte höher bewertet werden als bedeutungslose Profitjagd, arrangieren geistige Führer Kurse für das Geschäftsleben, wo Selbstverwirklichung für eine gesteigerte Konkurrenzfähigkeit und langfristigen Profit gelehrt wird. Und während Forscher über eine Zusammenarbeit zwischen intuitiver Erkenntnis und kritischer Analyse sprechen, haben ihre Zuhörer sich dem nächstbesten Glauben oder Guru in die Arme geworfen, um jeder Analyse dieser schwierigen Wirklichkeit aus dem Wege zu gehen, die eigentlich verändert werden sollte.

Später bekam ich eine wertvolle Aufmunterung, nicht zuletzt während eines Gesprächs mit dem Physiker Fritjof Capra, der die neuen Bewegungen studiert hat. »Die sogenannte New-Age-Welle einseitiger Geistesinteressen ist im Rückgang«, meinte er. »Ja, eigentlich muß ich sagen, daß sie tot ist. Doch sie hatte ihre Bedeutung: Sie hat den mehr gesellschaftbewußten Bewegungen einen tieferen geistigen Inhalt vermittelt. Es ist eine neue Allianz zwischen der europäi-

schen grünen Politik und den kalifornischen Interessen eines neuen Welt- und Menschenbildes entstanden.«
Das ist auch etwas, was ich selbst als eine wirkliche Hoffnung sehe — daß ein neuer Glaube an die Einheit, den Geist und die Möglichkeiten des Menschen Kraft für eine planmäßige Arbeit für eine politische Veränderung gibt in Richtung Frieden, Ökologiebewußtsein und Verantwortung für die Welt.
Die unterschiedlichen Eindrücke, die ich von der amerikanischen Bewegung bekommen habe, weisen in unterschiedliche Richtungen: In Berkeley nahm ich an einer abendlichen Veranstaltung mit einer begeisterten Zuhörerschaft teil, die einem politischen Vortrag unter anderem über Alternativen zur gewalttätigen amerikanischen Politik und wirtschaftlichen Ausbeutung in Südamerika beiwohnte. Mir waren im Fernsehen auch die Berichte über eine Organisation aufgefallen, die sich für einen persönlichen Kontakt und Verständnis zwischen Menschen in den USA und der Sowjetunion einsetzt.
Was mich jedoch am meisten interessierte, waren die Treffen mit den Forschern, die es gewagt hatten, in Gebiete vorzudringen, die in der konservativen Wissenschaft tabu sind. Unter anderen traf ich auch die Psychologin Thelma Moss und die Physikerin Elisabeth Rauscher, die beide zur Parapsychologie übergewechselt sind. Und ich traf den gründlichen und kritischen Parapsychologen Stanley Krippner am Saybrook Institute. Ich hatte auch Zeit für ein Gespräch mit Larissa Vilenskaya. Sie ist Spezialist für Parapsychologie in der Sowjetunion und gibt eine Zeitschrift heraus über das Verständnis solcher Forschung in Osteuropa.[140]
An einem Tag besuchte ich den Psi-Forscher Dr. Julian Isaacs an der John-F.-Kennedy-Universität in Orinda, außerhalb von San Francisco. Er zeigte mir das Institut für Bewußtseinsstudien der Universität, wo er selbst dabei war, ein modernes

parapsychologisches Labor einzurichten. Während des Gesprächs mit einem der Leiter des Instituts erwähnte ich die Gefahr, daß eine einseitige Ausbildung in Geistesfragen das Interesse für ein gesellschaftliches Engagement schwächen kann. Ich traf wenigstens ein geringes Verständnis für diese Ansicht, obwohl das nicht besonders in den Studienplänen zum Ausdruck kam.

Während eines abendlichen Treffens eines privaten, parapsychologischen Vereins traf ich auch Russel Targ. Er ist der bekannteste unter unseren heutigen parapsychologischen Forschern. Er ist Verfasser mehrerer Bücher mit internationaler Verbreitung. Er hat sich seit vielen Jahren mit Telepathie und Hellsehen über Zeit und Raum hinaus beschäftigt. Ich bat um ein Gespräch und wurde für den nächsten Tag in Targs Heim nach Palo Alto eingeladen.

Dr. Targ begrüßte mich in Pullover und Freizeitkleidung, ein großer Mann mit einem ernsten und ein wenig düsteren Ausdruck. Sein Blick wirkte fern, vielleicht müde, und ich mußte daran denken, daß es anstrengend sein muß, über Jahre hinweg als Zielscheibe für konservative und oft auch emotionale persönliche Kritik dazustehen. Auf seine bedächtige und nachdenkliche Art zeigte er jedoch eine große Freundlichkeit, und wir hatten eine sehr angenehme Unterhaltung während der uns zur Verfügung stehenden kurzen Zeit. Unter anderem fragte ich ihn, weshalb keine der vielen überzeugenden Telepathieversuche, über die ich gelesen hatte, für den Preis von zehntausend Dollar als würdig befunden worden war, den der sehr skeptische Zauberkünstler Charles Randi ausgesetzt hatte.

Targ lächelte schwach und starrte aus dem Fenster. »Randi hat diesen Preis für den ausgesetzt, der ihn von der Existenz paranormaler Fähigkeiten überzeugen könnte«, sagte er, »doch er hat seine Prämissen nicht definiert, er sagt nicht, wessen es bedarf, um ihn zu überzeugen. Viele Parapsychologen sind sich darüber im klaren, daß er sich nicht überzeugen lassen will.«

Bevor ich ging, bat ich um eine Übersicht über seriöse parapsychologische Forschungsinstitutionen in den USA. Dr. Targ führte fünf in Kalifornien an, vier in Texas, drei in der New Yorker Gegend und zwei in North Carolina. »Es gibt noch mehr«, sagte er, »und darüber hinaus haben wir spezielle Forschungsprogramme, die an anderen Universitäten durchgeführt werden. Das Interesse ist viel größer, als die Aktivitäten es erscheinen lassen, doch es ist schwierig, Mittel zu bekommen, das ist sehr anstrengend.«

Als wir uns verabschiedeten, gab er mir sein neuestes Werk *The Mind Race.*[141] Nach dem Lesen dieses Buches finde ich es noch schwerer denn je, die Existenz außersinnlicher Wahrnehmungen abzulehnen.

Auf dem Weg zurück von dem Treffen mit Russel Targ muß ich an den kritischen Professor Hans Jürgen Eysenck denken, den ich seinerzeit in London traf. Er schrieb in seinem Buch *Sense and Nonsense in Psychology*[142] zum Thema Telepathie, wenn es sich dabei nicht um eine gigantische Verschwörung handele, die weltweit zirka dreißig Universitäten umfasse und einige hundert hochrespektierte Forscher — von denen viele die Behauptung der parapsychologischen Forschung ursprünglich abgelehnt hatten —, könne ein unvoreingenommener Beobachter nur zu dem Schluß kommen, daß es eine kleine Anzahl von Menschen gibt, die Informationen über psychische Inhalte anderer Menschen oder über äußere Sachverhalte auf Wegen erhalten, die für die Wissenschaft noch unbekannt sind.

Mit Darwin auf die Heimreise

Den letzten Abend in den Vereinigten Staaten verbringe ich mit Lamar Hoover und Gene Openshaw in einem der vielen chinesischen Restaurants San Franciscos. Lamar und Gene haben beide für unsere norwegische Organisation *Die Zukunft in unseren Händen* in den USA gearbeitet. Während dieses gemütlichen Abendessens versuchen sie, mich davon zu überzeugen, daß mein Eindruck von der kritiklosen kalifornischen Neureligiosität ein sehr einseitiges Bild der amerikanischen Alternativbewegung sei.
Gene, die aus dem Bundesstaat Washington angereist ist, erzählt über das steigende Interesse einer tiefergreifenden Gesellschaftsveränderung und erwähnt viele ermunternde Beispiele. Lamar, der während des Vietnamkriegs Redakteur der Zeitschrift *Liberation* war, ist immer noch an vielen »Fronten« aktiv und kann aus eigener Erfahrung über die mannigfachen Kontakte berichten, die auf eine sehr positive Tendenz von Gesellschaftskritik in der amerikanischen Friedensbewegung schließen lassen. Er erzählt auch, daß immer größere Teile der Bevölkerung gegen die amerikanische Politik in Lateinamerika und in der Dritten Welt opponieren.
Im Morgengrauen des nächsten Tages begebe ich mich zum Flugplatz, um meine Heimreise anzutreten. Das wird eine Reise mit vielen Zwischenlandungen und einer letzten Nacht in der Jugendherberge in New York. Doch trotzdem habe ich während vieler Flugstunden Gelegenheit, zu lesen und zu denken, bevor ich in London ankomme. Dort soll ich mei-

nen letzten Gesprächspartner, Rupert Sheldrake, treffen, der mit seiner Theorie über das »morphogenetische Feld« internationales Aufsehen erregte.
Während der amerikanische Kontinent langsam unter den Tragflächen des Jets dahingleitet, beschäftige ich mich mit dem, was Sheldrakes Hintergrund für seine Theorie bildet, die Entwicklungslehre und ihre vielen ungelösten Fragen.

Die traditionelle Evolutionstheorie im Licht des neuen Weltbildes

Will man eine Theorie diskutieren oder beurteilen, so sollte man zumindest ihre Hauptprinzipien kennen. Ich lese einen Zeitungsartikel aus der norwegischen Tageszeitung *Dagbladet* vom 23. Dezember 1982, in dem der norwegische Professor für Evolutionsbiologie Nils C. Stenseth darauf hinweist, daß bei vielen der neueren Kritiken an der etablierten Evolutionstheorie diesbezüglich Schwächen festzustellen seien. Er gibt auch eine sehr klare Übersicht über die Entwicklungsprinzipien, die von den Biologen allgemein anerkannt werden. Stenseth bezieht sich zuerst auf den Darwinismus, nach dem alles Leben drei Charakteristika aufweist:

1. Die Individuen produzieren mehr Nachkommen, als notwendig sind, um ihren Tod auszugleichen.
2. Die Abkommen gleichen den Eltern, und
3. es gibt Unterschiede von Individuum zu Individuum der gleichen Art.

Die biologische Entwicklung ist eine logische Konsequenz dieser drei Grundprämissen im Wechselspiel mit der Begrenztheit der Ressource, so daß eine Überproduktion der

Nachkommen zu einem Wettkampf um die Lebensgrundlage und das Überleben überhaupt führt. Darwins Theorie der *natürlichen Auslese* (Selektionstheorie) besagt, daß die Individuen und Varianten einer jeden Art, die sich den Umweltbedingungen am besten anpassen können, überleben werden, während die anderen aussterben. So vollzieht sich eine ständige Entwicklung in Richtung auf die beste Anpassung an die Umweltbedingungen. Das sei unter anderem dadurch erwiesen, daß beispielsweise die Insekten, die das DDT-Gift vertrügen, sich auf Kosten derjenigen Insekten entwickelt hätten, die nicht dagegen resistent seien, schreibt Stenseth. Auch bei Klimaveränderungen und anderen umwälzenden Veränderungen in der Umwelt werden die Arten, die sich nicht an diese neuen Verhältnisse anpassen können, aussterben, während die besser angepaßten sich in neue Richtungen entwickeln.
Die Theorie besagt außerdem, daß neue Arten entstehen können, was durch Beobachtungen bei Pflanzen in der Natur und durch die Beobachtung einer beginnenden Artenbildung bei Bananenflöhen im Labor nachgewiesen wurde.
Wie geschieht die Übertragung der Eigenschaften auf die kommenden Geschlechter einer gleichen Art?
Stenseth erzählt, wie der Biologe August Weismann dies erklärt hat, indem er behauptete, daß die erblichen Eigenschaften in den Geschlechtszellen entstehen und von dort auf die Zellen des Körpers übertragen werden. Daraus folge, daß es nicht ein Bedürfnis des Körpers an eine Anpassung sein könne, was die Veränderung des DNS-Codes[143] in den Geschlechtszellen verursache. Die Abweichung von dem üblichen Vererbungscode der Geschlechtszellen geschehe durch zufällige Mutationen, während die Festlegung, welche Komponenten dieser zufälligen Kombination überleben sollen, notwendigerweise durch die Konkurrenzauswahl der Umweltbedingungen erfolgt. Weil die Mutationen selbst ohne ei-

nen Zusammenhang mit den Bedürfnissen vorkommen, wird der überwiegende Teil davon falsch angepaßt sein und deshalb aussterben. Doch mit der Zeit und bei wachsender Anzahl wird es sich zeigen, daß einige von ihnen Überlebensvorteile besitzen und deshalb in der Art langsam überhandnehmen. Es ist also ein Wechselspiel zwischen »Zufall und Notwendigkeit«, um ein Wort von Jacques Monod zu gebrauchen.[144]

Die neodarwinistische Theorie unterscheidet sich von der ursprünglichen darwinistischen Theorie, weil sie annimmt, die Vererbung lasse sich durch Gene und Chromosomen erklären; darüber hinaus geht sie davon aus, daß die letztliche Ursache der erblichen Variabilität in den zufälligen Mutationen der Gene liegt.

Heute gibt es kaum noch seriöse Biologen, die bestreiten, daß es eine Entwicklung in dieser Richtung gegeben hat, von den Einzellern zu den Arten, die wir kennen, darunter natürlich auch der Mensch. Es herrscht ebenso eine weitgehende Übereinstimmung darüber, daß Darwinismus und Neodarwinismus eine Beschreibung der Entwicklungsgeschichte darstellen. Doch nicht alle akzeptieren, daß diese mechanistische Auffassung die *ganze* Erklärung liefert.

Vollständige Einigkeit herrscht auch nicht bezüglich Stenseths Behauptung, »die Theorie könne leicht dahingehend erweitert werden, daß man die Entstehung des Lebens aus dem Nicht-Leben erklärt«. Hier, wo es um ein Grenzgebiet zwischen Physik, Chemie und Biologie geht, sollte man beispielsweise auch die Ansicht des großen britischen Astrophysikers Fred Hoyle[145] beachten. Er weist darauf hin, daß die notwendigen chemischen Reaktionen des Lebens unter anderem von etwa zehntausend unterschiedlichen Enzymen abhängig sind, jedes von ihnen aus Ketten mit ungefähr hundert verschiedenartigen Aminosäuren in einer bestimmten Reihenfolge bestehend. Wenn man sich denkt, daß die ersten zwei oder drei Enzyme zufällig entstanden sind und in der irdischen »Ursuppe« von Meeresgröße herumgetrieben sind, wie groß ist dann die Wahrscheinlichkeit, daß die notwendigen tausend Ketten durch neue *zufällige* Zusammentreffen hervorgebracht worden sind? Sie ist so groß wie eins zu einer Zahl, die so groß ist, daß ihre Nullen zirka vierzig Buchseiten füllen würden, schreibt Hoyle. Sein Argument der Unwahrscheinlichkeit findet reichlich Unterstützung, unter anderem von dem britischen Biochemiker Francis Crick, der zusammen mit James Watson ein Modell für die räumliche Struktur der DNS-Moleküle entwickelte (Watson-Crick-Modell) und im Jahre 1962 gemeinsam mit Watson und Maurice Wilkins den Nobelpreis für Medizin erhielt.

Die Behauptung vom zufälligen Entstehen des Lebens widerspreche jeder Vernunft, sagt Hoyle. Es wäre gleich wahrscheinlich, daß bei einer Horde Affen, die auf Schreibmaschinen loshämmert, schließlich einer ein Schauspiel von Shakespeare hervorbringt!

Obwohl viele Biologen weiterhin für eine rein mechanistisch-materialistische Erklärung der Entstehung des Lebens und der Entwicklung eintreten, werden sie durch die neueren Forscher unterschiedlicher Fachgebiete widerlegt, die sich auf das neue Weltbild beziehen: Sowohl Prigogine in der Chemie, Bohm und Chew in der Physik als auch Pribram in der Hirnforschung behaupten alle, daß jede mechanistische Naturbeschreibung durch ein regulierendes Ganzheitsprinzip ergänzt werden muß.

Im Licht dieser neuen Theorien über die Ganzheit, die das Wechselspiel der Teile reguliert, stellen jetzt auch viele Biologen die Frage, ob die Vererbungstheorie des Darwinismus wirklich alles erklären kann. Das ist freilich nichts Neues. Darwin selbst war kein engstirniger »Darwinist«. Er behaup-

tete niemals, daß seine Theorie alles erklären könne. Er ließ es offen, ob andere Ursachen eine Rolle spielen können.
Heute erscheint es unwahrscheinlicher denn je, daß eine einseitig mechanistisch-darwinistische Ursachenerklärung den Einstellungswandel überleben wird, der sich seit den letzten zwanzig Jahren durchsetzt.
Die neue Auffassung behauptet nicht, der Darwinismus vermittle eine falsche Beschreibung der tatsächlichen Verhältnisse, ebensowenig wie die Quantenphysik das mechanistische Weltbild Newtons abweist. Es wird nur gesagt, daß dieses nicht ausreicht. In beiden Fällen geht es um eine *Erweiterung*, um beispielsweise die »Anomalien« oder unerklärlichen Abweichungen in der Voraussage der alten Theorie aufzufangen.
Was den neuen Gedanken immer noch kontrovers erscheinen läßt, ist, daß er ein regulierendes Ganzheitsprinzip voraussetzt, welches nicht in Zeit-Raum-Begriffen erklärt werden kann, als etwas Immaterielles verstanden werden muß, das trotzdem eine Wirkung auf physikalische Phänomene ausübt. Das generelle Prinzip der Komplementarität der Quantenphysik ist vielleicht der Hauptgrund, weswegen sich nach und nach die neue Ansicht in allen Fachgebieten verbreitet, daß es zwei Formen der Wirklichkeitsbeschreibung geben kann, die, jede auf ihren Prämissen beruhend, gleichermaßen richtig sein können.
So wird keiner der Forscher der neuen Weltsicht behaupten, die mechanistische Seite der Beschreibung des Neodarwinismus sei nicht richtig. Sie berichten über das lokale Wechselspiel dieser Theorie und wie diese in die Ganzheit und ihre Entwicklung hineinwirkt. Der größte Erfolg des Neodarwinismus war der Nachweis, wie die Kleinstteile des Erbmechanismus, der DNS-Code, die Eigenschaften des Individuums repräsentieren. Die neue Sicht meint darüber hinaus, daß es

auch ein übergeordnetes Kontrollprinzip geben muß, welches das Wechselspiel der Teile und des Ganzen reguliert.

Entgegen der einseitigen Erklärung des Neodarwinismus ist es seit längerem dokumentiert, daß die Natur Anomalien oder Abweichungen von der Theorie aufweist, die sich zumindest durch die Einführung eines »von oben« regulierenden Ganzheitsprinzips besser erklären lassen.

Der Nobelpreisträger Albert Szent-Györgyi behauptet beispielsweise, die Information werde nicht nur von der DNS in die Zellen übertragen, wie das von den Neodarwinisten angenommen wird, sondern auch die Zellen könnten Informationen an die DNS übermitteln und auf diese Weise könne der Informationsgehalt der DNS verändert werden. Szent-Györgyi meint, man dürfe zusätzlich zur bekannten Entwicklungsidee der Biologie davon ausgehen, daß ein übergeordnetes Prinzip existiere — in Richtung einer steigenden Komplexität auf stetig höherem Niveau.[146]

Nach der Beschreibung des Darwinismus muß auch die Tatsache ein Paradox sein, daß das Bewußtsein anscheinend unabhängig von den DNS-Informationen auf den Organismus einwirken kann. Der Biologe Lyall Watson[147] erzählt von einem geglückten Versuch, einen vererbten genetischen Defekt zu heilen. Bei dieser Krankheit handelte es sich um eine »unheilbare Fehlkonstruktion« in den Talg- und Fettdrüsen, die die lebenslange Bildung schwarzer, schalenartiger Hornschichten auf dem ganzen Körper verursacht. Die Krankheit führt oft zu einem frühen Tod. Im Jahre 1951 wurde ein sechzehnjähriger Junge mit dieser Krankheit in weit fortgeschrittenem Stadium an den Hypnoseexperten A. A. Mason des Queen Victoria Hospitals in London verwiesen. Während einer mehrmonatigen Hypnosebehandlung, bei der dem Jungen suggeriert wurde, seine Aufmerksamkeit immer wieder auf einen anderen Teil seines Körpers zu richten, fiel die

Hornhaut Stück für Stück ab, und es zeigte sich darunter eine natürlich weiße Haut. Nach fünfjähriger Kontrolle war er weiterhin gesund und von seinem schrecklichen Erbe befreit, erzählt Watson.

Watson erwähnt auch einige der üblicheren Argumente gegen die einseitig mechanistische Entwicklungslehre: Wie kann durch den DNS-Code allein geklärt werden, daß die Zellen, die den gleichen genetischen Code haben, sich trotzdem in unterschiedliche Zellentypen entwickeln? Und wenn man sich vorstellt, daß die Antwort solcher Zellendifferenzierung in einer Art chemischem Code liegt, so muß man sich fragen, wo denn eigentlich diese eventuellen Befehle herkommen, die die ganzheitliche Entwicklung des Organismus sichern, selbst wenn man künstlich in den Prozeß eingreift? Es ist ebendas, was geschieht, wenn man eine der beiden Zellen in einem Seeigelei nach der ersten Zellteilung tötet. Jede festgelegte Art von Befehlen müßte doch die übriggebliebene Zelle zu der Entwicklung einer halben Larve führen. Doch die weitere Zellteilung führt trotzdem zu einer ganzen Larve, berichtet Watson. An und für sich geschieht jedesmal dasselbe, wenn Körperzellen ihre Funktion verändern, um einen Schaden zu heilen. Natürlich gibt es Hypothesen über mögliche ursächliche Zusammenhänge, doch die Biologen geben zu, daß diese auf nichts anderem als auf Spekulationen aufbauen.

Der Biologe C. H. Waddington war derjenige, der meinte, daß die genetische Theorie ein viel zu mechanistisches und statisches Bild sei, um die erstaunliche und subtile Komplexität des Lebens erklären zu können. Es existieren viel zuwenig Gene, um die Hunderte verschiedenen Spielarten selbst des einfachsten Organismus repräsentieren zu können, behauptet er. Er ging davon aus, daß zusätzlich ein Wechselspiel zwischen der genetischen Struktur und dem äußeren Milieu ablaufen müsse.[148]

Für mich erscheint es ebenfalls undenkbar, daß die Gene der Träger der unglaublich umfassenden Muster sein sollen, die in den Instinkten liegen. Versuche in Planetarien haben beispielsweise gezeigt, daß gewisse Zugvogelarten den Sternenhimmel eingeprägt haben und daß sie diese Information als Richtungsweiser außerhalb der bekannten Flugroute benutzen können — selbst wenn sie ohne Elternkontakt und Lernmöglichkeit aufgewachsen sind. Und das ist ja nur ein kleiner Teil der angeborenen Muster, die die Gene allein neben unzähligen äußeren und inneren Charakteristika zum Inhalt haben sollen.

»Aus der Sicht der Systemlehre ist die Überlebenseinheit überhaupt kein eigenständiges Wesen«, schreibt Capra[149] in seiner Diskussion hierüber, »sondern ein Organisationsmuster, das ein Organismus in seinen Wechselwirkungen mit seiner Umwelt angenommen hat« — ein Fortschreiten von einem vielfältigen Chaos zu einer Ganzheit und Ordnung. Eine solche Ganzheitsauffassung erscheint jetzt notwendig, wenn die Biologie die vielen Verhältnisse umfassen soll, die aus einer Teilanalyse unerklärlich bleiben.

Der bekannte Biologe Paul Weiss sagt: »Wir können ... auf der Grundlage strikt empirischer Untersuchungen definitiv behaupten, daß die bloße Umkehrung unserer vorherigen analytischen Zerstückelung des Universums dadurch, daß wir die Stücke in der Wirklichkeit oder auch nur in Gedanken wieder zusammensetzen, keine vollständige Erklärung des Verhaltens auch nur der elementarsten lebenden Systeme liefern kann.«[150]

Derjenige, der vielleicht den energischsten Versuch unternommen hat, nachzuweisen, daß die moderne Entwicklungslehre trotzdem früher oder später jede Ganzheit aus den Teilen erklären kann, jedenfalls prinzipiell, ist der Biochemiker und Nobelpreisträger Jacques Monod.

In seinem Buch *Zufall und Notwendigkeit*[151] startet Monod einen Angriff auf alle Theorien und Philosophien, die mit dem immateriellen, »von oben regulierenden« Prinzip als Ausgangspunkt der Ganzheit rechnen: Von der wissenschaftlichen Theorie aus betrachtet, seien sie alle fehlerhaft, und das nicht nur aus methodischen Ursachen, sondern aus sachlichen Gründen, sagt er. Es fällt mir auf, daß er in seiner Argumentation die moderne Theorie der Ganzheit, die die Quantenphysik entwickelt hat, vollkommen ausläßt.

Für mich wird es deutlich, daß Monods Definition von Objektivität und intellektueller Redlichkeit die Ablehnung des Ganzheitsprinzips voraussetzt, dessen Notwendigkeit so viele hervorragende Forscher nachgewiesen haben. Die Diskussion über einen solchen Holismus sei eine sehr ungesunde, stupide und ermüdende Arbeit, schreibt er, die nur von einem vollständig mangelnden Verständnis von der wissenschaftlichen Methode und der darin vorkommenden wichtigen Rolle der Analyse zeuge.

Teilhard de Chardins logische Konsequenz der Entwicklung einer nichtphysikalischen, ganzheitsformenden »Energie« ist eine der Gedankengebäude, die Monod ohne andere Begründung abweist, da sie nicht mit der Art Teilanalyse in Übereinstimmung gebracht werden kann, zu der er selbst steht. Er schreibt, er sei schockiert über den Mangel an intellektueller Strenge in dieser Philosophie. Wie bereits erwähnt, stellte sich der bekannte Biologe Julian Huxley ganz anders und positiv zu dieser Seite von Teilhard de Chardins Gedankenbau.

Monod widersetzt sich auch jeder anderen Art von Erkenntnis, die nicht durch intellektuelle mechanistische Analyse gewonnen wurde. Bergsons Verteidigung des Instinkts und der Intuition als Notwendigkeit für eine direkte, unmittelbare und globale Erkenntnis der Lebensphänomene findet Monod nicht diskussionswürdig. Seine Begründung dafür erscheint mir als eine Bestätigung einer einseitig intellektuell entwickelten »linken Hirnhälfte«, die notwendigerweise solchen Gedanken, die Bergson formuliert hat und mit denen auch die ersten Quantenphysiker so beschäftigt waren, ohne Verständnis gegenübersteht. Monod sagt: »Ich werde nicht versuchen, diese Philosophie zu diskutieren ... Eingesperrt in die Logik und arm an umfassenden Ahnungen, fühle ich mich dazu auch nicht in der Lage.«

Eine Unerklärlichkeit, die oft unter Biologen diskutiert wird, ist die Ganzheitsregulation, die unter anderem bei der Entwicklung des Embryos zu beobachten ist: Wieder geht es darum, weshalb sich die einzelnen Organe unterschiedlich entwickeln, obwohl sie die gleiche genetische Information erhalten.

Monod verweist auf mögliche chemophysikalische Prinzipien, die als eine Erweiterung der bekannten Geninformation gedacht werden können. Doch er räumt ein: »Es ist vollkommen richtig, daß die embryonale Entwicklung offenbar eines der wunderbarsten Phänomene der gesamten Biologie ist.« Aber, sagt er, obwohl »diese von den Embryologen in bewundernswerter Weise beschriebenen Erscheinungen sich noch (aus technischen Gründen) zum größten Teil der genetischen und biochemischen Analyse entziehen«, sei letztere doch »offenbar allein in der Lage ... sie aufzuhellen«.

Monods Ansicht über die Auffassung anderer geht vielleicht am deutlichsten aus der Abweisung von Physikern hervor, die eine mechanistische Teilanalyse als unzureichend betrachten.

Er beurteilt es als eine intellektuelle Schwäche, wenn einige von ihnen behaupten, daß die Notwendigkeit eines Prinzips besteht, das zusätzlich zur Physik das Leben erklärt. »Selbst der große Niels Bohr hat — wie es scheint — solche Hypothesen nicht verworfen«, schreibt Monod, und mit einer erstaunlichen Selbstsicherheit stempelt er die Physiker Elsässer und Polanyi, die beide für diese Gedanken einstehen, mit folgender Charakteristik ab: »Man kann aber zumindest sagen, daß es der Argumentation dieser Physiker merkwürdig an Stärke und Entschlossenheit fehlt.«

Am Schluß des Buches betont Monod selbst die Konsequenzen seines Wirklichkeitsbildes: In einem objektiven System sei jede Vermischung von Erkenntnis und Werten vollständig verboten. Im Gegensatz zu den Pionieren der Physik sieht er keine Einheit zwischen Mensch, Geist und Universum: »Der Alte Bund ist zerbrochen«, sagt er, »der Mensch weiß endlich, daß er in der teilnahmslosen Unermeßlichkeit des Universums allein ist, aus dem er zufällig hervortrat. Nicht nur sein Los, auch seine Pflicht steht nirgendwo geschrieben. Es ist an ihm, zwischen dem Reich und der Finsternis zu wählen.«

Mir scheint es, als ob Monods rigorose Ablehnung aller anderen Sichtweisen und ihre Einstufung im Verhältnis zu seiner eigenen als intellektuell minderwertig nur möglich war, indem er konsequent die Phänomene und Forschungsergebnisse ausgelassen hat, die deutlich in eine andere Richtung weisen. In der Biologie gilt das besonders für die Entwicklung der Lebensformen, die ohne ein ganzheitliches Koordinationsprinzip nicht erklärbar sind. Besonders geht es hier um die Fälle, wo ein Organismus keine deutlichen Überlebensvorteile durch die ersten, zufälligen Einzelmutationen erhält. Wenn also eine Vorstufe, die die Chance des Organismus verbessert, nicht eher zum Ausdruck kommt, als bis eine neu entwickelte Ganzheit mit mehreren Veränderungen zum Ausdruck kommt.

Solche Beispiele sind entscheidend für jede Debatte über die Evolutionstheorie, weil sie darauf hinweisen, daß, bevor die Auswahlmechanismen des Darwinismus in dieser Weise in Funktion traten, ein *anderes Prinzip* wirksam gewesen sein muß, um sicherzustellen, daß die zukunftsgerichtete Einzelveränderung sich trotzdem entwickelt und überlebt. Eine Diskussion hierüber ist nicht nur für die Sicht des Darwinismus wichtig, sondern auch für das gesamte alte mechanistische Weltbild.

Beispiele für die Unzulänglichkeit des Darwinismus

Nach meinem Aufenthalt in New York bin ich sehr bald wieder an Bord eines Flugzeugs. New York ist vielleicht die Stadt, die am augenscheinlichsten von allen nach dem darwinistischen Konkurrenzprinzip funktioniert. Ich suche meine Sammelmappe mit Beispielen heraus, die einer tieferen zusätzlichen Erklärung bedürfen als derjenigen der einseitigen mechanistischen Entwicklungslehre.
Während eines Aufenthalts in Mexiko erlebte ich seinerzeit selbst etwas, das in einem gewissen Grad eine Art Beispiel sein kann. Ich lag im Schatten eines Busches und betrachtete zufälligerweise einen trockenen Zweig, der sich in den Blättern verfangen hatte. Da geschah etwas mit diesem Zweig, das mich in so hohem Grad erstaunte, daß ich schnell Ragnhild herbeirief. Er spaltete sich längsseits, lange Beine traten aus ihm hervor, und er begann zu laufen! Wir standen in vollständiger Stille vor diesem Wunder, das uns später ein mexikanischer Freund als *walking stick*, das heißt als wandernder Stock, beschrieb. Schließlich streckte er seine langen Beine wieder aus, faltete sie am Körper zu einer perfekten Einheit zusammen und war wieder ein unansehnliches, zirka acht Zentimeter langes Stöckchen, das ich selbst nicht mit einem

Vergrößerungsglas von einem abgebrochenen Zweig mit aufgerissener Borke unterscheiden konnte.
Diese vollständige Tarnung gegen insektenfressende Vögel ist ein einfaches Beispiel für eine Eigenschaft, die erst nach der koordinierten Entwicklung von sowohl Farbe, Form, Oberflächenstruktur als auch der Anpassung einer Reihe von Körperteilen zur Ganzheit einen entscheidenden Überlebensvorteil ergibt.
Ein noch einleuchtenderes Beispiel habe ich von Fred Hoyle,[152] ergänzt durch den norwegischen Biologielehrer Herman Løvenskjold und den Forscher und Naturphilosophen Walter Heitler. Hier geht es um eine Gruppe von Orchideen, die Bienenorchideen genannt werden und bei uns als »fleischfressende Pflanzen« bekannt sind.
Ihre Blüte ähnelt in Form und Farbe vollständig einem Insekt. Nicht nur, daß sie dem Insekt zum Verwechseln ähnelt, sondern sie sondert auch die gleichen Geruchsstoffe ab, die das männliche Insekt anlockt. Darüber hinaus ist die Pflanze so eingerichtet, daß sie das Männchen zur Paarung stimuliert, weshalb die Orchidee sicher sein kann, den Pollen von ihren Artgenossen zur eigenen Befruchtung übertragen zu bekommen.
Zu all diesen Merkmalen hat die Entwicklung dafür gesorgt, daß es zu einer imponierenden zeitmäßigen Koordination zwischen Blume und Insekt kommt. Als erstes treibt die Orchidee zur Brutzeit des Insekts. Außerdem sind die ausgebrüteten Insekten in den ersten vierzehn Tagen nur männlich, so daß diese keine anderen Partner als diese Insektenblumen finden — die genau den Geruch absondern, nach dem sie suchen!
Das Merkwürdige ist, daß die Koordinierung — die nach der mechanistischen Entwicklungstheorie auf eine Reihe einzelner, »zufälliger« Erbfehler in der Entwicklung beider Arten zurückzuführen sein muß — in verschiedenen Erdteilen auf unterschiedliche Weise geschah. Da, wo die Insekten mit der

Pollenüberführung von einer anderen Art waren als die hier beschriebenen, haben sich auch die Insektenorchideen anders entwickelt, und zwar zu einer frappierenden Ähnlichkeit mit diesen anderen Insektenformen!

Das ist eins der Beispiele, bei denen die Idee der Einzelzufälle des Darwinismus als *einzige* Ursache zur Veränderung fast als Aberglaube erscheint und Monods Anklage über mangelnde »Stärke und Entschlossenheit« in der Argumentation auf ihn selbst zurückfällt.

Ich versuche mir vorzustellen, wie eine Entwicklung einer gewöhnlichen Orchidee zu einer Insektenorchidee geschehen sein kann.

Nach der Theorie des Neodarwinismus muß die Veränderung mit einer einzelnen Mutation begonnen haben, die zufällig in die richtige Richtung wies, beispielsweise eine veränderte Farbe oder Form — oder eine erste Veränderung der chemischen Zusammensetzung des Geruchsstoffes, es kann aber auch eine Blüte entstanden sein, die etwas entwickelte, das den Paarungsorganen der Insekten glich.

Bereits zu diesem Zeitpunkt wird die Unzulänglichkeit des darwinistischen Erklärungsmodells offensichtlich. Mit einem großen »Überschuß« von Nachkommen in jeder Generation erscheint es vollkommen unwahrscheinlich, ja undenkbar, daß dieser eine Mutant überleben sollte, bis zufälligerweise wieder ein solcher Mutant entstand, der in Richtung auf die Insekten wies. Und noch immer ist die notwendige Verwandlung nicht vollzogen. Hält man sich vor Augen, wie vieler Einzelveränderungen es bedarf, bevor eine Orchidee entsteht, die praktisch als falsches Paarungsobjekt für Insekten dienen kann, wird der Zeitraum so gewaltig lang, daß die Überlebenschance gleich Null zu sein scheint. Darüber hinaus hat die Natur für eine koordinierte Ordnung zwischen der Formentwicklung der Orchideen und den Insektenmutationen gesorgt, daß nur die männlichen Insekten ausschlüpfen, wenn die Orchideen aufblühen. Ein solches Wechselspiel zwischen der selbständigen Entwicklung von zwei unterschiedlichen Arten ist nach der Theorie des Neodarwinismus eine Unmöglichkeit. Die Wahrscheinlichkeit eines solchen »Zufalls« ist so mikroskopisch gering, daß sie von keinem Statistiker ernst genommen werden könnte.

Ähnliche Probleme kommen in all den Fällen zum Tragen, bei denen ein Zusammenspiel mehrerer Mutationen benötigt wird, um einen Überlebensvorteil für die neue Art zu erreichen. Wie sich mir die Sache darstellt, kann das Entwicklungsprinzip des Darwinismus nur einen Teil der Erklärung liefern. Neben »Zufall und Notwendigkeit« scheint es erforderlich, ein koordinierendes Ganzheitsprinzip einzuführen, so wie das neue Weltbild es voraussetzt.

Ein anderes Beispiel geben die insektenfressenden Pflanzen, die nicht nur von dem Fangapparat in Form von Klebstoffen am Blatt abhängig sind, sondern auch einen Stoff ausscheiden müssen, der die Beute auflöst, und die schließlich noch über ein »Verdauungssystem« verfügen müssen, das sich von denen anderer Pflanzen unterscheidet, bevor sie aus ihren veränderten Eigenschaften irgendwelche Vorteile ziehen können.

Aufgrund der darwinistischen Theorie sind solche zielgerichteten, gemeinsamen Entwicklungen unterschiedlicher Eigenschaften nicht denkbar. Sie müssen jede für sich und in großen zeitlichen Abständen zwischen den einzelnen Zufällen entstanden sein. Doch welche der notwendigen Hauptcharakteristika kamen zuerst? Welches ist der Nutzen für das Überleben mit einem Fangapparat, der die Beute durch einen Klebstoff fängt, wenn kein entsprechendes Verdauungssystem vorhanden ist? Oder was nutzt ein Verdauungsapparat für Insekten, wenn diese nicht gefangen werden können.

Der Biologe Lyall Watson[153] erwähnt ein anderes Beispiel,

die Heuschrecke *Laterinaria Servillei*, ein etwa zehn Zentimeter langes Insekt, das am Amazonas von Pflanzensäften lebt. Sie wird bevorzugt von Vögeln gefressen, die ihrerseits ständig auf der Hut vor den Alligatoren sein müssen. Wenn die Heuschrecke voll sichtbar am Ufer sitzt, hält sie ihre Flügel so, daß diese wie eine hornartige Schale erscheinen, die sich über den ganzen Rücken erstreckt. Das Haupt ist birnenförmig und zu einer Schnauze langgezogen, bei der die vordere Nasenpartie dominiert, berichtet Watson, und dahinter erscheinen große, falsche Augenkugeln, die beide an der richtigen Stelle einen Fleck besitzen, um das Glitzern in den Augen von Wirbeltieren zu simulieren. Und längs der Seiten der angedeuteten Schnauze gibt es eine Furche, die einem halboffenen Maul mit einer Reihe von weißen, falschen Zähnen gleicht. Die Gesamtwirkung ist eine unglaublich lebendige Imitation eines Alligators; klein, aber in jedem Detail perfekt. So überleben diese Heuschrecken, indem sie ihre Feinde abwehren und trotzdem dort ihre Nahrung suchen, wo sie dem wachsamen Auge der Vögel nicht entgehen können. Das ist wieder ein Beispiel einer unglaublich *koordinierten* Reihe genetischer Merkmale, die jedes für sich wenig oder keine Bedeutung gehabt hätte. Daß diese Einzelheiten gleichzeitig entstanden sein sollen, widerspricht der Theorie der zufälligen Einzelveränderungen. Die Frage bleibt wieder die gleiche: Wie können die ersten Einzelveränderungen irgendeinen besonderen Vorteil im Überlebenswettbewerb gegeben haben?
Selbstverständlich ist es denkbar, daß die Mutation geschah, bevor diese Art sich aus einem früheren, besser versteckten Futterplatz hervorwagte. Doch welchen Nutzen sollte es haben, ausgerechnet einem Alligator zu gleichen? Daß die Mutationen vor einem zukünftigen Nutzwert beeinflußt worden sein kann, widerspricht ja vollkommen dem Zufälligkeitsprinzip der Evolutionstheorie.

Der Harvard-Biologe Stephen Jay Gould und sein Partner aus der Paläontologie, Niels Eldridge, zählen zu denjenigen Wissenschaftlern, die sich solcher »Anomalien« im Verhältnis zur etablierten Evolutionstheorie angenommen haben. Das führte schließlich dazu, daß sie ernsthaft daran zweifeln, ob die Entwicklung überhaupt durch graduelle Übergänge von einer Art zur anderen geschehen sein kann. Einer der Beweise, die sie anführen, ist die Entwicklung von flugtüchtigen Vogelarten. Um den Überlebensvorteil des Fliegens überhaupt entwickeln zu können, muß das ursprüngliche Landtier zwei Eigenschaften gleichzeitig ausgebildet haben: Sowohl leichte Beine als auch Flügel waren zur selben Zeit notwendig. Unabhängig davon, welche dieser Einzelveränderungen zuerst kam, allein wäre eine jede dieser Entwicklungen eher ein Problem als ein Vorteil gewesen.

Wie viele andere sind auch Gould und Eldridge der Ansicht, das Bild, das wir uns durch Versteinerungen früherer Tierarten machen, könne in keiner Weise eine graduelle Entwicklung der Arten durch die Geschichte hindurch erklären. Fossilien zeigen, daß besondere, neue Arten innerhalb von wenigen Jahrtausenden entstanden sind. Das ist ein entwicklungsmäßig viel zu kurzer Zeitraum, um für die zahllosen »Versuche und Mißbildungen« von zufälligen genetischen Einzelveränderungen Raum zu lassen, die nach der darwinistischen Evolutionstheorie geschehen sein müßten, um die vielen und auch koordinierten Wesenszüge einer neuen Art hervorzubringen.[154] Alles spricht für die Notwendigkeit einer »Modernisierung« der Evolutionstheorie durch die Einführung einer zusätzlichen Idee, die auch in den anderen Zweigen der Wissenschaft herangewachsen ist, nämlich die Idee, daß ein übergeordnetes, formendes und organisierendes Ganzheitsmuster mit der zufälligen Entwicklung und Auswahl in einem wechselseitigen Verhältnis gestanden hat.

Das wird noch deutlicher durch ein anderes Beispiel, das Lyall Watson anführt.

Es bezieht sich auf die Wespe *Pepsis marginata,* die für jedes ihrer Eier die Nahrung in Form eines lebenden Exemplars einer giftigen Spinne, der Tarantel, finden muß. Wie das entwicklungsgemäß geschah, ist ein reines Wunder.

Wenn die Wespe bereit ist, ihre Eier zu legen, fliegt sie aus zur Taranteljagd. Sobald sie eine entdeckt hat, versucht die Wespe, die Spinne mit ihren Fühlern zu untersuchen. Normalerweise wird selbst die leiseste Berührung eines der Körperhaare der Tarantel diese sofort herumwirbeln lassen, um ihre Giftklauen in das Opfer zu graben. Doch hier ist offensichtlich eine Art wechselseitiges Spiel zwischen Instinkten dieser beiden Insektenarten entstanden. Gleichgültig, wie intensiv die Wespe die Spinne untersucht, ja sogar auf sie hinaufkriecht, die Tarantel verhält sich vollkommen passiv. So geht die Wespe einige Zentimeter zur Seite und gräbt ein Grab für ihr geduldig wartendes Opfer. Danach kommt sie zurück und kriecht unter die stillstehenden Spinne, wo die Wespe mit chirurgischer Präzision die Tarantel in die einzige Stelle sticht, die es ermöglicht, durch den dicken Hornpanzer der Spinne zu kommen. Der Stich ist darüber hinaus so genau angesetzt, daß er das *einzige* Nervenzentrum trifft, das es ermöglicht, die Spinne zu lähmen, ohne sie zu töten. Zum Schluß wird die betäubte Tarantel in das Grab gezogen, welches so genau angefertigt worden ist, daß selbst die aus der Betäubung erwachte Spinne festsitzt und sich nicht daraus befreien kann. Danach legt die Wespe ihre Eier und klebt sie an den Magen der Spinne, bedeckt das Grab und zieht ihrer Wege. Doch die Fortsetzung der Geschichte ist beinahe ebenso unglaublich: Wenn nun die Wespenlarve aus dem Ei geschlüpft ist, ist sie mehrere Woche abhängig vom Verzehr der lebenden Tarantel. Um sich des frischen Tarantelfleisches zu versichern, muß

die Larve wissen, in welcher Reihenfolge sie die Teile ihres lebenden Opfers zu verzehren hat, während dessen lebenswichtige Organe als letztes verspeist werden. Das geschieht, kurz bevor die neue Wespe bereit ist, das Grab zu verlassen.[155]
Die Geschichte ist aus unserer Sicht grausam, doch stellt sie ein Beispiel für eine Entwicklung dar, die mehr als ein Individuum umfaßt und deshalb nicht durch die darwinistische Anpassung der Wespe allein stattgefunden haben kann.
Wie kann der Darwinismus, der nur die Entwicklung durch die Konkurrenz individueller Entwicklungsvorteile akzeptiert, erklären, daß der Instinkt der Tarantel es zuläßt, sich zugunsten des Individuums einer anderen Art töten zu lassen, und dadurch das Überleben dieser Art ermöglicht? Überhaupt erscheinen mir die Beispiele, bei denen der Überlebensmechanismus mehrere Individuen umfaßt, nicht nur äußerst faszinierend zu sein, sondern darüber hinaus unwiderlegbare Beweise dafür darzustellen, daß der Darwinismus als einziges Erklärungsmodell unzulänglich ist.
Über eines von diesen Wundern der Natur, das mich vielleicht am meisten ergriffen hat, berichtet Robert Ardrey.[156]
Während seines Aufenthalts in Kenia zeigte Louis Leakey ihm eines Tages eine wunderschöne Blume, offenbar eine Hyazinthenart, bestehend aus vielen Einzelblüten in den Farbnuancen von Korallenrot bis Grün. Außen hatten sie ganz grüne Knospen, dahinter teilweise aufgesprungene Blüten mit einem korallenfarbenen Rand, innen waren die Blüten rein korallenfarben.
Während Ardrey dies stumm betrachtete, ging Leakey um die Pflanze und schüttelte sie kräftig. Plötzlich gab es da keine Hyazinthen mehr. Jede einzelne der vielen Blüten erhob sich von den Stengeln, und sie offenbarten sich als flatternde, buntfarbene Insekten.
Vor den Augen des sprachlosen Ardrey flog dieser farbenrei-

che Schwarm eine Runde, bevor er wieder als ein ungeordnet krabbelnder Haufen um den Stengel herum landete. Eine Weile krochen die grünen, korallenfarbenen und gestreiften Tierchen über- und untereinander, bis sie erneut unbeweglich als Blumen mit ihren farbigen Flügeln dort saßen, die Flügel mehr oder weniger zusammengefaltet, abhängig davon, ob sie die Knospen oder die entwickelten Blüten darstellen sollten.

Das Unglaubliche daran ist auch, daß eine solche Hyazinthe real in der Natur unbekannt ist. Was diese flatternden Insekten darstellen und was ihre gefiederten Feinde wiedererkennen, ist die *Idee* einer Blume, die eigentlich nicht existiert! In jedem Schwarm legt das Weibchen Eier, die sich zu Insekten in unterschiedlichen Farben entwickeln, und jedes von ihnen weiß von der ersten Stunde an, welchen Platz es in der Blumenfigur einzunehmen hat, das ihr Überleben in der ständigen Gefahr vor den insektenfressenden Vögeln sichert.

Wo findet sich in diesem Fall die Idee des Darwinismus über die zufällige Veränderung eines Einzelwesens im Hinblick auf den Wettbewerb des Überlebens? Bei der Entwicklungsgeschichte dieser Blumeninsekten muß eine ganze Gruppe von Insekten eine geordnete Anpassung entwickelt haben, und diese Anpassung muß die Entwicklung von unterschiedlichen Plazierungsinstinkten für jede Insektenfarbe im Verhältnis zur Ganzheit der Blumenidee umfassen.

Obwohl auch eine mechanische Seite dieser Geschichte existiert, da Insekten zum Beispiel oft gewisse chemische Stoffe ausscheiden, die zu ihrer Zusammenarbeit dienen, erklärt das doch nicht das Entstehen dieser koordinierten Struktur.

Für mich bleibt dieses Beispiel das deutlichste von allen, um alle ökologischen Verhältnisse in der Natur zu zeigen. Die mechanistische Seite des Bildes kann nur eine ungeheuer vereinfachte und primitive Beschreibung dieses unfaßbar komplizierten Zusammenspiels geben, das sich eigentlich überall in der Natur offenbart. Dies befürwortet jeder, der sich nicht ein für allemal dagegen verschlossen hat, daß die Möglichkeiten der Natur mehr implizieren als unsere begrenzten Hypothesen in der materialistischen Physik und Chemie.

Die Konsequenzen des Populärdarwinismus für unsere Gesellschaft

Nach Darwin repräsentiert der Mensch eine Weiterentwicklung der Wesensarten, die in unterschiedlichen Graden bei höherstehenden und bewußten Säugetieren gefunden werden können. Inwieweit das zutrifft, bleibt eine Frage des Glaubens. Doch das Entscheidende an dieser Sichtweise ist, daß, wenn man den Hauptgedanken des Darwinismus damit verbindet, alle Entwicklungen eine Anpassung an existierende Verhältnisse sind, die durch den wechselseitigen Wettbewerb von Individuen und Gruppen gesteuert wird.
Den extremen Sozialdarwinismus, der die Konkurrenz- und Auswahlidee dazu benutzt, eine behauptete Entwicklung von qualitativen Unterschieden zwischen Rassen, ja selbst zwischen Gesellschaftsklassen zu begründen, lasse ich hier vollkommen beiseite. Solche Vorstellungen werden heute von keinem modernen Biologen ernst genommen, sie wurden auch nicht von Darwin selbst unterstützt. Doch Darwins grundlegende Idee greift mit harter Hand in unser Selbstverständnis als Individuen und Gesellschaft ein, was ernste Konsequenzen hat: Wenn der Mensch die Grundinstinkte des Tieres besitzt und diese hauptsächlich als Triebkräfte für den Wettbewerb um die zugänglichen Ressourcen betrachtet werden, ist es fast eine notwendige Konsequenz, daß eine realistische Gesellschaftsordnung diese angeborene Tendenz zu ge-

genseitigem Wettbewerb der Individuen stützt und ausnutzt. Ich glaube nicht, daß Biologen notwendigerweise eine solche Ansicht pflegen, doch es ist offensichtlich, daß dieser Gedanke leicht als eine Konsequenz dieser Theorie gesehen werden kann. Man hat es nicht nötig, lange über alternative Entwicklungsmöglichkeiten für die Gesellschaft zu sprechen, bevor dieser Gedanke in beinahe jeder beliebigen Versammlung zum Ausdruck kommt: Der Mensch hat einen angeborenen Drang zum Wettbewerb, um soviel wie möglich an sich zu raffen. Deshalb ist es unrealistisch, sich eine Gesellschaft zu denken, die auf anderen Ideen aufgebaut sei, als auf ökonomischem Wettbewerb. Vielleicht ließe sich so etwas durch Diktatur unterdrücken!

Viele Gründe sprechen dafür, daß solche populärdarwinistischen Ideen in der gesellschaftlichen Debatte und auch in der historischen Entwicklung mitwirkten, deren vorläufiges Resultat wird heute vor Augen haben. Solange es als »wissenschaftlich bewiesen« angesehen wird, daß der unausrottbare Konkurrenzinstinkt des einzelnen die eigentlich stärkste Entwicklungskraft darstellt, muß eine auf nüchternen Gedanken aufgebaute Ökonomie auf diesen Voraussetzungen aufbauen. Eine Ökonomie kann nicht auf Illusionen gegründet sein!

Solange diese Annahme im allgemeinen Denken dominiert, kann man nichts anderes erwarten, als daß sie auch in den Strukturen der Gesellschaft zum Ausdruck kommt. Und damit bestätigen sich diese Annahmen selbst, weil in einer Gesellschaft, in der die Konsequenzen dieser Idee zum Tragen kommen, selbstverständlich alle Belohnung in Form von Schulnoten, Arbeitslöhnen, Karriere und industriellem Erfolg ausschließlich auf dem Konkurrenzprinzip aufbauen muß. So sind die Individuen gezwungen, miteinander zu konkurrieren, um nicht als Verlierer ausgeschlossen zu werden, gleichgültig, ob sie eigentlich etwas anderes wünschen. Alle stehen im Wettbewerb und die, die dabei am rücksichtslosesten und härtesten vorgehen, erhalten die meisten Ressourcen. — Bitte schön, hiermit ist das Hauptprinzip des Darwinismus als richtig »bewiesen«...

So ist ja die industrielle Gesellschaft heute aufgebaut, natürlich mit einem vermittelnden Element von Gesetzen, um die Verlierer zu schützen. So ist auch die Weltwirtschaft aufgebaut, natürlich ebenfalls mit einem vermittelnden Element von Entwicklungshilfe für die Verliererstaaten. Das ganze Weltsystem scheint somit die Existenz des unausrottbaren menschlichen Wettbewerbsinstinkts zu beweisen.

Was würde es eigentlich bedeuten, wenn man das ganze Bild auf den Kopf stellt und davon ausgeht, daß der Mensch mit der Zeit einer *anderen Philosophie* als Grundlage der Gesellschaft Raum gibt?

In einer solchen Gesellschaft wäre selbstverständlich nicht der Konkurrenztrieb des Menschen ausgerottet. Weil jedoch das Schulsystem, die Verteilung von Ressourcen, Wohn- und Arbeitsverhältnissen in solch einem Fall auf *Strukturen der Zusammenarbeit* aufbauen, wäre es ein gemeinsames Bedürfnis des Menschen, am besten in der so etablierten Ordnung zu funktionieren. Weil ich selbst in einer Gesellschaft gelebt habe, wo das der Fall war, weiß ich aus eigener Erfahrung, daß so etwas möglich ist. Das bezieht sich auf das ökonomisch arme Westsamoa und seine Eingeborenen wie auch auf den reichen amerikanischen Teil der Inselgruppe. Keine von beiden war eine Idealgesellschaft, und das war ja auch hier nicht die Frage. Das Entscheidende ist, daß sie die Gültigkeit des Prinzips beweisen: Die Grundphilosophie, auf die man eine Gesellschaft aufbaut, entscheidet über die Tendenzen der Menschen, die sich in der täglichen Praxis am stärksten ausdrücken.

Wie steht es nun mit der Freiheit des einzelnen? Ich möchte darauf antworten, daß weder ein extrem kollektives System noch eine einseitige Wettbewerbsgesellschaft auf die tiefsten Bedürfnisse des Menschen nach Selbstentwicklung hinreichend eingeht. Die Freiheit besteht nach meiner Ansicht in seiner freien Wahl von Möglichkeiten. Darunter verstehe ich die Notwendigkeit der bereits erwähnten Idee Koestlers, daß zwischen zwei komplementären Prinzipien ein Gleichgewicht bestehen muß, das aus einem selbsterhaltenden und einem integrierenden Element besteht.
So bleibt letztlich die Frage offen: Was ist dieses nicht nur gute, sondern auch universell gültige Prinzip, worauf eine Gesellschaftsentwicklung aufbauen kann und auch aufbauen sollte, wenn es nicht mit der tiefsten Natur des Menschen in Konflikt kommen will? Haben wir wirklich Gründe, anzunehmen, daß es nicht die darwinistische Entwicklungstheorie mit ihrer Auswahl durch Wettbewerb ist, die sich in der tiefsten menschlichen Wahrheit ausdrückt, die ja das Ganze entwickelt hat?
Ja, ich glaube, daß ich nach und nach eine neue und viel hoffnungsvollere Idee als relevant bestätigen konnte, eine Idee, die besagt, daß die übergeordneten Prinzipien der Entwicklung nicht das begrenzte Eigeninteresse des Individuums darstellen, sondern dessen Ganzheitserlebnis und seine gemeinsame Arbeit.

Gaia — unsere »lebende Erde«

Unter denen, die eine wirklich systematische Argumentation für ein immaterielles Ganzheitsprinzip geliefert haben, das auch die Biologie umfaßt, finden wir James (Jim) E. Lovelock. In seinem Buch *Gaia*[157] versucht er nachzuweisen, daß

das Leben auf unserer Erdkugel als ein zusammenhängender Organismus und als selbstregulierend aufgefaßt werden kann.
Lovelock selbst ist Technologe, und seine Argumentation ist auf eine enge Zusammenarbeit mit der amerikanischen Biologieprofessorin Lynn Margulis begründet.
Lovelock spricht nicht von der lebenden Ganzheit im übertragenen Sinn oder als Ausdruck von »mechanisch-ökologischen« Zusammenhängen, die die etablierte Biologie behandelt. Sowohl er als auch Lynn Margulis denken sich eine solche Ganzheit in einem buchstäblichen Sinn, eine Ganzheit, die von einem regulierenden Prinzip kontrolliert wird, das eher als mental denn als physisch verstanden werden muß.
In seiner Definition des Begriffes Gaia sagt Lynn Margulis unter anderem, daß es sich hierbei um eine »aktive Kontrolle« handelt, die die Aufrechterhaltung relativ konstanter und günstigster Verhältnisse für das Leben auf dem Planeten garantiert.
Die erwähnte Hypothese wurde so ernst genommen, daß sie im August 1985 Ausgangspunkt für eine riesige internationale und interdisziplinäre Wissenschafts- und Kulturkonferenz in Massachusetts war, die das Motto hatte: »Ist unsere Erde ein lebendes Wesen?«
James Lovelocks Ausgangspunkt ist das starke Erlebnis der Astronauten bei dem Anblick des heimatlich warm leuchtenden Erdballes, der sich gegen die ungastliche Schwärze des Weltraumes abhob — so wie es uns auch durch die ersten Bilder unserer gemeinsamen Wohnstatt vermittelt wurde.
Lovelocks umfassende Untersuchungen auf vielen Gebieten der Wissenschaft zeigen, daß dieses Bild der »lebenden Erde« mehr als eine poetische Vorstellung ist. Er behauptet, daß das Zusammenspiel zwischen den Lebensformen auf der Erde und ihre Oberfläche ein komplexes System bildet, das ein wichtiges Merkmal eines lebenden Organismus aufweist, und

zwar die Fähigkeit, sich selbst und damit das Zusammenspiel seiner unzähligen Einheiten zu regulieren, so daß die Lebensvoraussetzungen aufrechterhalten bleiben.

Man könnte sich leicht vorstellen, daß, wenn die Erdkugel einmal in einem passenden Abstand von der Sonne und mit ihren gegebenen chemischen und physikalischen Bestandteilen ihren Platz gefunden hat, die Bedingungen für unser Leben ein für allemal geregelt gewesen wären. Lovelock zeigt, daß diese Annahme alles andere als zutreffend ist. Die Entwicklung des Lebens ist abhängig von sehr spezifischen Temperaturen und chemischen Verhältnissen. Tatsächlich hat das Leben seit seinem ersten Beginn auf unserer Erdkugel einen ungeheuerlich eng begrenzten Balanceakt zwischen möglichen Umweltbedingungen zu vollführen. Das geschah unter so unterschiedlichen physikalischen Verhältnissen, daß nur ein unglaublich umfassenden Zusammenspiel zwischen den Lebensformen selbst deren weitere Entwicklung gesichert haben kann.

Lovelock zeigt beispielsweise, daß ein Abfall von nur zwei Prozent Wärmeniederschlag auf der Erde ausreicht, um ihre Oberfläche in einen sich selbst verstärkenden Prozeß zu führen, der unweigerlich mit einer totalen Vereisung endet. In gleicher Weise wird selbst eine sehr begrenzte Steigerung von Wärme einen Prozeß auslösen, der ebenso notwendig damit endet, daß die Temperatur sich auf den Siedepunkt zubewegt. In beiden Fällen wäre die Entwicklung des Lebens beendet. Dennoch ist es eine bekannte Tatsache, daß sich die Sonne während der letzten dreieinhalb Milliarden Jahre so weit verändert hat, daß die einstrahlende Wärme um ganze dreißig Prozent anstieg. Trotzdem ist das Klima auf der Erdoberfläche niemals, auch nicht für kurze Zeiträume, von der schmalen Marge abgewichen, die sich für das Leben eignet, berichtet Lovelock.

Es wird angenommen, daß der lebensbedrohliche Mangel an

Sonneneinstrahlung zu Beginn kompensiert wurde, weil gewisse Gase in der Atmosphäre eine Abkühlung verhinderten und auf diese Weise die eingestrahlte Wärme hielten. Doch wie wurde diese Isolation mit der späteren Steigerung der Sonneneinstrahlung in Einklang gebracht?

Hier hat die Wissenschaft mehrere Antworten. Eine ist, daß die Lebensprozesse die Wärmereflexion reguliert haben, indem das Pflanzenleben, das später die Landteile bedeckte (und vielleicht auch große Teile der Meere), die Oberfläche heller machte. Lovelock erwähnt, daß helle Decken von Mikroorganismen auf weißen, stark wärmereflektierenden Sandebenen die Eigenschaft gezeigt haben, ihre Farbe in Schwarz zu verwandeln, wenn das Sonnenlicht in der Wintersaison reduziert wird, und daß solche Mechanismen zur Wärmeregulation beigetragen haben können.

Das eigentlich Wunder ist, wie solche Faktoren durch »reinen Zufall« so genau aufeinander abgestimmt worden sind, daß die Anforderungen des Lebens an eine bestimmte Durchschnittstemperatur so exakt durch mehr als drei Milliarden Jahre hindurch befriedigt wurden. Noch wunderlicher erscheint es, wenn man sich darüber klar wird, daß die Temperatur der Erdkugel nur einer der Parameter ist, die sehr behutsam ausreguliert werden müssen, wenn die Lebensentwicklung auf der Erde gesichert werden soll. Und immer geschah genau das, was die Fortsetzung des Lebens in einer kritischen Situation erforderte. Als beispielsweise die ersten einzelnen Lebensformen vor der Gefahr des Aussterbens standen, weil ihr schnelles Wachstum aus der Balance mit der begrenzten Nahrungszufuhr stand, genau zu diesem Zeitpunkt muß es gewesen sein, als das Pflanzenleben es lernte, das Sonnenlicht als Triebkraft zur Synthetisierung seiner eigenen Bausteine aus unorganisiertem Material zu benutzen, und damit auch gleichzeitig die Lebensmöglichkeit für kommende Tierarten schuf.

Doch all das war von einer weiteren kritischen Größe abhängig, und zwar vom Sauerstoffgehalt der Atmosphäre. Durch die gesamte Lebensgeschichte der Erde hindurch hat alles Leben Gase aufgenommen und abgegeben und damit die atmosphärischen Bedingungen beeinflußt. Trotzdem zeigen geologische Untersuchungen, daß der prozentuale Anteil des Sauerstoffs immer um den kritischen Punkt von 21 Prozent gelegen hat. Mit einem niedrigeren Niveau wäre alles sauerstoffabhängige Leben ausgestorben. Durch die geringste Steigerung würde die Vegetation durch Brand ausgerottet werden. Mit jedem Prozent zusätzlichem Sauerstoff wächst die Gefahr für Waldbrand, verursacht durch Blitzeinschlag, um siebzig Prozent, sagt Lovelock. Was die ganze Zeit solche Brandkatastrophen verhinderte, ist, daß die Sauerstoffproduktion im Verhältnis zu anderen Gasen im Ausgleich stand. Ohne diesen Ausgleichsfaktor wäre der Sauerstoffgehalt der Luft alle zwölftausend Jahre um ein Prozent gestiegen. Wenn solche lebensfeindlichen Verhältnisse in der mehrere Milliarden Jahre alten Geschichte *niemals* aufgetreten sind, spricht das sehr dafür, daß eine Ganzheitskontrolle wirksam war, ein übergeordnetes, regulierendes »Feld«, daß jede Art Abweichung vom Optimum innerhalb der Balancefaktoren zum rechten Zeitpunkt signalisiert worden ist.

Lovelock erwähnt unzählige Faktoren, die sehr genau auf die Fortsetzung des Lebens bezogen abgestimmt sein mußten. Einer dieser Faktoren ist das Verhältnis zwischen Ammoniak und Säuren, das die ganze Zeit dafür gesorgt hat, daß der Regen weder zu alkalisch noch zu sauer wurde. Erst durch den Eingriff des Menschen wurde dieser Ausgleich verschoben und führte zu Waldsterben, der Beginn einer Katastrophe, die bis jetzt die irdische Selbstregulierung durch die Jahrmillionen hindurch verhindert hat.

Auch der Salzgehalt des Meeres hat sich genau auf dem Niveau gehalten, der für das Leben erforderlich ist — und das ist lange nicht so selbstverständlich, wie man glauben könnte: Berechnungen zeigen, daß die Salzmenge, die während der Jahrtausende vom Meeresgrund und durch Flüsse in die Meere gespült worden ist, ein Vielfaches dessen beträgt, was das Leben in den Meeren vertragen kann. Wie die Natur eine Übersalzung verhindern konnte, kann heute keiner mit Sicherheit beantworten. Vielleicht ist es durch Mikroorganismen geschehen, die das Salz eingekapselt und auf dem Grund abgelagert haben. Sicher ist, daß *ohne* einen solchen Regulationsfaktor die Meere schon längst gestorben wären. Nur eine Steigerung von drei Prozent des heutigen Niveaus sind genug, jede lebende Zelle innerhalb weniger Sekunden zu töten, erzählt Lovelock.

Für all das gibt es natürlich auch eine traditionelle mechanistische Erklärung. Durch eine Beschreibung von Millionen von Einzelgeschehnissen und ihrer Reihenfolge zeigt sie, was praktisch geschieht. Doch erhält man dadurch keine hinreichende Antwort auf die Frage, *warum* was geschieht. Noch weniger wird hierdurch die Ursache dieser Ganzheitsregulation deutlich. Es zeigt sich immer wieder, daß wir eine komplementäre Betrachtensweise hinzuziehen müssen.

Auf der einen Seite kann man sagen, was die orthodoxe Wissenschaft sagt: Daß etwas in dieser oder jener Art geschah, zeigt, daß es so in jedem einzelnen Fall geschehen mußte. Und das mag vordergründig vielleicht als eine Erklärung erscheinen, wenn man sich einen Faktor nach dem anderen vornimmt und ihn in seinem lokalen Zusammenhang betrachtet. Doch wenn man sich, wie Lovelock, ein totales Zusammenspiel der einzelnen Teile vorzustellen versucht, kommt eine Ganzheitsregulation zum Vorschein, die nicht durch die einzelnen Teile erklärt werden kann. Aus diesem Grund muß die Erde einen immateriellen Charakter besitzen — weil die Ganzheit kein »Ding« ist, sondern eine abstrakte Größe.

Ein Grund, weshalb die Wissenschaft so große Schwierigkeiten hatte, diese Zusammenhänge zu erkennen, war, daß ihre einzelnen Zweige sich mit der Zeit voneinander isolierten. So wurde die Ganzheit mehr und mehr ein unbekannter Begriff — bis der dramatische Augenblick in der Quantenphysik gekommen war, so die Aufspaltung der Materie so weit fortgeschritten war, daß man das Große im Kleinen erkennen mußte, das Ganzheitsprinzip, das sich in den Kleinstteilchen widerspiegelte.

Was Lovelock und andere dadurch entdeckten, daß sie auf die Ganzheit zurückgriffen, was nur eine natürliche Konsequenz dieser Betrachtensweise. In einer Totalperspektive zeigt es sich, daß unsere Erdkugel einer Regulation unterworfen ist, die notwendigerweise alle ihre lebenden Bestandteile und die daraus resultierenden unzähligen Querverbindungen umfaßt. Der Glaube, daß diese eigentlich unbegrenzte Anzahl wechselseitiger, lokaler Wirkungen durch reinen Zufall das Leben in den schmalen Bandbreiten von Lebensbedingungen von ganzen Serie dreieinhalb Milliarden Jahre aufrechterhalten haben soll, ist jedenfalls keine logisch gerechtfertigte Annahme. Und noch unwahrscheinlicher erscheint das, wenn wir das Ganze nun im Licht eines viel geeigneteren Modells betrachten.

Selbstverständlich ist die »Kontrolle von oben«, die sich bei unserer Erdkugel zeigt, genau die gleiche Art von Ganzheitsregulierung, die bei der Selbstregulierung von Säugetieren und anderen lebenden Organismen zum Ausdruck kommt. Hier werden in gleicher Weise eine stabile Temperatur und eine Reihe anderer lebensnotwendiger Verhältnisse unter unterschiedlichen Klimabedingungen und anderen äußeren Umständen gesichert. Und wieder ist das alte und das neuen Weltbild einerseits durch eine einseitige, mechanistische und andererseits eine erweiterte, komplementäre Betrachtensweise repräsentiert, die sich in der reduktionistischen Schulmedizin und der ganzheitlich orientierten alternativen Medizin ausdrückt. Wie auf anderen Gebieten wird auch hier die wirkliche Erneuerung durch eine Zusammenarbeit der beiden Ansätze kommen. Unter anderem braucht es einen hohen Grad konventionellen medizinischen Wissens, um die faktischen Wirkungen von vielem ermitteln zu können, was Spekulation ist. Bis jetzt hat die Schulmedizin gezeigt, wie hoffnungslos schwierig es für sie ist, überhaupt so etwas wie ein regulierendes Ganzheitsprinzip, das auf die Teile einwirken kann, zu verstehen. Es ist bezeichnend, wie energisch und vergeblich die orthodoxe Medizin nach einer Erklärung des wahrscheinlich immateriellen Ganzheitsfeldes der Akupunktur sucht. Sicherlich findet man das, wonach man sucht, und mit der Zeit wird die Schulmedizin eine Reihe neurologischer und chemischer Einzelprozesse entdecken, die selbstverständlich mit einer solchen Ganzheitsregulierung zusammenhängen. Doch das eigentliche Prinzip, die Ganzheit, die mehr ist als die Summe der Teile, kann nur durch eine komplementäre Sichtweise verstanden werden, und diese Sichtweise fordert nicht weniger als eine Revolution in der gesamten wissenschaftlichen Denkweise.

Die neue Evolutionstheorie von der geordneten Entwicklung der Ganzheit

Durch eine einseitige Betrachtung der Wirklichkeit im Licht der Auffassungen von Newton und Darwin bekamen wir eine biologische Theorie, die nur einer Seite der zweiseitigen, komplementären Wirklichkeit Rechnung trägt. Sie betrachtet die Entwicklung nur aus dem wechselseitigen Wettbewerbsverhältnis der Individuen heraus. Und weil der Mensch vom gleichen Blickwinkel heraus betrachtet wird, sind wir zu der Auffassung gekommen, daß ein begrenzter Wettbewerb zum eigenen Nutzen die einzige Kraft ist, auf die eine Gesellschaft aufbauen kann.

Aber ein Organismus, der nur an das eigene Überleben denkt, wird unweigerlich seine Umwelt zerstören und, wie wir aus bitterer Erfahrung lernen, sich somit auch selbst zerstören, sagt Fritjof Capra.[158]

In einer Zeit, wo genau solch ein Wettbewerb zwischen Individuen, Gruppen, Nationen und Machtblöcken die Menschheit zu dem geführt hat, was die letzte Chance zu sein scheint, ist es nicht leicht, am Glauben an das Positive im darwinistischen Wettbewerbsprinzip festzuhalten. Heute ist es kaum möglich, eine Lösung durch den Wettbewerb zwischen eigensüchtig rivalisierenden Einheiten zu erkennen. Doch immer noch herrscht das allgemein zugrundeliegende Denken, daß »so die Welt ist und daß so auch der Mensch ist«. Hieraus ist die Haltung erwachsen, wir könnten nichts anderes tun, als uns so gut wie möglich an die angenommene »naturbestimmte« Wettbewerbsgesellschaft anzupassen. Diese Ansicht im Zusammenhang mit dem Gedanken, das menschliche Bewußtsein sei ein unumgängliches Resultat von Entwicklungskräften, läßt nur eine mögliche Antwort: Der notwendige Einsatz für eine Veränderung ist nutzlos. Damit wäre das Ergebnis der Wahl, vor der wir stehen, eigentlich gegeben.

Aufgrund dieser Situation beginnt man sich die Frage zu stellen, ob diese ganze Populärphilosophie eigentlich richtig ist. Das Ganzheitsbild in der Natur, dessen Teil wir sind, demonstriert ja in keiner Weise, daß die Individuen und Gruppen sich und ihre Umwelt gegenseitig durch sinnlosen Wettbe-

werb zerstören. Der Wettbewerb, der in der Natur gefunden wird, ist offenbar einem übergeordneten Prinzip der Erhaltung der Art und der Umwelt untergeordnet.
Was wir über die frühesten Formen menschlicher Kultur wissen, scheint auch nicht die Idee des angeborenen Wettbewerbsverhaltens zu unterstützen. Die ersten Anthropologen, die den ältesten und fast unberührten steinzeitlichen Stamm, die Tasadayenen, besuchten, berichteten, Neid und Machtkampf seien bei ihnen unbekannte Begriffe gewesen. In einem Artikel über die Tasadayenen in der Zeitschrift *Black Star* wird gesagt, innerhalb des Stammes gebe es keine Hierarchie im üblichen Sinne. Alle seien »gleich«, man habe keinen Anführer, wie der Expeditionsteilnehmer John Launois versichert. Ein anderer Besucher, der Reporter Mac Leish, erzählt, daß die Tasadayenen freundlich und rücksichtsvoll waren und weder Waffen noch irgendwelche Worte für Krieg kannten: »Meine Freunde haben mir ein neues Ziel für die Menschheit vermittelt«, sagt er. »Sind unsere fernen Vorväter so wie die Tasadayenen gewesen, so stammen wir von einem viel besseren Geschlecht ab, als ich geglaubt hatte.«
Auch die Säuglingsforschung der modernen Psychologie ist praktisch zu dem Ergebnis gekommen, daß wir eigentlich »sozial« geboren sind. In ihrem Buch *Psykoterapi*[159] bezieht sich die Psychologin Wenche Håland auf C. Trevarthen und schreibt: »Die Forschung scheint eine empirische Grundlage für die Annahme zu haben, daß Säuglinge ab der Geburt sozial handeln, ja daß die sozialen Motive die stärksten der ganzen Entwicklung sind.«
Trotzdem wäre diese Tatsache kein hinreichender Grund, unser Selbstverständnis zu verändern, wenn die Forschung auf anderen Gebieten nicht bestätigt hätte, daß eine Ganzheit *immer* das Wechselspiel der Teile koordiniert. Nach dieser Auffassung sollte man erwarten, das Bedürfnis des Menschen

nach Gemeinsamkeit sitze tiefer als sein egoistischer Drang, und die beste und natürlichste Gesellschaft sei diejenige, die eher auf einer Zusammenarbeit als auf Konkurrenz aufbaut. Mir scheint es kein Zufall zu sein, daß wir diese Möglichkeit zu einem neuen Verständnis genau jetzt, in unserer chaotischen, schicksalsträchtigen Zeit, erhalten. Im Chaos liegt die Möglichkeit einer neuen Ordnung, die bereits geahnt werden kann — eine Ordnung, die auf die Gewißheit aufbaut, daß wir alle eins miteinander und mit allem anderen verbunden sind, und auch auf das Verstehen gegründet ist, daß unser Überleben davon abhängt, ob wir uns diese Zusammenhänge bewußtmachen oder nicht.

Immaterielle Formkräfte in der Natur

In den letzten Stunden bevor wir in England landen, beschäftige ich mich mit den Gedanken des Wissenschaftlers, den ich dort treffen werden. Es ist der Biochemiker, Pflanzenphysiologe und ehemalige Rektor der Universität Cambridge, Rupert Sheldrake, der die Idee der formbildenden (morphogenetischen) Felder einführte. In seinem Buch *A New Science of Life*[160] beschreibt er, wie die früher existierenden Formen in der Natur die später entstandenen zu beeinflussen schienen, so daß dies zu einer ständigen Wiederholung immer stabilerer Naturformen führte. »Die morphogenetischen Felder aller vergangenen Systeme werden für jedes folgende System *gegenwärtig*, die Strukturen vergangener Systeme wirken auf folgende ähnliche Systeme durch einen sich verstärkenden Einfluß, der über Raum *und* Zeit hinaus wirksam ist«, schreibt er. Wenn eine Form — beispielsweise ein dreiblättriges Kleeblatt — erst einmal entstanden ist, wird es ein abstraktes Bild in einer jenseitigen Dimension hinterlassen. Dieses

Formbild steigert die Möglichkeit, daß ein ähnliches Kleeblatt wieder entsteht. Jedesmal wenn das geschieht, wird das Bild schärfer und trägt immer mehr zu einer sicheren Wiederholbarkeit einer stabilen Form bei. Das Prinzip bezieht sich auf alles, vom Atom über das Molekül zur Pflanze und zum Tier, und seine Wirkung wird nicht durch räumlichen oder zeitlichen Abstand geschwächt.

Mit anderen Worten, jede Art repräsentiert ein anderes morphogenetisches Feld.

»Diese Felder ordnen die Systeme, mit denen sie verbunden sind, indem sie auf Ereignisse einwirken, die energetisch gesehen, als indeterminiert oder wahrscheinlichkeitsbedingt erscheinen; sie legen den potentiell möglichen Ergebnissen physikalischer Prozesse bestimmte ›Beschränkungsmuster‹ auf.«

Was besonders im Zusammenhang mit Sheldrakes Idee diskutiert wird, ist die Hauptforderung der Wissenschaft, daß eine Theorie überprüfbar sein muß. Eine wissenschaftliche Theorie soll durch Überprüfung mit Experimenten bestätigen, ob ihre Voraussagen richtig sind oder verworfen werden müssen. Sheldrake behauptet, man habe brauchbare Methoden zur Bestätigung seiner Theorie benutzt. Viele Forscher, auch diejenigen, die ein neues Weltbild verteidigen, nehmen hierzu eine sehr skeptische Haltung ein.

Sheldrake weist die Frage nach dem Entstehen der formbildenden Felder vorläufig als Spekulation ohne Einfluß auf die Hypothese selbst ab: »Als erstes müssen wir klarstellen, ob es wirklich solch eine Wirkung gibt«, sagt er in einem Interview mit Michael Kernan in der *Washington Post,* »später werden wir uns darum kümmern, was das eigentlich ist. Es wurde auch die Wirkung des Magnetismus lange Jahre vor der Entwicklung der Feldtheorie beobachtet. Die Wissenschaft erklärt das Sichtbare durch Begriffe für das Unsichtbare. Es ist die Bestätigung der Voraussage, die in der Wissenschaft zählt.«

Sheldrakes Hypothese setzt ein Prinzip voraus, das die etablierten Erklärungsmodelle auf den Kopf stellt. Eine Bestätigung der Hypothese wiese die Existenz von etwas Immateriellem nach, das einen direkten Einfluß auf materielle Verhältnisse hat.

Die Programme, die ein Individuum formen, sind nicht ausreichend mit der chemischen Struktur der DNS erklärt, behauptet Sheldrake, »weil identische Kopien der DNS auf alle Zellen übertragen werden; wenn alle Zellen gleich programmiert wären, könnten sie sich nicht verschieden entwickeln«.

Sheldrake streitet nicht ab, daß der DNS-Code eine Rolle spielt, doch es bedarf einer zusätzlichen Erklärung einer höheren Dimension. Die Behauptung, daß jede individuelle Formenentwicklung mechanistisch durch die Entwicklungsprozesse der Kleinstteile erklärt werden könne, beruhe auf einer reinen Spekulation, behauptet er. In seinem Buch beschreibt er die Probleme mit den existierenden organischen Theorien: Sie machen keinen Versuch, die Formenentwicklung zu erklären. Sie gehen von der Idee aus, daß die Entwicklung in Raum und Zeit kanalisiert werden kann, doch das, was dies verursacht, kann selbst nicht als abgegrenzt in Raum und Zeit bestimmt werden, so wie es die mechanistische Erklärung voraussetzt.

Die Hypothese eines immateriellen formbildenden Feldes sei wissenschaftlich prüfbar, was für die mechanistische Theorie nicht zutreffe, behauptet er in einem Interview mit dem Wissenschaftsjournalisten Renée Weber.[161] In dieser Hinsicht bin ich nun sehr gespannt auf Sheldrakes Argumentation. Viele von denen, die den Gedanken der immateriellen Formkräfte als etwas Selbstverständliches betrachten, zweifeln an der

Beweisbarkeit dieser Kräfte. Trotzdem meine ich, daß die gewaltige Kritik, die Sheldrake von vielen Seiten erhielt, auf andere Ursachen zurückzuführen ist. Bei der Durchsicht der Debatte über Sheldrakes Ideen in der britischen Zeitung *The Guardian*[162] wird es deutlich, welch starke gefühlsmäßige Reaktionen er in wissenschaftlichen Kreisen hervorgerufen hat. In der Zeitschrift *Nature* wurde Sheldrakes Buch völlig abgelehnt. Der Redakteur beschrieb es als absurd, als Ausdruck intellektueller Verwirrung und als einen Versuch, Magie in die wissenschaftliche Diskussion hineinzutragen.

Es ist wohl offenbar, daß Sheldrakes morphogenetische Felder in einem wissenschaftlichen Zusammenhang nicht anwendbar sind. Trotzdem ist es deutlich, daß der Grundgedanke von etwas Immateriellem jenseits der äußeren natürlichen Ordnung auch viele Forscher prinzipiell interessierte. Neben den Leserreaktionen, die die Ablehnung des *Nature*-Redakteurs unterstützten, gab es auch viele, die ihr Interesse für einen solchen »dritten Weg« in der Wissenschaft ausdrückten, berichtet *The Guardian*, einen mittleren Standpunkt zwischen dem mechanistischen Konservatismus und den reinen mystischen Erklärungen.

Bei den meisten Menschen, die sich niemals ganz in der mechanistischen Weltsicht zu Hause gefühlt hatten, erweckte die Abweisung in *Nature* ein großes Interesse. Sie haben bereits dafür gesorgt, daß Sheldrakes Buch über die ganze Welt in einer Reihe von Übersetzungen verteilt wurde, berichtet die Zeitung.

Das Interesse an der Debatte über Sheldrake wurde mit der Zeit so umfassend, daß die BBC einen Test der im Buch aufgestellten Hypothesen arrangierte und den *Nature*-Redakteur zu einem Streitgespräch mit dem Verfasser einlud. Eines der Argumente der Angreifer war, daß solche Ideen die Leute aufmuntern könne, an paranormale Phänomene zu glauben, erzählte Sheldrake nachher der *Washington Post.* Gefragt, warum das denn so schlimm wäre, antwortete er: »Weil sie nicht existieren!«

Sheldrake ist immerhin nicht gänzlich aus der wissenschaftlichen Diskussion verschwunden. Mit der Zeit wurde er eingeladen, seine Ideen vor biologischen und anderen Fachversammlungen in vielen Ländern vorzustellen. Insgesamt waren es zwanzig bis dreißig Prozent, die sich positiv zu seiner Hypothese stellten, sagt Sheldrake im *Brain/Mind Bulletin.*[163]

Vor einiger Zeit wurde Sheldrake in den amerikanischen Kongreß gebeten, um seine Gedanken für eine Diskussion über eine Annäherung zwischen Wissenschaft und Religion zu beschreiben.[164]

Sheldrake schreibt über die gleichartige Entwicklung gewisser Tierarten, obwohl sie räumlich vollständig voneinander getrennt waren. Genannt sei zum Beispiel das australische Beuteleichhörnchen, das so sehr dem nordischen Eichhörnchen oder dem sibirischen Flugeichhörnchen gleicht, daß man kaum einen Unterschied feststellen kann, obwohl sie so unterschiedlichen Zweigen der Entwicklung dieser Tierart angehören. In entwicklungsmäßigem Zusammenhang stehen sie weiter voneinander entfernt als das nordische Eichhörnchen vom Elefanten, sagt der Biologielehrer Herman Løvenskjold. Ebenfalls gilt das für die unerklärliche Ähnlichkeit unter anderem zwischen dem Beutelmarder und dem gewöhnlichen Marder, zwischen der Beutelmaus und unserer Hausmaus sowie zwischen der Beutelratte und der Ratte, die wir von der gegenüberliegenden Seite der Erde kennen. Von solchen Beispielen gibt es viele.

Die traditionelle darwinistische Erklärung ist, daß diese Arten die gleiche Art Anpassung an die Umwelt durchgemacht haben, die sich auf den unterschiedlichen Erdteilen sehr

glich. Doch eine solche Ursachenbeschreibung widerspricht der darwinistischen Auffassung selbst: Wenn zufällige Veränderungen den Ausgangspunkt einer bestimmten Entwicklung darstellen sollen statt des übergeordneten Entwicklungsziels, so sollte man erwarten, daß die vollkommen verschiedenen Arten, von denen diese Tiere stammen, auch andere Arten schrittweiser Anpassung hervorgebracht hätten.
Wie argumentiert Sheldrake selbst für seine Hypothese? In seinem Buch gibt er zuerst eine Beschreibung der langjährigen Diskussion über ähnliche Ideen in Naturwissenschaft und Philosophie. Danach präsentiert er dem Leser den systematischen Aufbau seiner Theorie — und schließlich das, was mich am meisten interessiert: Beispiele aus der Realität, die seine Sichtweise zu stützen scheinen.
Als Ausgangspunkt nennt er eine Reihe von Fragen, über die ich mich selbst schon oft gewundert habe: Weshalb sind die Instinktmuster so stabil? Weshalb weben alle Spinnen die gleichen komplizierten Netze, ohne das von ihren Artgenossen gelernt zu haben? Wo lernt der Kuckuck sein »Kuckucksverhalten«, selbst wenn er bei anderen Vogelarten aufwächst?
Das Interessanteste an Sheldrakes Buch ist nach meiner Ansicht, was er über die Übertragung von Lerninhalten und Erinnerungsbildern erzählt — obwohl ich mit denen übereinstimme, die meinen, das habe nichts mit biologischer Formbildung zu tun.
Nach Sheldrakes Theorie ist Lernen etwas, das nicht nur durch die Formung der Hirnmuster durch eigene Erfahrung erklärbar ist. Sheldrake behauptet, daß die Lernmuster von der Vergangenheit der Art geprägt werden. Das widerspricht eigentlich nicht den biologischen Gesetzen, die besagen, daß das Lernen und die Erfahrung des Individuums nicht vererbt werden kann: denn das, woran Sheldrake denkt, ist unabhängig vom biologischen Erbe. Er behauptet: Wenn beispielswei-

se tausend Laborratten in London in einer bestimmten Fertigkeit trainiert werden, werden später alle anderen Ratten auf jedem Teil der Erde dasselbe viel schneller lernen — weil die ersten Ratten ein immaterielles Feld oder Lernmuster geschaffen haben, das auf alle Artgenossen wirkt, wenn sie in die gleiche Situation gestellt werden.

Ein Beispiel dafür wurde bereits nachgewiesen, als Sheldrake seine Theorie noch lange nicht präsentiert hatte. Doch da diese Tatsache in kein anerkanntes Erklärungsmodell paßte, nahm es keinen Einfluß auf die wissenschaftliche Entwicklung: Im Jahr 1920 startete W. McDougall an der Harvard-Universität ein Experiment mit weißen Ratten des Wistar-Stammes, die unter Laborbedingungen viele Generationen hindurch reinrassig gezüchtet wurden. Das Experiment dauerte fünfzehn Jahre und umfaßte 32 Rattengenerationen. Die Tiere sollten lernen, »aus einem speziell konstruierten Wasserbecken zu entkommen, indem sie zu einem der beiden Durchgänge schwammen, die aus dem Wasser herausführten. Der ›falsche‹ Durchgang war hell erleuchtet, der ›richtige‹ nicht. Wenn die Ratte versuchte, das Wasser über den falschen Durchgang zu verlassen, bekam sie einen elektrischen Schock. Beide Durchgänge wurden gegenseitig abwechselnd beleuchtet. Die Anzahl der Fehlentscheidungen einer Ratte, bis sie gelernt hatte, das Wasser jeweils über den nichtbeleuchteten Durchgang zu verlassen, galt als Maß für ihre Lerngeschwindigkeit.«[165] Nach einer unterschiedlichen Anzahl von Versuchen lernten schließlich alle Tiere, den nichtbeleuchteten Durchgang anzuschwimmen, obwohl der Durchgang ständig gewechselt wurde. Die Frage war, ob die nächste Generation das Wissen der Eltern »erben« und damit schneller lernen würde, den dunkleren Ausweg aus dem Wasser aufzusuchen. Während die ersten acht Generationen durchschnittlich 56 Versuche benötigten, bevor sie gelernt hatten, wie sie aus dem Wasserbehälter herausschwimmen sollten, benötigten die letzten Generationen nicht mehr als durchschnittlich zwanzig Versuche. »Dieser Unterschied zeigte sich nicht nur in den quantitativen Ergebnissen, sondern auch im tatsächlichen Verhalten der Ratten, die in den späteren Generationen vorsichtiger wurden.«

Das Interessante geschah jedoch, als ein Kritiker, F. A. E. Drew aus Edinburgh, sich daranmachte, McDougalls Resultate zu überprüfen. Er nahm eine Gruppe Nachkommen von McDougalls Rattenstamm und eine Kontrollgruppe, deren Vorfahren keine Art von Belehrung erhalten hatten. Nach Versuchen mit achtzehn Rattengenerationen fand Crew keine bedeutende Verkürzung der Lernzeit im Verhältnis zur ersten Generation bei irgendeinem seiner Rattenstämme. Doch direkt von Anfang an wurde etwas vollkommen Unverständliches beobachtet: Die erste Generation von Drews Rattenstamm zeigte, daß sie die richtige Wahl des Durchgangs viel schneller lernte als McDougalls ursprünglicher Rattenstamm, ja, sie lernten ebenso schnell, wie es McDougalls Ratten erst nach dreißig Generationen Training geschafft hatten! Eine große Anzahl von Drews ersten Ratten, auch die, die keine »gelehrten« Eltern besaßen, schienen faktisch ein Vorwissen zu besitzen, wohin sie zu schwimmen hatten. Ohne einen einzigen elektrischen Stoß erhalten zu haben, wählten sie jedesmal den nichtelektrischen Durchgang. Das gleiche hatte eigentlich auch McDougall registriert, als er zum Schluß seiner Versuchsserie eine »ungelernte« Kontrollgruppe hinzuzog. Doch da deren Wissen weder auf Vererbung noch auf Lernen beruhen konnte, betrachtete er das Ganze als Zufall.

Beide Langzeitversuche weisen also darauf hin, daß das Lernen, was bei den früheren Ratten geschah, auf die späteren Generationen überführt wurde, unabhängig davon, ob sie direkte Abkommen waren oder nicht.

Was diese Beweise überzeugend macht, ist, daß eine weitere unabhängige Versuchsserie durchgeführt wurde, und diesmal mit jeglicher Vermeidung von möglichen Schwächen[166] in den beiden vorangegangenen Versuchsreihen. Dies geschah in Melbourne, wo W. E. Agar eine Lernuntersuchung für fünfzig Generationen von zwei vollständig voneinander getrennten Rattengruppen leitete. Die eine Gruppe wurde von Eltern genommen, die keinerlei Training hatten, während die andere Gruppe immer aus der Nachkommenschaft der ersten Rattengruppe bestand, die durch Agars Trainingsprogramm gegangen war. In den ersten zwanzig Jahren, während diese Versuche vor sich gingen, fand Agar im Einklang mit McDougall einen bedeutenden Anstieg in der Lerngeschwindigkeit bei den Nachkommen trainierter Eltern. Doch genau die gleiche Tendenz fand er auch bei den *untrainierten* Gruppen. Keiner hat bisher eine einleuchtende Erklärung für dieses nachgewiesene Phänomen geben können.
Es war vielleicht kein Zufall, daß die Physiker mit ihrer modernen Ganzheitssicht von Bewußtsein und Wirklichkeit die ersten waren, die an Sheldrakes Theorie und ihrer Nachprüfbarkeit Interesse fanden. Der Physiker Richard Gentle schlug beispielsweise vor, eine Gruppe von Leuten zwei Reimverse lernen zu lassen, und diese sollten nachher sagen, welchen sie leichter gelernt hatten; der eine sollte ein bekannter Kinderreim einer Sprache sein, die die Versuchspersonen nicht kannten, der andere, die ähnlich lautete, sollte aus x-beliebigen Worten zusammengesetzt sein, die vorher noch nicht gelernt worden waren. Das Tarrytown Conference Center in New York versuchte darüber hinaus, die Phantasie anzuregen, indem 10 000 Dollar für den besten Vorschlag zur Überprüfung von Sheldrakes Theorie ausgeschrieben wurden. Einsendeschluß war der 1. Dezember 1985.
Die BBC und weitere Fernsehgesellschaften folgten mit ande-

ren Lernversuchen, bei denen Millionen von Fernsehzuschauern teilnahmen. Eine dieser Überprüfungen basierte auf einer Weiterentwicklung von Gentles Idee mit drei unterschiedlichen japanischen Versen. Es zeigte sich, daß das, was den Japanern seit Generationen bekannt war, für Amerikaner und Engländer viel leichter zu lernen war. Sheldrake selbst mißt diesem Ergebnis keinen besonderen Wert bei, weil Verse verborgene Bedeutungsinhalte für das Lernen signalisieren können, wie er sagt.

Es gab noch weitere Versuche, von denen einige Sheldrakes Thesen zu bestätigen scheinen. Nicht alle gaben gleich eindeutige Ergebnisse, wiesen jedoch in die gewünschte Richtung. Aber die Versuche demonstrieren auch eine wichtige Seite dieser neuen Idee im Gegensatz zu unserer alten Auffassung, sagt Sheldrake. Sie kann die Forschung aus den Laboratorien herausbringen und alle Menschen daran teilhaben lassen. So kann eine neue Erkenntnis durch die Zusammenarbeit zwischen Forschern und Laien entwickelt werden und die Wissenschaft für mehr Menschen interessant machen.

Einer der vielen Vorschläge für die Überprüfung von Sheldrakes Theorie wurde in Madison, Wisconsin, durchgeführt. Dort zeigte es sich, daß 150 Leute, die vorher niemals das gebräuchliche Morsealphabet gelernt hatten, dieses bedeutend leichter fanden als ein anders konstruiertes ungebräuchliches, welches eine Kombination von Codes aufwies.

Obwohl es noch vieler Versuche bedarf, bevor die Theorie als bestätigt angesehen werden kann, ist das Interesse für neue Experimente so groß, daß auf eine Klärung gehofft werden kann: »Ich war mir nicht im klaren darüber, in welch hohem Grad die Leute des mechanistischen Weltbildes der Wissenschaft überdrüssig geworden sind«, sagt Sheldrake, »und wie sehr man für eine fundamentale Antwort auf die Fragen der Natur eingestellt war.« – »Und es hat sich gezeigt, daß dies auch für sehr viele Wissenschaftler gilt«, kommentiert *The Guardian.*

Sheldrake erwähnt auch die ungelöste Frage nach der Ursache der stabilen Formen in der Physik und Chemie. Die physikalischen und chemischen Gesetze konnten bisher keine befriedigende Antwort auf die Frage geben, weshalb Atome, Moleküle und Kristalle immer in der gleichen Form entstehen, sagt er. Auch hier scheint es wie bei vielen anderen Verhältnissen angemessener, daß — im Gegensatz zu der mechanistischen Auffassung — der Prozeß vom Ziel gesteuert wird, welches eine wirkliche Form sein kann, die sich in einem abstrakten, immateriellen »Feld« widerspiegelt. Das stimmt auch mit Koestlers Idee der »Holonen«[167] überein: Systeme, die zugleich Ganzes und Teil seien. Jedes »Holon« verfolge zwei entgegengesetzte Tendenzen: eine integrierende möchte als Teil des größeren Ganzen fungieren, die andere strebt danach, die individuelle Eigenständigkeit zu bewahren. Im Prinzip kann man sich auch denken, daß ein solches ganzheitsorientiertes Feld auf höchstem Niveau ebenso zu einer Sicherung der stabilen Ordnung für »Gaia«[168] beiträgt — der trotz allem erstaunlich ausgeglichenen Ganzheitsstruktur unserer Erdkugel.

Ein Beispiel, das mich besonders fesselt, zieht Sheldrake aus der Chemie heran. Hier weist er darauf hin, daß ein Stoff, der schwer oder beinahe unmöglich zu kristallisieren ist, sich plötzlich überall kristallisiert, wenn er einmal seine kristalline Form gefunden hat. Sheldrake erwähnt einen solchen Fall aus unserer Zeit, und wie Lyall Watson[169] berichtet, galt Gleiches seinerzeit auch für Glyzerin: Trotz Unterkühlung, Wiedererhitzung und aller gewöhnlichen Methoden, um einen Stoff zum Kristallisieren zu bringen, war es nirgendwo gelungen, Glyzerinkristalle hervorzubringen. Es wurde deshalb angenommen, daß dieser Stoff nur in flüssiger Form exi-

stiere. Bis man in den ersten Jahren unseres Jahrhunderts durch puren Zufall entdeckte, daß spezielles Schütteln während des Transports Kristalle in einem Glyzerinbehälter hervorgebracht hatte. Nun ist es so, daß Kristallstückchen eines Stoffes gern neue Kristallisationen hervorbringen, wenn sie in eine entsprechende Lösung gelegt werden. Viele Chemiker erhielten deshalb Proben der ersten Glyzerinkristalle. Doch in zwei der Labors entdeckten diese Chemiker etwas Sonderbares: Nachdem sie eine Glyzerinkristallisation der Proben erreicht hatten, zeigte es sich, daß auch das Glyzerin, welchem keine Proben zugesetzt wurden, ebenfalls kristallisiert war, obwohl sie in abgeschlossenen, luftdichten Behältern im Labor aufbewahrt wurden!
Solche Fälle seien nicht selten, sagt Sheldrake. Es sei unter Chemikern bekannt, daß viele Stoffe, wenn sie sich zum erstenmal in einem Labor kristallisiert hätten, sich auf der ganzen Welt plötzlich als kristallisierbar erwiesen. Die mechanistische Erklärung geht davon aus, es bedürfe eines direkten Kontaktes, um den Kristallisationsprozeß hervorzurufen. Somit hätten sich winzige Kristalle durch die Luft als Staubpartikel verteilt, in die Labors in verschiedenen Ländern in die entsprechenden Lösungen verteilt. Keiner weiß jedoch, wie eine Glyzerinkristallisierung in einem luftdichten Behälter zu erklären ist. Wieder scheint das ganzheitliche Prinzip eine erweiterte Erklärung — zusätzlich zur mechanistischen — geben zu können.
In einem Artikel im *New Scientist* schreibt Sheldrake, die Idee der immateriellen Muster mit physischen Wirkungen sei wohl so ungewöhnlich in unserer heutigen Wissenschaft, daß es vielleicht vielen leichter durch ein Beispiel nähergebracht werden könne: Man denke sich eine Person, die niemals etwas über Elektrizität und elektromagnetische Strahlung gehört hat. Dieser Person wird nun zum erstenmal ein Fernsehgerät

vorgeführt. Sie wird vielleicht glauben, das Gerät enthalte die kleinen Menschen, die man auf dem Bildschirm beobachten kann. Doch wenn sie nun den Inhalt des Geräts untersucht, wird sie sicherlich eine fortschrittliche Theorie entwickeln. Die Person wird denken, das Bild auf der Mattscheibe sei auf ein kompliziertes Zusammenspiel zwischen den inneren Teilen des Fernsehgerätes zurückzuführen. Sie wird in diesem Glauben bestätigt, wenn das Bild gestört wird oder gänzlich verschwindet, wenn man einige Komponenten aus dem Inneren des Apparates entfernt. Kommt nun jemand und schlägt vor, dieses Bild auf dem Schirm werde eigentlich durch etwas Unsichtbares verursacht, das aus großer Entfernung auf den Apparat einwirkt, wird die erwähnte Person natürlich so eine Idee als obskur und als nicht beweisbar zurückweisen. Und seine Skepsis wird noch durch Messungen bestätigt, weil das Fernsehgerät ja vor und nach dem Einstellen dasselbe wiegt...

Mir scheint dieser Vergleich sehr einleuchtend. Genauso reagieren beispielsweise einzelne Hirnforscher, die den Hirnapparat von einem mechanistischen Ansatz aus untersuchen. Wenn die Bilder des Bewußtseins durch Einwirkung auf bestimmte Gehirnteile gestört werden, ziehen sie die Schlußfolgerung, das Bewußtsein müsse durch die einzelnen inneren Teile verstanden werden. Doch wie beim Fernsehgerät muß nicht der gesetzmäßige Zusammenhang der Einzelteile mit dem Bild bedeuten, daß letzteres nicht »von außen« geformt worden sein kann. Um eine solche Möglichkeit ins Auge zu fassen, muß man eine komplementäre Betrachtungsweise anerkennen, die die Frage aufwirft, wie die *Ganzheit* in dem »Bild« geformt wird.

Die freiesten Denker in der Wissenschaft denken seit langem in solchen Bahnen. Das bezieht sich nicht nur auf die Pioniere der Quantenphysik und diejenigen, die ich während meiner Reise besuchte oder über die ich gelesen habe, sondern das gilt auch für so große Namen wie William James und C. G. Jung in der Psychologie. Jung und der Physiker Wolfgang Pauli meinten, daß wir alle an einer kollektiven Erinnerung an gewisse grundlegende Bilder oder Vorstellungen teilnehmen (kollektives Unbewußtes).

Jung berichtet in seinem Buch *Erinnerungen, Träume, Gedanken*[170] über ein Erlebnis, das auch sehr gut zu Sheldrakes Idee über Bilder paßt, die unabhängig von Raum und Zeit übertragen werden können: Als Kind fühlte Jung den unerklärlichen Drang, gewissen Handlungsmustern zu folgen, die er später bei einer geheimen Begräbniszeremonie von Eingeborenen kennenlernte. Es scheint, daß dahinter ein gemeinsames menschliches Bildmuster liegt.

Solche Einzelbeispiele beweisen — separat betrachtet — selbstverständlich nichts, doch schaut man sich die vielen »Anomalien« und »weißen Krähen« an, zusammen mit den Wundern, die wir eigentlich alle aus der Natur kennen, so wird deutlich, daß das Weltbild, welches David Bohm und andere entwickelt haben, viel näher an der Wirklichkeit liegt und eine viel angemessenere Beschreibung der Realität liefert als die einseitigen Teilerklärungen des Reduktionismus.

Wieder und wieder zeigt es sich, daß die neue Weltsicht an Gewicht gewinnt, indem sie von unterschiedlichen Seiten beleuchtet wird. Immer werden die gleichen gemeinsamen Grundzüge entdeckt. Im *ReVISION*[171] lese ich, daß Rupert Sheldrake und David Bohm sich in Ojai getroffen haben, dort, wo ich meinen ersten Aufenthalt in Kalifornien hatte. Dort besprachen beide die offenbaren Gemeinsamkeiten von Sheldrakes Idee und Bohms »impliziter Ordnung«.

Auf den ersten Blick erscheinen beide Ansichten der Unvoraussagbarkeit und Wahlfreiheit zu widersprechen, indem sowohl Sheldrake als auch Bohm über etwas zeitlos Formendes sprechen. Trotzdem betonen beide, das Zeitlose stelle nur ein regulierendes Prinzip dar, das eine notwendige Struktur einer Wirklichkeit vermittelt, in der ständig etwas Neues entsteht. Zusammen mit Prigogine und Pribram legen auch Sheldrake und Bohm ihr Hauptgewicht auf das schöpferische Element, daß das unvorhersagbar Neue ständig aus der alten Struktur entsteht. Hierüber sagt Bohm etwas Bedeutungsvolles für die heutige Zeit: Das übertriebene Festhalten an der Vergangenheit arbeitet der Kreativität dort entgegen, wo diese sonst natürlich wäre... Die Auffassung der Vergangenheit muß bereit sein zu sterben, wenn sie ihre Gültigkeit verloren hat.«

Die letzte Station der Reise, ein Gespräch mit Rupert Sheldrake

Wir nähern uns London, und ich bemerke, daß ich mich wohl selbst zu extrem gefordert habe, um möglichst viel von dieser Reise auszunutzen. Nach mehreren Wochen gedrängtem Programm in Kalifornien habe ich jetzt fast kontinuierlich während der letzten dreißig Stunden gelesen, nachgedacht und geschrieben, seit ich San Francisco verließ. Als die Stewardeß mit dem Frühstück kommt, schaffe ich es kaum, und selbst drei Tassen Kaffee sind nicht genug, die ärgste Müdigkeit aus meinem Körper zu vertreiben.
Ich versuche, die nächste Stunde zu schlafen, doch das hilft nicht. Ich bin fast bewußtlos, als ich mich schließlich in das Chaos des Londoner Flughafens stürze. Ich habe fünf Stunden für ein Gespräch mit Sheldrake in seinem Haus in Hampstead zur Verfügung, bevor mein Flug weiter nach Oslo geht. Halbwach und ständig auf die Uhr blickend, laufe ich verwirrt in den Londoner U-Bahn-Stationen umher, bis ich auf Umwegen zu Sheldrakes bescheidenem Vorstadthaus angelange.

Der große, schlanke Herr, den ich an der Tür treffe, wirkt ganz im Gegensatz zu meinem momentanen Zustand entspannt und ruhig, und er nimmt sich Zeit, um in seinem kleinen Arbeitszimmer eine ordentliche Tasse Kaffee zu kredenzen.

Ich muß die kurze Zeit dazu benutzen, das Chaos der müden Gedanken zu ordnen. Ich bin froh, daß ich ein Tonbandgerät bei mir habe, das meinem arg strapazierten Gedächtnis zur Seite steht.

Ich beginne damit, daß ich in Grundzügen erzähle, was ich in den letzten Monaten gehört, gelesen und gedacht habe: »Stimmen Sie mit der Meinung überein, daß der Hauptunterschied zwischen dem neuen Bild der Wissenschaft und dem alten Materialismus der ist, daß die hervorragenden Forscher jetzt eine Dimension anerkennen, die unabhängig von Zeit und Raum ist, daß also eine nichtmaterielle Seite der Wirklichkeit doch einen direkten Einfluß auf materielle Verhältnisse hat?«

Sheldrake antwortet mit einem Verweis auf die moderne Physik, die es schwieriger gemacht hat, zwischen Materiellem und Nichtmateriellem zu unterscheiden, weil sie den Materiebegriff durch die Idee der Felder ersetzt hat, denen kaum ein materieller Charakter zugeschrieben werden kann. »So muß auch ein moderner Materialist anerkennen, daß die Materie zumindest implizite immaterielle Eigenschaften besitzt«, sagt er.

»Müssen wir dann nicht den Begriff Materialismus umdefinieren? Genau in diesem Zusammenhang ist die Frage über Nicht-Zeit und Nicht-Raum entscheidend. Die Felder der Physik werden trotz allem als zeit- und raumbestimmt definiert, obwohl heute weder Zeit noch Raum als ein absoluter Begriff verstanden werden.«

»Ich betrachte mich nicht als Materialist«, sagt Sheldrake.

»Doch es ist schwerer geworden, klare Trennungslinien zu ziehen, weil der Geist jetzt auch als in der Materie eingebaut gedacht werden kann. Auch unsere subjektiven Erfahrungen, selbst unsere Träume, repräsentieren eine Art Zwischending. Sie sind an Raum und Zeit gebunden, jedoch nicht im gewöhnlichen Sinne, und sie sind definitiv nichts Materielles.«

»Ich habe mich mit Bells Theorem und dem Aspect-Versuch beschäftigt, mit den zu jeder Zeit verbundenen Photonen oder, besser gesagt, mit dem, was sie verbindet. Es ist doch nachgewiesen, daß etwas Derartiges nicht in Zeit und Raum beschrieben werden kann. Lassen Sie mich direkt fragen: Betrachten Sie dies als eine Tatsache, daß es eine nichtzeitabhängige und nichtraumabhängige Dimension gibt, die trotzdem in das Physische hineinwirkt?«

»Ja«, antwortet Sheldrake, »doch für mich ist es selbstverständlich, daß es etwas Zeitloses und Nichtphysikalisches ist, das mit all dem verbunden ist, was geschieht. Sie brauchen keine Photonenexperimente, um das beweisen zu können. Selbst der gewöhnliche Physiker rechnet ja damit, daß das, was geschieht, den Gesetzen der Natur folgt. Nun gut, wo *sind* diese Gesetze? Sie existieren überall und zu jeder Zeit, sie werden als unveränderlich und zeitlos betrachtet. Sie sind also in sich selbst etwas, das Zeit und Raum überschreitet und trotzdem eine Wirkung auf die Materie ausübt.«

»Betrachten Sie Ihre morphogenetischen Felder als etwas Unabhängiges von Zeit und Raum?«

»Ich glaube, das Wechselspiel zwischen ihnen ist von Zeit und Raum unabhängig. Doch ich meine, jeder Organismus hat sein eigenes Feld, welches in der betreffenden Einheit und um sie herum lokalisiert ist, in gleicher Weise wie ein elektrisches Feld. Doch gleiche Organismen sind durch etwas miteinander verbunden, das ich morphische Resonanz nenne, und die kann nicht durch Abstand geschwächt werden.«

»Mir ist auf meiner Reise aufgefallen, daß die Auflösung des Zeitbegriffs und damit auch des Raumbegriffs und der mechanischen Zusammenhänge sich in den meisten neuen Theorien wiederfinden. Geoffrey Chew spricht über nichtkontinuierliche Zeit und über ein abgetrenntes ›Jetzt‹. Bohm und Pribram akzeptieren auch Wirkungen, die über Zeit und Raum hinausgehen. Entdecken Sie selbst solche gemeinsamen Punkte in Ihren Ideen und zum Beispiel von David Bohm?«

»O ja, ich hatte mit Bohm sehr viele Diskussionen hierüber. Er sagt, daß seine implizite Ordnung von dem beeinflußt werden kann, was in der aktuellen Welt geschieht. Die implizite Ordnung wird also beständig durch das modifiziert, was geschieht. Sie hat mit anderen Worten eine Art ›Erinnerung‹ an vorherige Geschehnisse zum Inhalt. Und weil die implizite Ordnung nicht zeit- und raumbestimmt ist, bedeutet dies auch, daß beispielsweise Ratten, die etwas an einem bestimmten Ort lernen, die Lernprozesse derjenigen verstärken, die sich an anderen Orten befinden. Es ist genau das, was ich in meiner Theorie mit anderen Begriffen ausdrücke. Ich bin der Meinung, Bohms Ansatz und das, was ich sage, stimmen eigentlich voll miteinander überein.«

»Im Ausgangspunkt galt mein Interesse dem freien Willen des Menschen. Die Möglichkeit der Wahl und die Verantwortung waren ja ein unmöglicher Gedanke in einer vollständig physikalisch determinierten Wirklichkeit. Die entscheidende Frage ist nun, ob unsere Wahl auf den mehr oder weniger durch Gesetze bestimmten Hirnapparat einwirken kann.«

»Es ist ganz klar, daß der Geist durch das Körperliche wirken kann.«

»Konservative Hirnforscher werden wohl das Gegenteil behaupten, daß nämlich die Hirnprozesse den Geist bestimmen!«

»Das ist nichts anderes als eine materialistisch-philosophische Doktrin und hat nichts mit wissenschaftlichem Nachweis zu tun. Das beruht auf reiner Spekulation. Die Materialisten in der Hirnforschung wählen gerne einen solchen Glauben, doch es gibt auch andere Wissenschaftler — wie etwa den Nobelpreisträger Eccles, der einen gegenteiligen Standpunkt bezieht.«

»Ja, das gilt wohl auch für MacKay, Pribram und Sperry. Nachdem einige von ihnen in die tieferen Konsequenzen der Quantenphysik eingestiegen sind, scheint es für sie schwierig zu sein, an einer deterministischen Sichtweise festzuhalten.«

»Schwierig?« sagt Sheldrake. »Für die, die tiefer in die Quantenphysik einsteigen, ist es *unmöglich*, Determinist zu sein! Man kann auch nicht die Kreativität und das schöpferische Moment als Resultat äußerer oder innerer physikalischer Verhältnisse erklären. Das gilt ebenso für die Evolution. Entwicklungsprozesse selbst können nicht nur aus dem heraus beschrieben werden, was vorher geschah. Es gibt ein Element der spontanen Kreativität in allen Evolutionssystemen. Der Materialismus nennt das Zufall. Doch die ständigen Neuschöpfungen in den Entwicklungsprozessen sind nicht identisch mit dem, worüber die Wahrscheinlichkeitstheorie spricht. Wäre dies der Fall, so sollte man die Wahrscheinlichkeit errechnen können, wann und wie eine gewisse biologische Art entsteht. Doch das können wir nicht!«

»So, wie ich es sehe, ist das Gefährlichste am teilorientierten Determinismus, daß er dem Menschen die Hoffnung nimmt, seine eigene und die Entwicklung der Gesellschaft beeinflussen zu können. Das neue Denken, welches das Geistige als etwas Übergeordnetes akzeptiert, scheint mir eine ganz andere Grundlage für den Glauben an die Freiheit, die Verantwortung und die daraus erwachsenden Möglichkeiten zu bieten.«

»Ja«, stimmt Sheldrake zu, »doch sowohl Geist, Freiheit und Determinismus kann unterschiedlich definiert werden. Es gibt beispielsweise einen Freiheitsbegriff, der sehr stark in der modernen politischen Ideologie benutzt wird.«

»Sie denken da an das, was ich als die Freiheit bezeichne, sich ungehindert beeinflussen zu lassen ...«

Sheldrake lachte. »Ja, diese Art Freiheit, nach der einzelne die Erde in Stücke sprengen wollen, um sicher zu sein! Doch auf der anderen Seite haben wir die Geistigkeit, die auch keine Freiheit gibt: Ich meine der religiösen Determinismus, der behauptet, daß unser Sein vollständig von göttlicher Führung abhängt oder auch von der Besessenheit des Teufels oder der Schuld eines früheren Lebens.«

»Ja, ich bin der gleichen Ansicht, daß ein allmächtiger Gott dem Menschen alle Verantwortung nimmt und ebenso eine Abhängigkeit schafft wie der mechanistische Materialismus. Doch gleichzeitig wird ja jede ›freie‹ Wahl die Frage aufwerfen, weshalb man trotz allem das wählte, wozu man sich entschieden hat. Diese Frage kann man ja mit ständig neuen Erklärungen über die Ursache zurückverfolgen — bis man schließlich damit endet, daß Freiheit voraussetzt, daß der Mensch ein Teil dessen ist, was keine Ursache hat, etwas, das sich selbst verursacht. Das muß also unabhängig von mechanischen Ursache-Wirkungs-Ketten in Zeit und Raum sein. Das gibt ja eine Art Grundlage für eine religiöse Sicht, die jedoch frei von Dogmen und Determinismen ist.«

Sheldrake denkt eine Weile nach. Dann sagt er: »Ich glaube oft, daß ich das Muster meines Lebens erkennen kann, nicht materielle Ursachen, sondern eine Art Struktur, der ich mir normal nicht bewußt bin. Es können Entscheidungen sein, die ich als eine bewußte Wahl betrachtete, oder etwas, worin ich durch Zufall hineingeraten bin. Und so zeigt es sich mit der Zeit, daß es in ein Ganzheitsmuster paßt. Was bedeutet das? Ich weiß es nicht. Ich meine, es ist nicht so leicht zu erkennen, *wie* frei eigentlich unsere Entscheidungen sind.«

»Ich habe mich dies selbst oft gefragt — besonders während dieser Reise, bei der mir ständig Informationen, Menschen und Ereignisse in den Schoß fielen, als ich sie brauchte. Es ist schwer, hierauf eine logische Erklärung zu geben, doch es ist interessant, dies im Licht von Bohms und Pribrams Beschreibung des *universellen* Verhältnisses zwischen Freiheit und Determinismus zu sehen. Beide sagen, daß unsere Freiheit eine geordnete Ganzheitsstruktur voraussetzt, im Universum wie auch in unserem persönlichen Leben. Dieses Ganzheitsmuster ist gegeben, doch was wir aus den Situationen machen, denen wir uns gegenübersehen, hängt von uns ab. So fühle ich das auch selbst.«

Ein Blick auf meine Uhr bringt mich zurück in die in höchstem Maße zeitabhängige Wirklichkeit. Sheldrake besteht darauf, mich zur nächsten U-Bahn zu bringen, und wird gezwungen, mit mir einen kleinen Dauerlauf zum U-Bahnhof zu unternehmen, wo wir uns schließlich verabschieden.

Mir ist himmelangst, daß ich meinen Flug verpasse und ein neues Flugticket von dem Reisestipendium bezahlen muß, das schon längst überstrapaziert ist. Nervös und vollständig verschlungen von der tickenden Zeitmaschine an meinem Armgelenk, sitze ich im Zug und schaue auf die vorbeirasenden Tunnelwände. Dann hält der Zug mitten im Tunnel! Ein Lautsprecher verkündet, daß wir mit einer kleinen Wartezeit rechnen müssen.

Erst als es klar ist, daß der Zug zu spät am Flugplatz ankommen wird, erreichen wir unter mehrmaligem Anhalten den nächsten U-Bahnhof. Ich laufe wie ein Verrückter mit meiner schweren Tasche hinaus und winke ein Taxi nach dem anderen zu mir, doch alle scheinen besetzt zu sein.

Darüber komme ich einigermaßen zu mir selbst und erhalte

Hilfe von einem freundlichen Angestellten eines Ladens, der für mich die Taxizentrale anruft. Nach einer wilden Fahrt mit vielen Haltepausen durch den Berufsverkehr rase ich schließlich durch die Halle des Flughafens und erreiche in letzter Minute das Flugzeug, durchschwitzt und zitternd vor Müdigkeit und Anspannung. Wer sprach hier von Nicht-Zeit?

Nun kann ich mich in meinem Sitz zurücklehnen und mir sagen, daß der erste Teil der Aufgabe erfüllt ist. In der Tasche habe ich zwanzig Stunden Tonbandaufnahmen, die aufgeschrieben, redigiert und kommentiert werden sollen. Dazu kommen einige Kilo ungelesener wissenschaftlicher Berichte von meinen Interviewpartnern. Doch das kommt später. Jetzt soll ich nach Hause und mich ein wenig entspannen.

Ragnhild steht in der Empfangshalle und läuft auf mich zu, als ich durch die Schwingtür komme.

Religion und Vernunft in einem neuen Weltbild

Ich sitze in meinem alten Café und schreibe. Der Tisch ist überfüllt mit Papier. Die Dekoration auf dem Tisch erinnert noch an Weihnachten, das kurze Zeit hinter uns liegt. Seit ich von meiner Reise zurück bin, habe ich einen Monat gebraucht, um die Tonbandaufnahmen niederzuschreiben, und noch einige Wochen dazu, um dieses Material zu ordnen. Langsam bekomme ich ein übersichtliches Bild vom Ganzen.
Doch gleichzeitig gibt es da einen Gedanken, der mich ständig stört: Was für einen *Sinn* hat eigentlich all da, was ich tue? Bestenfalls wird dieses Buch, an dem ich soviel gearbeitet habe, von einigen tausend Menschen gelesen werden. Was bedeutet das für die Mehrzahl, die ja für eine Veränderung unserer verrückten Welt notwendig ist? Habe ich mich durch meine Neugier zu einer Jagd verleiten lassen, die eigentlich nur eine Bedeutung für mich selbst und einige wenige andere Suchende hat? Doch sobald ich mir die Einzelpersonen dieser anonymen »Mehrzahl« vorstelle, weiß ich, daß ich nur einige wenige derjenigen *Meinungsmacher* erreichen kann, die vorgeben, was die meisten Leute denken und glauben. Hierdurch gewinnt das ganze Projekt eine neue Perspektive: Alles ist wichtig, was getan werden kann, um die mechanistische Weltsicht zu verändern, von der die Mehrzahl der Leute unterdrückt wird, denn der gewöhnliche Mensch wird in seiner Art und Weise, wie er die Welt erlebt, von der allgemein herrschenden Anschauung unterdrückt. Das weiß ich aus unzähligen Gesprächen während der letzten zwanzig Jahre.

Was den meisten Menschen einen Halt gegeben hat, um die Wirklichkeit zu verstehen, ist ein unmittelbares Erlebnis von bedeutungsvollen Zusammenhängen hinter den Dingen, die Erkenntnis einer Ganzheit, die tiefer gegründet ist als alle mechanistischen Beschreibungen. In allen Gesellschaftsordnungen wurde dieses Ganzheitserlebnis durch die Religionen ausgedrückt. Der Ursprung aller Religion ist eine Erkenntnis des immateriellen Charakters der Ganzheit.

In einem Artikel berichtet David Bohm,[172] daß sich der Begriff Religion von dem lateinischen Wort *religare* herleitet, was soviel wie »wieder binden« heißt, *religiosus* bedeutet »voll Bedenken«, »gewissenhaft«. Religion ist die tiefe Aufmerksamkeit gegenüber dem Leben, dem Universum, der Ganzheit des Menschen und der Menschheit. Das Wort Religion beschreibt eine Verbindung zwischen Mensch und »Übernatur«. Das religiöse Erleben hat seinen Ausgangspunkt im Heiligen, dessen sprachliche Wurzel »heilen« ist, was soviel wie ganz machen bedeutet (englisch *wholeness/holy; heal/make whole).*

Das ist die Grundlage aller Religionen. Entweder wird das durch einen Gottesbegriff ausgedrückt oder nicht. Der Ausgangspunkt des Erlebnisses einer Ganzheit muß immateriell sein, weil die Ganzheit mehr ist als das mechanische Zusammenspiel der Teile. Es ist eine rein »geistige« Größe.

Die moderne Forschung hat die Existenz eines solchen immateriellen Ganzheitsbegriffes wiedererkannt, unabhängig von den Grenzen von Zeit und Raum. Deshalb kann nicht mehr so einfach behauptet werden, das religiöse *Erlebnis* einer immateriellen Ganzheit und Bedeutung stelle nur einen naiven Aberglauben dar und sei der Versuch, etwas zu erklären, was man nicht versteht.

Was mir nun klar wird, ist, daß der Ausgangspunkt der Religion eine intuitive und reale komplementäre Seite der Wirklichkeit sein kann, die von einem einseitigen Intellekt sehr schwer erlebt werden kann. Wie Roger Sperry sagte, scheint es besonders der rechte Hirnteil zu sein, der das materielle Kontaktorgan des Ganzheitserlebnisses darstellt — und damit auch der religiösen Ganzheitserlebnisse. In einer Publikation, die ich leider nicht mehr wiederfinde, habe ich über einen psychologischen Bericht gelesen, der sich damit beschäftigte, was man vermißt, wann man die rechte, ganzheitsorientierte Seite des Hirns verkümmern läßt. Die Geschichte handelte von einer tiefreligiösen Frau, die in ihrer Verzweiflung entdeckte, daß eine Hirnoperation ihr die Fähigkeit des religiösen Erlebens genommen hatte. Sie schien, mit anderen Worten, die Hirnfunktion zerstört bekommen zu haben, die eine Verbindung zwischen dem Bewußtsein und der religiösen Nicht-Zeit-Dimension darstellt. Die Frage ist, ob nicht jemand, der jahrelang einseitig mit einer teilorientierten Ursachenanalyse beschäftigt war, etwas Ähnliches erleben wird. Jedenfalls ist das eine mögliche Erklärung, weshalb viele Wissenschaftler nicht viel mehr als Verachtung für die Intuition übrig haben, daß universelle geistige Kräfte außerhalb von Zeit und Raum existieren.

Die menschliche Geschichte sei voll von Beispielen, wie eine intellektuelle Macht das Verstehen des Volkes unterdrückt habe, indem sie komplizierte theoretische Wirklichkeitsbeschreibungen zum Exklusivrecht der Herrschenden machte, sagt der Neuphilosoph André Glucksman.[173] Die mechanistische Weltbeschreibung ist gerade solch eine hochgradig intellektuelle Konstruktion, die eine allgemeine Ganzheitsauffassung ausschließt. Die ständig in kleinere Einheiten aufgeteilten Analysen ohne ein ganzheitliches Weltbild haben vielen Menschen das Gefühl vermittelt, daß man ein Universitätsexamen gemacht haben muß, um die tiefere Bedeutung der Wirklichkeit verstehen zu können.

Bevor die Religion als »der Vernunft widersprechend« gebrandmarkt worden ist, war das religiöse Ganzheitserlebnis für suchende Menschen eine Richtschnur des Seins. In Gesellschaftsformen, in denen theoretisch-mechanistische Theorien noch nicht vollständig dominieren, ist es weiterhin so. Der frühere ghanaische Politiker K. Busia sagt in seinem Buch[174] über die afrikanische Kultur, daß man kaum einen nichtreligiösen Afrikaner in den traditionellen Gesellschaften finde, es sei nicht möglich, zwischen religiösen und nichtreligiösen Bereichen im Leben zu unterscheiden. Alles Leben sei religiös, die afrikanischen religiösen Vorstellungen umfassen das ganze Universum, ein Lebensgebiet außerhalb von Zeit und Raum. Für den Afrikaner sei die immaterielle Ganzheitsdimension eine erlebte Wirklichkeit.
Die Mythen und Bilder, die alle Religionen benutzen, waren zu Anfang nichts anderes als ein Versuch, die Essenzen in diesem Unbeschreiblichen zu erklären. So waren auch die Dogmen als eine Art Richtschnur gedacht, die die Suche des einzelnen nach einem eigenen, persönlichen Ganzheitserleben erleichtern sollte. Doch religiöse Dogmen können auch als spitzfindige Forderungen an die Rechtgläubigkeit entwickelt werden, so daß damit die gewöhnliche religiöse Suche des Menschen zunichte gemacht werden kann. So mag das, was eine Hilfe und Richtschnur sein soll, zu einem Mittel der Macht und Unterdrückung werden.
Man kann wohl nicht ernsthaft behaupten, der Wunsch, eine solche pharisäische Macht zu nutzen, sei das Hauptmotiv für die meisten Priester und Theologen gewesen. Doch wie in der Zeit der Pharisäer ist auch heute immer die Gefahr vorhanden, daß die demütigeren Führungspersönlichkeiten von den lauttönenden Forderungen der Machtinteressierten überschrien werden. Hier sehe ich auch den Grund darin, weshalb so viele Menschen durch die Geschichte hinweg zu be-

stialischen Handlungen getrieben wurden: Religionskriege, Hexenverbrennungen, Unterdrückung und ähnliches. – Und in den einfacheren und ursprünglicheren Gesellschaften gab es Menschenopfer, Stammeskriege und unmenschliche Rituale.

Doch was soll all das eigentlich ausdrücken? Ich wage zu behaupten, daß *nichts* von dem aus dem ursprünglichen und echten religiösen Erlebnis der Ganzheit entspringt, dem Erlebnis der Einheit von allem und mit allem.

In unserer heutigen Kultur gibt es eine verbreitete Sehnsucht nach etwas Tieferem als dem Glauben an das materialistische Weltbild. Auf der anderen Seite ist auch die Wissenschaft dabei, ein Weltbild aufzubauen, das einen Raum für einen solchen Glauben gibt. Wird die Kirche diese Sehnsucht zufriedenstellen können? Das hängt nach meiner Meinung davon ab, ob sie es wagt, sich dem religiösen Suchen des modernen Menschen zu öffnen – ohne Vorurteil gegen jeden Zweifel oder jede Frage, die die anerkannten Normen herausfordert.

Ich glaube, es ist wichtig, diese religiöse Sehnsucht in all ihren Ausdrucksformen zu erkennen, die trotz aller Merkwürdigkeiten auf einer gemeinsamen Realität gründet. Das heißt selbstverständlich nicht, daß jede Art von religiösem Erleben notwendigerweise eine echte Wahrheitserkenntnis sein muß. Das ist vielleicht einmal so gewesen, gilt jedoch heute sicherlich nicht mehr. Heute ist unser Geist so verwirrt von Gedanken und religiösen Ideen, daß nur die wenigsten sicher sein können, daß ihre Ganzheitsintuitionen unverfälscht sind. Auf meiner Reise habe ich viele Beispiele verschrobener Religiosität gesehen, die nicht immer fanatischen und machtkranken »Gurus« zugeschrieben werden kann.

Um zwischen echten und unechten Seinserlebnissen zu unterscheiden, müssen wir beurteilen, wohin uns diese unmittelbar erlebte Erkenntnis führt, indem sie kritisch analysiert wird und in ein Verhältnis zu einem grundlegenden Wertsystem gesetzt wird. Nach meiner Auffassung ist es genau das, was bei vielen der neureligiösen Führer fehlt, die eine passive Selbstvertiefung ohne ein Erleben der realen, handlungsmäßigen Verpflichtungen predigen.

Wo sollen wir Haltepunkte in unserer Bewertung finden? Woher beziehen wir sie in einer Gesellschaft, in der das etablierte Wissen behauptet, daß Konkurrenz und Eigeninteresse die tiefste Natur des Menschen darstellt?

Ich glaube, daß auch in diesem Zusammenhang eine intellektuelle Unterdrückung der allgemeinmenschlichen Erkenntnis geschieht. Tief in unserem Innersten wissen wir wohl alle, daß die Verantwortung füreinander und für die Natur ein weitaus wichtigerer moralischer Wert darstellt als schnödes Eigeninteresse. Wenn wir nicht wagen, dieses innere Wissen als Richtschnur zu gebrauchen, so ist es wohl auf die zurückzuführen, die behaupten, eine bessere Wissenschaft entwickelt zu haben, die besagt, daß eine Entwicklung durch Konkurrenz ein universelles Gesetz und der menschliche Geist einem mechanistischen Determinismus unterworfen sei.

Ich glaube, es ist kein Schwindel, wenn alle Meinungsumfragen, auf die ich in verschiedenen Ländern gestoßen bin, über viel positivere Ergebnisse berichten. Doch ich sehe auch, wie dieser Ausdruck für ein allgemeines Wertsystem des breiten Volkes von Besserwissern abgelehnt wird. Diese Leute meinen, daß solch eine Aussage durch die tatsächliche Konkurrenzsituation widerlegt wird, die wir überall beobachten können. Doch was sagt das mehr, als daß wir in einer Wettbewerbsgesellschaft leben! Die Gesellschaft ist nicht auf die Werte hin ausgerichtet, welche die Mehrzahl am positivsten bewertet, sondern auf die Werte, die unsere Führungspersönlichkeiten aufgrund ihres Wissens als adäquat betrachten. Unter dem Druck dieses »Wissens«, dem wir kaum widersprechen, wird der Glaube des Bürgers an sich selbst geschwächt wie auch an seine Intuition und seine tiefsten Werte. Neulich bekam ich die Gelegenheit demonstriert, wie diese Unterdrückung in der Praxis wirkt. Es war bei einem Gespräch mit einem Zwanzigjährigen, der verzweifelt nach einem Sinn in dieser »sinnlosen« Welt suchte. Ich sagte: »Es gibt auch viel Wichtiges, woran du dich beteiligen kannst, zum Beispiel in den Umweltbewegungen oder den Bewegungen im Kampf gegen die Ungerechtigkeit.«

Ein wenig verlegen stammelte er: »Ich glaube ja, daß alles das sehr wichtig ist, aber... es wird von meinen Freunden nicht anerkannt. Alle jungen Leute, die ich kenne, betrachten den Idealismus als etwas Dummes, Naives und Unrealistisches!« Und darin finden seine Freunde die Unterstützung von allen Seiten, sowohl aus der Konsequenz der traditionellen Wissenschaftstheorie als auch durch das Weltbild, das durch die Medien geschaffen wird, die Wettbewerbswirtschaft und vieles andere in unserer Kultur.

Ich glaube, daß wir genau hier vor einer entscheidenden Veränderung stehen, die vielleicht in zehn oder zwanzig Jahren zum Tragen kommen kann und die eine Bedeutung für alle suchenden Menschen haben wird. Während der nächsten Jahre wird ein neues Weltbild und damit auch ein neues Menschenbild hervorwachsen. Eine wichtige Seite dessen ist, daß es nicht länger das undogmatische, religiöse Ganzheitserleben zu unterdrücken vermag, sondern im Gegenteil eine Sichtweise stützt, die für jedes vielseitig entwickelte Individuum zugänglich ist. Und es wird fernerhin klarwerden, daß das Wesentliche ebendiese allgemein erlebten Werte sind, die bisher von den etablierten Theorien abgestritten wurden. Das wird der Gesellschaft eine Wertgrundlage vermitteln, die zum Inhalt hat, daß ein Gemeinschaftserlebnis und eine Einheit mit allem Lebenden ein tieferes Merkmal des Menschen ist als der Wettbewerb um eigensüchtigen, materiellen Nutzen und Macht.

Dies ist nicht nur ein Ausdruck meiner persönlichen Hoffnungen. Es repräsentiert eine Auffassung fast aller führenden Forscher, die ich getroffen habe und mit denen ich mich in den letzten Monaten beschäftigt habe.

Professor David Bohm beschreibt dies in einem Artikel über Teilorientierung, Ganzheit und Religion.[175] Er spricht hier vor dem Hintergrund seiner eigenen Theorie über die implizierte Ordnung, doch die Auffassung könnte der Ausdruck der meisten Gesprächspartner sein, die ich auf meiner Entdeckungsreise getroffen habe: Eines der Merkmale der modernen Physik sei, »daß die Ganzheit sich organisiert und im Grunde die Teile erschafft«, sagt er. Er weist darauf hin, daß die revolutionierenden Konsequenzen des neuen Ganzheitsbegriffs von allen Vätern der Quantenphysik erkannt wurden. Der Ausgangspunkt der Ganzheit muß in einer Dimension gesucht werden, die Geist und Materie verbindet. Und diese gemeinsame Grundlage »ist der Ausgangspunkt für alles, was existiert, der Anfang und das Ende aller Dinge«. Indem undogmatische Fragen in bezug auf die Ganzheitsidee der Wissenschaft und Religion gestellt werden, sagt Bohm, »werden religiöse und wissenschaftliche Haltungen in einem unteilbar Ganzen vereint. So entsteht keine Scheide zwischen den beiden. Das betrachte ich als eine grundlegende Voraussetzung, um von der Aufspaltung fortzukommen, die jetzt die Menschheit dominiert.«

Unsere selbstbestätigende Sicht vom Menschen und seinen Werten

Es ist merkwürdig, wie offensichtlich scheinbare Zufälle in einer Art Muster zusammentreffen können. Jetzt, wie ich hier in diesem Café sitze und über unser heutiges Menschen- und Weltbild nachdenke und seine Bedeutung für die, die außerhalb der gesellschaftlichen Diskussion stehen, kommt ein Mann in Arbeitskleidung herein. Er wird etwa sechzig Jahre alt sein und geht von Tisch zu Tisch, bis er schließlich vor meinem steht und fragt, ob er sich zu mir setzen darf. Ich nicke und schreibe weiter, während er sein Spiegelei ißt, seinen Kaffee trinkt und eine Weile still eine Zigarette raucht. Dann wirft er einen Blick auf meine Papiere und schaut schließlich mich an: »Man kommt ja nicht daran vorbei, ein wenig neugierig zu werden«, sagt er. »Was schreiben Sie da, über Psychiatrie?«

»Das auch, auf eine gewisse Art schon«, antworte ich und schaue zu ihm auf. Er hat viele Falten im Gesicht, die mir einiges über ihn erzählen können. Ich registriere einen leichten Biergeruch, doch seine Augen sind wach und interessiert. Plötzlich scheint es mir wichtig, den Grund dessen auszudrücken, weshalb ich schreibe, so daß er nachempfinden kann, daß es ihn angeht. »Ich schreibe über den Sinn des Lebens«, sage ich.

Er nimmt einen tiefen Zug aus seiner Zigarette und schaut auf die Straße hinaus. »Tja«, sagt er. »Der Sinn des Lebens? Es gibt keinen Sinn, das ist meine Meinung.«

Er schweigt eine Weile und erzählt dann seine Lebensgeschichte, eine Geschichte, die einen solchen Eindruck auf mich machte, daß ich sie sofort niederschrieb, und ich glaube, daß ich ihm keinen Schaden zufüge, wenn ich die Geschichte weitererzähle.

»Schauen Sie mich nur an«, beginnt er. »Als Fünfzehnjähriger mußte ich eine Entscheidung treffen, die mein ganzes Leben veränderte. Ich wuchs in den dreißiger Jahren auf. Meine Eltern hatten nichts, womit sie mich satt bekommen konnten. So kam ich auf einen Bauernhof. Das war ein schreckliches Leben. Ich wurde auf jede Art und Weise ausgenutzt, geschlagen und mißhandelt. Als ich fünfzehn wurde, war mir klar, daß ich keine andere Wahl hatte. Ich mußte fort. Es war während des Krieges. Ich meldete mich zum Wehrdienst und wurde zur Ausbildung nach Deutschland geschickt. Ich war groß und kräftig und sah älter aus, als ich war. Die verstanden sehr schnell, was für ein robuster Typ ich war, der auch etwas aushalten konnte. So kam ich in die Spezialausbildung für SS-Sturmtruppen, zuerst für vier Monate. Das machte ich so gut, daß ich weitere sechs Monate zusätzlich ausgebildet wurde. Dann kam ich an die Front, Karelien und Murmansk. Wenn Sie wüßten, was ich dort erlebte, würden Sie auch keinen Sinn mehr sehen, o nein!«
Ich habe das Gefühl, daß ich einem Etwas gegenüberstehe, das meinen ganzen Glauben an die Freiheit der Wahl auf die Probe stellt: »Es ist klar, daß man in Situationen kommen kann, wo man überhaupt keine Wahl hat«, sage ich. »Doch selbst in den schlechtesten Verhältnissen erleben wir trotzdem den Augenblick, wo wir wissen, daß wir richtig oder falsch wählen *können.* Es ist doch ebendiese Möglichkeit der Wahl, die uns einen gewissen Sinn vermittelt, trotz allem?«
Daran muß er ein wenig kauen. »Ja«, sagt er dann und richtet sich auf seinem Stuhl auf: »Ich erhielt solch eine Wahl an der Front. Da wurde ich gebeten, dem Führer ewige Treue zu schwören. Das konnte ich nicht. Ich lehnte ab. Ich kann mitmachen beim Kampf. Doch ich kann nicht ewige Treue schwören. Damit kam ich in die schlimmsten Truppen von allen. Es waren die, die vorangehen sollten, um die Minenfelder zu säu-

bern, bevor die anderen kamen. Wir waren Minenfutter. Mir ist heute noch nicht klar, wie ich das überlebte. Es muß wohl die Ausbildung gewesen sein. Wir wurden dazu gedrillt, wie Maschinen in Sekundenbruchteilen zu reagieren. Kurz bevor die Mine explodierte, warfen wir uns nieder, während die Erde und die Splitter über uns flogen.«

Wieder schaut er aus dem Fenster, und um seinen Mund zuckt es.

»Ich hatte einen Kameraden«, sagt er schließlich. »Er war sechzehn — so wie ich. Wir verstanden uns sehr gut und waren immer zusammen. Eines Tages, mitten in der Feuerlinie, kam vom Iwan eine Granate angesaust und landete genau vor den Füßen des Offiziers, der neben meinem Kameraden stand. Ich hatte mich in eine Mulde geworfen und lag da und konnte alles beobachten, was geschah. Mein Kamerad machte das, wozu er ausgebildet war. Er warf sich über die Granate und bedeckte sie mit seinem Körper. Doch eine Sekunde vorher tat er etwas, was ich niemals vergessen werde. Er winkte mir zu und lächelte. Dann salutierte er dem Offizier und legte sich auf die Granate und wurde in Stücke zerrissen ...«

Er schluckt und wartet eine Weile, bevor er weiterspricht: »Das hat mich mein ganzes Leben verfolgt«, sagt er. »Hätte ich nicht schon einiges hinter die Binde gegossen, so hätte ich das nicht erzählen können, ohne zu heulen.«

Er versucht, das Zucken um seinen Mund zu unterdrücken, indem er einen Zug aus seiner Zigarette nimmt.

»Es war nicht, daß er sich über die Granate geworfen hat, dazu war er ja ausgebildet. Doch es war, daß er an mich dachte und mich grüßte, bevor er es machte! In der Sekunde, wo er wußte, daß alles vorbei war!«

Ich fühle mich als ein Außenstehender, der einen Einblick in etwas erhielt, wozu vollständig die Voraussetzung fehlt, es nachzuvollziehen.

»Wie ging es Ihnen nach dem Krieg?« frage ich.
»Ich wollte eigentlich auf die See, aber McCarthy in Amerika wollte mich nicht. Vielleicht war das ganz gut so. Das wäre vielleicht an Bord nicht leicht geworden, wenn sie erfahren hätten, daß ich mit den Deutschen gekämpft habe. Doch wir wußten ja nichts von den Judenverfolgungen und der ganzen Teufelei. Seitdem habe ich alle möglichen Jobs gehabt und habe mich ganz gut durchgeschlagen. Ich glaube, ich bin ganz schön robust, hatte keine Nervenprobleme«, sagt er, während es in seinem Gesicht wieder und wieder zuckt. »Nur nachts. Während all dieser Jahre wache ich mehrmals die Woche durch die Granatexplosionen auf und sehe, wie mein Kamerad in Stücke zerrissen wird. Es ist geschehen, daß ich splitternackt auf die Straße gelaufen bin, bevor ich zu mir kam. So ist es besser, wenn ich einen aus der Flasche nehme, um mich wieder zu beruhigen. Ja, der Alkohol war manchmal ein Problem, doch ich habe meine Arbeit immer geschafft, bis letztes Jahr. Da hat ein Arzt meine Geschichte gehört und mich vorzeitig pensioniert. ›Du hättest vor dreißig Jahren kommen sollen‹, sagt er … Jetzt macht es nichts, wenn der Krieg nachts zurückkommt, da kann ich dann statt dessen morgens schlafen.«
Die ganze Zeit habe ich das Gefühl, er wurde mir von einer Art »höheren Absicht« geschickt. Leute wie er sind es doch, von denen in der gesellschaftlichen Diskussion die Rede sein sollte. Er wurde in den Krieg geschickt, um sein Leben für eine Ideologie zu riskieren, über deren Sinn und Unsinn zu diskutieren und nachzudenken er vorher nicht die Möglichkeit gehabt hatte. Und er geht seitdem unbemerkt mit seiner Angst umher, weil er aus einem System herausfällt, das den Menschenwert nach der Wettbewerbsfähigkeit beurteilt. Mir wird klar, daß ich mein Anliegen nun so darstellen muß, daß es ihm verständlich wird, oder meine Theorien

wären nur wertlose Gedankenspiele. Es ist nicht nur das Selbstverständnis, daß wir eine Gesellschaftsordnung haben sollten, die es verhindert, daß jemand so etwas in seinem Leben mitmachen muß. Es ist auch eine Frage, wie wir das Leben sehen, das selbst einen Sinn haben kann, wenn die Umstände hoffnungslos erscheinen. Wie kann ich etwas Derartiges ausdrücken?
In der Angst, ein wenig oberflächlich zu erscheinen, versuche ich, ihm ein anderes Beispiel vor Augen zu führen. Ich erzählte im Victor Frankls Geschichte von seinem Aufenthalt im Konzentrationslager im Krieg. Das ist eine Situation, die die meisten als eine totale Unfreiheit ohne Wahlmöglichkeit erleben würden. Trotzdem, sagt Frankl, standen sie immer vor derselben Art von Wahl wie draußen vor den Mauern: Wenn einer von ihnen eine Brotkruste ergattern und wählen konnte, alles selbst zu nehmen oder es mit dem Menschenskelett in der Nachbarkoje zu teilen, das dem Tod vielleicht noch ein Stückchen näher stand. Die Situation der Wahl, sagt Frankl, sei im Prinzip identisch mit der gewesen, vor der alle stehen, unabhängig von den äußeren Verhältnissen. In der Freiheit der Wahl liegt das tiefste Recht des Menschen, seine Menschlichkeit zu demonstrieren und zu zeigen, daß das Leben trotz allem einen Sinn hat. Die Freiheit, unser Leben wegzugeben, könne uns niemals genommen werden, solange unser Bewußtsein intakt sei, sagt Frankl.
Während ich erzähle, spüre ich seinen Blick auf mir ruhen. Dann, nach einer Weile, sagt er: »Doch, das ist wohl richtig. Wir wissen, was wir Gutes tun können, und wir wissen auch, was nicht richtig ist. Doch es sind nicht viele, die dem folgen können. Schauen Sie nur, wie die Welt ist.«
»Ja«, sage ich, »das ist wohl nicht so leicht. Was für einen gut ist, ist für einen anderen schlecht. Doch trotzdem wissen wir, daß es Situationen gibt, in denen wir wählen können. Keiner

kann immer nur das Richtige tun. Doch erst wenn man aufhört zu versuchen, wird nicht dann das Leben sinnlos?«
Ich fühle hier eine Scheide. Wenn er das ablehnt, so hat es keinen Sinn, weiter fortzusetzen, was ich begonnen habe. Wenn nicht er, der den Zwang der Umstände aufs äußerste erfahren hat, trotz allem die Möglichkeit der Wahl anerkennt, habe weder ich noch irgendein anderer das Recht, dies als eine universelle Wahrheit hinzustellen.
Lange muß ich auf eine Reaktion warten. Schließlich sagt er zögernd: »Ich habe einiges über Religion gelesen. Ich glaube nicht an die Kirche, doch es ist etwas dran an dem, was Sie sagen.«
»Glauben Sie, daß es einen Gott gibt?« frage ich.
Er antwortet bedächtig: »Wenn ich ehrlich sein soll, so kann man doch nicht anders, als glauben, daß hinter allem irgend etwas stecken muß. Nichts kann aus sich selbst kommen! Doch es ist nicht leicht, so etwas zu akzeptieren, wenn man sieht, wie es in der Welt zugeht«, erwidert er.
»Ja«, antworte ich, »doch wenn es so ist, daß wir die Verantwortung für die Welt bekommen haben, können wir wohl nicht andere dafür verantwortlich machen, daß sie so ist, wie sie ist. Aber da kann wohl jeder versuchen, etwas zu tun, um sie besser zu machen; ich meine, wenn wir das Recht der Wahl und auch die Möglichkeit haben — und auch noch das Gefühl dafür, was richtig und falsch ist?«
Er denkt eine Weile nach, dann nickt er und schweigt.
Danach sprechen wir über andere Dinge, doch mir scheint, ich habe eine indirekte Bestätigung erhalten. Wenn *er* die Idee über den Sinn des Lebens und des Menschen als frei wählendes Geistwesen trotz der Hoffnungslosigkeit der Situation akzeptieren kann, sollte ein solches Menschen- und Weltbild eine Hoffnung für alle bereithalten.
Er wird wohl niemals dieses Buch lesen. Doch wie bei allen

anderen werden seine Haltungen und sein Glaube — sein Gefühl des Rechts, glauben zu dürfen — von der Gesellschaft, in der er lebt, und von der allgemeinen Auffassung bestimmt, wie die Wirklichkeit eigentlich beschaffen ist, was ein Mensch ist. Und das gängige Bild hatte immer die Tendenz, sich selbst zu bestätigen.

David Bohm sagt in diesem Zusammenhang, die Meinung sei ein wirklicher Faktor in der Welt. Wenn wir meinen, das Universum sei eine kolossale Maschine, werde unser ganzes Wesen eine solche Auffassung im einzelnen, in den menschlichen Verhältnissen und in der Gesellschaft als Ganzes entfalten. Doch wenn die Meinung eine implizite Ordnung akzeptiere, wo alles mit allem anderen und mit der Ganzheit verbunden ist, werde sich das auch als eine neue Wirklichkeit entfalten, die eigentlich vollständig unterschiedlich von den heutigen zersplitterten Zuständen ist. Doch damit so etwas geschehen soll, sei es nicht ausreichend, diese Meinung nur intellektuell zu begreifen. Sie müsse tief in unsere Intentionen und Handlungen hinabgehen.

Ich sitze mit der Tageszeitung vor mir und denke an Bohms Wort. Jede Seite aus der Zeitung berichtet von der Hoffnungslosigkeit der Welt, über mißglückte Abrüstungsverhandlungen, politischen Zynismus und Machtkampf, Umweltzerstörung, Kriegsgefahr, Terror und Gewalthandlungen. Und kaum einer erwartet, daß es besser wird. Das Informationszentrum unserer Organisation *Die Zukunft in unseren Händen* führte neulich eine Umfrage durch, die zeigte, daß eine deutlich überwiegende Zahl der Norweger mehr Kriegsfurcht, mehr Gewalt und soziale Probleme, mehr Umweltverschmutzung und Weltarmut in den kommenden Jahren erwarten.

Und in dieser Situation haben wir eine Wissenschaft, die im

großen und ganzen die Entwicklung als eine Art gegebene Gesetzmäßigkeit betrachtet — durch ihre Darstellung sowohl in der mechanistischen Gehirnbewußtheit, unserer psychologisch determinierten Verhaltensmuster als auch unserer historisch bestimmten Gesellschaftsentwicklung. Ich lese einen Artikel, in dem ein Zukunftsforscher die Gesetzmäßigkeit der Entwicklungskurve beschreibt: Wir könnten vielleicht die gegebene Entwicklung verzögern, schreibt er, doch verhindern könnten wir sie nicht.

Angesichts eines solchen Wirklichkeitsbildes sollte man nicht erstaunt oder schockiert sein, daß die Leute so passiv sind und sich so ohnmächtig fühlen. Wenn man das Wissen über eine problematische und sich ständig verschlechternde Zukunft mit dem etablierten »Wissen« über eine gesetzmäßige Entwicklung auf allen Ebenen unter einen Hut bringt, ist es eine richtige und logisch vernünftige Reaktion, dies alles mit Hilfe sinnenbetäubender Unterhaltung, Rauschmitteln und mit materiellem Ersatz zu vergessen. Und je schlechter alles erscheint, desto logischer und natürlicher wird eine solche Reaktion. Das heißt nicht, daß die Leute keine Träume und Sehnsüchte hätten, doch das anerkannte Weltbild sagt ihnen, dies seien Illusionen, die keine wirkliche Bedeutung hätten.

Doch ich habe auch eine Vision von etwas anderem. Von einer Zeit, in der alle unsere Sinne uns dasselbe erzählen, was Bohm, Prigogine und Pribram sagen: Die Welt ist unvorhersehbar, und die Zukunft ist eine immer existierende Möglichkeit, und das mehr als je zuvor in unserem heutigen Chaos, dem Vorstadium einer neuen Ordnung. Es ist eine Vision, in der die Forscher uns nicht alle als maschinelle »Opfer« für eine Verhaltensanpassung betrachten, sondern unser Erleben bestärken, das Recht, den Sinn der Sinnlosigkeit vorzuziehen; wo uns gesagt wird, daß wir in unserer Tiefe eigentlich alle in erster Linie geistige Wesen sind, deren Freiheit kein mechanisches Gesetz beschneiden kann. Doch es ist auch eine Vision von einer Zeit, in der die ganze Gesellschaft neu ist, in der die etablierte Wahrheit die ist, daß wir nicht getrennt sind, immer im Wettbewerb, vom Bedarf gesteuerte Tiere, sondern eins miteinander und mit allem anderen. Und daß wir eine Fähigkeit besitzen, diese Einheit zu erleben, mit dem Universum und allem Lebenden, indem wir jenseits der Grenzen des intellektuellen Denkens suchen. Und in erster Linie ist es eine Vision von einer Zeit, in der wir wieder glauben dürfen: an uns selbst, an unsere Möglichkeiten und an die Zukunft, ja auch an Gott — und all das, ohne damit in Konflikt mit unserem Wissen, unserer Logik und unserer Vernunft zu kommen.

Ich weiß nicht, wie solch eine Gesellschaft aussehen wird, und ich glaube nicht, daß diese notwendigerweise weniger problemvoll sein wird als die heutige. Trotzdem weiß ich, daß alles verändert sein wird. Nicht jede drohende Katastrophe, nicht jedes menschliche Leiden wäre ein Grund für eine Flucht, sondern eine sinnvolle Aufgabe, etwas, wobei wir das Recht haben, zu glauben, daß wir etwas damit anfangen können. Und das Merkmal der Zeit, die ich ahne, wird der Umstand sein, daß unsere neue Sicht vom Menschen und von der Welt sich immer selbst bestätigen wird — in der gleichen Weise, wie die Unumgänglichkeit durch die passive Hoffnungslosigkeit unserer jetzigen Zeit bestätigt wird. Der Mensch kann das, was er zu können glaubt. In meiner Vision fasse ich den menschlichen Geist und seine Möglichkeiten im wörtlichsten Sinn als unbegrenzt auf.

Ich lese das, was ich soeben geschrieben habe, und bin mir im klaren darüber, daß dies heute als die naivste von allen naiven Utopien erscheinen muß. Trotzdem ist es kein vollständig unrealistischer Traum, weil er nichts über eine ideelle Welt voraussagt, sondern nur über einen neuen Glauben und seine Bedeutung. Und das ist etwas, was wir entwickeln können, ja es ist etwas, was wir alle als eine Art Traum im verborgenen hegen, ein Traum, über den wir nicht zu sprechen wagen, weil diejenigen, die das Wissen verwalten, uns lehren, dieser Traum beruhe auf Illusion und widerspreche allen bekannten Gesetzen.

Vor einigen Monaten hätte ich es nicht gewagt, meine Vision zu beschreiben, weil ich wie die meisten annahm, dafür seien kaum Beweise vorhanden. Heute sehe ich das anders, nachdem ich so viele mutige und freidenkende Pioniere der Wissenschaft kennengelernt habe. Deshalb nehme ich das Wagnis auf mich. Und viele werden mir folgen, wenn die Bastionen der alten Wissenschaft zerbrechen, wie Thomas S. Kuhn[176] die Wechsel der Weltanschauung (Paradigmen) beschrieben hat, die wir in der Geschichte erkennen konnten. Selbst für diejenigen, die noch zweifeln, gibt es tausend Zeichen dafür, daß das Alte sich überlebt hat und etwas Neues gärt. Es ist die Struktur, die den Rahmen für unsere Wahrheit darstellt, wie Pribram es gesagt hätte.

Die selbstbestätigende Tendenz des vorherrschenden Weltbildes hat nicht zuletzt für die Schwächsten in der Gesellschaft eine Bedeutung. Derjenige, der einseitig als Opfer definiert wird, bleibt nur ein Opfer, während derjenige, dem gesagt wird, daß er trotz allem für seine Wahl verantwortlich ist, die er auch wirklich hat, damit das Recht erhält, sich selbst als geistiges Wesen zu erleben. Und dies gilt auch für psychisch Kranke und geistig Behinderte, die überwiegend institutionelle Therapie erfahren, ohne daß man sich in ihre Probleme einlebt und ohne daß sie geliebt werden, wodurch sie in ihrer Apathie isoliert bleiben.

Vor einigen Jahren erlebte ich ein dramatisches Beispiel, was es für einen solchen Menschen und seine Möglichkeiten bedeuten kann, wenn man wirklich an ihn glaubt und ihm seine

Rechte als »vollwertiger« Mensch zugesteht. Ragnhild hatte eine Teilzeitbetreuung für einen fünfjährigen autistischen Jungen übernommen, der während des Wochenendes und eines Wochentages bei uns regelmäßig aufgenommen wurde. Ich nenne ihn hier Per.

Autistische Kinder leben, als wären sie in einer Glasglocke eingeschlossen, ohne Kontakt zur Außenwelt. Per war ein fortgeschrittener Fall. Abgesehen von der ewigen Wiederholung eines einzigen monotonen Lauts, war er passiv wie eine zerstörte Maschine. Er reagierte nicht einmal, wenn eine Vase direkt hinter seinem Rücken in Stücke zerbrach, und er war fast vollständig außerstande, aktiv zu handeln. Das Essen mußte ihm verabreicht werden, und bekam er einen Brotkanten, so fanden wir diesen nach Stunden ungekaut in seinem Mund wieder.

Pers professionelle Betreuer erzählten mir, daß jeder Versuch, mit ihm in Kontakt zu kommen, vergeudete Zeit wäre. Wir sollten erst recht keinen Ausdruck von Liebe und Zuneigung erwarten, die Teilzeitbetreuung müsse eigentlich als reine Aufsichtsfunktion betrachtet werden.

Ragnhild fand sich damit jedoch nicht ab. Sie wußte, daß Per mehr war als ein unempfängliches Gehirn. Sie war nicht eine Sekunde im Zweifel, daß seine Persönlichkeit unabhängig von jedwedem Hirnschaden existierte, der eine Kommunikation verhinderte. Stunde für Stunde, Tag für Tag ging sie mit Per umher, arbeitete mit ihm im Haushalt. Sie hielt seine schlaffe Hand um den Kochlöffel, mit dem sie rührte, steckte seinen Finger in den Pudding und führte ihn zu seinem Mund.

An den Sonntagen trugen wir ihn auf den Schultern in den Wald und setzte ihn dorthin, wo es am unwegsamsten war. Ragnhild war sich bewußt, daß sie ihn damit zu einem bewußteren Erleben nötigte, als sein übliches maschinenmäßiges Aufbewahrtsein es ihm vermittelte. Und sie gab es nie auf, Liebe zu empfinden und sie Per gegenüber auszudrücken, den sie intuitiv jenseits seiner vollständigen Ausdruckslosigkeit erlebte.

Ich vergesse nie den Tag, als es geschah. Immer der gleiche Fahrer brachte ihn freundlich herauf, und ich führte Per in die Stube, wo Ragnhild stand und ihn anlächelte.

Eine Sekunde stand er still und sah ihr direkt in die Augen. Plötzlich strahlte er, stürmte hinüber und warf sich in Ragnhilds Arme, während er vor Freude einen Schluckauf bekam.

Die Blase war zerplatzt. In diesem Augenblick sahen wir, daß Per trotz allem existierte. Und mehr als das, wir erhielten die Bestätigung, daß er die ganze Zeit jenseits der Barrikaden seines Gehirnapparates zugegen war.

Hiermit soll nun nicht gesagt sein, daß jede Behandlung autistischer Kinder oder psychischer Schäden so durchzuführen sei. Das ist offensichtlich eine unrealistische Forderung, auf jeden Fall so lange, wie alle Behandlungen im Streß überlasteter Institutionen und außerhalb einer integrierten, täglichen Gemeinschaft durchgeführt werden. Ich nehme an, es gibt auch traditionelle Erklärungen für das, was bei uns geschehen ist. Doch dies ist wohl nicht der entscheidende Punkt. Die Geschichte wurde mir zu einem lebendigen und neuen Beispiel dafür, daß unser Menschenbild selbstbestätigend ist, sowohl persönlich als auch in gesellschaftlichem Zusammenhang. Wir verwirklichen nur die Entwicklungsmöglichkeiten in uns, die wir selbst und andere uns zutrauen. Und letztlich ist es keine Frage, wie wir uns äußerlich gegenseitig behandeln, sondern das Gefühl und das Einfühlungsvermögen, das nach der neuen Sichtweise unabhängig von mechanischen Sinneseindrücken zwischen uns überführt wird, ist zumindest gleichwertig.

Durch Ragnhilds Verhältnis zu Per habe ich ein Menschenbild erkennen können, das sich selbst bestätigte, in der gleichen Weise, wie eine verhaltenstherapeutische Einstellung bestätigt haben wird, daß Per nichts anderes war als ein mechanisches Hirn, das zum Stillstand gekommen ist und allerhöchstens zu einer gewissen technischen Anpassung fähig war.
Hierbei geht es nicht so sehr um die Frage, welche Ansicht über Per richtig oder falsch ist — ebensowenig wie die Frage, ob Newtons Sichtweise »falsch« ist, wenn die Quantenmechanik »richtig« ist. Beide Auffassungen sind richtig, doch die eine kann begrenzt sein, indem sie die Möglichkeiten ausschließt, für die die andere Raum bietet.
Newtons Sichtweise bezüglich der Ursachen und Wirkungen wird von den Repräsentanten der Quantentheorie nicht als falsch erklärt. Sie wird jedoch durch eine übergeordnete, komplementäre Sichtweise erweitert, welche die alte umfaßt und darüber hinaus eine Reihe von Verhältnissen erklärt, die vorher nicht erklärt werden konnten. Und in erster Linie impliziert diese Sichtweise die Möglichkeit der Erkenntnis, daß der Geist der Materie, mit dem er in einem Wechselverhältnis steht, übergeordnet ist und über das hinausgeht, was durch mechanische Ketten von Ursache und Wirkung festgelegt wird. So bedeutete auch Ragnhilds Sichtweise nicht, daß »mechanistische Behandlungsformen« falsch sind, sie brauchte auch selbst solche Per gegenüber. Doch ihre Sichtweise umfaßte etwas Tieferes, das deshalb neue Möglichkeiten eröffnen konnte.

Ich denke, die Zeit ist reif dafür, daß wir auf eine andere Art über religiöse Fragen diskutieren. Es scheint, wir müssen erkennen, daß Religion nicht ausschließlich von der Theologie definiert wird, sondern den persönlich erlebten *Inhalt* betrifft, zu dessen Gewahrwerdung uns die Theologie behilflich sein soll — und dieser Inhalt ist vollständig unabhängig von dem, was der Mensch im Namen der Religion getan oder nicht getan hat.
Religion ist nach meiner Auffassung in erster Linie die Verbindung des Menschen mit dem, was alles vereint und alles Sein ganz und sinnvoll macht. Es ist das, was die einen Gott, andere wiederum die universelle Liebe nennen.
Dieser Ausgangspunkt verdeutlicht auch, daß die Theologie unser eigenes Urteil nicht erstatten, sondern uns unterstützen soll, unsere Urteilsfähigkeit zu gebrauchen. Wie haben wir zum Beispiel das fundamentale Gesetz der Liebe zu verstehen, das besagt, daß wir nicht kämpfen, sondern unserem Feind die andere Wange auch hinhalten sollen? Kann es als recht beurteilt werden, Krieg und Ausrottung von Millionen Unschuldigen zu planen, um die Eigeninteressen zu beschützen, denen das christliche Gebot der Nächstenliebe zum Opfer fällt? Kann Krieg überhaupt mit dem Gebot in Einklang gebracht werden, daß man seine Feinde lieben soll? Und was ist mit dem Gebot des brüderlichen Teilens und der Aufforderung, auf Erden keine Schätze anzuhäufen? Wie läßt sich das beispielsweise mit dem ökonomischen Wachstum der westlichen Welt bei gleichzeitiger Verarmung der Drittweltländer vereinbaren? Und wenn wir solch grundlegende Fragen aus dem Blickwinkel des Glaubens und den klaren Geboten der Moral betrachten, wie steht es dann mit der moralischen Intuition? Wer soll entscheiden, wann diese gilt und wann nicht?

Ich erwähne das nicht als eine einseitige Anklage gegen die offensichtlichen Fehler, die im Namen der Kirche begangen wurden. Dazu habe ich zu viele Priester und Gläubige gesehen, die sich auf die Seite der Schwachen gestellt haben — im Kampf für das Recht und gegen Gewalt, die Macht des Geldes und die Unterdrückung. Ich glaube, derartige religiöse und moralische Führungspersönlichkeiten hat die Kirche heute nötig, wenn sie nicht selbst zu einer Auflösung der Werte und zur Verwirrung beitragen will, die sie so sehr beklagt; und wenn sie auch die religiöse Sehnsucht auffangen will, die im großen und ganzen an ihr vorübergeht.

In den USA wurde 1978 eine Meinungsumfrage durchgeführt, die zeigte, daß mehr als 75 Prozent — darunter auch Kirchgänger — meinten, der einzelne solle seinen Glauben außerhalb der organisierten Kirche finden. Und 60 Prozent der Kirchgänger selbst waren sich einig, daß die meisten Kirchen der wirklich geistigen Teil der Religion verloren hätten.[177]

Auch in Norwegen wurde eine ähnliche Haltung durch eine größere Umfrage angedeutet, die 1983 veröffentlicht wurde: Während sieben von zehn erklärten, daß sie an Gott glaubten, war es nur die Minderheit, die sich als religiös und gläubig im kirchlichen Sinne charakterisierte.

Trotzdem finden sich unzählige Zeichen, die darauf deuten, daß die Menschen mehr denn je nach einem religiösen Sinn suchen: Am 8. Oktober 1982 berichtete die norwegische Tageszeit *Aftenposten* über die größte internationale Buchmesse in Frankfurt, wo man annahm, daß die Hälfte aller Bücher auf dem Markt in irgendeiner Weise mit dem Thema Religion zu tun hatte, sowohl bei Sachbüchern als auch bei der Belletristik.

Große Teile der Populärreligiosität weisen in Richtung östliche Religionen und ihre geistigen Führer, vielleicht aus Enttäuschung über die christliche Kirche. Während eines der vielen Gespräche mit meinem »Physiklehrer« Kristoffer Gjøtterud, sagte er in diesem Zusammenhang etwas Wichtiges: »Das Ziel der östlichen Religion ist die Auflösung und das Aufgehen des Ich in einem unpersönlich kosmischen Nirwana. Dies bedeutet eine Schwächung der Idee der verpflichtenden Nächstenliebe. Die Vorstellung des Du setzt das Bewußtsein des Ich voraus. Ohne Ich-Bewußtsein ist das Ideal der Brüderlichkeit zum Nächsten sinnlos.«

Ein Glaube, der mit der Vernunft im Widerstreit liegt, bleibt für unsere Zeit etwas Fremdes. Mehr denn je brauchen wir den prüfenden Blick der Vernunft, um einerseits überhaupt glauben zu können, andererseits um mit Hilfe unseres tiefsten kritischen Vermögens den Glauben führen zu können.

John B. Priestley schrieb in seinem großen Werk *Literature and Western Man*[178] über die Sehnsucht in unserer Zeit, ganz zu werden, das weitverbreitete Verlangen nach Vollendung, und bezog sich auf das Suchen der westlichen Kulturen nach einem Ausgleich zwischen dem äußeren und dem inneren Leben. »Die Innenwelt des gesamten Zeitalters ... versucht, eine Art Defekt im Bewußtsein wettzumachen; ein Gleichgewicht wiederherzustellen, das durch Einseitigkeit zerstört worden ist; die grellen Gegensätze zu vereinen.« Nur die Religion könne die Bürde der Zukunft tragen, schrieb er, »aber nicht die Religion der Kirchen, sondern jene spirituelle Dimension, die Sitten und Politik transzendiert«.

Und für die Europäer sei das Christentum die Antwort, behauptet der Autor Jens Bjørneboe in einem seiner Essays. Er hält es für sicher, daß die gewaltige Welle der Brüderlichkeit, Sozialismus und Radikalismus in Wirklichkeit die Sehnsucht nach einem neuen Urchristentum in sich berge. Für ihn ist es sicher, daß Europa ohne ein zweitausendjähriges Christentum niemals zum Sozialismus gekommen wäre. Wäre sich der Sozialismus seiner Herkunft bewußt, meinte er, so hätte er gegen die Kirche arbeiten können, jedoch ohne das Kind mit dem Bade auszuschütten. Wir könnten das Christentum verhöhnen, verspotten und ihm mit Abscheu begegnen — an dem Tag jedoch, an dem wir den Schleier von ihm ziehen, würden wir die »Liebe unserer Jugendjahre erkennen, unsere einzige Liebe«. Dann würden die Tage des Kulturpessimismus vorüber sein, einfach vorbei, weil unsere christliche europäische Kultur unser höchstes und teuerstes Eigentum sei, das wir im Grunde unseres Herzens immer über alles andere geliebt hätten.

Kein Verweis auf Logik und Wissen kann länger verhindern, daß wir den Weg suchen, von dem Bjørneboe träumt. Heute haben wir das Recht zu glauben, ohne der Vernunft Lebewohl zu sagen.

Selbst die strenge Ablehnung des Logikers gegenüber der Gottesidee erscheint jetzt in einem neuen Licht. Ich bin beeindruckt, als ich wieder die Argumente der Philosophen Bertrand Russell in seinem Buch *Why I am not a Christian*[179] lese, in dem er mit Pater F. C. Copleston diskutiert.

Das Buch beginnt damit, daß Copleston Gott als den Weltschöpfer und Begründer seiner Existenz vom mechanistischen Ansatz her erklärt: Die Existenz aller Dinge habe eine Ursache, die wiederum eine Ursache habe. Folge man dieser Kette von Ursachen, müsse man notwendigerweise mit der ersten Ursache enden, etwas, das nicht durch irgend etwas anderes verursacht worden, sondern selbst der Grund seiner Existenz sei, und das sei Gott, sagt Copleston. Wenn wir anerkennen, daß es »abhängige Wesen« gibt, die nur durch die Kraft der Ursachen existieren, so müssen wir auch anerkennen, daß es ein notwendiges Wesen geben muß, welches die Ursache der Ursache sei.

Nach einer längeren Diskussion über logische Begriffe er-

klärt Russell seinen dem gegenüber ablehnenden Standpunkt, indem er unter anderem bestreitet, daß die Welt als Ganzes notwendigerweise eine Ursache haben müsse: Bezüglich der Dinge, ohne Ursache versicherten uns moderne Physiker, daß individuelle Quantenveränderungen in Atomen ohne Ursache geschehen können. So müsse auch das Universum nicht notwendigerweise eine Ursache haben.
Danach gerät die Diskussion nach meiner Meinung etwas aus der Richtung, auf der einen Seite, weil Copleston an seiner alten mechanistischen Weltanschauung festhält, die besagt, daß alles in linearen Ursachenreihen zusammengekettet ist. In Übereinstimmung mit Einstein behauptet er, daß eine Ursache immer existieren muß, selbst wenn wir sie nicht erkennen können. Copleston scheint sich in Richtung auf den alten naturwissenschaftlichen Determinismus zu bewegen. Russell zieht andererseits die Quantenphysik hinzu, ohne die Ganzheit als einen verursachenden Faktor einzubeziehen, etwas, das unter anderem durch das Photonenexperiment der Aspect-Gruppe später notwendig war. Hierdurch verlieren beide die Möglichkeit, das zu diskutieren, was den »Treffpunkt« der Naturwissenschaft mit der Religion ausmacht: die Existenz einer Ganzheit, die keinen Zeit-Raum-Charakter besitzt und deshalb auf die gleiche Ebene geführt werden kann wie der Gottesbegriff. Die Frage, die hier aufgeworfen wird, ist nicht die Frage nach der Ursache der Ursache, sondern eine Frage bezüglich des Charakters der Ganzheit.
Copleston geht auf die religiöse Erfahrung von Gottes Existenz ein, die Russell als ein rein subjektives Erlebnis betrachtet. Hier hätten die Auffassungen der Forscher über eine direkte Verbindung zwischen Bewußtsein und Ganzheit eine nützliche Basis sein können, doch die beiden verharren bei ihren Standpunkten: Copleston spricht über das Erleben einer zeitlosen Realität, die Russell als nichts anderes als eine indi-

viduelle Vorstellung bezeichnet. In gleicher Weise diskutieren beide ohne eine gemeinsame Grundlage die Unterscheidung von gut und böse. Copleston meint, die Fähigkeit der moralischen Beurteilung hänge mit dem Gotteserleben zusammen, während Russell behauptet, es gebe keine universelle moralische Norm. Für ihn sei Moral nur eine Frage von individuellen Gefühlen. Diese moralischen Gefühle variieren seiner Auffassung nach entsprechend der Erziehung und den Kulturnormen.

Wiederum scheint es mir, daß eine solche Diskussion durch eine gewisse Annäherung der Partner eine ganz andere Grundlage erhält, wenn nur die Existenz einer alles verbindenden Ganzheit erkannt wird. In diesem Fall ist es ein natürlicher und vernünftiger Schluß, daß ein Erleben dieser totalen Einheit von Natur und Mensch auch das impliziert, was wir Liebe nennen — oder ein Einfühlen in die Gefühle anderer, was uns in der Konsequenz zu einer bösen Handlung unfähig macht.

Natürlich meine ich nicht, das Problem des Bösen sei damit gelöst. Die Wahl zwischen gut und böse wird stets aktuell sein und muß immer aufs neue getroffen werden, weil das Leben mit der Möglichkeit, sich für etwas zu entscheiden, uns zu Menschen macht. Das weist darauf hin, daß unsere tiefsten moralischen Intuitionen *nicht* auf zufällige Einwirkungen zurückzuführen sind, sondern aus einem universellen Ganzheitsprinzip entspringen.

Mit dem Wissen unserer Zeit als Ausgangspunkt wird die ganze Diskussion über Glaube und Religion verändert, sagt einer der Väter der Quantenphysik, Wolfgang Pauli. Das Ideal einer objektiven Welt in Zeit und Raum erzwang den Konflikt mit den geistigen Formen unterschiedlicher Religionen. Jetzt, da die Naturwissenschaft selbst diesen engen Rahmen sprenge, sähen die Verhältnisse zwischen der Naturwissen-

schaft und dem Inhalt, den die Religionen in ihren geistigen Formen zu ergreifen versuchen, wieder anders aus.
Das rationale Wissen kann selbstverständlich niemals den eigentlichen Inhalt des Glaubens erklären. Die Vernunft kann uns jedoch das vermitteln, was wir am dringlichsten in unserer haltlosen Zeit benötigen, und zwar das Recht, an unsere tiefsten Ganzheitserlebnisse zu glauben, das Recht, vollständig zu sein.

Gibt es ein Leben nach dem Tod?

Obwohl ich mir diesmal zu Weihnachten nicht viel Zeit nehmen konnte, hatte ich dennoch schöne Tage mit Ragnhild, den Kindern und meiner lieben Schwiegermutter. Vor ein paar Tagen saßen wir beieinander und redeten, zehn Menschen im Alter von acht bis sechsundachtzig. Alle hatten sich gefreut, daß die Großmutter bei uns was. Die Kinder scheinen sich nach einem Kontakt mit älteren Menschen zu sehnen, die ihnen lebendige Bilder aus der Vergangenheit vermitteln, besonders wenn sie — wie meine Schwiegermutter — eine scharfe Beobachtungsgabe beweisen und mit einer entwaffnenden Direktheit sowie einem Glanz in den Augen erzählen können.
Um Mitternacht bekamen wir den Gutenachtkuß von ihr, bevor sie ins Bett ging. Als wir sie zum Frühstück wecken wollten, was sie tot.
Es dauerte eine Weile, bis wir das begriffen. Wir waren so erfüllt von dem Bewußtsein ihrer Gegenwart und Persönlichkeit, als wir den Frühstückstisch deckten, daß ihr Dahinscheiden ganz einfach ein unfaßbarer Gedanke war.
Während die Tränen liefen, standen wir vor dem toten Körper, der überhaupt nicht sie war. Wo war sie selbst, wo waren

ihre Gedanken und Erfahrungen, ihre Liebe zu uns allen, ihre Persönlichkeit? War das nicht viel mehr als dieser leblose Körper im Bett?

In solchen Augenblicken habe ich immer gefühlt, daß die Totalität, die eine menschliche Seele bildet, nicht seine vergängliche, physische Hülle sein kann. Ich denke an das, was ich in der letzten Zeit gelesen und gehört habe, und mir erscheint es, daß ich nun eine gewisse verstandesmäßige Grundlage für ein solches Gefühl besitze.

Wenn das Bewußtsein Zeit und Raum überschreiten kann und seinen eigentlichen Ausgangspunkt in einer jenseitigen Nicht-Zeit-Dimension hat, so muß das bedeuten, daß es nicht durch eine bestimmte Anzahl von Jahren begrenzt gedacht werden kann. Die eigentliche, tiefste Persönlichkeit muß dann unabhängig von der Zeit existieren, in der komplementären Seite der Wirklichkeit, wofür wir keine physisches Wahrnehmungsvermögen besitzen, um sie zu verstehen oder zu beschreiben. Das Denken über den Beginn und das Ende des Lebens, über das, was vor und nach dem Leben ist, verliert seinen Sinn, wenn man einen zeitlosen Zusammenhang akzeptiert.

Jakob Böhme (1575—1624), der große Mystiker und Theosoph, antwortete einmal auf die Frage, wohin die Seele gehe, wenn der Körper stirbt: »Sie braucht nirgendwohin zu gehen!« Sie ist da, wo sie immer gewesen ist. Eigentlich ist das eine logisch zwingende Folgerung, wenn man das ernst nimmt, was uns die Pioniere des neuen Denkens in der Naturwissenschaft über das Bewußtsein und über die Zeitlosigkeit sagen.

Ich hatte mit Ragnhilds Mutter an einem der letzten Abende noch gesprochen. Ich verstand deutlich, obwohl sie es nicht ausdrücklich sagte, daß sie den Gedanken an den Tod noch nicht liebte. Doch sie merkte, der Mann, mit dem sie ihr ganzes Leben so eng zusammengelebt hatte, wünschte, daß sie ihm folge: »Er sitzt da jeden Abend im Stuhl und drängt mich, jedesmal wenn ich mich hingelegt habe«, sagt sie, fast ein wenig irritiert. »Du weißt, er mochte es nie, allein zu sein!«

Von einem kritischen und rational wissenschaftlich eingestellten Menschen wird so etwas wohl als Hirngespinst oder als eine Halluzination betrachtet, doch heute gibt es Forscher, die eine solche »Erklärung« nicht ohne weiteres akzeptieren. Die Erkenntnisse der neuen Weltanschauung haben es ermöglicht, daß selbst die Frage in bezug auf ein Leben nach dem Tod zum Gegenstand wissenschaftlicher Untersuchung wird.

In Großbritannien nahm der Forscher W. D. Rees Kontakt mit allen verwitweten Menschen auf, die er in seiner heimatlichen Gemeinde finden konnte. Mit 80 Prozent dieser Leute führte er Gespräche. Die Hälfte von ihnen erzählte ihm, daß sie in Kontakt mit ihrem verstorbenen Ehepartner stehen würden, so wie es meine Schwiegermutter erlebt hatte, und viele hatten die Gegenwart ihres verstorbenen Partners gefühlt, gesehen und gehört.

Eine große Meinungsumfrage der Chicagoer Universität zeigte, daß 27 Prozent der amerikanischen Bevölkerung, mehr als fünfzig Millionen Menschen, ein oder mehrere Male in Kontakt mit einer verstorbenen Person gewesen sind. Eine Untersuchung in Island brachte ungefähr dasselbe Resultat.[180]

Was solchen Aussagen eine größere Glaubwürdigkeit verleiht, sind die Forschungsprojekte, die sich mit den Erlebnissen von Patienten beschäftigen, die den Augenblick des Todes erlebt oder, besser gesagt, für tot erklärt worden waren, aber trotzdem ins Leben zurückgekommen sind. Der erste, der solche Patientengeschichten publizierte, war Dr. Raymond Moody.[181] Später wurde eine ganze Reihe solcher Berichte

veröffentlicht, von denen einige von Ärzten mit einer streng wissenschaftlichen Haltung stammten.
Dr. Michael Sabom, ein Herzspezialist und Medizinprofessor in Atlanta, sagt, was er während der Untersuchung — über die er in seinem Buch *Recollections of Death*[182] berichtet — am Krankenbett und in der Klinik lernte, habe ihn dazu veranlaßt, in bezug auf seine grundlegenden Auffassungen über das Wesen des Menschen, den Todesprozeß und die Ausübung der Medizin umzudenken. Es seien Fragen berührt worden, die das Wesen und den Sinn des Lebens beträfen.
Im Vorwort bezieht sich Sabom auf den Herzspezialisten Dr. George E. Burch, der über die wiedererwachten Patienten sagt, daß die mit Sicherheit Informationen aus einem Zustand mitbrachten, der so tief in den Todesprozeß verwickelt war, wie es nur eben möglich sei. Die effektiven Methoden der Wiederbelebung des Herzens hätten den Arzt in eine außergewöhnliche Position gebracht, so daß er die psychischen Erlebnisse beschreiben könne, die sich an das Sterben und den Tod selbst knüpfen.
Es habe sich gezeigt, daß 40 Prozent der Menschen, die nach einem Unfall oder einer Operation bewußtlos waren, trotzdem eine bewußte Erfahrung machten, berichtet David Lorimer.[183] Das subjektive Erlebnis von Nah-Todeserfahrungen werde nicht länger bezweifelt, sagt er.
Das Interessante hieran ist, daß all diese Ärzteberichte davon sprechen, wie die Nah-Todeserfahrung einem ganz bestimmten Muster folgt. Sicherlich sind keine zwei Nah-Todeserfahrungen identisch, aber die meisten scheinen einem sich stets wiederholenden Schema zu folgen: Nachdem der klinische Tod eingetreten ist, erlebt der Patient ein wunderbares Gefühl von Friede und schmerzfreiem Wohlbefinden. Er entdeckt, daß er außerhalb seines physischen Körpers ist, und kann seinen leblosen Körper in einigem Abstand erkennen.

Dann fühlt er sich durch eine Art Tunnel zu einem Licht auf der anderen Seite hingezogen. Auf der anderen Seite trifft er ein Wesen voll von Liebe und Licht, das ihm sein Leben wiederaufleuchten läßt, so daß er es von einem höheren Standpunkt und Zusammenhang aus beurteilen kann, und er trifft verstorbene Verwandte sowie Freunde wieder. Danach erkennt er, daß er sich der Grenze zwischen dem irdischen und dem nächsten Leben nähert. Ein überwältigendes Gefühl von Liebe, Freude und Friede erweckt in ihm den Wunsch, weiter vorzudringen, doch ihm wird klar, daß die Zeit noch nicht gekommen ist. Er muß zurück zur Erde. Es widerstrebt ihm, doch es zieht ihn trotzdem zurück, und er erwacht in seinem physischen Körper.

Es lassen sich manche »natürlichen« Erklärungen für solche Erlebnisse denken, und viele sind denn auch von Kritikern genannt worden: Die Ursache könnten Halluzination sein, die nicht nur von medizinischen Einwirkungen hervorgerufen werden, sondern auch durch Schäden im Nervensystem, hohes Fieber, eine generelle Halluzinationsdisposition oder durch Streß oder Verzweiflung. Und diese »Geschichte« könnten ganz einfache Bilder sein, die der Patient durch seine religiöse Einstellung und einen Glauben an das Leben nach dem Tod bereits in sich trug.

Aus diesem Grund sind all diese Möglichkeiten in einer Untersuchung von zwei Psychologen berücksichtigt worden. Es ist die bisher größte Untersuchung auf diesem Gebiet. Der Verantwortliche war der Psychologe Dr. Karlis Osis, der in Deutschland und in den USA ausgebildet wurde, und der Psychologe Erlendur Haraldsson aus Island. Ihr Bericht in dem Buch *At the Hour of Death,*[184] scheint alle Forderungen kritischer Forschung zufriedenzustellen. Und trotzdem liefert dieser Bericht die stärksten Indizien für ein Überleben des physischen Todes, die bisher präsentiert wurden.

Der Hintergrund der Finanzierung dieser Untersuchung ist für sich genommen schon eine interessante Geschichte: Anfang der fünfziger Jahre wurde ein Mann namens James Kidd für tot erklärt. Er war in der Wüste verschollen, wo er gewisse Minerale zu finden gehofft hatte. In seinem Bankschließfach fand man einen mit Bleistift beschriebenen Zettel zusammen mit 270000 Dollar. Auf dem Zettel stand unter anderem, das Geld solle zur Forschung benutzt werden, die nachweist, daß es »eine Seele im menschlichen Körper gibt, die ihn nach dem physischen Tod verläßt«.
Dieses Testament erregte öffentliches Aufsehen und wurde weltweit diskutiert. Es endete damit, daß die amerikanische Society for Psychical Research (ASPR) das Geld zur Disposition erhielt. Die These, die geprüft werden sollte, ging davon aus, daß die Persönlichkeit außerhalb des Körpers existiert, nachdem das Gehirn seine Funktion eingestellt hat. Die volkstümliche Auffassung, die so lange von der Wissenschaft bestritten worden war, bekam hiermit die Chance einer akademischen Überprüfung. Und die nicht geringe Summe versetzte Osis und Haraldsson in die Lage, ihre Untersuchungen im großen Stil durchzuführen.
Meistens war es so, daß die Beschreibungen der Nah-Todeserfahrungen von Ärzten und Krankenschwestern berichtet wurden. Deshalb wurde deren gemeinsame Erfahrung untersucht. Auf diese Weise erhielt man eine systematische Übersicht über medizinische und andere mögliche Erklärungen, und weil die Befragung in zwei vollständig unterschiedlichen Glaubensgemeinschaften durchgeführt wurde, konnte auch festgestellt werden, ob die religiösen Erwartungen des Patienten seine »Visionen« geprägt hatten.
Die beiden Forscher sandten detaillierte Fragebogen zum Thema Nah-Todeserlebnisse und deren Hintergrund an 10000 Ärzte und Krankenschwestern in den USA. Sie erhiel-

ten ein gewaltig umfangreiches Material von über 1000 Berichten, die sich auf solche Erlebnisse bezogen. Diese wurden durch gründliche Telefoninterviews ergänzt. Später führten sie eine vergleichende Untersuchung mit persönlichen Interviews und mit den gleichen Fragen bei 700 Ärzten und Krankenschwestern in Indien durch.

Das Material der indischen und der amerikanischen Untersuchung zeigte eine erstaunliche Ähnlichkeit mit dem, was andere Erhebungen vorher ergeben hatten. Osis und Haraldsson beschreiben eine durchgehende Charakteristik in den Erlebnissen an der Schwelle des Todes: Die Vision von einer anderen Welt und ihrem Boten überstieg all die Vorstellungen, die die Patienten hatten. Ein plötzliches Erleben von Ruhe und Frieden, das über jede Vorstellungskraft hinausging, das Empfinden von Harmonie, Schönheit, starkes Licht und klare Farben und ein Wiedersehen mit nahestehenden Verstorbenen, die sie beim Einzug in ihr neues Sein begleiten wollten, waren die gemeinsamen Grundzüge aller Erlebnisse. Für die meisten repräsentierte die Vision ein so starkes Gefühl vollkommener Zufriedenheit, daß sie nicht den Wunsch hatten zurückzukehren, obwohl das durchschnittliche Alter der Patienten in den USA 62 und in Indien 44 Jahre betrug. Die Mehrzahl der Patienten starb innerhalb eines Tages, nachdem sie von ihrer Vision erzählt hatten.

Das Interessante an der Untersuchung ist, daß die ungefähr gleich starken Anteile von Hindus und Christen trotz ihrer unterschiedlichen religiösen Vorstellungen vom Tod in groben Zügen sehr ähnliche Erlebnisse hatten. Dasselbe gilt für Juden und Moslems, obwohl sie teilweise unterschiedliche Bezeichnungen wählten, um das zu beschreiben, was sie gesehen hatten.

Die christlichen Ideen über Sühne und Strafe kamen nicht zum Ausdruck, und die gewöhnlichen Beschreibungen der

Glaubensgemeinschaften über die andere Welt konnten nur bei einer Minderzahl wiedererkannt werden.
Es ist wohl offenbar, daß diese Menschen etwas Neues und Unerwartetes gesehen haben, etwas, das in großem Grade ihrem eigenen Glauben widersprach, sagten Osis und Haraldsson. Daß die Ergebnisse von den religiösen Vorstellungen geformt sein sollen, ist deshalb durch die Resultate der Untersuchung widerlegt. Bei einer Liste von zehn unterschiedlichen Charakteristika der Nah-Todeserfahrung bei den Patienten zeigte nur ein Punkt einen gewissen Unterschied zwischen Indern und Amerikanern, nämlich daß erstere öfter den Wunsch äußerten, zum Leben zurückzukehren.
In der Auswahl waren hochgebildete Patienten überrepräsentiert, doch weder Schulbildung, Alter, Geschlecht noch die vorher gefaßten Vorstellungen über ein Leben nach dem Tod schienen eine nennenswerte Rolle zu spielen. Auch hatte es keinen Einfluß auf die Art und Weise des Erlebten, ob die entsprechende Person erwartete zu sterben oder nicht. Auch die, die glaubten, wieder gesund zu werden, hatten die gleiche Art von Gefühlen bei dem Erleben des Übergangs in einen neuen Seinszustand vollständigen Zufriedenseins.
Wie steht es nun mit den möglichen medizinischen Ursachen? Durch eine umfassende, überkreuzende statistische Analyse der Antworten kamen die Forscher zu der Überzeugung, daß auch Vergiftung, Fieber, Streß, Nervenschäden und psychische Einwirkungen von Medikamenten bei über 604 der Fälle ausgeschlossen waren. Bei einer kleineren Zahl von Patienten, bei denen das Bewußtsein durch medizinische Faktoren geschädigt war, waren die Visionen etwas anders, und zwar umfaßten sie öfters bekannte Orte und Dinge, und sie wiesen weniger auf ein Zusammentreffen mit Verstorbenen hin. Wenn solche Faktoren mit hineinwirken, so scheint

es eher, daß sie die Visionen hemmen, anstatt sie hervorzurufen, sagen Osis und Haraldsson.
In bezug auf die Aufrichtigkeit der Informanten fanden sie eine gewisse Tendenz unter den jüngeren Ärzten, diese Nah-Todeserfahrungen nicht eingehend genug zu berichten, während die erfahreneren Ärzte und Krankenschwestern anscheinend die zuverlässigeren Informationen geliefert haben.
Nun waren diese Patienten natürlich nicht tot, während sie ihre Erlebnisse hatten. Es scheint jedoch, daß sie dabei dem Tod so nahe gestanden haben, daß sie ein Bild von einer Begegnung mit dem Tod gewonnen haben. Und wenn das neue Bild vom zeitlosen Ursprung des Bewußtseins ernst genommen wird, so wird es wahrscheinlicher, daß das, wovor diese Patienten standen, kein Abschluß, sondern eine Begegnung mit einer anderen Seite der Wirklichkeit war, eine Seite, mit der wir sonst nur selten in Kontakt kommen.
Für denjenigen, der die menschliche Intuition als eine komplementäre Annäherung zur Wirklichkeit respektiert, ist es auch nicht unwesentlich, daß der Übergang zu einer geistigen Wirklichkeit nach dem Tod eine erlebte Gewißheit aller Kulturen durch die ganze Menschheitsgeschichte hinweg war.

Der Friede zwischen einem undogmatischen Humanismus und einem vernunftsbegründeten Glauben?

Ich verstehe die Reaktion gegenüber dem steifbeinigen Dogmatismus, den man öfters bei institutionalisierten Religionen antrifft, besonders dann, wenn sie eine unmenschliche Seite zeigen. Und ich kann die Auffassung vieler religiöser Menschen verstehen, die sich gegen eine Einstellung wenden, die jede Art von übersinnlichen Phänomenen und jede Art von

Glauben ablehnt. Doch ich kann nicht einsehen, daß diejenigen innerhalb dieser Gruppen, die eine offene Haltung haben wollen und auf einer gemeinsamen Wertgrundlage aufbauen, ewig in Konflikt stehen müssen. Beide scheinen zu meinen, sie repräsentierten zwei grundlegend unterschiedliche Wahrheiten, die sich gegenseitig ausschließen.
Mit dem neuen, komplementären Wirklichkeitsbild sollte dieser Widerspruch nicht mehr notwendig sein. Sowohl ein Glaube an materielle Ursachen als auch ein Glaube an einen nichtmateriellen Hintergrund aller Dinge kann heute vernünftig begründet werden. Damit sollte ein gemeinsamer Ausgangspunkt für beide akzeptabel sein.
Neulich las ich in der Anthologie *Gud i moderne filosofi*[185] (»Gott in der modernen Philosophie«) einen Beitrag des Philosophieprofessors Anfinn Stigen. Dieser Beitrag war eine fingierte Diskussion zwischen einem Gläubigen und einem »Scepticus«, und ich vermute, daß letzterer die Auffassung des Autors widerspiegelt. Als sein Gesprächspartner darauf hinwies, daß trotz allem viele große Wissenschaftler tiefreligiös waren, legt Stiegen seinem Scepticus folgende Antwort in den Mund: »Ich muß zugeben, es ist sehr eigenartig mit diesen tiefreligiösen Wissenschaftlern, diese Menschen, die, um Olaf Bull zu zitieren, mit Wissen und Willen und wohlbedachter Absicht einen Teil ihrer Intelligenz auslöschen, so als ob man vier Lampen in einem Raum hat und nur eine brennen läßt. Geschieht das, um Strom zu sparen? Oder geschieht das, um sich ein romantisches Dämmerlicht zu schaffen?«
Ich weiß nicht, ob dies Stigens persönliche Meinung ist, doch ich hoffe, er stimmt mit mir darin überein, daß ein solches »Halbdunkel« oder diese nur halb benutzte Vernunft nicht unbedingt jenseits der Anerkennung einer nichtmateriellen und damit religiösen Ganzheitsdimension liegt, betrachtet aus der Sicht und begründet aus den Erkenntnissen moderner

Forschung. Anderenfalls wäre das die Grundlage für eine Diskussion über eine eventuell verbleibende Kluft.

Mir scheint, daß die gleiche Begründung, die Stigen für seine tiefmoralische Wertgrundlage anführt, ebenso für ein religiöses Ganzheitserlebnis herangezogen werden kann: Im Gegensatz zu Russell sagt er im *Dagblad* vom 12. Oktober 1985, daß die Wertgrundlage, die wir brauchen, tief in unserem menschlichen Bewußtsein verankert liegt: »Es gibt gewisse *gemeinsame menschliche* Werte«, sagt er, »und die sind unabhängig von den unterschiedlichen Weltauffassungen.« Kann man da nicht ebensogut das gleiche Argument dafür verwenden, den Glauben an eine übersinnliche Einheitsdimension zu stützen, die wohl auch immer gemeinsam menschlich war, unabhängig von kulturell unterschiedlichen Interpretationen? Mir ist klar, daß ersteres leicht und letzteres schwer oder fast unmöglich mit Vernunft zu begründen war. Doch kann ich das heute nicht mehr gelten lassen — auf jeden Fall nicht, wenn man eine offene Haltung allen vorliegenden Tatsachen gegenüber einnimmt.

Der Autor Finn Carling hat ebenfalls das Gefühl, daß religiöser Glaube seinem Gewissen und seinem Wissen gegenüber Wahrheitserkenntnissen widerspricht. Und es gibt wenig Menschen, vor deren moralischer Integrität ich größeren Respekt habe. In seinem Buch *Troende sinn*[186] (»Gläubiger Verstand«) interviewt Finn Carling verschiedene Christen über die Vernunftgrundlagen ihres Glaubens, und ich muß gestehen, daß mir ihre Antworten schwach und wenig durchdacht erscheinen. Als ich das Buch las, war ich ein wenig enttäuscht, daß der Verfasser niemanden gefunden hatte, der zumindest den Versuch unternimmt, ein zusammenhängendes Bild von Glaube und Wirklichkeit aufgrund vernünftiger Prämissen zu entwickeln. Doch es ist möglich, daß dies keinen nennenswerten Unterschied für Finn Carling und seine

Ansicht bedeutet, zu der er sich durch sein Wissen und seine Vernunft verpflichtet fühlt. Er meint, daß die Existenz Gottes »vollständig mit den naturwissenschaftlichen Auffassungen über das Leben und das Universum bricht, zu denen wir uns bisher vorgearbeitet haben«.

Ich möchte kein Streitgespräch mit Menschen beginnen, mit denen ich bezüglich der Wert- und Moralauffassung so sehr auf einer Wellenlänge bin, wie es bei Stigen und Carling der Fall ist. Doch fühlte ich das Bedürfnis, allen, die nach einem Halt jenseits der traditionellen Naturgesetze suchen, zu sagen, daß die Schlußfolgerung, zu der sie kommen, nicht im Widerspruch zu dem Wissen unserer Zeit steht, auf jeden Fall nicht zum neuen naturwissenschaftlichen Weltbild, das durch Forschung und Denken in unterschiedlichen Fachgebieten entwickelt wurde.

Und das ist nicht nur meine persönliche Meinung. Der vielleicht größte Denker unserer Zeit innerhalb der Quantenphysik, Professor David Bohm, sagt hierzu, moderne Physik widerspreche nicht einem religiösen Denkansatz im weitesten Sinne. Im Gegenteil, sie stimme mehr mit ihr überein als mit dem mechanistischen Ansatz.

Bohm hat keine voreingenommene religiöse Auffassung. Im Gegenteil, er reagiert wie die meisten Forscher des neuen Weltbildes gegen jede alleinseligmachende und dogmatische Kirchentheologie. Trotzdem wagt er, seine Theorie und sein Wissen weiterzuführen, die er als eine natürliche, generelle Auffassung betrachtet und die ich als eine vollkommen undogmatische religiöse Ansicht bezeichnen möchte. Zu seiner Theorie über die jenseitige und immaterielle implizite Ordnung sagt er, daß alles aus einem tiefsten Urgrund entspringen müsse; angesichts der beeindruckenden Ordnung des Universums könne er dem Gefühl nicht entgehen, daß dieses eine höchste Intelligenz beinhalte, die auch von Mitgefühl und Liebe durchtränkt sei. Der Idee eines persönlichen Gottes kann ein Wissenschaftler durch seine Vernunft kaum näher kommen.

Natürlich gibt es auch sehr viele Physiker, die nicht mit Bohm übereinstimmen. Doch nachdem ich ihn getroffen habe, kann ich keineswegs behaupten, daß er eine Person ist, deren Vernunft in irgendeiner Weise getrübt sei.

Durch die Sicht, auf die das neue Weltbild aufbaut, ist auch ein alter Einwand gegen einen vernunftbegründeten Gottesbegriff weggefallen, und zwar der Einwand, daß Gott nicht gleichzeitig allmächtig und absolut gut sein kann.

Mir scheint, daß der Hirnforscher Pribram dieses Paradoxon besser als jeder andere auflöste. Als ich mit ihm sprach, sah ich ein, daß der Mensch das größte aller Güter erhalten hat, nämlich das Recht, die Bedeutung des Seins durch die Freiheit der Wahl für seine eigene Entwicklung zu wählen. Eine solche Freiheit setzt eine Ganzheitsstruktur voraus, wenn sie etwas anderes als reiner Zufall in einer chaotischen Wirklichkeit sein soll. Soll diese Struktur uns eine Wahlfreiheit geben, kann sie weder Zufall noch eine absolute Gesetzmäßigkeit repräsentieren, die vom Materialismus als die einzigen Möglichkeiten angeboten werden. Sie muß aus einem Immateriellen oder Geistigen entspringen, das die totale Einheit in der Welt darstellen muß, wenn die Zukunft von uns selbst abhängen soll. Wenn Gott diese Art von Einheit ist, die alles verbindet, so muß die Freiheit das Recht sein, zu wählen, ob wir dies durch Einfühlung und Liebe erkennen wollen oder uns davon in Selbstüberheblichkeit isolieren. In einer solchen Welt können wir immer noch nach einem Sinn fragen, weshalb ein Unschuldiger leiden muß, doch wir können niemand anderen als uns selbst anklagen, daß dieses Leid nicht durch unsere Hilfe und Liebe aufgehoben wird. Man kann auch sagen: Gott hat keine anderen Arme als unsere.

Durch die Erkenntnisse unserer neuen Zeit sehe ich also eine Öffnung für einen Frieden zwischen humanitärer Vernunft und undogmatischer Religion. Auch hier scheint etwas durch die Gedanken, die hinter dem sogenannten neuen Paradigma liegen, hervorzuwachsen. Wie bereits erwähnt, finden ständig Treffen mit religiösen Führern unterschiedlicher Glaubensrichtungen statt, um den Zusammenhang zwischen Geist, Glaube und den Ideen der Komplementarität der Wirklichkeit und ihrer tiefen Einheit zu diskutieren.
Wieder zeigt es sich: Was wirklich gebraucht wird und was nun möglich zu sein scheint, ist eine *gemeinsame Grundlage*, von der ausgegangen werden kann. Repräsentanten der westlichen Kirchen, des jüdischen Glaubens, der vielen östlichen Glaubensrichtungen und der traditionellen indianischen und afrikanischen Religionen waren auf diesen Treffen vertreten. Neulich sprach ich mit einem jungen Mann, der an solch einer Konferenz teilgenommen hatte. Er berichtete mir über ein gewaltiges Gefühl geistiger Einheit und Liebe, das er niemals zuvor wahrgenommen habe.
Eine neue Erkenntnis mit so tiefen Implikationen setzt sich durch, daß die alten Lehren in einem neuen Licht erscheinen. Dies ersetzt die allzu festgefahrenen und zersplitterten Theologien, nicht aber die essentielle Eigenart der Religionen. Doch ich glaube, diese Entwicklung macht deutlich, daß die verschiedenen Glaubensrichtungen vereint werden in einem gemeinsamen Gottesbegriff, der mit der Zeit wichtiger wird als die trennenden Elemente.
Ein solches religiöses Gemeinschaftserlebnis, inspiriert durch die Idee einer alles verbindenden universellen Einheit, kam bereits im Oktober 1975 bei einer internationalen Versammlung geistiger Führer in einer Stellungnahme an die Vereinten Nationen zum Ausdruck: »Die Krisen unserer Zeit fordern die Weltreligionen heraus, eine neue spirituelle Kraft frei-

zusetzen, die religiöse kulturelle und nationale Grenzen zu einem neuen Bewußtsein um die Einheit der menschlichen Gesellschaft transzendiert und damit eine spirituelle Dynamik auslöst, um die Probleme der Welt einer Lösung zuzuführen ... Wir bejahen eine neue Spiritualität, die jegliche Isolation aufhebt und auf ein planetarisches Bewußtsein gerichtet ist.«

Religion, Vernunft und die Grenzen der Vernunft

Eines Tages sitze ich wieder in meinem Café, als ein junges Ehepaar hereinkommt und auf meinen Tisch zusteuert. Die anderen Tische sind besetzt, und sie fragen vorsichtig, ob sie sich zu mir setzen dürfen. Das dürfen sie, und nach einer Weile kommt wieder die unumgängliche Frage, was ich da schreibe.

»Genau jetzt geht es um Vernunftgründe für einen undogmatischen religiösen Glauben«, antworte ich.

Mir scheint, beide sind gleichzeitig reserviert und interessiert. Nachdem sie eine Weile still gesessen haben, schaut die Frau mich an und sagt: »Ja, wir wissen, was wir glauben; wir brauchen keine neue Begründung.« Sie wollen mich gern überzeugen und fragen mich, ob ich ein Buch lesen würde, wenn sie mir eins gäben, worin das steht, woran sie glauben. Das verspreche ich und sitze später und lese darin. Zuerst erscheint das Buch genauso nett wie das junge Ehepaar, voll von schönen Bildern einer vielversprechenden Zukunft. Da ist von Liebe die Rede, doch gleichzeitig wird einem klar gesagt, daß alle diejenigen, die nicht genau *diesen* Glauben wählen, verloren sind. Die bekommen keinen Platz in dem zukünftigen Reich.

Ich weiß, daß diese Ansicht bei Christen heutzutage nicht üblich ist. Diese beiden repräsentieren eine spezielle Sekte. Ich erwähne das hier trotzdem, weil der Kontrast zwischen den beiden Seiten der Botschaft des Buches mir sagt, daß Glaube ohne eine Führung der Vernunft in die Irre gehen kann. Liebe ist ja in erster Linie Einfühlungsvermögen. Wie kann eine solche Auffassung vernunftmäßig mit einer solchen Ausschließlichkeit Andersgläubigen gegenüber in Einklang gebracht werden? Wie können Menschen, die mit anderen fühlen, sich über ein Paradies freuen, das die Verdammung anderer voraussetzt? Wäre der Zugang zu diesem Paradies jenen vorbehalten, die gelernt haben, andere wie sich selbst zu lieben, so müßte dieses Paradies *gerade für diese* ein Grund ewiger Sorge denjenigen gegenüber sein, die außerhalb dieses Paradieses sind. Wenn sich nur trotz allem jemand so ein exklusives Paradies wünscht, drückt gerade das nicht ein Mangel an Liebe aus, eine Liebe, die ihnen der Glaube gegeben haben sollte?

Ich erwähnte das bereits während des Gesprächs mit dem jungen Paar, bevor sie das Café verließen, und ich erhielt die Antwort, die ich bereits vorher gehört hatte: »Die, die ausgeschlossen werden, haben es ja selbst gewählt ...«

Ich finde das wichtig, nicht weil ich denke, ein solch exklusiver Glaube an die Erlösung sei typisch für die heutigen Christen, sondern weil das eine alte theologische Interpretation ist, die nach meiner Ansicht dem Wesen der meisten religiösen Botschaften widerspricht: Wenn man meint, die Liebe repräsentiere die eigentlichste und tiefste Wahrheit, so müssen die »Verdammten« Menschen sein, denen aus irgendeinem Grund die Voraussetzung fehlt, diese Wahrheit zu erkennen. Warum sollen sie dann zu einem ewigen Getrenntsein von dem Gott verurteilt werden, der das totale Verständnis, die vollständige Liebe und Vergebung repräsentiert?

Es ist schwierig zu erkennen, wie das nicht in Konflikt mit dem Liebesprinzip kommen kann, das vielleicht die einzige *unveränderliche* Wahrheit ist, zu der wir einen Zugang haben, und welches, soweit ich es verstehe, die eigentliche Grundlage aller Religionen ist.

Immer wenn ich mich mit Gläubigen auseinandersetzte, die sowohl religiöse Erkenntnisse als auch echte menschliche Weisheit vermittelten, fühlte ich, daß ich vor der gleichen Grundansicht stand. Ihr entscheidender Ausgangspunkt war die tiefste Liebe in ihrem Glauben, unabhängig von ihrer Glaubensrichtung und davon, ob sich ihre Stimme in unserer Zeit oder vor tausend Jahren erhob. Was sie mit unterschiedlichen Worten und Bildern beschrieben, war etwas, wozu wir alle einen Zugang haben und das jetzt mit der Vernunft und mit dem Wissen übereinzustimmen scheint.

Was ist nun mit den biblischen Berichten über die Wunder, die viele dazu gebracht haben, jede Religion als etwas Unvernünftiges zu betrachten?

Diese Berichte werden nicht unwahrscheinlicher sein als die parapsychologischen Phänomene, die heute jeder, der mit einem offenen Verstand ausgerüstet ist, anerkennen sollte. Wenn die einzelnen Religionsstifter als Inkarnationen Gottes angesehen werden, wie wir es ja alle auf irgendeine Art und Weise sind, sollte das vor dem Hintergrund des heutigen neuen Weltbildes kein hinreichender Grund sein, solche Zusammenhänge als absolut unmöglich zu betrachten.

Ich akzeptiere sehr wohl, daß die biblischen Berichte wichtig, ja notwendig sein können, um zu einer tieferen religiösen Wahrheit vorzudringen. Doch sollten die Religionen nicht auch ein Raum für diejenigen bieten, die sich von ihrem Zweifel nicht lösen können? Der eigentliche Sinn geht wohl nicht verloren, wenn sich zeigt, daß nicht alles haargenau so geschah, wie es in der Bibel steht.

Ich kenne andere Religionen nicht gut genug, um darüber urteilen zu können; doch glaube ich, genug über das Christentum zu wissen, um zu verstehen, daß das *Ganzheitsbild*, welches durch das Neue Testament geschaffen wird, ein klares Hauptziel verfolgt: Gott als einen Ausdruck für die absolute Liebe zu beschreiben — und als die Konsequenzen der Liebe zu erklären.

Natürlich kann man mit einem vollständig verdrängten Wissen und einer verdrängten Logik glauben, doch bin ich überzeugt, daß eine solche Möglichkeit in unserer Zeit immer unwahrscheinlicher wird. Obwohl sich die Basis unseres Verständnisses verändern wird, werden wir niemals die letzten Jahrhunderte vergessen können, die uns das naturwissenschaftliche Denken lehrten. Deshalb glaube ich, das historisch Neue, vor dem wir stehen, ist ebendiese Verschmelzung von Glaube, Vernunft und Wissen, das uns die neue Wissenschaft ermöglicht.

Doch unser Denken wird uns niemals so weit führen, daß es den tiefsten Inhalt der Religion selbst beschreiben kann. Ein vernünftiges Denken aus dem Wissen unserer Zeit kann uns zu einem Verständnis führen, das der Ausgangspunkt der Religion sein muß. Dieses Verständnis beinhaltet, daß die Grundlage unserer Existenz eine alles verbindende spirituelle Dimension ist, die ein Einfühlen in die Situation anderer voraussetzt, das heißt Liebe durch die Verantwortung gegenüber anderen und gegenüber Gaia, unserer gemeinsamen Heimat, verwirklicht. Doch darüber hinaus ist alles eine Frage der Erkenntnis einer Seite der Wirklichkeit, die jenseits der Reichweite unserer rationalen Gedanken liegt. Damit ist auch die Rolle der Theologie begrenzt. Was P. G. Lindhardt, Professor für Kirchengeschichte in Århus (Dänemark), in der Tageszeitung *Berlingske Tidene* am 5. November 1979 schrieb, kann ich sehr gut nachvollziehen. Er schrieb, das Christentum sei eben nicht »Gottes Wort«, teilweise wie es geschrieben und interpretiert wird, aus einem theologischen und geistigen

Machtstreben heraus. Das Christentum sei vielmehr das Zeugnis der Gläubigen; es werde offensichtlich, »daß die Theologie damit bereits eine andere Bedeutung hat. Sie kann nicht mehr eine Lehre über Gott sein, doch wird sie zu einer Wissenschaft über den menschlichen Glauben an Gott.« Damit wird die Religion als das beschrieben, was sie ist: die Suche des Menschen nach Ganzheit und einer Verbindung zur Übernatur, nach Sinngebung, verbunden mit Nächstenliebe – jedoch mit gleichzeitigem Gebrauch des kritischen Verstandes.

Bei diesem Suchen können Theologie und Wissenschaft Helfer sein, jedoch niemals Herrscher.

Der begründete Glaube an die Möglichkeiten der Zukunft

Das Bewußtsein, daß die lange Reise zu Ende ist, empfinde ich fast als schmerzlich. Mehr als ein Jahr hatte ich die Möglichkeit, Fragen nachzugehen, die immer in meinem Bewußtsein gelegen haben, mit denen ich mich jedoch, wie viele andere, aus Zeitmangel nicht befassen konnte. Ich weiß, es war ein Privileg, und ich hoffe, daß es für mehrere als nur für mich von Nutzen war.

Jetzt sind das Stipendium und die Spenden, die dieses Projekt ermöglichten, längst aufgebraucht, und ich muß zu einer Beschäftigung zurückkehren, die mir meinen Lebensunterhalt sichert. Doch ich weiß, daß das, was ich von nun an denken und tun werde, von dem geprägt ist, was ich in dem Grenzland zwischen aller und neuer Erkenntnis gelernt habe. Ich erhielt eine Bestätigung dessen, was immer mein fester Glaube gewesen ist, doch was nach meiner Meinung gewisser Beweise bedurfte, um es richtig zu begründen, nämlich daß die Zukunft nicht etwas Gegebenes ist, sondern eine *Möglichkeit.*

Jetzt erkenne ich, daß die Ganzheit, von der wir nur ein Teil sind, durch ein ordnendes Prinzip aufrechterhalten wird. Doch diese Ordnung raubt uns nicht unsere Freiheit. Sie legt den Rahmen für unsere Wahl fest, jedoch nicht die Wahl der Entwicklungsrichtung, weder individuell noch kollektiv.

Ich fühle, daß ich eine neue Sicherheit in dem erhalten habe, was ich weiterhin tun werde. Es ist nicht die Sicherheit, alles erklären zu können, sondern daß die Welt so voll von anderen Möglichkeiten ist, die nicht erklärt oder vorausgesetzt werden können, weil sie ihren Ursprung in einer Seite der Wirklichkeit haben, die sich unserem gedanklichen Verständnis entzieht. Damit ist das Recht der Wissenschaft, uns ihre Voraussagen aufzuzwingen, gebrochen: Ihre Gesetze sind nicht mehr bindend, als wir wählen, daran zu glauben, weil das Unvorhersehbare auch in uns selbst liegt. Wir sind Teile einer *offenen* Welt, die niemals mehr in einer einseitigen, mechanistisch-materialistischen Beschreibung Platz findet.

Ich glaube, es ist wichtig, zu wissen, daß wir vor der tiefsten Seite der Wirklichkeit alle gleich sind. Keine Ausbildung gibt ein Vortrittsrecht zum intuitiven Ganzheitserlebnis, das die Pforte einer tieferen Erkenntnis ist. Wir werden immer die Sachlichkeit der Wissenschaft brauchen, um die schwierige Welt, in der wir leben, beschreiben zu können, um sie analysieren zu können und um ihre Muster zu meistern. Doch das Erlebnis der jenseitigen Zusammenhänge und Bedeutungen liegt in einer Dimension, die sich der Reichweite eines jeden logischen Denkens entzieht.

Zum letztenmal wandere ich durch das Heidekraut und Gras zu meinem Schreibplatz, der mir immer ein Ort des Friedens war, wo mich niemand stören konnte, um mich aus meinen Gedanken herauszureißen. Ich gehe in den Wald und setze mich wieder auf meinen steinernen Stuhl mit Graspolster, dort, wo die Reise begann. Während ich die Ruhe und Harmonie ringsherum in mich hineinsauge, versuche ich, in mir ein Bild von dem Verständnis hervorzurufen, zu dem mich diese Reise geführt hat.

Zuerst kann es erscheinen, daß diese Entdeckungsreise von einem Paradoxon geprägt war: Nach der Suche für eine Bestätigung dessen, was jenseits der Logik und Analyse liegt, habe ich, soweit es eben ging, ebendieses systematische kritische und logische Denken benutzt. Trotzdem sehe ich keine andere Möglichkeit, mich diesen Fragen in unserer heutigen Art zu denken anzunähern, wenn wir die hoffnungslose Kluft zwischen Glaube und Vernunft überbrücken wollen. Das Paradoxon wird durch die Idee der *Komplementarität* aufgelöst.

Wir haben keine anderen Möglichkeiten als die kritische Vernunft, um festzustellen, was tatsächlich geschieht, und ich habe keine andere Grundlage zu diskutieren, inwieweit eine materialistische Erklärung möglich ist oder nicht. Wenn eine immaterielle Dimension für die Wirklichkeit, mit der wir uns plagen, relevant sein soll, so muß es deshalb sein, weil diese reelle Wirkungen in der physischen Welt zeitigt, und diese Wirkungen können nur durch eine offene wissenschaftliche Haltung richtig untersucht werden.

Werden wir zu der Erkenntnis gezwungen, daß es Phänomene gibt, die ihren Ursprung in einer Dimension jenseits von Zeit und Raum haben, so haben wir unsere Logik zu einem Ende geführt. Dann, und erst dann, kommen wir zu einem Punkt, wo wir etwas anderes brauchen als Logik, um weiterzukommen, weil das, wozu wir durch unsere Folgerungen gekommen sind, die andere Seite der Komplementarität ist, das ewige Jetzt, das nur dem komplementären Bewußtsein, unabhängig von einem linearen Denken, zugänglich ist.

Ich fühle, es ist dieser Punkt, zu dem ich gekommen bin. Ich hatte auch nicht erwartet, auf dieser Reise weiter vorzustoßen als zu dem, was ich als den ersten Schritt betrachte. Natürlich habe ich hier in der Stille des Waldes immer eine Verbindung mit etwas anderem gefunden, etwas, das vielleicht als die Voraussetzung der Reise genannt werden könnte. Doch um hier tiefer vorzustoßen, bedarf es eines neuen Mittels. Auch dieses wird die Führung der Vernunft brauchen, doch dann nur als Korrektiv einer Suche, die von einer anderen Art sein muß.

Trotzdem glaube ich, was ich bis hierher entdeckt habe, ist wichtig. Es gibt uns das Recht, an das Tiefste in uns selbst zu glauben, ohne der Stimme der Vernunft widersprechen zu müssen. Es gibt uns den Grund, an unsere Möglichkeiten zu glauben, die keine mechanische Gesetzmäßigkeit erklären kann.

Ich denke an die verzweifelte Welt, in der wir leben, und weiß, daß alles von diesem einen abhängt; unserer Fähigkeit, an einen Sinn des Lebens, an uns selbst und an unsere Zukunft zu glauben. Das ist nicht leicht, keiner kann uns kritisieren, daß es uns schwergefallen ist. In der totalen Welt der Gesetzmäßigkeit war es unsere einzige Möglichkeit. Jede neue Nachricht über Gewalt, Konflikt und Kriegsgefahr, Umweltzerstörung, Not und Leid sagte uns, daß unsere Entwicklung ohne Hoffnung ist; daß es unsere einzige Wahl war, die Sinnlosigkeit zu akzeptieren, oder uns gegen eine Entwicklung aufzulehnen, die auf jeden Fall gegeben war.

Ich denke an all den Widerstand, den ich und andere in den Jahren erlebten, in denen wir an einer Veränderung arbeiteten; ich denke auch an die Argumente, wie hoffnungslos und unrealistisch all das sein soll, was wir tun: Weshalb sollten wir den Leuten falsche Hoffnungen machen? Und jetzt verstehe ich, daß in dem Weltbild, in dem wir lebten, diese Angriffe berechtigt waren. Im Licht dessen, was für unsere Welt »Wahrheit« ist, war es sinnlos, sich nicht der Situation des Tages und der Zukunft anzupassen, die unabhängig von allen Illusionen über den freien Willen kommen mußte. Deshalb ist es vielleicht wichtiger als alles andere, daß wir jetzt einen reellen Grund haben zu sagen: Die Wirklichkeit ist nicht so! Die Welt ist voll von Möglichkeiten, zu der jeder von uns einen Teil beitragen kann. Die schrecklichen Nachrichten, die uns ständig übermannen wollen, sind keine Bestätigungen dafür, daß die Welt sinnlos ist, sie vermitteln vielmehr *Aufgaben,* die angepackt werden müssen!

Niemals zuvor hatten wir so viel zu tun und zu verändern

wie gerade in der Wirklichkeit unserer heutigen Zeit. Niemals haben so wichtige Aufgaben jeden aufgerufen, der in dieses Chaos und diese Krise schaut, in der die Öffnung einer neuen Welt sich zeigt. Und niemals war die Möglichkeit größer, zu einer Zukunft beizutragen, die zumindest besser ist als die, die wir jetzt haben. All dies würden wir heute sagen, ohne daß wir beschuldigt werden können, einem Glauben anzuhängen, der nicht in der Wirklichkeit verwurzelt ist.

Ich sitze hier, umgeben von dem Wunder der Ganzheit und Bedeutung, das sich in jedem sonnenbeschienenen Blatt und in jedem Vogelgezwitscher offenbart, das meine Ohren erfüllt; und ich weiß, es bedarf eigentlich keiner Wissenschaft, um mir zu zeigen, daß die Wirklichkeit mehr ist, als der Materialismus verspricht. Das Naturerlebnis allein sollte ausreichend sein, um zu beweisen, daß der Sinn nicht in den Teilen liegt, sondern in dem, was deren unbeschreiblichen Zusammenhang schafft. Und kein Forscher wird mir erzählen können, ich sei nicht selbst ein Teil dessen, was jenseits dieser unfaßbaren Ganzheit liegt, was dem Leben einen Sinn gibt, indem es uns alle miteinander und mit der ganzen Existenz verbindet. Auch kann keine Theorie widerlegen, daß das Erleben einer solchen Einheit mehr von uns erfordert als Denken. Einfühlungsvermögen wird erforderlich, das nur durch Liebe verstanden werden kann.

Trotzdem empfinde ich Dankbarkeit den Forschern gegenüber, die uns erlaubt haben, die Intuition näher ins Auge zu fassen, die wir bisher verdrängen mußten, und die uns rationale Gründe lieferten, den materialistischen Tabus zu widersprechen. Ich rufe mir die Denker der neuen Zeit ins Gedächtnis, die ihre Forscherkarriere aufs Spiel setzten, um etwas Neues zu erarbeiten, statt dem hoffnungslosen Materialismus zu folgen:

David Bohm, der es wagte, zu behaupten, daß es einen Zusam-

menhang zwischen dem religiösen Ganzheitssuchen und einem wissenschaftlichen Verständnis der Natur der Ganzheit gibt.
Ilya Prigogine, der zeigte, daß das Chaos nicht hoffnungslos ist, sondern den Zeitpunkt für die freie Wahl einer neuen Ordnung und eines neuen Sinns darstellt.
Norman Emerson, der es ablehnte, vor der unwiderlegbaren Erkenntnis zu flüchten, daß die Reichweite des Bewußtseins über Zeit und Raum hinausreicht.
John Hasted, Douglas Dean, Charles Honorton und Russell Targ, die die Kritik nicht gescheut haben, um nachzuweisen, daß die geistigen Kräfte den materiellen Gesetzen übergeordnet sind.
Geoffrey Chew und Henry Stapp, die im Gegensatz zu so vielen anderen den revolutionierenden Konsequenzen der Physik mit offenen Augen entgegengesehen haben.
Jim E. Lovelock, der uns Gaia gezeigt hat, unser gemeinsames Heim, das uns das Recht des Lebens sichert, solange wir seine lebende Ganzheit respektieren.
Karl Pribram, der uns die Möglichkeit gab, an unsere Freiheit und unsere Verantwortung in einer sinnvoll geordneten Welt zu glauben.
Und nicht zuletzt die legendären Quantenphysiker, die ursprünglich die Grundlage zum Verständnis des Ganzen schufen.
Immer noch ist das Gebiet, worin all die Forscher arbeiten, die ich getroffen habe, wissenschaftliches Grenzland, in das ihre Kollegen sich noch nicht hineingewagt haben. Doch die Tatsachen, die für ihre Sichtweise sprechen, sind zu überwältigend, als daß sie über längere Zeit hinweg abgewiesen werden können. Thomas Kuhns Beschreibung eines Übergangs zu einem neuen »Paradigma« zeigt, daß dies gerade dann geschieht, wenn das Schwergewicht der Tatsachen, die die alte Weltanschauung ablehnt, nicht länger übersehen werden kann.

Wir leben wahrscheinlich in der interessantesten und an Möglichkeiten reichsten Zeit, die die Menschheit jemals gesehen hat. Für jeden, der die Augen und Ohren für das neue Denken öffnet, ist es offenbar, daß wir vor einer tieferen Veränderungen unseres Selbstverständnisses stehen, als wir es je vorher in der Geschichte beobachten konnten. Nur der wissenschaftliche Dogmatismus und die Starrheit stehen im Weg, doch diese können nicht unendlich aufrechterhalten werden. Die Offenheit für neue Erkenntnisse, was eine Voraussetzung der Wissenschaft ist, macht eine Veränderung früher oder später notwendig.

Deshalb behaupte ich, etwas Neues ist unterwegs. Etwas, das uns nicht ohne weiteres die Lösung unserer Krisen vermittelt, mit denen wir leben, das uns aber sagt: Eine Lösung ist möglich, und der tiefste Sinn besteht darin, diese zu erreichen.

Langsam packe ich mein Schreibzeug zusammen. Mein Auftrag ist erfüllt, und ich meine, daß er mir viele Antworten auf manche der Fragen gegeben hat, die ich mir zu Beginn stellte.

Ich schultere den Rucksack und gehe abwärts durch den Frühlingswald, um Ragnhild zu sagen, daß ich endlich die Aufgabe erfüllt habe, an der sie so intensiv teilgenommen hat. Ich freue mich, ihr sagen zu können, daß der lange Arbeitstag nun vorbei ist.

Als ich aus dem Wald komme, sehe ich die Stadt und den Fjord vor mir. Einen Augenblick bleibe ich stehen, so wie ich es immer tue.

Ich schaue hinweg über alle Gebäude und weiß, in jedem von ihnen wohnen Menschen mit ungeahnten Möglichkeiten für eine sinnvolle Handlungsweise in einer Welt voller Aufgaben. Das einzige, was fehlt, ist der Glaube, daß es etwas nutzt. Wenn meine Reise dazu beitragen kann, so war sie nicht vergebens.

Anmerkungen

1. Arne Næss: *Hvilken verden er den virkelige?* Oslo 1982
2. Jim E. Lovelock: *Gaia,* New York 1979; deutsch: *Unsere Erde wird überleben*
3. Werner Heisenberg: *Der Teil und das Ganze,* München 1969
4. James Jeans: *The Mysterious Universe,* New York 1930; deutsch: *Der Weltenraum und seine Rätsel*
5. Heisenberg, a. a. O. (s. Anm. 3)
6. Werner Heisenberg: *Physik und Philosophie,* Berlin o. J.
7. Fritjof Capra: *The Tao of Physics,* Berkeley 19675; deutsch: *Der kosmische Reigen*
8. Ders.: *The Turning Point,* New York 1982; deutsch: *Wendezeit. Bausteine für ein neues Weltbild*
9. Paul Dirac: *The Principles of Quantum Mechanics,* Oxford 1947
10. Paul Davies: *Other Worlds,* New York 1982; deutsch: *Mehrfachwelten. Entdeckungen der Quantenphysik*
11. Beim sogenannten Compton-Effekt kann ein Quant trotzdem Energie abgeben, ohne seine eigentlichen Quantennatur zu verlieren. Das geschieht, wenn Quanten anderen Elementarpartikeln begegnen und die Bahn beider abgebogen wird. Die Energieauswechslung geschieht durch Veränderung der Bewegungsrichtung und Wellenlänge: Das Quant wird »weicher«, doch seine unveränderte Lichtgeschwindigkeit wird nicht reduziert.
12. Marilyn Ferguson: *The Aquarian Conspiracy,* Los Angeles 1980; deutsch: *Die sanfte Verschwörung. Persönliche und Gesellschaftliche Transformation im Zeitalter des Wassermanns* (Knaur-Tb. 4123)
13. Heisenberg, a. a. O. (s. Anm. 3)
14. Niels Bohr: *Atomfysik og menneskelig Erkendelse,* Kopenhagen 1958; deutsch: *Atomphysik und menschliche Erkenntnis*
15. O. Costa de Beauregard in *Psychoenergetics,* Bd. 5, Gordon and Breach Science Publishers Inc., England, 1983
16. Annihilation ist ein Ausdruck für die Umbildung elektromagnetischer Strahlung, wenn ein Elektron ein Antipartikel trifft. Das Antipartikel eines Elektrons nennt man Positron. Treffen sich diese zwei, so bilden sie während einer zehntausendstel Mikrosekunde ein Positronium im Zustand der Symmetrie, das in zwei Strahlungsquanten übergehen kann. Ein Positronium ist ein kernloses Atom, wo das Elektron und das Positron einen Au-

genblick in Lichtgeschwindigkeit umeinander kreisen, bevor sie verschwinden und statt dessen zwei Lichtquanten oder Photonen bilden. Diese bilden ein »symmetrisches Paar« mit entgegengesetzter Bewegungsrichtung, entgegengesetzter Polarität.

17. *Aftenposten*, Oslo, 3. Juli 1985: »Experiment zeigt, daß Einstein sich irrte«
18. Steven Weinberg: *The First Three Minutes*, New York 1984; deutsch: *Die ersten drei Minuten. Der Ursprung des Universums*
19. Ferguson, a. a. O. (s. Anm. 12)
20. Paul Davies: *God and the New Physics*, New York 1984; deutsch: *Gott und die moderne Physik*
21. Harald Bø: *Mennesket på lykke og logikk; kan mennesket gjenvinne frihet fra tid?*, Oslo 1965
22. Will Durant: *Store tenkere; bd. II: Immanuel Kant og den tyske idealisme*, Oslo 1941
23. Capra, a. a. O. (s. Anm. 8)
24. Arthur Koestler: *Die Wurzeln des Zufalls*, Bern, München, Wien 1972
25. Lyall Watson: *Lifetide*, 1979
26. Jeffrey Goodman: *Psychic Archaeology*, London 1978
27. Stephan Schwartz: *The Secret Vaults of Time*, 1978
28. Ders.: *The Alexandria Project*, New York 1983
29. Norman Emerson: *Intuitive Archaeology: A Pragmatic Study*, Dept. of Anthropology, University of Toronto, März 1976
30. Ders.: *Intuitive Archaeology: A Psychic Approach*, Phönix, Bd. 5, Nr. 1/1981
31. Ders.: *Archaeology. Parapsychology and One White Crow*, Dept. of Anthropology, University of Toronto, April 1976
32. Ebenda
33. Ders.: *Intuitive Archaeology: Egypt and Iran*, Dept. of Anthropology, University of Toronto, November 1975
34. Ders. *Intuitive Archaeology and Related Matters*, Dept. of Anthropology, University of Toronto, März 1975
35. Jan Ø. Nielsen: *Mysteriet menneske*, Oslo 1981
36. Van Nostrand/Reinhold: *Handbook of Parapsychology*, New York 1972
37. Watson, a. a. O. (s. Anm. 25)
38. David Bohm: *Quantum Theory*, New York 1951
39. Ders.: *Hidden Variables and the Implicate Order*, Zygon, Bd. 20, Nr. 2, USA, Juni 1985
40. John P. Briggs und David Peat: *Looking Glass Universe*, London 1985
41. David Bohm: *Wholeness and the Implicate Order*, London 1981; deutsch: *Die implizite Ordnung*
42. Charles Panati (Hg.): *The Geller Papers*, Boston 1976
43. John Hasted: *The Metal Benders*, London 1981
44. David Bohm: *A New Theory of the Relationship of Mind and Matter*, Birkbeck College, University of London

45. *Mediet Einer Nielsen — Kontrolundersøkelser av Universitetskomitéen i Kristiania*, Gyldendal 1922
46. Martin Gardner: *Science: Good, Bad and Bogus*, New York 1981; deutsch: *Kabarett der Täuschungen. Unter dem Deckmantel der Wissenschaft*
47. Stanley Krippner (Hg.): *Psychoenergetic Systems*, Bd. 2, 1977
48. Ders.: *Human Possibilities*, New York 1980
49. *Report to The U.S. Congress: Research into »psi« phenomena — current status and trends of Congressional concern*, Fra Science Policy Research Division, 2. Juni 1983
50. *Human-etikk*, Oslo, Nr. 3, Juni 1985
51. Panati, a. a. O. (s. Anm. 42)
52. Joseph Gaither Pratt: *ESP Research Today*, Methuen, New Jersey, 1973; Krippner, a. a. O. (s. Anm. 48)
53. Koestler, a. a. O. (s. Anm. 24)
54. Krippner, a. a. O. (s. Anm. 48); Pratt, a. a. O. (s. Anm. 52)
55. Psychokinese = paranormale Fähigkeit, Gegenstände durch Geisteskraft zu bewegen; psychische Einwirkung auf physischen Stoff
56. Pratt, a. a. O. (s. Anm. 52)
57. Ebenda
58. Krippner, a. a. O. (s. Anm. 48)
59. Koestler, a. a. O. (s. Anm. 24)
60. Emerson, a. a. O. (s. Anm. 31)
61. Pierre Teilhard de Chardin: *Das Auftreten des Menschen*, Olten 1965
62. The Society for Psychical Research: *Objects and Activities*, London 1983
63. *Zetic Scholar*, Journal of the Center for Scientific Anomalies Research 3—4 (Marcello Truzzi), Dept. of Psychology, Michigan University, 1979
64. The Churches' Fellowship for Psychical and Spiritual Studies, London
65. Nicholas Clark Lowes: »A Role for Parapsychology in Religious Education«, *Churches' Quarterly Review*, Frühjahr 1985, London
66. Henry Stapp in *On the Foundations of Physics*, Januar 1985, S. 35
67. Davies, a. a. O. (s. Anm. 20)
68. Ders., a. a. O. (s. Anm. 10)
69. Hasted, a. a. O. (s. Anm. 43)
70. »Closing the Psychic Gap«, in *Forbes*, 21. Mai 1984
71. Matthew Manning: *The Link*, Gerrads Cross, England, 1974
72. *Tamworth Herald*, England, 13. April 1984
73. Manning, a. a. O. (s. Anm. 71)
74. Joel L. Whitton: *Ramp Functions in EEG Power Spectra during Actual and Attempted Paranormal Events*, Toronto 1985
75. Jayne Gilman: *Don't Expect Miracles*, She, April 1985
76. *Matthew Manning Information*, Manning Centre, Bury St. Edmonds 1985
77. Ann Shearer: »The Gentle Touch of Mr. Manning«, *The Guardian*, 5. September 1984

78. Hans Jürgen Eysenck und Carl Sargent: *Der übersinnliche Mensch*, München 1984
79. Hans Jürgen Eysenck und David Nias: *Astrologie. Wissenschaft oder Aberglaube?*, München 1984
80. Ken Keyes jr.: *The Hundredth Monkey*, Cose Bay, Oregon, 1982; deutsch: *Der Hundertste Affe. Plädoyer gegen den Atomwahn*
81. Watson, a. a. O. (s. Anm. 25)
82. Pratt, a. a. O. (s. Anm. 52)
83. Watson, a. a. O. (s. Anm. 25)
84. Greely & McCready: *The Ultimate Values of the American Population*, Gage, Kalifornien, 1976
85. Henry Stapp: »Consciousness and Values in the Quantum Universe«, *Foundations of Physics*, Bd. 15, Nr. 1, Januar 1985
86. Lester Ingber: *Physica* 5 D 83 (1982) und *Phys. Rev.* A 28, 395 (1983)
87. D. F. Lawden: »A Berkeleyian Model for Psychic Phenomena«, *Psychoenergetics*, Bd. 5, Gordon and Breach Science Publishers Inc., England, 1983
88. E. H. Walther: *International Journal of Quantum Chem*, 11, 103, 1977
89. E. Wigner: *The Scientist Speculates*, London 1962
90. Roger W. Sperry in *Psychological Review*, 76, 532, 1969
91. J. C. Eccles: *The Self and its brain*, Berlin 1978
92. Marilyn Ferguson, *Brain/Mind Bulletin Theme Pack 5*, Los Angeles 1977
93. Charles Honorton: *Replicability, Influence and Parapsychology: An Empirical Context for the Study of Mind*, Vortrag, The American Association for the Advancement of Science, Washington, D. C., 17. Februar 1978
94. Ebenda
95. REG = *random event generator;* Zufallsgenerator
96. B. Brown: *Streß and the Art of Biofeedback*, New York 1977; J. Basmajian in *Science*, 1972 (176) 603; Budzynski, Stoyva, Adler und Mullaney in *Psychosomatic Medicine*, 1973 (35) 484; McDonagh und McGinnis: »Skin Temperatur ... Autogenetic Suggestion and Biofeedback«, *Proceedings of 81st annual Convention of the American Psychological Association*, 1973, 547; Nowlis und Kamiya in *Psychophysiology*, 1970 (6) 476
97. Campbell & Garnett: *The Life of James Clark Maxwell*, London 1982
98. A. S. Eddington: *Den materiella världens väsende*, Stockholm 1931
99. Thomas S. Kuhn: *Die Struktur wissenschaftlicher Revolutionen*, Frankfurt 1973
100. Capra, a. a. O. (s. Anm. 8)
101. Teilhard de Chardin, a. a. O. (s. Anm. 61)
102. E. F. Schumacher: *Guide for the Perplexed*, London 1978; deutsch: *Rat für die Ratlosen. Vom sinnerfüllten Leben*
103. Capra, a. a. O. (s. Anm. 7)
104. Ilya Prigogine und Isabelle Stengers: *Dialog mit der Natur. Neue Wege naturwissenschaftlichen Denkens*, München 1981
105. Ferguson, a. a. O. (s. Anm. 92)

106. Dies., a. a. O. (s. Anm. 12)
107. Ebenda
108. Kirkpatrick Sale: *Human Scale,* London 1980
109. Roger W. Sperry: *Consciousness, personal identity and the divided brain,* The Dual Brain, New York 1985
110. Yvonne Baskin: Interview mit Roger W. Sperry im August 1983, *The OMNI Interviews,* Red. P. Weintraub, New York 1984
111. Roger W. Sperry: »Changing concepts of consciousness and free will«. *Perspectives in Biology and Medicine,* Bd. 20-1, University of Chicago, 1976
112. Robert E. Ornstein: *The Psychology of Consciousness,* San Francisco und London 1972
113. W. B. Beveridge: *The Art of Scientific Investigation,* 1950
114. K. V. Laurekainen: *The Possibility of Science and its Limits,* Forschungsinstitut für theoretische Physik, Helsinki, November 1985
115. Aldous Huxley: *The Doors of Perception,* New York 1954; deutsch: *Die Pforten der Wahrnehmung*
116. Ferguson, a. a. O. (s. Anm. 12)
117. Karl H. Pribram: *The Cognitive Revolution and Mind/Brain Issues,* American Psychologist, Sommer 1985
118. Briggs/Peat, a. a. O. (s. Anm. 40)
119. Karl H. Pribram: »Psychology as a Science: Three Fundamental Approaches«, R. A. Kasschau und C. N. Cofer (Hg.): *Psychology's Second Century: Enduring Issues,* New York 1981
120. Donald M. MacKay: *Ourselves and our brains: Diality without dualism,* Psychoneuroendoctrinology, Bd. 7, Nr. 4, England 1982
121. Nielsen, a. a. O. (s. Anm. 35)
122. Pratt, a. a. O. (s. Anm. 52)
123. Walter Heilter: *Naturwissenschaft und Geisteswissenschaft,* Kilchberg (Schweiz) 1972
124. Koestler, a. a. O. (s. Anm. 24)
125. Durant, a. a. O. (s. Anm. 22)
126. Morgan Robertson: *Futility,* New York 1898
127. J. W. Hannah: *The Futility God,* Didactic Publication, Ohio 1980
128. *Journal of the American Society for Psychical Research (JASPR),* New York, 54, 153—171, 1960
129. Jule Eisenbud: *Parapsychology and the Unconscious,* Berkeley 1983
130. Robert G. Temple: *Sirius-mysteriet,* Trondheim 1981
131. M. Griaule und G. Dieterlen: *Le Renard Pâle,* Institut d'Ethnologie, Paris 1965
132. Marilyn Ferguson: *Brain/Mind Bulletin Theme Pack, Bd. 4,* Los Angeles 1979
133. J. C. Eccles in *Annals of the New York Academy of Sciences* (299) 161, 1977
134. C. G. Jung: *Aion;* zitiert nach Capra, a. a. O. (s. Anm. 8)
135. Capra, a. a. O. (s. Anm. 8)

136. Ebenda
137. Ferguson, a. a. O. (s. Anm. 12)
138. Eigentlich handelt es sich um zwei Gespräche, doch beim Abhören der Tonbandaufnahmen wurde mir klar, daß die Fragen so gestellt waren, daß die beiden Interviews hier vereint verscheinen können, ohne damit etwas am Sinngehalt zu verändern — auch deshalb, weil die Ansichten der beiden Professoren in den Hauptpunkten sehr nahe beieinanderlagen.
139. »Bringin Up Superbaby«, *Newsweek*, 18. März 1983
140. Larissa Vilenskaya: *Psi Research — An East West Journal on Parapsychology, Psychotronics, and Psychobiophysics*, Washington Research Center, September 1982
141. Russell Targ und Keith Harrary: *The Mind Race*, New York 1984
142. Hans Jürgen Eysenck: *Sense and Nonsense in Psychology*, London 1957; deutsch: *Wege und Abwege der Psychologie*
143. DNS = Desoxyribonukleinsäure; DNS bildet bei den meisten Lebewesen das genetische Material (Träger der Erbanlagen)
144. Jacques Monod: *Le Hasard et la Nécessité*, Paris 1970; deutsch: *Zufall und Notwendigkeit*
145. Fred Hoyle: *The Intelligent Universe*, London 1983; deutsch: *Das intelligente Universum. Eine neue Sicht von Entstehung und Evolution*
146. Briggs/Peat, a. a. O. (s. Anm. 40)
147. Watson, a. a. O. (s. Anm. 25); S. Black: *Mind an Body*, London 1969
148. Watson, a. a. O. (s. Anm. 25)
149. Capra, a. a. O. (s. Anm. 8)
150. Ebenda
151. Monod, a. a. O. (s. Anm. 144)
152. Hoyle, a. a. O. (s. Anm. 145)
153. Watson, a. a. O. (s. Anm. 25)
154. Briggs/Peat, a. a. O. (s. Anm. 40)
155. M. Perutz: »Tarantula versus Tarantula-hawk«, *Journal of Experimental Zoology*, 45, 367—97, 1926
156. Ferguson, a. a. O. (s. Anm. 12)
157. Lovelock, a. a. O. (s. Anm. 2)
158. Capra, a. a. O. (s. Anm. 8)
159. Wenche Håland: *Psykoterapi*, Oslo 1986
160. Rupert Sheldrake: *A New Science of Life: The Hypothesis of Formative Causation*, London 1981; deutsch: *Das schöpferische Universum. Die Theorie des morphogenetischen Feldes*
161. Renée Weber: »Conversations between Rupert Sheldrake, Renée Weber, David Bohm«, *ReVISION*, Bd. 5, Nr. 2, Herbst 1982
162. Ann Shearer: »If we know now, what we knew then«, *The Guardian*, London, 11. Dezember 1985
163. Marilyn Ferguson: *Brain/Mind Bulletin Theme Pack, Bd. 7*, Los Angeles 1982

164. Shearer, a. a. O. (s. Anm. 162)
165. Sheldrake, a. a. O. (s. Anm. 160)
166. Crew benutzte beispielsweise eine Methode sehr strenger Inzucht, indem er aus jeder Generation nur Brüder mit ihren Schwestern kreuzte. Dies verursachte in den jeweils nachfolgenden Generationen teilweise starke Mißbildungen.
167. Koestler, a. a. O. (s. Anm. 24)
168. Lovelock, a. a. O. (s. Anm. 2)
169. A. I. Oparin: *The Origin of Live on the Earth*, Edinburgh 1957; Watson, a. a. O. (s. Anm. 25)
170. C. G. Jung: *Erinnerungen, Träume, Gedanken*, Freiburg 1985
171. Weber, a. a. O. (s. Anm. 161)
172. David Bohm: *Fragmentation and Wholeness in Religion and Science*, Zygon, Journal of Religion and Science, Bd. 20, Nr. 2, Juni 1985
173. André Glucksman: *Herretenkerne*, Oslo 1978
174. K. Busia: *Africa in Search for Democracy*, London 1976
175. Bohm, a. a. O. (s. Anm. 172)
176. Kuhn, a. a. O. (s. Anm. 99)
177. Ferguson, a. a. O. (s. Anm. 12)
178. John B. Priestley: *Literature and Western Man*, 1960; zitiert nach Ferguson, a. a. O. (s. Anm. 12)
179. Bertrand Russell: *Why I am not a Christian*, London 1957; deutsch: *Warum ich kein Christ bin. Über Religion, Moral und Humanität. Von der Unfreiheit des Christenmenschen*
180. Karlis Osis und Erlendur Haraldsson: *At the Hour of Death*, New York 1977; deutsch: *Der Tod – ein neuer Anfang. Visionen und Erfahrungen an der Schwelle des Seins*
181. Raymond Moody: *Leben nach dem Tod*, Reinbek 1977; ders.: *Nachgedanken über das Leben nach dem Tod*, Reinbek 1978
182. Michael Sabom: *Recollections of Death. A Medical Investigation*, New York 1982; deutsch: *Erinnerung an den Tod*
183. David Lorimer: *On the Brink of Tranquility*, The Guardian, London, 19. Dezember 1985
184. Osis/Haraldsson, a. a. O. (s. Anm. 180)
185. Anfinn Stigen: *Gud i moderne filosofi*, Oslo 1968
186. Finn Carling: *Troende sinn. Samtaler over en avgrunn*, Oslo 1984
187. Ferguson, a. a. O. (s. Anm. 12)